Uni-Taschenbücher 1893

UTB
FÜR WISSEN
SCHAFT

Eine Arbeitsgemeinschaft der Verlage

Wilhelm Fink Verlag München
Gustav Fischer Verlag Jena und Stuttgart
Francke Verlag Tübingen und Basel
Paul Haupt Verlag Bern · Stuttgart · Wien
Hüthig Fachverlage Heidelberg
Leske Verlag + Budrich GmbH Opladen
J. C. B. Mohr (Paul Siebeck) Tübingen
Quelle & Meyer Heidelberg · Wiesbaden
Ernst Reinhardt Verlag München und Basel
Schäffer-Poeschel Verlag · Stuttgart
Ferdinand Schöningh Verlag Paderborn · München · Wien · Zürich
Eugen Ulmer Verlag Stuttgart
Vandenhoeck & Ruprecht in Göttingen und Zürich

Christoph Dohmen / Thomas Söding (Hrsg.)

Eine Bibel – zwei Testamente

Positionen Biblischer Theologie

Ferdinand Schöningh

Paderborn · München · Wien · Zürich

Die Deutsche Bibliothek – CIP-Einheitsaufnahme

Eine **Bibel** – **zwei Testamente:** Positionen biblischer
Theologie/Christoph Dohmen/Thomas Söding (Hrsg.). –
Paderborn; München; Wien; Zürich: Schöningh, 1995
  (UTB für Wissenschaft: Uni-Taschenbücher; 1893)
  ISBN 3-506-99471-9 (Schöningh)
  ISBN 3-8252-1893-7 (UTB)
NE: Dohmen, Christoph [Hrsg.]; UTB für Wissenschaft /
Uni-Taschenbücher

Gedruckt auf umweltfreundlichem, chlorfrei gebleichtem
und alterungsbeständigem Papier ⊚ ISO 9706

© 1995 Verlag Ferdinand Schöningh, Paderborn
(Verlag Ferdinand Schöningh GmbH, Jühenplatz 1, D-33098 Paderborn)
ISBN 3-506-99471-9

Das Werk, einschließlich aller seiner Teile, ist urheberrechtlich geschützt.
Jede Verwertung außerhalb der engen Grenzen des Urheberrechtsgesetzes
ist ohne Zustimmung des Verlages unzulässig und strafbar. Das gilt insbesondere für Vervielfältigungen, Übersetzungen, Mikroverfilmungen und die
Einspeicherung und Verarbeitung in elektronischen Systemen.

Printed in Germany.
Herstellung: Ferdinand Schöningh, Paderborn
Einbandgestaltung: Alfred Krugmann, Freiberg am Neckar

UTB-Bestellnummer: ISBN 3-8252-1893-7

Inhaltsverzeichnis

Vorwort — 7

Positionen aus der Perspektive des Alten Testaments

Einleitung

Christoph Dohmen, Osnabrück
Probleme und Chancen Biblischer Theologie aus
alttestamentlicher Sicht — 9

Beiträge

Joachim Becker, Rolduc (NL)/Münster
Christologische Deutung des Alten Testaments — 17

Brevard S. Childs, Yale (USA)
Die Beziehung von Altem und Neuem Testament aus kanonischer
Sicht — 29

Hartmut Gese, Tübingen
Über die biblische Einheit — 35

Otto Kaiser, Marburg
Die Botschaft der beiden Testamente — 45

Hans-Joachim Kraus, Göttingen/Wuppertal
Der Erste und der Neue Bund — 59

Norbert Lohfink, Frankfurt/M.
Eine Bibel - zwei Testamente — 71

Manfred Oeming, Osnabrück
Biblische Theologie als Dauerreflexion im Raum des Kanons — 83

Rolf Rendtorff, Heidelberg
Die Bibel Israels als Buch der Christen — 97

Henning Graf Reventlow, Bochum
Zwischen Bundestheologie und Christologie — 115

Horst Seebass, Bonn
Über die innere Einheit von Altem und Neuem Testament — 131

Erich Zenger, Münster
Thesen zu einer Hermeneutik des Ersten Testaments nach Auschwitz ... 143

Positionen aus der Perspektive des Neuen Testaments

Einleitung

Thomas Söding, Wuppertal/Münster
Probleme und Chancen Biblischer Theologie aus neutestamentlicher Sicht ... 159

Beiträge

James D.G. Dunn, Durham (GB)
Das Problem "Biblische Theologie" ... 179

Otfried Hofius, Tübingen
Das apostolische Christuszeugnis und das Alte Testament. Thesen zur Biblischen Theologie ... 195

Hans Hübner, Göttingen
Was ist Biblische Theologie? ... 209

Otto Merk, Erlangen
Gesamtbiblische Theologie. Eine offene Diskussion ... 225

Franz Mußner, Regensburg/Passau
Kommende Schwerpunkte Biblischer Theologie ... 237

Heikki Räisänen, Helsinki (FIN)
Die frühchristliche Gedankenwelt. Eine religionswissenschaftliche Alternative zur "neutestamentlichen Theologie" ... 253

Georg Strecker, Göttingen
"Biblische Theologie" oder "Theologie des Neuen Testaments"? ... 267

Peter Stuhlmacher, Tübingen
Biblische Theologie des Neuen Testaments - eine Skizze ... 275

Wilhelm Thüsing, Münster
Perspektiven für eine Biblische Theologie des Alten und des Neuen Testaments ... 291

Nikolaus Walter, Jena/Naumburg
Zum Problem einer "Biblischen Theologie" ... 307

Vorwort

Fragen Biblischer Theologie werden seit einigen Jahren unter neuen Vorzeichen und mit neuer Energie diskutiert. Standen früher Versuche, die Einheit der christlichen Bibel und ihrer beiden Testamente zu finden, zumeist im Zeichen neutestamentlicher Glaubensüberzeugungen und einer christologischen Exegese des Alten Testaments, so hat sich in den letzten Jahren und Jahrzehnten das Problemfeld beträchtlich verlagert: Einerseits wird - nicht zuletzt im Zeichen des jüdisch-christlichen Dialogs - der Eigenwerts des Alten Testaments viel nachdrücklicher als ehedem eingeklagt; andererseits wird das Konzept einer Biblischen Theologie prinzipiell in Frage gestellt - von einigen deshalb, weil es die Exegese an das Gängelband der kirchlichen Dogmatik legen, von anderen deshalb, weil es entweder das Proprium des Alten oder des Neuen Testaments verdunkeln würde. Offenbar hat sich diese Anschärfung des Problems aber als inspirierend erwiesen, denn gerade in den letzten Jahren sind eine ganz Reihe gewichtiger, aber recht verschiedenartiger Arbeiten zur Biblischen Theologie publiziert worden, die der gesamten Diskussion starken Auftrieb gegeben haben.

Unser Ziel als Herausgeber war es, in einem handlichen Studienbuch repräsentative Positionen Biblischer Theologie zu dokumentieren, die von heutigen Alt- und Neutestamentlern gezogen werden, um vor allem den Studierenden der Theologie einen Reader an die Hand zu geben, der sie schnell und zuverlässig über die oft nur mit Namen oder Stichworten belegten Positionen informiert. Für die am Thema Interessierten mag sich daraus eine kleine Zwischenbilanz zum Diskussionsstand um die Biblische Theologie ergeben. Der begrenzte Umfang zwang zu rigider Auswahl. Nicht alle interessanten und signifikanten Konzeptionen konnten berücksichtigt werden; aber wir sind überzeugt, daß alle vorgestellten Beiträge interessant und signifikant sind und daß durch die vorgenommene Auswahl der Autoren große Teile des gegenwärtigen Forschungsspektrums - vornehmlich im deutschsprachigen Raum - in den Blick geraten. Es sollten vor allem solche Exegeten zu Wort kommen, die sich in der einen oder anderen Weise dem Konzept einer Biblischen Theologie verpflichtet sehen oder sich mit diesem auseinandersetzen. In jedem Fall ging es uns aufgrund der genannten Zielvorgaben darum, eher über die bereits ausgeführten oder doch wenigstens angedachten Konzeptionen in der zeitgenössischen Exegese zu informieren als ganz neue Stimmen in die Diskussion zu bringen.

Freilich mußte den Autoren abverlangt werden, ihre Überlegungen in eher thesen- und skizzenhafter Form vorzustellen. Die unvermeidliche Einbuße an argumentativen Absicherungen, wissenschaftlichen Auseinandersetzungen und theologischen Ausdifferenzierungen wird aber, so war die Hoffnung und ist der Eindruck der Herausgeber, dadurch wettgemacht, daß die Grundlinien der jeweiligen Konzeptionen desto klarer hervortreten können. Im übrigen sind die Autoren gebeten worden, auf weitere einschlägige Veröffentlichungen aus ihrer Feder hinzuweisen, in denen nötige Kontroversen ausgetragen, eingehendere Begründungen geliefert und angezeigte Absicherungen geboten werden.

Unser Dank gilt den Autoren, die sich zur Mitarbeit an diesem Projekt bereiterklärt und die Einschränkung ihrer Entfaltungsmöglichkeit in Kauf genommen haben. Dank gilt auch dem Schöningh-Verlag und seinem Lektor Dr. Hans J. Jacobs, für die Betreuung des Buches. Nicht zuletzt gilt er auch unseren Mitarbeiterinnen und Mitarbeitern in Osnabrück, Münster und Wuppertal, besonders Frau Erika Henze, Osnabrück, die die Druckvorlagen für diesen Band erstellte.

Osnabrück-Münster, im April 1995

Christoph Dohmen / Thomas Söding

Probleme und Chancen Biblischer Theologie aus alttestamentlicher Sicht

Christoph Dohmen

Die einschlägige "Geschichte der historisch-kritischen Erforschung des Alten Testaments" von *Hans-Joachim Kraus* endet in ihren ersten beiden Auflagen von 1956 und 1969 mit einem Kapitel (§ 102) über die "Theologie des Alten Testaments". Im Anschluß an ein Zitat aus *Gerhard von Rad's* Theologie, wo von einem fernen Ziel, einer Biblischen Theologie gesprochen wird, "in der der Dualismus je einer sich eigensinnig abgrenzenden Theologie des Alten und des Neuen Testaments überwunden wäre"[1], fragt *Kraus*: "Wird ein Weg gefunden werden, auf dem die Spaltung überwunden werden kann?" (509). Gut zehn Jahre später, in der dritten Auflage seines Werkes im Jahre 1982, gibt *Kraus* selbst eine erste Antwort auf diese Frage indem er es für nötig empfindet, ein eigenes Kapitel (§ 105), das sich der "Biblischen Theologie" widmet, hinzuzufügen. Die von *Kraus* schon 1969 beobachteten Anfänge auf katholischer und evangelischer Seite lassen sich präziser fassen. Als Präsident der Internationalen Alttestamentler Tagung 1956 in Straßburg hatte *Roland de Vaux* in seiner Begrüßungsansprache von der christlichen Bibelwissenschaft eine eigene Biblische Theologie gefordert, die auf beiden Testamenten gründet[2]. Im gleichen Jahr 1956 erschien im ersten Band des evangelischen Kirchenlexikons auch der Artikel "Biblische Theologie", der in seinem alttestamentlichen Teil - von *Otto Plöger* - die Suche nach einer Altes und Neues Testament verbindenden Theolo-

---

[1] *G. von Rad*, Theologie des AT II, München ⁶1975, 447.
[2] "Ainsi, pour le savant chrétien qui travaille à la lumière de sa foi, il n'y a pas uns théologie de l'Ancien Testament séparée d'une théologie du Nouveau Testament, il n'y a qu'une théologie biblique, fondée sur les deux Testaments qui contiennent tous les deux la Parole de Dieu." *Roland de Vaux*, A propos de la Théologie Biblique, ZAW 27, 1956, 226.

gie auf den Begriff bringt, und von "Gesamtbiblischer Theologie" spricht[3].

Fast zur gleichen Zeit konnten mit *H.-J. Kraus* (1982)[4], *H. Graf Reventlow*, der seinen "Hauptproblemen der alttestamentlichen Theologie im 20. Jahrhundert"[5] aus dem Jahre 1982 ein Jahr später schon die "Hauptprobleme der Biblischen Theologie im 20. Jahrhundert"[6] folgen läßt, und auch *H. Seebass* 1982[7] eine Fülle von Versuchen zur Biblischen Theologie aus den dazwischenliegenden 25 Jahren dokumentieren und 1985 legte *M. Oeming* dann gar schon eine monographische Untersuchung vor, die die präzise Begrifflichkeit *Plögers* fest etabliert und die von *Kraus* angezeigte Zäsur durch *Gerhard von Rad* aufnimmt[8]. Auf dieser Linie kann dann einige Jahre später *O. Merk* die Dokumentation fortsetzen[9]. Gleichwohl läßt sich auch ein Weg zur Biblischen Theologie verfolgen, der implizit entwickelt wird wie dies z.B. bei *Walter Zimmerli* der Fall ist[10], zumeist nur in der Art und Weise des Umgangs mit dem Alten Testament zutage tritt. Ebenso gehört die das Christentum von Anfang an beschäftigende Frage nach den Beziehungen zwischen Altem und Neuem Testament bzw. nach dem theologischen Ort des Alten Testaments in der christlichen Bibel zur Voraussetzung oder Vorgeschichte Biblischer Theologie, was die Dissertation von *David L. Baker* aus dem Jahre 1975, die die theologischen Versuche zur Verhältnisbestimmung zwischen Altem und Neuem Testament referiert und analysiert, zeigt[11]. Gleichermaßen bezeugen dies die viel zitierten Sätze von

---

[3] "Die ideale Lösung, von der wir aber noch weit entfernt sind, die aber m.E. zu erstreben ist, wäre eine auf den Selbstaussagen der Theol. AT und der Theol. NT aufbauenden gesamtbiblischen Theologie, die unseren geschichtlichen Erkenntnissen und den dogmatischen Forderungen, wie sie im Bekenntnis der Kirche niedergelegt sind, gerecht zu werden vermag." *O. Plöger*, Biblische Theologie (AT) EKL I, 1956, 510.

[4] Geschichte der historisch-kritischen Erforschung des ATs, Neukirchen-Vluyn 3 1982; vgl. schon *ders.*, Die Biblische Theologie, Neukirchen 1970.

[5] Erschienen in: Erträge der Forschung 173, Darmstadt 1982.

[6] Erschienen in: Erträge der Forschung, Bd. 203, Darmstadt 1983.

[7] Biblische Theologie, VuF 27, 1982, 28-45.

[8] *M. Oeming*, Gesamtbiblische Theologien der Gegenwart. Das Verhältnis von AT und NT in der hermeneutischen Diskussion seit *Gerhard von Rad*, Stuttgart 1985 (2., verb. und mit einem Nachwort versehene Auflage 1987).

[9] *O. Merk*, Gesamtbiblische Theologie. Zum Fortgang der Diskussion in den 80er Jahren, VuF 33, 1988, 19-40.

[10] Vgl. dazu *J. Motte*, Biblische Theologie nach Walter Zimmerli, (EHS 521) Frankfurt u.a. 1994.

[11] *David L. Baker*, Two Testaments, one Bible. A Study of the theological relationship between the Old an d New Testaments, Leicester, wobei das besondere

A.H.J. Gunneweg am Anfang seiner alttestamentlichen Hermeneutik: "..., weil jede Theologie des Alten Testaments und alle Theologie überhaupt implizit oder explizit von bestimmten Verstehensvoraussetzungen und einem bestimmten Gesamtverständnis des Kanons Alten und Neuen Testaments und des Verhältnisses der beiden Testamente zueinander ausgeht. Ja, es ist keine Übertreibung, wenn man das hermeneutische Problem des Alten Testaments nicht bloß als ein, sondern als *das* Problem christlicher Theologie betrachtet, von dessen Lösung so oder so alle anderen theologischen Fragen berührt werden."[12] An dieser Stelle wird schon deutlich wie sehr alle Bemühungen um Biblische Theologie von der Verbindung zwischen Bibelwissenschaft/Exegese und Dogmatik/Systematischer Theologie mitbestimmt sind. In seinem in mehrfacher Hinsicht grundlegenden Artikel "Was heißt 'Biblische Theologie'?"[13] hatte *Ebeling* deutlich machen können, daß dieser Konnex der Disziplinen sich auch in der Doppeldeutigkeit der Terminologie niedergeschlagen hat; denn "Biblische Theologie" kann sowohl die in der Bibel enthaltene Theologie meinen, als auch eine von der Bibel her kommende, mit dieser übereinstimmende Theologie. Daß "Biblische Theologie" sich bis heute zwischen den beiden Polen dieser Bedeutungen bewegt, hängt nicht zuletzt damit zusammen, daß die Herausbildung selbständiger Disziplinen von Biblischer und Systematischer Theologie, bzw. die Emanzipation der Bibelwissenschaft von ihrer dogmatischen Bindung, wie sie *Johann Philipp Gabler* in seiner berühmten Altdorfer Antrittsvorlesung "De iuste discrimine theologiae biblicae et dogmaticae regundisque recte utriusque finibus" vom 30. März 1787[14] vorgezeichnet und ausgelöst hat, den Ausgangspunkt aller diesbezüglichen Arbeiten bildet[15].

Interesse am Thema auch daran abzulesen ist, daß dieses 1976 zum ersten Mal erschienene Buch nach 15 Jahren 1991 in einer revidierten und aktualisierten Fassung vorgelegt worden ist.

[12] *A.H.J. Gunneweg*, Vom Verstehen des Alten Testaments. Eine Hermeneutik (Grundrisse zum AT 5) Göttingen ²1988.

[13] *G. Ebeling*, Was heißt "Biblische Theologie"?, in: *ders.*, Wort und Glaube I, Tübingen 1960, 69-89.

[14] Eine vollständige Übersetzung der Vorlesung findet sich bei *O. Merk*, Biblische Theologie des Neuen Testamentes in ihrer Anfangszeit. Ihre methodischen Probleme bei Johann Philipp Gabler und Georg Lorenz Bauer und deren Nachwirkungen (MThSt 9) München 1972, 273-284.

[15] Vgl. dazu insgesamt *M. Sæbø*, Johann Philipp Gablers Bedeutung für die Biblische Theologie. Zum 200jährigen Jubiläum seiner Antrittsrede vom 30. März 1787, ZAW 99, 1987, 1-16; *R. Smend*, Johann Philipp Gablers Bedeutung der Biblischen Theologie, EvTh 22, 1962, 345-357.

Gabler hat aber nicht nur auf die auch methodologisch notwendige Trennung zwischen Biblischer Theologie, die er als *e genere historico* bezeichnet, und Dogmatischer Theologie, die demgegenüber *e genere didactico* ist, hingewirkt, sondern durch seine Unterscheidung von "wahrer" und "reiner" Biblischer Theologie[16] legte er das Fundament für die weitere Ausgestaltung der Disziplin Biblische Theologie. Dies wird sodann von *G.L. Bauer* aufgenommen, der erstmals eine "Biblische Theologie des Neuen Testaments" getrennt von der "Theologie des Alten Testaments" vorlegt. Gleichwohl konnte sich *Gablers* Programm der getrennten wahren und reinen Biblischen Theologie letztlich nicht durchsetzen[17], doch läßt sich mit *W. Zimmerli* eine modifizierte Fortführung der von *Gabler* skizzierten Probleme finden. Zimmerli sieht eine solche für die "Wahre" Biblische Theologie in der ausgeprägten religionsgeschichtlichen Erforschung der Bibel, während für ihn "das Anliegen der 'Reinen' biblischen Theologie (...) vielmehr in der Bezogenheit aller alttestamentlichen Aussagen in all ihrer geschichtlichen Bewegung auf eben diesen allem vorgegebenen, nie zum 'Objekt' zu machenden Namen bestehen (wird), der über Gottes freiem Kommen zu Israel, seinem freien und doch in dieser Freiheit treuen Handeln an seinem Volk, seiner Welt und seinen Menschen steht."[18] Fortgesetzt findet sich dies in der die heutige Diskussion um Biblische Theologie bestimmende Kontroverse zwischen Religionsgeschichte Israels und alttestamentlicher bzw. Biblischer Theologie, was noch die forschungsgeschichtliche Skizze zur Religionsgeschichte Israels von *Rainer Albertz* erkennen läßt, die ihren Ausgang bei *Johann Philipp Gabler* nimmt[19]. Es scheint, daß es heute nicht mehr

---

[16] "Auf knappe Formeln gebracht (...) ist die 'Wahre Biblische Theologie', welche das Geschäft der historisch sauberen Erforschung der biblischen Aussagen betreibt, von der 'Reinen Biblischen Theologie', welche durch philosophische Reflexion die wahren Grundideen biblischen Redens herausarbeitet, zu unterscheiden. Diese Grundideen werden dann ihrerseits Grundlage des dogmatischen Nachdenkens. Die 'Reine Biblische Theologie' nimmt danach eine Zwischenstellung zwischen Exegese (Wahrer biblischer Theologie) und Dogmatik ein." *W. Zimmerli*, Biblische Theologie, I. Altes Testament, TRE 6, 427; daneben informiert über den Ansatz *Gablers* auch *O. Merk* im neutestamentlichen Teil des Artikels Biblische Theologie, TRE 6, 457f. und vor allen Dingen *R. Smend*, Johann Philipp Gablers Begründung der biblischen Theologie, (s. Anm. 15).

[17] Vgl. insgesamt zum diesbezüglichen Diskussionsstand *D. Ritschl*, "Wahre", "reine" oder "neue" Biblische Theologie? Einige Anfragen zur neueren Diskussion um "Biblische Theologie", JBTh 1, 1986, 135-150.

[18] *W. Zimmerli*, Biblische Theologie I, Altes Testament, TRE 6, 453.

[19] Vgl. *Rainer Albertz*, Religionsgeschichte Israels in alttestamentlicher Zeit. I (Grundrisse zum AT 8/1 Göttingen 1992, 20ff.) Den Tatbestand, daß heutzutage die Religionsgeschichte Israels im Lehrprogramm der meisten theologischen

um unterschiedliche Schwerpunkte oder ausdifferenzierte Arbeitsschritte geht, sondern die in vielen Farben schillernde Diskussion um Religionsgeschichte Israels und Theologie des Alten Testament bzw. Biblische Theologie[20] ist zur Entweder-oder-Frage geworden[21].

Kritische Anfragen werden aber auch von ganz anderer Seite an die Biblische Theologie gestellt. So hat vor einigen Jahren der jüdische Gelehrte *Jon D. Levenson* einen Beitrag unter dem bezeichnenden Titel geschrieben: "Warum Juden sich nicht für biblische Theologie interessieren"[22], um damit vor allem aufzuweisen, daß jede Biblische Theologie nicht unerheblich bestimmt wird von der Schriftensammlung, die den Titel "Bibel" trägt, und die für Christen und Juden einen je unterschiedlichen Umfang aufweist. Darüber hinaus gibt es auf jüdischer Seite nicht den hermeneutischen Druck zur *Vereinheitlichung*, wie er im Christentum besteht, um die Verbindung der beiden Teile in der christlichen Bibel Alten und Neuen Testaments zu verstehen. Die mit letzterem eng verbundene Suche nach einer "Mitte des Alten Testaments" - im Gegen-

---

Fakultäten von der Theologie des Alten Testamentes abgelöst worden ist führt Albertz unmittelbar auf den theologiegeschichtlichen Umschwung nach dem 1. Weltkrieg in Deutschland zurück als Folge "des Bruchs mit der 'liberalen Theologie' des 19. Jahrhunderts und des Siegeszuges der 'dialektischen Theologie'." (19). Und *E. Otto* überlegt gar, "ob nicht analog zu einer im 19. Jahrhundert gepflegten Tradition des Nebeneinanders positiver und liberaler Lehrstühle bei Doppelbesetzungen der eine Lehrstuhl mit Schwerpunkt auf der Theologie des Alten Testamentes und seiner theologischen Vermittlung, der andere aber stärker religionswissenschaftlich, archäologisch oder orientalisch orientiert besetzt wird." *E. Otto*, Der Stand der alttestamentlichen Wissenschaft und ihre zukünftige Gestalt im Rahmen der theologischen Disziplinen, in: *ders.* und *S. Uhlig* (Hg.), Bibel und Christentum im Orient (OBC 1) Glückstadt 1991, 24.

[20] Vgl. u.a. schon *A. Bea*, "Religionswissenschaftliche" oder "theologische" Exegese?, Analecta Biblica 10, 1959, 188-207 und dazu *N. Lohfink*, Augustin Bea und die moderne Bibelwissenschaft, in: *ders.*, Studien zur biblischen Theologie (SBAB 16) Stuttgart 1993, 57.

[21] Zur Dokumentation der aktuellen Diskussion vgl. Bd. 10 des Jahrbuchs für Biblische Theologie 1995 unter dem Thema "Religionsgeschichte Israels oder Theologie des Alten Testaments?.

[22] Erschien in: EvTh 51, 1991, 402-430 als deutsche Übersetzung eines zuvor in englisch publizierten Beitrags aus dem Jahre 1987, vgl. dazu auch *R. Rendtorff*, Wege zu einem gemeinsamen jüdisch-christlichen Umgang mit dem Alten Testament, in: ders., Kanon und Theologie, Vorarbeiten zu einer Theologie des Alten Testaments, Neukirchen-Vluyn 1991, 40-53, bes. 40, wo *Rendtorff* darauf hinweist, daß es nicht nur die Art Biblische Theologie gibt, die *Levenson* beschreibt und daß Levenson selbst ein Jahr später schon unter dem Titel "Creation and the Persistence of Evil" "ein Stück Biblische Theologie, natürlich *jüdische* biblische Theologie" (40) vorgelegt hat.

über zu einer "Mitte des Neuen Testaments" - ist folglich gleichfalls ein Thema, das als spezifisch christliches einzustufen ist, wie schon das bekanntgewordene jüdisch-christliche Berner Symposion aus dem Jahre 1985 unter dem Titel "Mitte der Schrift?" gezeigt hat[23], weil dort "allen Referenten (...) die Frage nach der 'Mitte der Bibel' gestellt (war)"[24]. Gleichwohl sollten christliche Bibelwissenschaftler *Levensons* Kritik hören und ernstnehmen, weil er sie gerade durch seine fundamentalen Anfragen an die Konzeption Biblischer Theologie auf die spezifisch christlichen Probleme dieser Disziplin - insbesondere aus der Perspektive des Alten Testaments - so z.B. auf eine notwendige naturalistische (rationalistische) Basis eines Juden und Christen verbindenden Zugangs zu den biblischen Texten, der jedoch auch gleichzeitig die Differenzen zwischen beiden deutlich hervortreten läßt. "Dem Juden, dem die Geschichte Israels auch in der Gegenwart ein Stück Identität verleiht, wird diese Historisierung der biblischen Studien im allgemeinen weniger als Verlust erscheinen als dem überzeugten Christen. Denn der Christ sieht sich nur durch den Glauben auf den israelitischen Baum aufgepfropft, und wenn er oder sie den Inhalt dieses Glaubens nicht darlegen kann, dann kann er oder sie sich diese Geschichte nicht zu eigen machen. Aus diesem Grund wird der Christ stärker daran interessiert sein, die theologische Dimension am Leben zu erhalten, während der Jude mehr dazu neigt, zumindest öffentlich mit Geschichte und Philologie zufrieden zu sein. Zu einem Teil resultiert Biblische Theologie aus der Tatsache, daß Christen die Hebräische Bibel von einer Logik der Verdrängung her lesen. Sie zieht viel von ihrer Energie aus den Ängsten des jüngeren Geschwisters."[25] So erweist sich aus der Perspektive des Alten Testaments das jüdisch-christliche Gespräch nicht nur als *Ort der Bewährung* für jede Biblische Theologie, sondern auch als Verweis darauf, daß

---

[23] Erschienen unter *M. Klopfenstein* u.a. (Hg.), Mitte der Schrift? Ein jüdisch-christliches Gespräch. Texte des Berner Symposions vom 6.-12. Januar 1985 (Judaica et Christiana Bd. 11), Bern - Frankfurt - New York - Paris 1987.
[24] So die Herausgeber *M. Klopfenstein, O. Luz, Shemaryahu Talmon* und *Emmanuel Tov* im Vorwort des Bandes, wobei sie jedoch auch zugestehen: "Der Begriff 'Mitte der Bibel' funktionierte natürlich für die jüdischen Gesprächspartner eher als Reibungspunkt und für die christlichen eher als Kristallisationspunkt. Dem war eben aber nicht einlinig so, und es ergaben sich hochinteressante Verschränkungen und Vertauschungen über die Religionsgrenzen hinweg, sowohl auf historischer, wie auf systematischer Ebene. Dennoch aber muß man eingestehen, daß es vielleicht einseitig und möglicherweise christlicherseits sogar etwas arrogant war, die jüdischen Gesprächsteilnehmer mit einer so deutlich 'christli-chen' Gestalt der hermeneutischen Frage zu konfrontieren." (7).
[25] *J.D. Levenson*, a.a.O. 420.

Biblische Theologie sich einer vorausgehenden Kanontheologie nicht entziehen kann, weil der erste und größte Teil der christlichen Bibel, das sogenannte Alte Testament, sich nicht nur aufgrund seiner Vielfalt den Versuchen christlicher Systemati-sierung zu entziehen scheint, sondern dieser ursprüngliche Teil der Heiligen Schrift zuvor und weiterhin Heilige Schrift einer anderen Religion, nämlich des Judentums, war und ist.

Der Kanon kann in seiner Bedeutung für die Biblische Theologie kaum überschätzt werden. Auch äußerlich wird dies dort deutlich, wo Biblische Theologie heutzutage am stärksten blüht, auf dem Feld derer, die die Kanonforschung in den letzten Jahren stimuliert, geprägt und am entschiedensten vorangetrieben haben. Allen voran ist hier *Brevard S. Childs* zu nennen, der die hermeneutische Last, die auch und gerade auf dem Alten Testament seitens der Kanonforschungen liegt, gespürt und ausgetragen hat, als er sich nach seiner 1979 erschienenen "Introduction to the Old Testament as Scripture" genötigt sah, als Alttestamentler selbst auch noch das Neue Testament in den Blick zu nehmen[26]. Der *canonical approach* hat *Childs* in jahrzehntelanger Arbeit, die im wahrsten Sinne des Wortes als interdisziplinär zu bezeichnen ist, weil der biblische Kanon exegetische - Altes und Neues Testament übergreifende - und systematische und historische Fragen gleichermaßen aufwirft, an das Ziel einer "wahren und reinen" Biblischen Theologie gebracht. Daß mit seiner 1992 vorgelegten "Biblical Theology of the Old and New Testaments", die im Untertitel charakterisiert wird als "Theological Reflelction on the Christian Bible"[27] das berühmt gewordene Diktum von *Henning Graf Reventlow* aus dem Jahre 1982 "Eine 'Biblische Theologie' ist noch nicht geschrieben"[28] überholt ist, bestätigen durch ihre anerkennende Würdigung auch eine ganze Reihe von Autoren, die mit ihren Entwürfen zur Biblischen Theologie im vorliegenden Band versammelt sind. Was *Childs* vorgezeichnet hat, wird von verschiedenen anderen Seiten bestätigt: Biblische Theologie ist notwendigerweise als disziplinübergreifendes Unternehmen zu betreiben[29]. Gerade auch von systemati-

---

[26] Vgl. *B.S. Childs*, The New Testament as Canon. An Introduction, Philadelphia 1985.
[27] London 1992, dt. unter dem Titel "Die Theologie der einen Bibel (in 2 Bde.) Freiburg - Basel - Wien 1994/95.
[28] *H. Graf Reventlow*, Hauptprobleme der Biblischen Theologie im 20. Jahrhundert, a.a.O. VII.
[29] So schon *H. Graf Reventlow*, Hauptprobleme der Biblischen Theologie, a.a.O. VIIf., sowie besonders auch *J. Scharbert*, Die Biblische Theologie auf der Suche nach ihrem Wesen und ihrer Methode, MThZ 40, 1989, 7-26, hier bes. seine Ausblicke 24-26.

scher Seite aus wird jüngst wieder mit Nachdruck auf die Notwendigkeit solch biblisch-theologischer Reflexion hingewiesen: "Entstehung und Fortdauer einer eigenen theologischen Disziplin Biblische Theologie neben Exegese und Systematik machen die Schwierigkeiten deutlich, vor die sich die Theologie als ganze in der neuzeitlichen Problemkonstellation gestellt sieht: Sie hat auf der einen Seite deutlich die Partikularität der Ereignisse wie auch deren Darstellung und Reflexion in den Schriften des AT und NT wahrzunehmen und auf der anderen Seite die Universalität des darin zum Ausdruck kommenden Anspruchs zu bedenken. (...) Die gegenwärtige Problemkonstellation zeichnet sich dadurch aus, daß einerseits die historisch differenzierte Betrachtung eine unmittelbar aus der Schrift gewonnene Biblische Theologie unmöglich erscheinen läßt, daß andererseits aber auch die historisch-kritische Beschäftigung mit der Schrift selber in die Kritik geraten ist. Diese Schwierigkeiten sind nur durch eine grundsätzliche hermeneutische Reflexion zu überwinden, die die historischen und gegenwärtigen Voraussetzungen wie Zielbestimmungen von Exegese und Systematischer Theologie in interdisziplinärer Zusammenarbeit bedenkt. Dabei sollte jede Disziplin sich jeweils mit dem Problembewußtsein der anderen 'belasten' und diese dadurch 'entlasten' (*E. Jüngel*)[30]. Daß die Systematische Theologie sich im Blick auf die Biblische Theologie auch und gerade dem heilsamen Druck des Alten Testaments im christlichen Offenbarungsgeschehen stellen muß und kann, wird heute deutlicher gesehen als früher[31].

Zusammenfassend zeigt sich, daß die heutigen Probleme und Fragen Biblischer Theologie auf die Anfangszeit der Disziplin zurückverweisen und verschärft nach einer sauberen Methodik in Kombination mit systematisch-theologischer Reflexion verlangen. Die Ur-Kunde des christlichen Glaubens fordert Biblische Theologie zur Identitätsfindung des Christentums. Um seiner eigenen, genealogisch zu bestimmenden Herkunft willen und für das fortwährende Verhältnis zu seiner Mutterreligion, dem Judentum, kann und darf das Christentum sich von der theologischen Reflexion des ersten und größten Teils seiner Heiligen Schrift, der Bibel Israels als Altem Testament, nicht dispensieren.

---

[30] P. *Walter*, Biblische Theologie. III. Systematisch-theologisch, LThK³ Bd. 2, 433f.
[31] Vgl. hierzu die instruktive Entfaltung im Artikel "Altes Testament II, Theologiegeschichte und Systematik" von *W. Breuning*, in: LThK³ Bd. 1, 457-461.

Christologische Deutung des Alten Testaments

Joachim Becker

Eine in der heutigen Exegese wohl ungewöhnliche Auffassung bezüglich des Verhältnisses der beiden Testamente soll in sechs Thesen umrissen werden.

These I: Die historisch-kritische Methode ist unanfechtbar und konsequent anzuwenden.

Dieses hermeneutische Bekenntnis sei vorausgeschickt, damit das Mißverständnis, die historisch-kritische Methode müsse außer Kraft gesetzt werden, gar nicht erst aufkommt. Die Methode ist so unanfechtbar, daß nicht einmal die mangelnde Urteilsfähigkeit derer, die sie anwenden, sie zu diskreditieren vermag. Sie wird auch nicht in Frage gestellt, wenn sie sich einer Überprüfung stellen muß, ob sie wohl alle Aspekte historisch-kritischer Auslegung im Blick gehabt hat. Ergänzungsbedürftig ist sie zum Beispiel mit Bezug auf die literaturwissenschaftlich korrekte Einschätzung synchroner und diachroner Auslegung sowie mit Bezug auf das Verhältnis von Autor und Text, das Verhältnis von Leser und Text und den kanonkritischen Ansatz.[1] Diese ergänzenden Aspekte, die völlig im Bereich historisch-kritischer Auslegung bleiben, können zwar das Wesen des Verhältnisses der beiden Testamente nicht ergründen und erfassen, wohl aber im nachhinein, nachdem nämlich die christologische Deutung des Alten Testaments durch den Glauben vorgegeben ist, bescheidene Hilfestellung leisten (vgl. These IV). Die erwähnte Überprüfung und Ergänzung der historisch-kritischen Methode fällt übrigens unter die ureigene Zuständigkeit der Methode selbst. Es sei noch angemerkt, daß die von *W.M.L. de Wette* stammende Bezeichnung "historisch-kritisch" manchmal ghettohaft eng gefaßt und diskriminierend gebraucht wird, nämlich immer dann, wenn unkonventioneller, aber durchaus sachgemäßer kritischer Auslegung im Sinne der ergänzenden methodischen Aspekte das ehrenvolle Prädikat "historisch-kritisch" aberkannt wird. Besser spricht man daher von rationaler Auslegung, die unter

---

[1] Dazu *J. Becker*, Grundzüge einer Hermeneutik des Alten Testaments, Frankfurt am Main 1993, 26-45 und 64-77.

Aufbietung aller Mittel und unter Berücksichtigung aller Aspekte an den Text herangeht; ausgeschlossen bleibt nach dem berechtigten Selbstverständnis der rationalen Auslegung nur die Zuhilfenahme von Offenbarung und Glaube.

These II: Rationale Auslegung und Glaube müssen ihren jeweiligen Zuständigkeitsbereich mit äußerster Sensibilität respektieren.

Soweit das Licht der Ratio leuchtet, ist eine Intervention des Glaubens an sich nicht erforderlich. Man sollte - jedenfalls in der wissenschaftlichen Diskussion - selbst dann Zurückhaltung üben, wenn bestimmte Befunde den Glauben in Beweisnot oder gar in Bedrängnis bringen. Dies kann nämlich in der Natur der Sache liegen und daher gottgewollt sein. Bekanntlich haben Verteidiger des Glaubens in bester Absicht der rationalen Auslegung Ergebnisse vorzuschreiben versucht, wo der Glaube es bei näherem Zusehen gar nicht legitimierte. Als Beispiel sei nur die Evolutionslehre genannt. Langfristig schadet solches Vorgehen dem Glauben. Andererseits muß sich auch die rationale Auslegung in Selbstbescheidung üben. Sie muß sich hüten, das Monopol der Auslegung zu beanspruchen und sich für die einzig mögliche Ebene von Auslegung zu halten (vgl. These IV). Zudem hat rationale Auslegung in Anbetracht der Dunkelheit des Glaubens die verständliche Neigung, den Stellenwert ihrer Ergebnisse im Hinblick auf Glaubensfragen zu überschätzen, ganz abgesehen davon, daß sie sogar in ihrem ureigenen Zuständigkeitsbereich manchmal zu selbstsicher agiert. Als Beispiele für einen möglichen Konflikt zwischen rationaler Auslegung und Glaubenslehre seien das Dogma der Schriftinspiration und das wesentlich damit verbundene Dogma der Wahrheit der Schrift ("Inerranz") genannt; sie lassen sich durch Ergebnisse rationaler Auslegung nicht in Frage stellen.[2]

These III: Auf der Ebene rationaler Auslegung ist die Hinordnung des Alten auf das Neue Testament, wie der christliche Glaube sie versteht, nicht aufzeigbar.

Der Nachweis dieser These soll hier erst gar nicht versucht werden, da sozusagen die gesamte alttestamentliche Wissenschaft aufzubieten wäre. Insbesondere wären die Texte und Zusammenhänge zu beurteilen, die traditionell als messianische Vorhersage gelten.[3] Auf rationaler Ebene ist und bleibt das Alte Testament ein Buch des (nachexilischen) Judentums in der Heilsperspektive dieser Zeit. Das nachchristliche Judentum kann

---

[2] Dazu *J. Becker* (s. Anm. 1), 46-63.
[3] Vgl. *J. Becker*, Messiaserwartung im Alten Testament, Stuttgart 1977; *ders.*, Historischer Prophetismus und biblisches Prophetenbild, in: *J. Zmijewski*, Die alttestamentliche Botschaft als Wegweisung, (FS H. Reinelt), Stuttgart 1990, 11-23.

sich im Alten Testament wiedererkennen und es als sein Erbe legitim beanspruchen. Der Sachverhalt erklärt zu einem Teil die Ablehnung der neutestamentlichen Verkündigung durch die Mehrheit des jüdischen Volkes. Die vielfältigen Versuche, eine Hinordnung des Alten auf das Neue Testament auf rationaler Ebene aufzuzeigen, kranken oft schon daran, daß sie das Problem unterschätzen oder herunterspielen mit Hilfe von vermeintlich positiven Ergebnissen auf dem Gebiet der Messiaserwartung und der prophetischen Vorhersage ganz allgemein. Es fehlt die historisch-kritische Einsicht oder aber der Mut zu Eingeständnissen, die den Anwalt des Glaubens in Bedrängnis bringen können. Aber auch da, wo das Problem deutlich genug gesehen und dargestellt wird, bleiben die Versuche unzulänglich. So ist es auf rationaler Ebene nicht mehr als eine Behauptung, das Verheißungspotential oder - nach anderen - das Scheitern des Alten Testaments rufe nach der neutestamentlichen Erfüllung. Mit anderen Modellen ist es nicht besser bestellt. Sukzessive inneralttestamentliche Neuinterpretationen, die der neutestamentlichen christologischen Neuinterpretation als Schluß- und Höhepunkt zustreben, Strukturanalogien zwischen den beiden Testamenten oder archetypische Funktionen des Alten Testaments greifen nur im nachhinein unter der Voraussetzung des Glaubens. Der Einsicht, daß das Alte Testament auf rationaler Ebene ein jüdisches Buch bleibt, hat sich kritische Auslegung nie ganz zu entziehen vermocht. Dabei konnte es gelegentlich zu zwei unterschiedlichen, aber gleichermaßen unchristlichen Reaktionen kommen. Während auf der einen Seite dem Alten Testament jede christliche Bedeutung und Aktualität abgesprochen wurde (was zum Glück nur selten konsequent geschehen ist), ist man auf der anderen Seite über dem Studium des Alten Testaments der ungebrochenen Faszination des Judentums erlegen (was im Extremfall zur Konversion führt).

These IV: Das Neue Testament bezeugt mit ungeheurer Wucht die Glaubensbotschaft, daß das Alte Testament ganz real, wenn auch nicht mit rationalen Methoden wahrnehmbar und nachweisbar, von Christus spricht, der dort vorherverkündet, vorabgebildet, ja anwesend ist.

Die vorliegende These, die uns zum Kern der Sache führt, steht offensichtlich in Spannung zum Befund der rationalen Auslegung (vgl. These III). Sie weist zugleich den Weg aus der durch diesen Befund entstandenen Aporie christlicher Auslegung des Alten Testaments. Das neutestamentliche Zeugnis, das außer der Person Christi sein gesamtes Heilswerk umfaßt, dürfte als bloßes Phänomen hinreichend bekannt und kaum kontrovers sein; es braucht im vorliegenden Zusammenhang denn auch nicht ausgebreitet zu werden.[4] Nicht an Bekanntheit fehlt es, son-

---

[4] Ausführlicher, aber auch nur schwerpunktmäßig in *J. Becker* (s. Anm. 1), 80-86.

dern an der rechten Wertung. Als Phänomen ist es Gegenstand eingehender Untersuchungen gewesen.[5] Die Besonderheiten einzelner Schriften sind herausgearbeitet worden. Trotz aller Unterschiede darf man behaupten, daß sich die neutestamentlichen Strömungen und Autoren im wesentlichen einig sind. An sich wäre auch der schwierigen traditionskritischen Frage nachzugehen, was der historische Jesus zur Sache gesagt hat. Es scheint durchaus, daß er den Willen des Vaters in den Vorhersagen der Schrift vorgezeichnet sah; doch darf es für unsere Zwecke mit dem Zeugnis der Evangelien, die Jesus entsprechende Aussagen in den Mund legen, sein Bewenden haben.

Das lebhafte Forschungsinteresse darf nicht darüber hinwegtäuschen, daß die neutestamentliche Wissenschaft - von der alttestamentlichen ganz zu schweigen - als Theologie an einem objektiven Offenbarungsgehalt des in Frage stehenden Zeugnisses nicht interessiert ist. Das interessante Forschungsobjekt ist unter dieser Rücksicht nicht mehr als ein ungereimtes, hoffnungslos zeitgebundenes hermeneutisches Modell, dessen objektiver Wert in Nebensätzen abgetan werden kann. Es wird auf eine Stufe gestellt mit griechisch-hellenistischer, philonischer, qumranischer und rabbinischer Auslegungswillkür. Dieser Fehleinschätzung tragischen Ausmaßes hält unsere These entgegen, daß es sich um eine Glaubensbotschaft handelt, die nicht weniger fordert, als daß das Alte Testament ganz real von Christus spricht. Im Sinne dieser Glaubensbotschaft wird weder etwas hineininterpretiert noch etwas herausgelesen, das nicht real darin enthalten ist. Glaubensbotschaft bedeutet freilich zugleich, daß es sich um ein Mysterium handelt, das der rationalen Auslegung nicht zugänglich ist und auch nicht zugänglich sein kann.

Dem neutestamentlichen Glaubenszeugnis über das Christus-Mysterium des Alten Testaments wird man nicht gerecht, wenn man in löblichem christlichem Glaubensgehorsam irgendeine Form der Hinordnung des Alten Testaments auf Christus bejaht, dann aber die konkrete Form dieser Hinordnung den Regeln der rationalen Auslegung unterwirft und somit durch die Hintertür die rationale Beweisbarkeit eben dieser Hinordnung fordert oder insinuiert. An die Stelle des Christus-Mysteriums treten dann rationale Surrogate, wie sie oben in These III angedeutet wurden. Kein methodisches Raffinement, das ja nur eine Bereicherung rationaler ("historisch-kritischer") Auslegung ist, kann dem Mysterium

---

[5] Literatur in *J. Becker* (s. Anm. 1), 80, Anm. 4. Zusätzlich: *F. Schröger*, Der Verfasser des Hebräerbriefes als Schriftausleger, Regensburg 1968; *D.-A. Koch*, Die Schrift als Zeuge des Evangeliums. Untersuchungen zur Verwendung und zum Verständnis der Schrift bei Paulus, Tübingen 1986; *A.T. Hanson*, The Prophetic Gospel: A Study of John and the Old Testament, Edinburgh 1991; *J. Marcus*, The Way of the Lord: Christological Exegesis of the Old Testament in the Gospel of Mark, Louisville/Kentucky und Westminster 1992.

beikommen. Alle Versuche gleichen dem Ansinnen, das Mysterium der eucharistischen Realpräsenz mit Hilfe der philosophischen Lehre von Substanz und Akzidens zu beweisen. In Wirklichkeit kann nur von einer gewissen nachträglichen Erhellung und Durchdringung unter Voraussetzung des Glaubens die Rede sein, und das auch nur für diejenigen, die mit der philosophischen Lehre etwas anfangen können. Ähnlich werden alle bedeutsamen Erkenntnisse der Literaturwissenschaft (Lösung der Textaussage von der Intention des Autors, Berücksichtigung des Kanonprinzips, produktive Rezeption, Wirkungsgeschichte) nur dann eine gewisse Hilfestellung leisten, wenn die Glaubenslehre vorgegeben ist und inhaltlich voranleuchtet.

Dem neutestamentlichen Zeugnis, von dem alles abhängt, wird man meines Erachtens nur gerecht, wenn man seinen Inhalt als Glaubenswahrheit im strikten Sinn (mysterium fidei stricte dictum) anerkennt, und zwar als Dogma von höchstem Rang, dem trinitarischen und christologischen Dogma vergleichbar. In der neutestamentlichen Verkündigung stehen noch Sühnetod und Auferstehung Christi auf gleicher Höhe. In der Systematik sollte das Christus-Mysterium des Alten Testaments als ein wichtiger Aspekt der Lehre über den Heiligen Geist behandelt werden, "der gesprochen hat durch die Propheten" (nizäno-konstantinopolitanisches Glaubensbekenntnis), und in einen christologischen Traktat gehört die These, daß Christus und sein Erlösungswerk in der Schrift vorherverkündet und vorabgebildet sind.

Wenn sich die heutige Theologie, wie zu befürchten ist, dieser Sicht verweigert, so gibt es dafür vor allem zwei verständliche Gründe.

Der erste und gewiß gefährlichste Stein des Anstoßes ist die beängstigende Nähe des neutestamentlichen Zeugnisses zu den bereits erwähnten Methoden griechisch-hellenistischer und jüdischer Auslegung. In Anbetracht dieser Vergleichsmöglichkeit scheint es nicht einmal eine Überlegung wert zu sein, daß es sich um eine Glaubenswahrheit handeln könnte. Außerdem hat man durch das religionsgeschichtliche Vergleichsmaterial schon seine liebe Not mit anerkannten Glaubenswahrheiten und verspürt daher keine Neigung, sich mit neuen zu belasten. Doch sollte gerade im Licht der anerkannten zentralen kirchlichen Dogmen eine Neubesinnung einsetzen. Die Kirche wird zum Beispiel niemals davon abrücken, daß die Glaubenslehre von der wahren Gottessohnschaft Christi (im Sinne der altkirchlichen Konzilien) ihren Quellgrund und Maßstab eben nicht in vergleichbaren religiösen Vorstellungen der damaligen Zeit hat, obwohl sich diese wenigstens ebenso verlockend anbieten wie im Fall der uns beschäftigenden Schriftinterpretation. Wer das christologische Dogma für eine zeitgebundene Vorstellung hält, wird sich erst recht nicht um ein objektiv gegebenes Christus-Mysterium des Alten Testaments kümmern. Wer aber bei den zentralen kirchlichen

Dogmen einer kurzschlüssigen religionsgeschichtlichen Argumentation widersteht, gewinnt damit andere Voraussetzungen für die Beurteilung unserer Frage. Es dürfte deutlich sein, daß es sich für den Glauben um Fragen auf Leben und Tod handelt, die hier nicht entfaltet und ausdiskutiert werden können. Das Kernproblem ist übrigens auf rationaler Ebene überhaupt nicht zu lösen. Mehr denn je gilt, was oben in These II gesagt wurde über die extreme Sensibilität, mit der die Zuständigkeit nicht nur des Glaubens, sondern vor allem auch der rationalen Forschung zu bemessen ist.

Der zweite Stein des Anstoßes ist der in dieser These vertretene Anspruch, daß es eine vom Neuen Testament her verpflichtende Auslegung gibt, die grundsätzlich über den Zuständigkeitsbereich der rationalen Auslegung hinausgeht. Es ist bereits mehr als Gewohnheit, der historisch-kritischen Methode das Monopol der Auslegung zuzuerkennen. Die Auslegungspraxis, auch der heutigen kirchlichen Exegese, hat längst auf die Auslegungstheorie, die Hermeneutik des Alten Testaments übergegriffen. Angesichts dieser Situation, die sogar kirchlichen Verlautbarungen ein freimütiges Bekenntnis zum Christus-Mysterium des Alten Testaments erschwert, muß bewußt auf eine dem Glaubenszeugnis des Neuen Testaments folgende Auslegungsmentalität hingearbeitet werden. Das Problem ist aber nicht nur spiritueller Art, auch Feinsinn und Souplesse sind gefragt, wenn man der Auslegungsweise des Neuen Testaments, der Kirchenväter, der geistlichen Schriftsteller aller Jahrhunderte und nicht zuletzt der Liturgie folgen will. In dieser Hinsicht können moderne Entwicklungen der Literaturwissenschaft wertvolle Hilfe leisten, immer unter der Voraussetzung, daß der Glaube das Christus-Mysterium enthüllt.[6]

These V: Das Christus-Mysterium des Alten Testaments ist Glaubenslehre der Kirche

Einerseits folgt diese These aus der vorausgehenden, da zentrale Verkündigung des Neuen Testaments in der Glaubenstradition der Kirche zwar zeitweise verkümmern, aber niemals verloren gehen kann. Andererseits stützt der Glaube der Kirche unsere Auffassung, daß die christologische Deutung des Alten Testaments, wie sie uns im Neuen Testament entgegentritt, mehr ist als ein zeitgebundenes hermeneutisches Modell.

Gleichsam zur Einstimmung sei hingewiesen auf das Dogma der Schriftinspiration und auf das damit wesentlich zusammenhängende

---

[6] Vgl. *J. Becker* (s. Anm. 1), 37-45 und 97-99, bes. auch den Hinweis auf die Einführung in das Stundengebet auf S. 97, Anm. 42.

Dogma der Wahrheit der Schrift ("Inerranz").[7] Diese beiden Dogmen, zu denen sich das Zweite Vatikanische Konzil in der Constitutio dogmatica "Dei Verbum" unter recht schwierigen Zeitumständen bekannt hat, ermuntern dazu, hohe Erwartungen an das Mysterium "Schrift" zu richten. Sie sind ein Beispiel dafür, daß eine Realität, die der empirischen Wahrnehmung, also auch der rationalen Auslegung völlig entzogen ist, von höchster Würde und größter Bedeutung sein kann. Erwartungsgemäß sind sie wie das Christus-Mysterium des Alten Testaments verkürzenden und verflachenden Interpretationen ausgesetzt. Man kann die theologische Vermutung hegen, daß es Schriftinspiration und Inerranz nur um des Christus-Mysteriums willen gibt.

Die Glaubenslehre der Kirche, nach der in dieser These gefragt wird, artikuliert sich vor allem im Bekenntnis zu einem über den Wortsinn, also über die Domäne der rationalen Auslegung hinausgehenden und erklärtermaßen nur durch Offenbarung und Glaube zugänglichen geistlichen Schriftsinn. Er war dem Glaubensleben der Kirche zu keiner Zeit fremd und hatte immer einen Bezug auf Christus und sein Erlösungswerk. Die Terminologie, auf die es hier nicht ankommt, war schon im Neuen Testament nicht einheitlich und immer einigermaßen interpretationsbedürftig.[8]

Die Belege aus Schrift und Tradition glauben wir uns ersparen zu können. Wohl soll auf Entwicklungen hingewiesen werden, die der Sache geschadet haben. Dazu rechne ich die biedere theologische Lehre von den Schriftsinnen (Noematik). Es geht um die Unterscheidung des Literal- oder Wortsinnes (der noch manche andere Namen gehabt hat) und des typischen Sinnes (der in der Tradition gleichfalls viele Namen kennt). Von der Diskussion um einen zwischen beiden anzusiedelnden Sensus plenior oder Vollsinn können wir absehen, ebenso vom sogenannten Sensus consequens oder Folgesinn und vom Sensus accommodatus oder angepaßten Sinn.[9] Das Bedenkliche der Noematik liegt zunächst einmal darin, daß eine zentrale Verkündigung des Neuen Testaments zu einer Theorie zu erstarren droht, deren Bedeutung längst nicht jedem einsichtig ist. Nun ist eine solche Gefahr auch sonst in der Theologie nicht unerhört und wohl zu bannen, wenn man sich ihrer bewußt wird. Wirklich nachteilig war jedoch die Erklärung des typischen Schriftsinnes. Er verkörperte als das eigentliche Gegenüber des Literalsinns praktisch den geistlichen Schriftsinn und somit das Christus-Mysterium des Alten Testaments. Nun verlor er aber, streng genommen, den Charakter eines Schriftsinnes. Was es damit auf sich hat, sei an ei-

---

[7] Vgl. *J. Becker* (s. Anm. 1), S. 46-59.
[8] Zur Terminologie vgl. u. a. *J. Becker* (s. Anm. 1), 102-104, 115-117, 120.
[9] Ausführlicher *J. Becker* (s. Anm. 1), 113-129.

nem Beispiel verdeutlicht. Das Osterlamm ist Typos (alttestamentliche Vorabbildung) Christi; die alttestamentlichen Stellen, die vom Osterlamm handeln, haben also den erwähnten typischen Sinn. Nun hat aber keiner der Verfasser um die Typologie gewußt, so daß man mit Recht behaupten kann, die Schrift als solche spreche nicht in dem typischen Sinn. Nur die Sache (daher auch Sensus realis oder Sachsinn), nämlich das Lamm, ist unabhängig von der Tatsache, daß die Schrift davon handelt, eine Vorabbildung Christi. Dies erfährt man durch Offenbarung im Neuen Testament, ohne daß diese Kenntnis einen Rückschluß auf den Sinn der alttestamentlichen Textstelle zuläßt. Nicht der Text, sondern die Sache, über die er spricht, hat einen Sinn. Bei diesem Verständnis des typologischen Schriftsinnes konnte nicht ausbleiben, daß der geistliche Schriftsinn auch ohne Zutun der modernen historisch-kritischen Auslegung seinen traditionell so ehrenvollen Platz in der kirchlichen Schriftauslegung einbüßte und mit Lippenbekenntnissen als ein von der Offenbarung nun einmal verpflichtend gemachtes Anhängsel toleriert wurde.

Was dieser theologischen Entwicklung auf dem Gebiet der Noematik besondere Stoßkraft verlieh, war die doch wohl recht fragwürdige Einengung der Schriftinspiration auf den Literalsinn. Sie schien sich logischerweise aus der - übrigens berechtigten - Auffassung zu ergeben, daß die Schriftinspiration als göttliche Einwirkung in ihrer Ausdehnung deckungsgleich ist mit den Verfasseraktivitäten des menschlichen Autors. Was nicht unter die menschliche Autorschaft fällt, unterliegt auch nicht dem göttlichen Handeln. Nun wird aber der typische Sinn per definitionem nicht von der menschlichen Verfasseraktivität berührt. Dieser theologische Gedankengang konnte der Wertschätzung des typischen Sinnes nur abträglich sein. Man zog jedoch nicht in Erwägung, daß die Typologie das Christus-Mysterium des Alten Testaments ganz inadäquat erfaßt. Es liegt nicht außerhalb der Schrift in den Dingen, von denen die Schrift spricht, sondern wenigstens auch in der Schrift als solcher; es ist der rationalen Auslegung zwar nicht erreichbar, wie schon dem menschlichen Verfasser nicht bewußt, aber trotzdem real in der Schrift enthalten und daher auch von der Inspiration nicht auszuschließen. Die Gleichung "dem Verfasser nicht bewußt" ist gleichbedeutend mit "außerhalb der Schriftinspiration" geht im Falle des Christus-Mysteriums nicht auf.

Die Lehre von den Schriftsinnen hatte noch in anderer Hinsicht eine nachteilige Auswirkung auf das rechte Erfassen des Christus-Mysteriums im Alten Testament. Der wesentliche Unterschied zwischen der Schrift des Alten und des Neuen Testaments wurde nivelliert, indem man beiden Testamenten gleichermaßen einen geistlichen Schriftsinn zuerkannte, den man mit dem typischen Sinn gleichsetzte. Wie das Alte Testament

Vorabbildungen des Christusereignisses enthält, so das Neue Testament Vorabbildungen der Heilsvollendung. Nichts verbietet, solche Typologien zu sehen, wie sich ja auch inneralttestamentliche Typologien (z. B. Exodus aus Ägypten und Heimkehr aus dem Exil) entdecken lassen. Auch profane Schriften können in Typologien denken. Im Neuen Testament stellt sich noch die Frage, wie das Verhältnis der Worte und Taten des historischen Jesus zu deren verdeutlichender Darstellung in den Evangelien zu beurteilen ist. Einen wirklichen geistlichen Schriftsinn kann es jedoch nur im Alten Testament geben. Nur hier ist der christologische Sinn verborgen, während im Neuen Testament das Zeugnis vom Christus-Mysterium (natürlich nicht das Mysterium selbst!) offen zu Tage liegt, entsprechend dem berühmten Augustinus-Zitat: Das Neue Testament ist im Alten verborgen, das Alte Testament ist im Neuen offen.[10]

Die kirchlichen Verlautbarungen seit der Enzyklika "Divino afflante Spiritu" Pius' XII. aus dem Jahre 1943 können leider nicht als begeisterte Anwälte des geistlichen Schriftsinnes gelten, wie wir ihn hier verstehen. Daß sie das Wesen der Glaubenstradition hochhalten, ist selbstverständlich; es steht aber nirgendwo, daß sie diese Tradition adäquat und ausgewogen wiedergeben müssen. Unter dem Druck der modernen historisch-kritischen Forschung, unter dem Einfluß der klassischen Noematik der damaligen Zeit und noch insbesondere einer zu eng gefaßten Inspirationslehre mußte der geistliche Schriftsinn ins Abseits geraten. Darauf konnte man sich um so eher verstehen, als man weithin in der Illusion lebte, die historisch-kritische Forschung werde auch ohne Zuhilfenahme eines geistlichen Schriftsinnes die Hinordnung des Alten auf das Neue Testament aufzeigen. Der Enzyklika "Divino afflante Spiritu", die den geistlichen Schriftsinn offenkundig restriktiv behandelt, war im Jahre 1941 ein recht polemischer Brief der Bibelkommission vorausgegangen, der die wissenschaftliche Exegese gebührend verteidigt, einen Seitenhieb gegen die alexandrinische "Allegorese" enthält, aber das Anliegen der (fundamentalistischen) Kreise, gegen die der Brief gerichtet ist, kaum würdigt. Die Constitutio dogmatica "Dei Verbum" des Zweiten Vatikanischen Konzils ist insgesamt positiver eingestellt.[11] Im zentralen Kapitel III (nr. 12) wird gefordert, Inhalt und Einheit der ganzen Schrift zu beachten unter Berücksichtigung der lebendigen Überlieferung der Gesamtkirche und der Analogie des Glaubens. Niemand wird sich jedoch durch diese Stelle ermutigt oder verpflichtet fühlen, einen über den

---

[10] Wörtlich: "... quamquam et in Vetere Novum lateat, et in Novo Vetus pateat" (Quaestiones in Heptateuchum, 2. Buch, Migne PL 34, 623).

[11] Zur Einschätzung der kirchlichen Verlautbarungen vgl. *J. Becker* (s. Anm. 1), 121-125.

rationalen Zuständigkeitsbereich hinausgehenden Schriftsinn zu suchen. Positiver sind die Aussagen in dem vom Alten Testament gesondert handelnden Kapitel IV. Es werden Vorbereitung und prophetische Ankündigung Christi und des messianischen Reiches erwähnt sowie die alttestamentlichen Vorbilder (Typoi) (nr. 15). Weiterhin heißt es vielsagend, in den Büchern des Alten Testaments sei das Geheimnis unseres Heils verborgen (nr. 15); diese Bücher seien als Ganzes in die Verkündigung des Evangeliums aufgenommen worden, sie erhielten und offenbarten im Neuen Testament, das sie selbst hinwiederum beleuchten und deuten, ihren vollen Sinn (nr. 16). In diesem Zusammenhang führt das Konzil das oben erwähnte Augustinus-Zitat an. Im allgemeinen bleibt auch das Konzil auf die Auseinandersetzung mit der historisch-kritischen Forschung fixiert, was niemand wundernimmt, der das überzogene Renommee der Exegese in den sechziger Jahren erlebt hat. Schließlich bewegt sich noch das Dokument der Päpstlichen Bibelkommission aus dem Jahre 1993[12] fast ausschließlich auf dem Feld der rationalen Auslegung. Entwicklungen aller Art werden abwägend registriert; eine allseits beifällig aufgenommene Absage erhält der sogenannte "Fundamentalismus". Entsprechende Sorge hätte auch der geistliche Schriftsinn verdient. Er wird der Kirche allerdings nicht von außen zugetragen, sie muß ihn aus Ureigenem schöpfen.

These VI: Christologische Deutung mindert nicht den Wert des Alten Testaments und läßt es sein eigentliches Wort sagen; sie ist insbesondere eine bleibende Verpflichtung gegenüber dem jüdischen Volk.

Emotionale Gesichtspunkte und Argumente, mit denen diese These in Berührung kommt, sollen als nicht behandlungswürdig außer Betracht bleiben, doch kann es von Nutzen sein, einige davon zu nennen. Der Stand der Alttestamentler und das alttestamentliche Fach, die übrigens kaum älter als 200 Jahre sind, könnten sich in ihrem Wert herabgesetzt fühlen. Obwohl gegenseitige Toleranz in Glaubensfragen selbstverständlich ist, könnte das gute Verhältnis zum Judentum gestört werden. Der "Überschuß" des Alten Testaments gegenüber dem Neuen, insbesondere seine "erfrischende Weltlichkeit" sind in Gefahr. Selbst Christen könnten Anstoß nehmen an der "Christus-allein-Theologie", dem "Christomonismus" und "Neutestamentismus". Wenn wir auf der sachlichen Ebene bleiben wollen, hoffen wir zugleich, zum Abbau von Emotionen beizutragen.

Wenn Christus das Wort des Alten Testaments ist, kann christologische Deutung nicht unsachgemäß sein, als würde das Alte Testament

---

[12] "L'interprétation de la Bible dans l'Eglise", veröffentlicht u.a. in Bib. 74 (1993), 451-528; vgl. bes. 491-493, 496-499, 501-503, 507.

daran gehindert, sein eigenes Wort zu sagen. Freilich nötigt sie zu einer Neubesinnung auf die eigentliche Zielsetzung der alttestamentlichen Exegese. Wir können versuchsweise einmal Wissenschaft vom Alten Testament und Exegese des Alten Testaments unterscheiden, ohne der Exegese den Charakter einer Wissenschaft absprechen zu wollen. Die "Wissenschaft" braucht keine direkte exegetische Zielsetzung zu haben. Sie widmet sich unterschiedslos allem, was im Zusammenhang mit dem Alten Testament erforschenswert ist. Die Ergebnisse auf philologischem und historischem Gebiet wird die Exegese dankbar verwerten. Am Text wird überwiegend die Diachronie von Interesse sein. Die "Exegese" dagegen muß sich - nach den Gesetzen der Literaturwissenschaft! - an den synchronen Text halten und darüber hinaus sich vom Neuen Testament führen lassen. Es ist wünschenswert und gereicht ihr zur Ehre, wenn sie wieder zusammenbringt, was sich auseinandergelebt hat, nämlich zunächst die alttestamentliche und die neutestamentliche Exegese und dann sogar Exegese und Theologie. Es versteht sich, daß "Wissenschaft" und "Exegese" friedlich in Personalunion leben können.

Wie das Neue Testament (und mit ihm die Kirche) ganz von der Auseinandersetzung mit dem Judentum geprägt ist, so ist die christologische Deutung entsprechend dem Stellenwert, den sie im Neuen Testament hat, seit der ersten Stunde der Glaubensverkündigung die große Herausforderung des jüdischen Volkes. Sie war konstitutiv für den Glauben an Christus und wird es immer bleiben, auch wenn sie nach 2000 Jahren im Bewußtsein der Kirche aus den Heiden nicht mehr lebendig zu sein scheint. Die endzeitliche Hinwendung des jüdischen Volkes zu Christus wird sich jedenfalls über das Alte Testament vollziehen. Die Kirche aus den Heiden wird sich daher hüten, mit dem Gedanken zu spielen, das Alte Testament sei nicht aktuell oder gar aufgebbar. Sie versündigt sich sogar, wenn sie es nur mühsam für "wichtig" hält. Um des Judentums willen darf der christologische Anspruch des Alten Testaments nicht verdunkelt werden.

Haben bei dieser Sicht der Dinge Juden und Christen eine gemeinsame Bibel? Rein äußerlich gesehen, braucht die Frage natürlich gar nicht gestellt zu werden, wenn man die deuterokanonischen Bücher als gesondertes Problem einmal heraushält. Die Frage bezieht sich auf den innersten Sinn. Da können wir der Folgerung nicht ausweichen, daß jüdische und christliche Bibel bis in die letzten Fasern voneinander geschieden sind. Erst die Entfernung der Hülle von 2 Kor 3,14-16 wird eine gemeinsame Bibel schaffen.

Wie steht es mit dem Unterschied zwischen dem Alten und dem Neuen Testament unter der Voraussetzung der christologischen Deutung? Er ist eindeutig gegeben wegen des augustinischen "latet", das dem Alten Testament wesentlich zukommt, und des "patet", das im Neuen

Testament gegeben ist. Nur wird man diesen Unterschied nicht undifferenziert mit "alt" und "neu" bezeichnen. Diese Bezeichnungen haben im Sinne von Hebr 8-10 ihre Berechtigung mit Bezug auf die heilsgeschichtliche Epoche und namentlich mit Bezug auf den Bund. Niemals jedoch bezieht sich im Neuen Testament das Prädikat "alt" auf die Schrift als Schrift. Diese hat vielmehr - wenngleich verborgen - neutestamentliches Niveau, sogar mit Bezug auf sittliche Normen, die geistlich zu verstehen sind[13].

Literatur:

- Grundzüge einer Hermeneutik des Alten Testaments, Frankfurt/M. 1993.

---

[13] Dazu *J. Becker* (s. Anm. 1), 84f. Man beachte die Erklärung von 2 Kor 3,14.

Die Beziehung von Altem und Neuem Testament aus kanonischer Sicht

Brevard S. Childs

Eines der schwierigsten Probleme, ja der springende Punkt, bei jedem Versuch einer beide Testamente umfassenden Biblischen Theologie besteht in der Art und Weise, wie die Beziehung zwischen den beiden Teilen der christlichen Bibel aufgefaßt wird. Dieser Punkt ist in der aktuellen Diskussion über die Eigenart der Heiligen Schrift von besonderer Bedeutung, da schon der bloße Umfang des zu untersuchenden Materials sowohl für das Alte als auch für das Neue Testament dazu geführt hat, Exegeten beider Disziplinen zur Spezialisierung in eng begrenzte Bereiche zu treiben. Trotz der Gefahren, die jede Ausdehnung der Kompetenzen bis an die äußersten Grenzen mit sich bringt, können diejenigen, denen der fortwährende kirchliche Gebrauch der Schriften am Herzen liegt, der Verpflichtung, diese Zentralfrage zu stellen, gleichwohl nicht ausweichen. Einmütig bekräftigt die christliche Kirche, daß die Heilige Schrift aus zwei Teilen besteht, einem Alten und einem Neuen Testament. Die Kirche machte den kühnsten aller möglichen Schritte, als sie den Anspruch auf die jüdischen Schriften als unerläßlich für ihren eigenen Kanon erhob. In der Tat hatte die frühe Kirche bekanntermaßen für zwei Jahrhunderte nur die Schriften in der Synagoge als eigene normative Schriftgrundlage, die sie dann aber auch weiterhin als maßgebend erachtete und an die sie ihre evangelische Tradition anknüpfte, sowohl in geschriebener als auch in mündlicher Form. Darüberhinaus ist wichtig zu sehen, daß die Kirche sich die jüdischen Schriften nicht als bloßen Hintergrund des Neuen Testaments zu eigen machte, sondern den theologischen Anspruch erhob, daß die jüdischen Schriften, also das Alte Testament, Zeugnis von Jesus Christus ablegten.

Ferner ist deutlich sichtbar, daß die christliche Verwendung der jüdischen Schriften in einer Umstrukturierung der Hebräischen Bibel mündete. Die Dreiteilung des massoretischen Textes (Tora, Propheten, Schriften) blieb für die christliche Bibel unberücksichtigt. Allerdings machte die Kirche Gebrauch von anderen Traditionen der Septuaginta, indem sie ihre Sammlung mit dem Pentateuch begann, dann allerdings die verschiedensten geschichtlichen Bücher zusammenfaßte, diesen die Weisheit und die Psalmen folgen ließ und mit den Propheten abschloß. Die Kirche schuf ihre eigene Ordnung also nicht *de novo*, jedoch wählte sie aus den zur Verfügung stehenden Möglichkeiten diejenige aus, die am besten das neue christliche Verständnis der jüdischen Schriften widerspiegelte. Die Propheten wurden so an das Ende der Sammlung gestellt, wo sie als Hinweis auf das Kommen des verheißenen Messias fungierten. Oder anders gesagt, das Ziel der Umgruppierung in den Geschichtsbüchern war, den Alten Bund mit Israel als Offenbarungsgeschehen der Vergangenheit zu kennzeichnen, wodurch die weitergehende Kontinuität des Evangeliums mit dem Prophetenwort stärker betont wurde als die mit dem Volk Israel.

Trotz dieser Änderungen in der Abfolge der Bücher ist sehr wichtig festzuhalten, daß es keinen editorischen Versuch gab, das Alte Testament zu christianisieren, weder durch redaktionelle Änderungen wie z. B. die Bücher des Alten Testaments mit einem Teil des Neuen "einzuklammern", noch durch Hinzufügung irgendeiner Art christlicher Kommentierung. Hier wird auch der Unterschied zu späteren apokryphen und pseudepigraphen Büchern deutlich. Die theologische Folgerung, die aus dem kanonischen Prozeß gezogen werden muß, ist die, daß die Sammlung der jüdischen Schriften als geschlossene Einheit angesehen wurde und eine neue und andersartige Sammlung folgte, die sich schließlich zum Neuen Testament entwickelte.

Obwohl die christliche Kirche von Anbeginn den kanonischen Status beider Testamente anerkannte und bekräftigte, wurde die exakte theologische Beziehung zwischen beiden niemals in irgendeiner offiziellen Stellungnahme festgelegt. Allerdings fuhren die verschiedensten Theologen der Kirche fort, sich mit diesem Thema auseinanderzusetzen, indem sie zumeist heftig auf die Arten des Schriftgebrauchs reagierten, die entweder den Glauben an Gott oder Christus zu verletzen schienen und aus diesem Grund als häretisch angesehen wurden (Markion, Gnostiker, Ebioniten). Einige klassische Kategorien wie "Verheißung und Erfüllung", "fortschreitende Offenbarung" und "Gesetz und Evangelium" bildeten sich bald als äußerst charakteristisch für den Umgang der Kirche mit diesem Problem heraus. Eine der gebräuchlichsten Methoden, das Problem anzugehen, war eine hoch entwickelte Form figurativer und allegorischer Lesart, die praktisch zum Spiegelbild der frühen und mittelalterlichen Zeiten wurde. Der Hauptnachteil hierbei war, daß zunehmend der Literalsinn des Alten Testamentes gewandelt wurde, um den Text leichter mit dem Neuen Testament harmonisieren zu können.

Jedoch wurde schon seit den frühesten Anfängen der christlichen Kirche heftiger Druck von jüdischen Gelehrten ausgeübt, die eine andere und oft sehr gegensätzliche Interpretation der alttestamentlichen Texte zu der der Christen vorlegten. Diese Exegese änderte sich in besonderer Weise, als französische jüdische Gelehrte des 11. und 12. Jahrhunderts, wie Rashi, hermeneutisch für den "Vollsinn" des Textes argumentierten, der - obwohl eine höchst differenzierte Interpretation geliefert wurde - hauptsächlich als Aufruf diente, die Bibel aus ihrem Kontext heraus zu interpretieren, statt auf die freien imaginativen Konstruktionen des traditionellen Midrasch oder der Allegorie einzugehen. Mit dem Aufkommen des modernen historisch-kritischen Zugangs verstärkte sich das Problem der Interpretation beider Testamente, besonders des Alten, erheblich. In der Tat war es die hartnäckige Forderung der Aufklärung, daß eine Interpretation dem literarischen und historischen Sinn der Bibel gerecht werden muß, die die Kirche veranlaßte, ihren Interpretationsansatz ernsthaft zu überdenken.

Die neuen Methoden, die von den Gelehrten in den Anfängen der Aufklärung entwickelt worden waren, wurden zur Quelle sowohl für große Zustimmung als auch für das Empfinden ernster Bedrohung, wobei diese Spannung sich bis heute erhalten hat. In theologischer Hinsicht war die Trennung des Alten vom Neuen Testament und ihre Interpretation unabhängig voneinander nur in Begriffen ihres eigenen jeweiligen geschichtlichen Milieus eine der ersten und verhängnisvollsten Folgen. Es wurde zur Binsenweisheit, daß das Neue Testament vom Alten beeinflußt wurde; aber daß das Alte Testament in irgendeiner Weise vom Neuen aus zu interpretieren sei - man denke an die berühmte Formulierung Augustinus' - wurde als hoffnungslos anachronistische Idee fallengelassen. Als Ergebnis versuchten nun kritische Gelehrte über 150 Jahre lang, das Alte Testament in seiner eigenen historischen und sprachlichen Begrifflichkeit zu interpretieren, wenn auch mit dem Anspruch eines philosophischen Konzeptes der Art "ewiger Wahrheiten", oder aber ein Entwicklungsschema vorauszusetzen, um letztendlich eine lose Verbindung zwischen beiden Testamenten beibehalten zu können.

Zu diesem Zeitpunkt läßt sich nun der Beitrag eines kanonischen Zugangs klar erkennen. Diese Methode stimmt grundsätzlich mit der Aufklärung in ihrer Betonung der Eigenständigkeit des Alten Testaments überein. Darüberhinaus aber interpretiert sie diesen Ansatz auf eine ganz andere Art und Weise. Das Alte Testament muß in seinem ureigenen Anspruch verstanden werden, da es eine eigene jüdische Stimme hat, die durch das Kommen Jesu Christi nie verändert wurde. In der Tat war es genau diese jüdische Stimme, die Zeugnis für das Evangelium ablegte. Der kritische Punkt bei einem kanonischen Zugang liegt nun darin, wahrzunehmen, daß das Konzept der Eigenständigkeit des Alten Testamentes sich aufgrund des neuen Kontextes innerhalb der umfangreicheren christlichen Bibel dramatisch wandelte. Die Einzelstimme des Alten Testaments kann also durchaus noch gehört werden, aber im Zusammenspiel mit der des Neuen. Diese zwei Seiten sollen weder vermischt noch getrennt, sondern zusammen gehört werden. Dabei wird es zur exegetischen Aufgabe, den einzelnen Klängen jedes Zeugnisses innerhalb des Kontextes der ganzen christlichen Schrift Gehör zu verschaffen.

Bis zu diesem Punkt ist die Diskussion über die Beziehung zwischen den Testamenten einer Argumentationslinie gefolgt, die einer Perspektive entspricht, welche unter den Biblikern sehr gängig ist. Aber die ganze Dimension des theologischen Problems des In-Beziehung-Setzens der Testamente steht noch aus. Dieser Bereich wird oft so beurteilt, daß er außerhalb der rechtmäßigen Zuständigkeiten der biblischen Disziplinen liegt. Mit einem Wort, der umstrittene Punkt dreht sich um die Frage nach dem Wesen des Hauptgegenstandes der Bibel, also ihrer "Wirlichkeit" (*res*). Es kann kein ernstzunehmendes Verständnis der theologischen Beziehung zwischen Altem und Neuem Testament geben, wenn man keine klare Vorstellung davon hat, wie der Interpret von einer literarischen und historischen Beschreibung des biblischen Zeugnisses zu einer kritischen Reflexion des Objektes kommt, das diese Zeugnisse beinhaltet. Es ist eine Sache, ein Verständnis der verschiedenen "Stimmen" innerhalb der Schrift anzustreben; es ist aber eine ganz andere Sache, die Eigenart des Inhalts zu reflektieren, von der diese sprechen.

Unglücklicherweise ist es für viele in der biblischen Zunft ein großer Schritt rückwärts, die Aufmerksamkeit auf einen angeblichen theologischen Hauptgegenstand zu richten, was nur in einer Form philosophischer Abstraktion münden kann wie z. B. einer statischen Festschreibung der "Glaubenswahrheiten" oder eines " Seinsgrundes". Sie machen den offensichtlichen Einwand geltend: War nicht die gesamte Geschichte der biblischen Forschung seit der Aufklärung ein stetiger Kampf, die Disziplinen von den Zwängen der christlichen Dogmatik zu befreien? Meiner Ansicht nach hat dieser Einwand eine unglückliche Karikatur des vorgeschlagenen Zugangs zur Konsequenz.

Demgegenüber würde ich *David C. Steinmetz*' scharfsinniger Beobachtung zustimmen[1], daß die historische Kritik dazu neigt, die Frage nach der Wahrheit endlos aufzuschieben. Deshalb ist von einer theologischen Perspektive aus betrachtet die bloße historische Beschreibung nicht genug, sondern es gehört zu den zentralen Aufgaben der

---

[1] David C. Steinmetz, The superiority of Pre-Critical Exegeses, Theology Today 37, 1980, 27-38.

Exegese, von dem Zeugnis der Schrift zur Realität, von der diese Schrift handelt, zu gelangen. Einer der unglücklichen Effekte "narrativer Theologie" ist, daß sie den Eindruck vermittelt, man könne nur die Geschichte nacherzählen, aber es ist exakt der Anspruch der Schrift selbst, Ausdruck der Wahrheit zu sein, was ihre Botschaft von der irgendeiner simplen Geschichte unterscheidet. Mehr noch, das Ziel der Interpretation der christlichen Schriften ist es, beide Testamente als Zeugnis derselben göttlichen Realität zu verstehen, die im christlichen Bekenntnis der Gott und Vater Jesu Christi ist.

Die dialogische Bewegung der theologischen Reflexion, die hier vorgeschlagen wird, überführt das unvollständige und bruchstückhafte Verständnis der Wirklichkeit, die in beiden Testamenten gefunden werden kann, in die volle Wirklichkeit, von der die Kirche bezeugt, sie in Jesus Christus gefunden zu haben. Beide Testamente legen Zeugnis für den einen Gott ab, auf verschiedene Weise, zu verschiedenen Zeiten, bei verschiedenen Völkern, und doch werden beide im Lichte des lebendigen Gottes selbst verstanden, dem vollkommenen Abbild der Ehre Gottes (Hebr 1). In diesem Sinn umfaßt wahre biblische Interpretation eine "Sachkritik", aber eine, in der die "Sache" in Begriffen der Wirklichkeit Jesu Christi definiert wird.

Es mag einigen scheinen, daß der Appell an die biblische Exegese, sich energisch mit der theologischen Wahrheit ihrer Zeugen auseinanderzusetzen, ein Übergriff auf dogmatisches Terrain darstellt. In der Tat wäre ich nicht besonders traurig, wenn die scharfe Linie, die biblische Forschung von der dogmatischen trennt, ein wenig verwischt würde. Natürlich bleibt die Arbeitsteilung der Disziplinen bestehen, aber das hat strategische und keine prinzipiellen Gründe. Schon wegen der Ausbildung und der Interessensschwerpunkte der Bibliker wird das Hauptgewicht ihrer Beiträge weitgehend auf der Beschreibung und Interpretation biblischer Texte liegen. Im Gegenzug wenden systematische Theologen eine Vielfalt gutdurchdachter, philosophischer, theologischer und analytischer Fertigkeiten an, die von unschätzbarem Wert sind, wenn es darum geht, das Studium der Bibel auf den Hauptgegenstand christlicher Theologie zu beziehen. Als letzte entscheidende Prüfung für den Erfolg der Zusammenarbeit der beiden Disziplinen erweist sich dann das Ausmaß, in dem der biblische Text und sein Hauptgegenstand erhellt werden.*

---

* Aus dem Englischen übersetzt von U. Dohmen

Literatur:

- Biblische Theologie und Christlicher Kanon, JBTh 3, 1988, 13-27.
- Die Bedeutung der Hebräischen Bibel für die Biblische Theologie, ThZ 48, 1992, 382-390.
- Biblical Theology of the Old and New Testaments. Theological reflection on the Christian Bible, London 1992; deutsch: Die Theologie der einen Bibel, Band 1: Grundstrukturen; Band 2: Hauptthemen, Freiburg 1994/95.

Über die biblische Einheit

Hartmut Gese

I.

Daß die Verhältnisbestimmung von Altem und Neuem Testament in der rechten Weise erfolgt, ist für die christliche Theologie von grundlegender Bedeutung. Dabei scheint man hier besonders großen Schwierigkeiten zu begegnen: Auf der einen Seite steht ein *religionshistorisches* Urteil, wonach das Alte Testament als in sich abgeschlossene Größe sui generis die religiöse Urkunde des Judentums ist, in dessen Schoß die Kanonisierung des Alten Testaments unter Esra begründet wurde, während das Neue Testament als die religiöse Urkunde des Christentums zu gelten hat, das aus dem Judentum zwar entstanden, doch von ihm völlig abgetrennt und unterschieden ist. Will man also das eigentlich Christliche fassen, müßte man sich allein auf das Neue Testament beziehen, dem man dann das Alte Testament zu subordinieren hätte, so daß die Gültigkeit des Alten Tetaments für das Christentum nur eine eingeschränkte sein könnte; alles dem Neuen Testament Fremde müßte relativiert, unter Umständen sogar neutralisiert werden.

Auf der anderen Seite steht dagegen *theologisch* der offenbarungsgeschichtliche Bezug beider religiöser Urkunden. Kann man vom christlichen Gesichtspunkt aus nicht mit dem Islam das Alte Testament als verfälschtes Offenbarungszeugnis abtun oder häretisch als Zeugnis einer inferioren Offenbarung betrachten, so ergibt sich zwischen dem Alten und Neuen Testament eine heilsgeschichtliche Kontinuität, die es gar nicht erlaubt, das Alte Testament selektiv zu beurteilen und inhaltlich einzuschränken, muß doch die heilsgeschichtliche Anerkennung des Alten Testaments kanonmäßig umfassend sein und darf nicht gegen den Zeugnischarakter des Alten Testaments sich auf Partielles beschränken.

Aus diesem Dilemma heraus entwickelten sich vornehmlich zwei Verfahrensweisen, das Alte Testament von einer christlichen Theologie her zu verstehen: Man sah im Alten Testament im wesentlichen die Offenbarung des Gesetzes, das das Volk bis zur Offenbarung des Evangeliums erzieht, und demgemäß betonte man die Offenheit des Alten Testaments auf das Neue hin; oder man faßte das Alte Testament vor allem als Buch der Weissagung und Verheißung auf, die dann im Neuen Testament erfüllt ist, und demgemäß stellte man die Vorabbildung des Neuen Testaments im Alten heraus. In einer Fülle von Variationen und Mischungen lassen sich diese beiden Grundkonzeptionen in der üblichen christlichen Betrachtungsweise des Alten Testaments nachweisen, und doch können sie letztlich nicht befriedigen. Das liegt einmal daran, daß im Alten Testament das Gesetz nicht nur eine negative Bedeutung hat, daß es nicht die Vorbedingung des Gottesbundes darstellt, sondern als sein heilvoller Inhalt Israel in ganz positivem Sinne prägt. Sodann hat die alttestamentliche Offenbarung nicht nur einen Verheißungscharakter, sondern stellt bei aller Offenheit für die Zukunft eine volle Heilsgegenwart her. Das Alte Testament kennt auch die umfassende Erfüllung von Verheißung, wenn etwa die Landgabe sich im davidischen Zionskönigtum und in Gottes Heilsgegenwart auf dem Zion vollendet. So bedeutungsvoll die verschiedenen Gesichtspunkte einer christlich-theologischen Interpretation des Alten Testaments sind, so stehen sie doch immer in Gefahr, das Verständnis des Alten Testaments zu vereinseitigen, indem sie Maßstäbe von außen an das Alte Testament herantragen.

II.

Geht man ohne ein religionshistorisches Vorurteil bei einer Verhältnisbestimmung von Altem und Neuem Testament von letzterem selbst aus, so ergibt sich ein anderes Bild. Weder wird im Neuen Testament das Alte als das in irgendeinem Sinne erst nachträglich einzuschränkende oder umzuinterpretierende Offenbarungs- und Glaubenszeugnis gesehen, an das es darum künstlich anzuknüpfen gilt, noch sieht sich das Neue Testament überhaupt in der Situation einer neuen und zweiten Offenbarungsgeschichte, die von der alten und ersten so getrennt ist, daß es solcher Brücken bedürfte. Das Gottesvolk als Empfänger der Offenbarung kann im Neuen Testament von dem im Alten Testament nicht getrennt werden, es ist dasselbe, nur daß es gemäß alttestamentlicher Lehre eschatologisch weltumfassend geworden ist. Die religionshistorische Sichtweise, im Alten und Neuen Testament die kanonischen Urkunden zweier zu unterscheidender Religionen zu sehen, muß vom Neuen Testament aus entschieden abgewiesen werden, aber auch schon ein theologisch-heilsgeschichtliches Verständnis derart, als sei das Alte Testament nur ein Zeugnis einer inferioren, vorlaufenden Offenbarung, die einen lediglich vorbereitenden Charakter trage.

Niemals wird im Neuen Testament das Alte abweisend oder seine Gültigkeit anzweifelnd zitiert; es ist Gottes Wort in jedem Satz und rechtfertig, bestätigt und deutet das neutestamentliche Geschehen. Ein Satz wie Hebr 1,1f., "Nachdem Gott vielfältig und auf vielerlei Weise ehemals zu den Vätern in den Propheten geredet hat, hat er am Ende dieser Tage zu uns im Sohn geredet, den er zum Erben von allem eingesetzt hat, durch den er auch die Welten gemacht hat", schließt nicht nur die neutestamentliche Offenbarung unmittelbar an die alttestamentliche an, sondern läßt die alttestamentliche Offenbarung von der Christusoffenbarung geradezu umfaßt sein. Die Verklärung Jesu (Mark 9,2ff. u. Parall.) stellt die Christuserscheinung als Vollendung der Sinaioffenbarung dar, und der Apostel Thomas bekennt bei der Wahrnehmung des Auferstandenen (Joh 20,28) mit der Gebetsanrede des Psalmisten *JHWH 'älohaj ho kyrios mou kai ho theos mou*. Das Neue Testament kennt keine andere offenbarungsgeschichtliche Differenz zum Alten Testament, als daß hier das Ziel dieser einen Offenbarungsgeschichte erreicht ist und damit die Vollendung von Gericht und Heil im Gesetzesgeschehen des Kreuzes, im Evangelium der Erscheinung der Basileia im Auferstandenen, der Erfüllung aller Verheißung.

III.

Diese "Übernahme" des Alten Testament durch das Neue müßte dann fragwürdig erscheinen, wenn, wie fälschlich gerne angenommen, das Neue Testament zu einem fertigen und in sich abgeschlossenen Alten Testament hinzugetreten sei und nun von seiner neutestamentlichen, eben unalttestamentlichen Position aus das Alte Testament neu und anders interpretiere. Aber die neutestamentliche Traditionsbildung setzt zu einem Zeitpunkt ein, an dem die alttestamentliche noch keinen definitiven Abschluß erreicht hat; und das heißt nichts anderes, als daß wir es mit einem ununterbrochenen Traditionsbildungsprozeß zu tun haben, bei dem man höchstens die Legitimität der neutestamentlichen Tradition anzweifeln kann und sie als häretisch ausscheiden muß, erkennt man sie aber inhaltlich an, muß man von vornherein von einer Einheit der biblischen Traditionsbildung ausgehen.

Das Alte Testament entsteht ja in einem sukzessiven Kanonisierungsprozeß. Nach der Begründung des Wortgottesdienstes durch Esra 398 v. Chr., bei dem die nun als abgeschlossen geltende Mosetora verlesen und ausgelegt wird (Neh 8) - und eben dieser gottesdienstliche Verkündigungscharakter macht das Wesen der Kanonisierung aus -, muß schon in der ersten Hälfte des 3. Jh. der zweite Kanonteil der Propheten abgeschlossen worden sein. Wenn die synagogale Verlesung diese Propheten nur auswählend und ergänzend zur Toralesung hinzuzieht, gibt sie damit der sukzessiven Kanonentstehung noch Ausdruck. Der dritte, auch sehr verschiedenartig zusammengesetzte Kanonteil läßt sich als abgeschlossen erst Ende des 1. Jh. n. Chr. in der pharisäischen Kanonabgrenzung bei Josephus (Contra Apionem I § 37ff.) oder indirekt in 4 Esra 14 greifen. Erst nach der Katastrophe des Jahres 70 n. Chr. und mit der Neubegründung des Judentums ist ganz entsprechend dem Übergang der Schrifttradition aus der freieren Form bei den Sopherim in die feste der Masora die Notwendigkeit einer kanonischen Fixierung gegeben, die nun bezeichnenderweise eine restriktive Tendenz aufweist (im Zusammenhang einer Kanontheorie der Beschränkung auf die Zeit Esras). Wie wenig das Neue Testament diese Fixierung voraussetzt, zeigt nicht nur das Henoch-Schriftzitat Jud 14f. und das Kombinationszitat 1 Kor 2,9 mit dem Zitat des Höhepunktes des Sirachprologs Sir 1,10 am Ende, sondern vor allem der übliche Ausdruck "Gesetz und Propheten" für das Alte Testament, also die beiden vorausgesetzten abgeschlossenen Kanonteile. Nur einmal, im Fall von Luk 24,44, wo es darauf ankommt, den gesamten Schriftbestand hinsichtlich der Messiaslehre zu benennen, werden noch die Psalmen zu Gesetz und Propheten hinzugefügt, sozusagen als prima pars pro toto; denn es waren einzelne Bücher wie Psalmen, Proverbia, Hiob usw., die eine Kanonreife erlangt hatten, nicht aber gab es einen festumrissenen dritten Kanonteil. So spricht auch der Enkel des Siraciden in seinem Vorwort (132 v. Chr.) nur von den "anderen" oder den "übrigen" Büchern, denen er das Weisheitsbuch seines Großvaters hinzurechnen möchte, ohne damit also eine abgeschlossene und definierte Größe im Auge zu haben. Wie sehr dann auch die kanonische Rezeption der alttestamentlichen Bücher zusätzlich zu Gesetz und Propheten bei den einzelnen jüdischen Gruppierungen schwankt, beweisen Qumran und die neutestamentliche Tradition zur Genüge. Und daß auch die hebräische Sprachgrenze hierbei überschritten wird, zeigen nicht nur die aramäischen Texte von Daniel und Esra, sondern auch die Sapientia Salomonis und die durch die griechische Übersetzung gerade angestrebte Anerkennung des Sirachbuches.

Das alles bedeutet aber nun - erkennt man die Legitimität der neutestamentlichen Traditionsbildung an -, daß Altes und Neues Testament einem zusammenhängendem Traditionsbildungsprozeß entstammen und daß hier eine kanonische Kontinuität besteht. Für die neutestamentliche Traditionsbildung wird durch sie selbst die alttestamentliche zu Ende und zur Vollendung geführt: das Alte Testament ensteht als solches durch das Neue Testament. Nicht von außen und im Sinne eines nur interpretatorischen Zusammenhangs tritt das Neue Testament zum Alten hinzu, sondern die eine Offenbarungs- und Heilsgeschichte schlägt sich in der einen Traditionsgeschichte nieder, die schließlich zum neutestamentlichen Abschluß des Alten Testaments führt.

IV.

Besteht somit eine formale Einheit zwischen Altem und Neuem Testament, so erheben sich doch dagegen starke inhaltliche Bedenken, und es stellt sich die Frage, ob diese inhaltlichen Differenzen zwischen den Testamenten nicht eine einheitliche Betrachtung unmöglich machen. Fassen wir zunächst die allgemeine Seite dieses Problems ins Auge! Das biblische Zeugnis ist in einem Traditionsprozeß entstanden, der die stärksten Gegensätze umfassen kann. Schon das Alte Testament, dessen Einheit wir nicht als Problem empfinden, zeigt diese inneren Spannungen, die nicht nur mit seiner tausendjährigen Entstehungsge-schichte und den geistigen Gegensätzen der jeweiligen Traditionsträger zusammenhängen, sondern prinzipiell mit dem Wesen der Traditionsbildung, die in der lebendigen Glaubensgeschichte des die Offenba-rung erfahrenden Israel gründet. Die Geschichtsgebundenheit des Glaubenszeugnisses, die in der Traditionsgeschichte von den Tradenten bis zu den Redaktoren hin gewahrt wird, ist ein Zeichen der Lebensnähe und Echtheit. Der Tradition der Texte liegt eine Offenbarungs- und Glaubensgeschichte zugrunde, von denen die Texte Zeugnis abzulegen haben, und der Glaube der früheren Zeit bezog sich dabei nicht auf Halbwahrheiten, die man später korrigieren könnte, vielmehr gehört der Gestaltwandel des Inhalts aufs innigste mit dem Prozeß der Offenbarung als Wirklichkeitserschließung zusammen. Wenn beispielsweise neben den Psalmen, die in furchtbarem Schmerz über den Tod als Trennung von Gott klagen, auch solche stehen, die schon das ewige Leben bei Gott verkünden, so hat diese inhaltliche Spannung ihren Sinn: Erst die intensivierte Erfahrung des Todes in einem Israel, das keine sakrale Weihe der Unterwelt kennen durfte, führte ja zu der Erkenntnis der spirituellen Transzendenz anstelle der mythischen. Die Bibel bezeugt uns in all ihren vielfältigen und gerade auch in ihren anscheinend widersprüchlichen Zeugnissen eine Offenbarungs*geschichte*, die bis zu Tod und Auferste-hung Jesu als der letzten Wirklichkeitserfahrung reicht, und in dieser Offenbarungsgeschichte wird erst die Wirklichkeit erschlossen, um die es geht, und die Sprache und Begrifflichkeit gefunden, die das Geheim-nis bezeichnen kann. Lebensnähe und Geschichtsgebundenheit, Wachstümlichkeit und organische Zusammengehörigkeit aufgrund der Identität des das Gotteswort hörenden Israel machen gerade den Reich-tum der biblischen Tradition aus; die Bibel ist kein Koran.

Daß die diesen biblischen Traditionsprozeß abschließende neutestamentliche Tradition in besonderer Weise zu neuen Formen findet, wie dem Evangelium, der apostolischen Epistel, und auslegend und zusammenfassend die Gesamtheit der Offenbarung in ein ganz neues Licht stellt, ja, daß das eschatologische Offenbarungsereignis alle vorherigen Dimensionen hinter sich läßt, trennt nicht das Neue Testament vom Alten, sondern macht im Gegenteil notwendigerweise den Abschlußcharakter des Neuen Testaments aus. Doch wird nur zu leicht übersehen, wieviel im Neuen Testament dem Alten Testament angeblich Fremdes sich schon im späten Schrifttum des Alten Testaments findet, weil dieses späte Schrifttum durch die Übernahme einer erst nachchristlichen Kanonabgrenzung des Alten Testaments anachronistisch als apokryph aus der traditionsgeschichtlichen Betrachtung ausgeschieden wird. Welches Problematisieren der neutestamentlichen Christologie hätte man vermeiden können, hätte man die späte Weisheit als legitime alttestamentliche Tradition gewürdigt.

V.

Aber besteht nun nicht doch ein unüberbrückbarer inhaltlicher *Gegensatz* zwischen den Testamenten hinsichtlich der Bedeutung des Gesetzes; denn das, was im Alten Testament eine zentrale Stellung einnimmt, erscheint im Neuen Testament als abgetan? Sieht man in der biblischen Tradition ein sich entfaltendes Offenbarungszeugnis, wird man anders urteilen. Man wird zunächst erkennen, daß die grundlegende Herausbildung des deuteronomischen Gesetzes das Ergebnis der prophetischen Gerichtsverkündigung des 8. Jh. ist, aus deren Geist heraus sie verstanden werden muß. Und wenn im Neuen Testament jede Form von Selbstgerechtigkeit verurteilt wird, die sich womöglich in gesteigerter Gesetzeserfüllung (Verzehnten nicht nur der Frucht, sondern auch der Gewürze, Übertragung des priesterlichen Reinheitsgebots auf die Laien) gefällt, so ist das ebenso sachgemäß wie die Herausstellung des *richtenden* Wesens des Gesetzes in der paulinischen Theologie. Das deuteronomische Gesetz des Tuns ist aber im Alten Testament wesentlich vertieft worden in der (ezechielisch-)priesterschriftlichen Tradition vom Gesetz des Seins, dessen Ziel die Heiligkeit ist und für das die Zeichenhaftigkeit charakteristisch ist. Wir treten hier, gerade auch im Zusammenhang der sapientialen Schöpfungstheologie (Ps 19, Prov 8 usw.), in ein Gesetzesverständnis ein, das in seiner Transzendenzwahrnehmung zum tiefsten Sündenbegriff führt (vgl. Ps 51). Und schließlich kommt es alttestamentlich auch noch zu einer eschatologischen Sicht in der Zionstora (vgl. Jes 2,2ff.) und in der Erwartung der ins Herz geschriebenen Tora (vgl. Jer 31,31ff.) im Zusammenhang der Lehre vom neuen Bund.

Man darf die, oberflächlich betrachtet, "kritischen" neutestamentlichen Aussagen nicht mißverstehen: Die Bergpredigt samt ihren Antithesen hat ihr Vorbild in einer Dekalogvertiefung wie Ps 50. Und wenn Jesus gerade am Sabbat heilt, dann, weil er kein reparierender Arzt ist, sondern die neue Schöpfung enthüllt; bedeutet doch der Sabbat nicht einfach Arbeitsenthaltung, sondern die Enthaltung jeglichen menschlichen Eingriffs in die Schöpfung, die wenigstens am siebenten Tag wieder ihr restitutio in integrum erfahren soll. Das Heilige aber, der Tempel kennt nie einen Sabbat, kennt nicht jene Trennung des Menschen von der Natur, und darum eröffnet die alles heiligende Erscheinung des Messias die sabbatliche Schöpfungsvollendung des Menschen.

Die alttestamentliche Gesetzeslehre führt geradezu ins Zentrum des Neuen Testaments, und die Lehre von der transzendenten Weisheit als des Schöpfungsgesetzes bestimmt die Grundlagen der Christologie. Das, was sich heilsgeschichtlich in Israels Geschichte als Gottesgericht vollzogen hat, ist offenbarungsgeschichtlich die Erfahrung des Gesetzes; und jedem einzelnen Menschen wird durch das Gesetz die Transzendenz als solche erst offenbar, das Heilige in der Erkenntnis der Sünde, der eigenen unendlichen Gottesferne, die wahrhaftige Anerkenntnis von Leiden und Tod. Im Christusgeschehen des Kreuzes erscheint Gott in diesem, unserem Tod. Jesus erfüllt das Gesetz und trägt so für uns unseren Fluch, Adams Tod. Begegnen wir in unserer Hamartia dem Gesetz, so begegnen wir alle und im Grunde dem Kreuz. Aber der Gekreuzigte ist das erfüllte Gesetz, hier in "unserem" Tod begegnen wir, ja, wir treten ein in die Heiligkeit Gottes. Das Kreuzesgeschehen ist Gesetzesgeschehen, und das Evangelium ist, daß es Gottesgeschehen ist.

VI.

Muß man aber nicht von einer inhaltlichen *Vereinseitigung* der biblischen Überlieferung sprechen, wenn im Neuen Testament nur vom Messias gehandelt wird, während im Alten Testament das Messiasthema durchaus nicht beherrschend ist? Wie im Falle des Gesetzes dürfen wir auch hier uns nicht auf eine vorgefaßte Definition beschränken, sondern müssen das Thema in seinem traditionsgeschichtlichen Zusammenhang und in seiner traditionsgeschichtlichen Entfaltung sehen.

Das Thema beginnt mit der Begründung des davidischen Königtums auf dem Zion und mit der Überführung der Lade auf den Zion, mit dem Davidbund, für den die Erwählung des Zion als Ort der Eingründung des Königtums Gottes und die Erwählung der fortlebenden davidischen Familie nur die zwei Aspekte *einer* Erwählung sind. Dieses Zionskönigtum gilt für die erste Heilsgeschichtsschreibung, den sog. Jahwisten (Gen

12,2f.; Num 24,17ff.; vgl. auch Gen 22,1ff.), und ebenso für die poetische Heilsgeschichtsdarstellung (vgl. Ps 78 oder Ex 15,17f.) als die Erfüllung der Verheißung der Landgabe; und als in den Stürmen der assyrischen und babylonischen Überwältigung diese historische Verwirklichung des Heils zusammenbrach, ging daraus die messianische Erwartung hervor (Jes 7,1ff.; 9,1ff.; Jer 23,5f.; 30,21 usw.), und im Deuteronomismus wurde der Zion zu dem einzigen JHWH-Heiligtum, eben zu dem Erdort der Anwohnung der personalen Gottesoffenbarung des "Namens". Eine vertiefte Auffassung der priesterlichen Heiligkeit in exilisch-nachexilischer Zeit teilte das Amt des Gesalbten in das hohepriesterliche und das weltliche, aber die Ämter sind geradezu "symmetrisch" aufeinander bezogen (Sach 4,1ff.) und stehen im Verhältnis der Repräsentanz (Sach 6,9ff.; 3,8); der Levibund ist nur die andere Seite des Davidbundes (Jer 33,17ff). Daß für die Priesterschrift der ideale Zion und sein Kult in der Stiftshütte mit dem hohepriesterlichen Gesalbten nun auch den eigentlichen Inhalt der Sinaioffenbarung ausmacht, muß mit der messianischen Tradition ebenso zusammengesehen werden wie die Botschaft Deuterojesajas, wo das letzte politische Amt der Ökumeneaufrichtung zwar einem "Messias" Kyros aufgetragen ist, der eigentliche Gottesknecht, das wahre Israel, aber im Davidbund steht (Jes 55,3b-5); wenn Gott vor aller Welt seine Zionsherrschaft antritt, wird das wahre Israel zu David, wie die Völker zu Israel werden. In der apokalyptischen Menschensohngestalt von Dan 7 verschmilzt diese messianische Repräsentation des wahren Israel schließlich mit der mosaisch-prophetischen Offenbarergestalt, die mit den "Wolken" in den Transzendenzraum vor Gott eintritt, während andererseits in der sapientialen Theologie die präexistente Weisheit ihren Ort in der Welt auf dem Zion findet (Sir 24,1ff.).

Die Fülle des Zions- und Messiasthemas, die besonders gegen Ende der alttestamentlichen Traditionsbildung stattfindende Verschmelzung der verschiedenen Aspekte zu einer priesterliche, weisheitliche und prophetisch-apokalyptische Formen annehmenden Gesamttradition beweist, daß die Verbindung von Altem und Neuem Testament sich in der ganzen Breite der theologischen Traditionsbildung vollzieht; und dem entspricht ja auch die im Neuen Testament mit dem messianischen Begriff und dem messianischen Geschehen verbundene Totalität der Heilserfahrung. Hier ist es vollbracht und erschienen, das Gottesreich, das Gesetz, die Sühnweihe, der Weisheitslogos, die neue Schöpfung, das himmlische Jerusalem: "Ihr seid zum Berg Zion herzugetreten, zur Stadt des lebendigen Gottes, dem himmlischen Jerusalem und den Myriaden der Engel, zur heiligen Versammlung und Ekklesia der im Himmel Verzeichneten, zu Gott, dem Richter aller und zu den Geistern der schon Vollendeten, zum Mittler des neuen Bundes, Jesus, zum Blut der Sühnweihe, das mächtiger ruft als das Abels" (Hebr 12,22-24). Nicht einzelne sog. messianische Weissagungen verbinden Altes und Neues Testament, sondern die Einheit des entfalteten Offenbarungsinhalts selbst.

VII.

Der bedeutendste Einwand gegen die biblische Einheit liegt schließlich in der Gegenüberstellung von Judentum und Christentum selbst. Kann das Neue Testament, dem man sogar Antijudaismus vorgeworfen hat, in der Kontinuität des Alten Testaments stehen? Auch hier gilt es, die Differenzen präzise zu fassen. Der Vorwurf des Antijudaismus ist absurd bei einem Schriftenkomplex, der, nehmen wir Lukas aus, praktisch nur von Juden verfaßt ist - wie ja auch die heute verbreitete Vorstellung einer Heidenkirche, die einem der Christusbotschaft sich verschließendem Judentum gegenübersteht, historisch völlig indiskutabel ist. Die scharfe Auseinandersetzung des Neuen Testaments mit dem komplexen Judentum seiner Zeit darf aber nun nicht einfach auf das weitgehend neu begründete Judentum der Zeit nach der Tempelzerstörung übertragen werden, ein Judentum ohne Opferkult, ohne Sadduzäismus und Essenismus und auch in seinem Pharisäismus unter Zurückdrängung hellenistischen und apokalyptischen Geistes eine ganz neue Gestalt und Einheitlichkeit gewinnend. Es ist hoch bedeutsam, daß dieses reformierte Judentum nun nicht einfach an einem für illegitim und häretisch gehaltenen Christentum vorbei die alttestamentliche Tradition etwa mit 4 Esra und ähnlichen Texten weitergeführt hat, sondern unter Anwendung der Theorie eines kanonischen Abschlusses durch Esra die sich vielfältig entwickelnde alttestamentliche Tradition auf allseits anerkannte und kanonisch nicht mehr in Frage zu stellende Texte reduziert hat, um eine neue und auf einer sekundären Ebene gelegene halachisch-aggadische Tradition zu beginnen. Dieses neue Judentum, so sehr es auch an dem Abweis der christlichen Tradition keinen Zweifel läßt, tritt damit doch aus einer Konfrontation heraus, indem es hinsichtlich der messianischen Frage traditionsgeschichtlich eine Stellung zur Zeit Esras einnimmt; es bildet kein antichristliches Altes Testament aus, sondern bleibt bei einem vorchristlichen stehen.

Für die christliche Sicht ist dieses Alte Testament in die neutestamentliche Tradition hineingewachsen und bildet mit ihr eine Einheit. Dabei geht es nun nicht um eine christliche Auslegung des Alten Testaments, auch nicht in der beliebten sublimen Form der Herausstellung einer an die Texte herangetragenen "Mitte" der Schrift, die bestimmte Bewertungen ermöglichen soll. Jeder Text ist vielmehr so zu verstehen, wie er verstanden sein will, wie er sich eben selbst versteht; und die wahrhaft historische Auslegung ist auch die wahre theologische. Nur muß beachtet werden, daß nicht nur der Einzeltext kanonisch maßgebend ist, sondern auch die Komposition, in der er steht, und der traditionsgeschichtliche Zusammenhang, dem er Ausdruck gibt. Daher besteht dann ein entscheidender Unterschied, ob die biblische Perspektive mit Esra oder mit dem Neuen Testament schließt. Auf der anderen Seite bedarf es für das christliche Verstehen des Alten Testaments einer wirklichen Identifikation mit der alttestamentlichen Offenbarungs- und Heilsgeschichte. Die Annahme dieses Zeugnisses bedeutet, daß man aus Ägypten zieht, am Sinai steht, daß Abraham unser Vater und David unser König ist. Nicht nur versteht man erst dann das Neue Testament, man wird auch erst dann dem Bruder als Bruder gerecht, der seinerseits bis Esra ebenso denkt und fühlt.

Veröffentlichungen des Verfassers zum Thema:

Erwägungen zur Einheit der biblischen Theologie (ZThK, N.F. 67, 1970, 417-436 = *H. Gese*, Vom Sinai zum Zion. Alttestamtliche Beiträge zur biblischen Theologie, 1. Aufl. München 1974, 3. Aufl. 1990, 11-30).
Zur biblischen Theologie, 1. Aufl. München 1977, 3. Aufl. Tübingen 1989
Tradition und biblische Theologie (Zu Tradition und Theologie im Alten Testament, hg. v. *O. H. Steck*, Neukirchen 1978, 87-111).
Die Weisheit, der Menschensohn und die Ursprünge der Christologie als konsequente Entfaltung der biblischen Theologie (SEA 44, 1979, 77-114 = *H. Gese*, Alttestamentliche Studien, Tübingen 1991, 218-248).
Hermeneutische Grundsätze der Exegese biblischer Texte (Standort und Bedeutung der Hermeneutik in der gegenwärtigen Theologie, hg. v. *A. H. J. Gunneweg, H. Schröer*, Bonner akademische Reden 61, Bonn 1986, 43-62 = H. Gese, Alttestamentliche Studien 249-265).
Die dreifache Gestaltwerdung des Alten Testaments (Mitte der Schrift? Ein jüdisch-christliches Gespräch. Texte des Berner Symposiums vom 6.-12. Januar 1985, hg. v. *M. A. Klopfenstein, U. Luz,* Judaica et Christiana 11, Bern, Frankfurt, New York 1987, 299-328 = H. Gese, Alttestamentliche Studien 1-28).
Der auszulegende Text (ThQ 167, 1987, 252-265 = *H. Gese*, Alttestamentliche Studien 266-282).
(Einige Sätze der vorliegenden Darstellung sind dem Tübinger Vortrag "Alttestamentliche Hermeneutik und christliche Theologie" vom 8.6.1994 entnommen, der zur Veröffentlichung vorbereitet wird.)

Die Botschaft der beiden Testamente[1]

Otto Kaiser

1. Das Alte Testament als Erbe und Problem christlicher Theologie und Kirche[2]

Wenn das Alte Testament Teil der christlichen Bibel geworden ist, so hat das seinen unbestreitbaren Grund darin, daß Jesus und seine Jünger Juden gewesen sind und demgemäß die jüdische Bibel fraglos als ihre heilige Schrift betrachteten. Daher mußte sich der Glaube der Urchristenheit an Jesus als den Messias und Christus, der seine doppelte Wurzel in Jesu vollmächtigem Wirken als Bote des kommenden und mit ihm bereits anbrechenden Gottesreiches und in den als Bestätigung seiner Messianität verstandenen Erscheinungen des Auferstandenen besaß (und weiterhin besitzt) mittels des Schriftbeweises verantworten. Nachdem sich das Christentum auf dem Boden des Heidentums zu einer selbständigen Religion entwickelt hatte und neben die ererbte Bibel eine Sammlung christlicher Schriften getreten war, wurde die Bibel Jesu im Schatten der paulinischen Botschaft von der Freiheit des Christen vom Gesetz und ihre damit erfolgende Umbewertung zum Alten Testament (II Cor 3,14) zu einem grundsätzlichen Problem, das man zunächst mittels der typologischen und dann auch der allegorischen Schriftauslegung zu lösen suchte. Erst der radikale Angriff auf den Gott der jüdischen Bibel durch Markions Evangelium vom fremden Gott und seiner Position ver-

---

[1] Überarbeitete Fassung eines Vortrags, gehalten am 8. Novemver 1994 auf Einladung der Theol.Fakultät der Ruhr-Universität Bochum und am 2. Januar 1995 vor den Alten Marburgern in der Ev. Akdemie Hofgeismar. Ich danke denen, die durch ihre Diskussionsbeiträge zur Präzisierung und Ergänzung meiner Ausführungen beigetragen haben.
[2] Vgl. zum Folgenden UTB 1747, § 2 und 3.

wandte gnostische Positionen nötigte die altkirchlichen Väter das Verhältnis zwischen den beiden Teilen der Schrift grundsätzlich zu klären: Im Interesse der Bewahrung der durch die Gnostiker bestrittenen Einheit von Schöpfung und Erlösung entschieden sie sich für den Schöpfergott des Alten Testaments, im Interesse der Geschichtlichkeit des Glaubens mittels des Gedankens der göttlichen Ökonomie für den Gott des Alten Testaments als Lenker der Heilsgeschichte und im Interesse des Erweises des Christuszeugnisses des Alten Testaments für seine Auslegung mittels des Weissagungsbeweis und der Allegorese. Dadurch wurde die vom Judentum ererbte Bibel zum Alten Testament, sein Bund zu einem vorläufigen, dem der im Neuen Testament bezeugte als der für den Christen gültige gegenübersteht.

2. Die Krise des traditionellen christlichen Verständnisses des Alten Testaments in der Neuzeit und die daraus zu ziehenden Folgerungen[3]

Dieses im 2. und 3. Jh. n.Chr. entwickelte Schriftverständnis hat den Gebrauch des Alten Testaments in der christlichen Kirche bis in die frühe Neuzeit hinein ungebrochen bestimmt. Erst das durch den Humanismus begründete, durch die Reformation unterstützte und durch die Philosophie der Renaissance und der Aufklärung zur bestimmenden Macht des abendländischen Geistes werdende historische Denken hat das Alte Testament zunächst für die wissenschaftliche Theologie und schließlich auch für die Kirchen des Westens zu einem Problem werden lassen, da es den Nachweis führte, daß seine Verheißungen Israel galten und sein messianischen Weissagungen das Kommen eines realen, dank göttlicher Begabung die Weltherrschaft ausübenden Heilskönigs und anders als die neutestamentlichen Deutungen Jesu keinen leidenden Messias erwarteten. Der neutestamentliche Weissagungsbeweis läßt sich heute allenfalls in der Form wiederholen, die ihr *Rudolf Bultmann* gegeben hat, indem er das Scheitern der alttestamentlich-jüdischen Eschato-

---

[3] Vgl. zum Folgenden UTB 1747, § 4 und 5 und künftig auch *Andreas Lüder*, Historie und Dogmatik. Ein Beitrag zur Genese und Entfaltung von Johann Salomo Semlers Verständnis des Alten Testaments, BZAW 223, Berlin und New York 1995.

logie an ihrem inneren Widerspruch, das Handeln des überweltlichen Gottes innerweltlich zu realisieren, als Folge eines Selbstmißverständnisses deutet, das auf das radikal-eschatologische Verständnis der christlichen Hoffnung verweist. Demgemäß wären die alttestamentlichen Weissagungen angesichts ihrer neutestamentlichen Erfüllung intentional zu deuten.[4]

Die durch *Johann Salomo Semler* vorbereitete, durch *Friedrich Schleiermacher* wirksam gewordene und durch *Adolf von Harnack* verschärft erhobene Forderung, dem Alten Testament seinen Charakter als Heiliger Schrift der Kirche zu nehmen und ihm eine lediglich religionsgeschichtliche Bedeutung als Urkunde für den religiösen Hintergrund der Verkündigung Jesu und der Botschaft des Neuen Testaments einzuräumen, konnte sich selbst in der protestantischen Theologie und Kirche nicht durchsetzen und hat im Schatten des Holocaust ihre Realisierungsmöglichkeit überhaupt verloren.

Zwei der drei prophetischen Weltreligionen, das Judentum und des Christentum nehmen das Alte Testament unmittelbar, wenn auch in unterschiedlicher Weise als ihre Heilige Schrift in Anspruch, während der Islam als die dritte indirekt von alt- und neutestamentlichen Überlieferungen abhängig ist. Demgemäß stehen die drei Religionen vor der Aufgabe, ihr Verständnis des Alten Testaments bzw. der ihm entnommenen Traditionen vernunftgemäß und frei von gehässiger Polemik unter Respektierung seines Wortsinnes zu begründen.

3. Das Problem der Möglichkeit der Rede von der Botschaft des Alten Testaments

Um diese Aufgabe angemessen zu lösen, bedarf es der Beantwortung der Frage, welche Botschaft das Alte Testament in seiner in der Hebräischen (wie in der Griechischen) Bibel überlieferten Gestalt enthält. Ihr entspricht die andere, ob eine Theologie des Alten Testaments überhaupt möglich ist. Beide Fragen scheinen nicht nur auf den ersten Blick lediglich eine negative Beantwortung zu erlauben, weil es sich bei ihm um eine in einem komplizierten und sich über Jahrhunderte erstreckenden

---

4 *R.Bultmann*, Weissagung und Erfüllung (1949), in: *Ders.*, Glauben und Verstehen II, Tübingen 1962 (ND), 162-186.

Redaktionsprozeß entstandene Sammlung von Schriften handelt: Die Vielzahl und Vielschichtigkeit ihrer aus ganz unterschiedlichen Zeiten und Situationen wie aus unterschiedlichen Traditionskreisen stammenden Texte hat notwendig eine Vielstimmigkeit ihrer Gottebezeugungen zur Folge. Die ältesten in ihm enthaltenen Texte stammen aus dem 10. Jahrhundert, die jüngsten (beziehen wir die spätbiblischen Apokryphen oder deuterokanonischen Schriften ein) erst aus den letzten Jahrzehnten des 1. Jahrhunderts v.Chr. Dieses Jahrtausend umspannt die Geschichte Israels von der Entstehung des Großreiches Davids bis zur Zeit des jüdischen, von des römischen Kaisers Augustus Gnaden regierenden Königs Herodes des Großen und damit nicht nur eine Abfolge ganz unterschiedlicher Lebensbedingungen des Gottesvolkes, sondern auch unterschiedlicher Weisen Gott zu bezeugen. Dies läßt es als a priori aussichtslos erscheinen, von dem Alten Testament als einer theologischen Einheit zu reden. Daher scheint es vielen nach gründlicher Überlegung und langjähriger Erfahrung im Umgang mit seinen Texten nur eine religionsgeschichtliche, aber keine systematisch-theologische Behandlung zuzulassen. Der Abgrund zwischen der Relativität des wahrscheinlichen, ständiger Korrektur bedürftigen historischen Einzelurteils und der systematischen, auf verbindliche Lehre abzielenden Überlegung wäre demgemäß methodisch prinzipiell unüberbrückbar. Das Problem ist durchaus nicht nur von akademischem Interesse, weil seine Lösung fundamentale Bedeutung für den Umgang mit dem Alten Testament besitzt. Gelingt es, seine hinter seiner Vielstimmigkeit verborgene Einheit nachzuweisen, so ist damit dem schrankenlosen Subjektivismus seiner Verwendung eine Grenze gesetzt, wie sie sich im Schatten des postmodernen Subjektivismus und Ästhetizismus ausbreitet.

Nach unserer Einsicht ist der Versuch, eine zentrale Botschaft des Alten Testaments zu ermitteln und seine Theologie nachzuzeichnen, trotz seiner Vielstimmigkeit und Vielschichtigkeit keineswegs zum Scheitern verurteilt. Dieser vermeintliche Optimismus hat zwei realistische Gründe: Einerseits läßt es sich zeigen, daß die uns überlieferten Texte des Alten Testaments ein grundlegendes Existenz- und Gottesverständnis gemeinsam haben. Anderseits läßt sich der Nachweis führen, daß der Hebräischen Bibel in ihrer Dreiteilung von Tora, Nebi'im und Ketubim, von Gesetz, Propheten und Schriften, ein theologisches Programm entspricht, das sich redaktionsgeschichtlich verifizieren läßt. Damit ist dem Leser dieses Buches ein Verstehenshorizont vorgegeben, den er bei der Auslegung der einzelnen Texte im Auge behalten sollte. Es ist mithin unsere Aufgabe, im Folgenden die dem Alten Testament seine innere Einheit garantierenden Grundüberzeugungen und die in ihm als Ganzes enthaltene Botschaft und damit die Voraussetzungen für den Vergleich zwischen den beiden Testamenten darzustellen.

4. Die Vernunft des biblischen Monotheismus

Schon die heute modische Polemik gegen den biblischen Monotheismus und das gelegentlich geradezu lustvolle Aufspüren polytheistischer Hintergründe der israelitischen Religionsgeschichte zeigen an, daß im Alten wie im Neuen Testament das 1.Gebot des Dekaloges von Ex 20,2f. par Dtn 5,6f. "Ich bin Jahwe, dein Gott, der dich aus Ägyptenland aus dem Sklavenhaus geführt hat. Du sollst nicht andere Götter haben neben mir!" das Haupt- oder Grundgebot darstellt, mit dem kein einziger in der Schrift enthaltener Text kollidiert. Die Frage der biblischen Theologie lautet anders als die der Religionsgeschichte nicht: "Hat Israel sich stets an dieses Gebot gehalten, ja, steht es tatsächlich am Anfang oder ist es erst das Ergebnis der schmerzlichen Erfahrungen seiner Geschichte?" sondern: "Gilt es in den uns überlieferten biblischen Texten und bildet es ihre selbstverständliche Denkvoraussetzung?" Befragt man die alttestamentlichen Texte angemessen auf das hin, was sie sagen und mithin auch sagen wollen, so wird deutlich, daß der Polytheismus in ihnen nur als Abfall von Jahwe beurteilt und als Grund des Endes der beiden Reiche von Israel (vgl. z.B. II Reg 17,7ff.) und Juda (vgl. z.B. II Reg 21,2ff.) betrachtet wird. Dieses Verständnis der Geschichte des Gottesvolkes Israel hat im sog. Deuteronomistischen Geschichtswerk seinen geschichtsmächtigen Ausdruck gefunden. Es bestimmt letztlich nicht nur das ganze Heils-Unheilsgeschichtliche Großgeschichtswerk, das von der Schöpfung der Welt bis zur Zerstörung Jerusalems, von Gen 1 bis II Reg 25 reicht, sondern auch die Prophetenbücher, das Chronistische Geschichtswerk und die anderen Schriften. Wir vergegenwärtigen uns das am Beispiel des Großgeschichtswerkes: Die deuteronomisch-deuteronomistische Devise "Ein Gott, ein Volk, ein Kultort" bestimmt hintergründig die ganze Darstellung: Beten, den Namen Jahwes anrufen konnten die Väter überall dort, wo ihnen Jahwe erschienen war, opfern aber sollte Abraham auf dem Berge, den ihm Gott selbst bezeichnen würde, auf dem Berge im Lande Morija, dem Berge Zion (vgl. Gen 22,2 mit II Chr 3,1). Opfern sollte das wandernde Gottesvolk vor dem Zelt der Begegnung und der Lade, bis auch Zelt und Lade in Jerusalem ihre Stätte gefunden hatten. Der Reichstempel der Davididen auf dem Berg Zion galt den Deuteronomisten als das einzig legitime Heiligtum, die Reichstempel des Bruderreiches Israel waren in seinen Augen nichts als Stätten des Abfalls von Jahwe, der an ihnen geübte Kult eine Perpetuierung der Sünde Jerobeams (vgl. z.B. I Reg 12,26ff.; 14,16; 15,14; 22,43 mit II Reg 15,28). Nicht weniger verdächtig waren ihnen die sog. Höhen wegen ihrer Nähe zu naturmythologischen Praktiken (I Reg 3,2; II Reg 12,4; 16,4; 23,15) und die Ascheren wegen ihrer primären Funktion als Vergegenwärtigung der kanaanäischen Muttergöttin Aschera (Dtn 16,21; I Reg 14,23; 16,33; II Reg 18,4; 23,14). Nur die Einheit und Reinheit des Kultes sicherte Israel in ihren Augen zusammen mit dem Gehorsam gegenüber der Tora die Gnade und Barmherzigkeit seines Gottes. Was die Deuteronomisten an älteren Quellen, an Sagen, Geschichtserzählungen, Annalen, Ritualen oder Rechtssätzen in ihr Werk aufnahmen, das hatte die Zensur unter dem Gesichtspunkt seiner Verträglichkeit mit dem 1. Gebot bestanden und war dem das Ganze zusammenhaltenden Gedanken untergeordnet, daß Israels einstiges und künftiges Heil allein auf seiner exklusiven Treue zu seinem Gott Jahwe beruht. Sie erweist sich im Gehorsam gegenüber seinem im Dekalog bündig zusammengefaßten und in den anderen Rechtsbüchern ausgelegten Willen. Israels gegenwärtiges Exilsgeschick erklärten die Deuteronomisten demgemäß als die Folge seines Abfalls von Jahwe und des Ungehorsams gegen seine Gebote.

Was sich dem Religionsgeschichtler in Texten wie der Abgrenzungsparänese Dtn 7 oder der Erzählung vom Gottesurteil auf dem Karmel I Reg 18 als Ausdruck einer der Identitätssicherung Israels geltenden, geradezu zelotischen Montheismus darstellt, zeigt dem Religionsphilosophen unbeschadet der den Texten notwendig inhärenten Zeitgebundenheit seine innere Wahrheit. Als Beispiel seien die Kultpolemiken des Hoseabuches gewählt: Alles, was an den Dienst der Götter Kanaans erinnert, ist in den Augen der prophetischen, dem Geist des Deuteronomiums verwandten Autoren mit der Zugehörigkeit zu Jahwe unvereinbar. Er verlangt von den Seinen zuverlässige Treue gegen sich und den Nächsten, wie sie das Hauptgebot und die sog. Zweite Tafel des Dekalogs auslegen (vgl. Hos 4,1f.). Demgemäß können wir die zwischen Israel und Jahwe bestehende Gottesbeziehung als personal bezeichnen.

Ihr gegenüber gehört der Naturkult Kanaans einer überwundenen Stufe des menschlichen Selbstverständnisses an, in dem es sich noch mit der Natur eins wußte, aber seine Stellung zwischen Gott und Welt noch nicht erkannt hatte. Von dieser Warte aus erscheint der rituelle, nicht an die Ehe gebundene und keine Ehe stiftende Verkehr zwischen Mann und Frau in der Heiligen Hochzeit dem prophetischen Urteil als Unzucht (vgl. Hos 4,12ff.): Die Ausschließlichkeit des von Jahwe geforderten Gottesverhältnisses verbietet den bloßen Gebrauch des Anderen selbst zu religiösen Zwecken. Nicht das rituelle Nachspiel göttlicher Vollzüge bewirkt Israels Heil, sondern der Gehorsam gegenüber dem Willen seines Gottes. Durch die personale Bindung an den weltüberlegenen Gott gewinnt der Mensch seine Personalität als freie Ständigkeit zwischen Gott und Welt und damit zugleich die Verantwortung für den Anderen als seinen Nächsten. Mit dieser Bindung an Gott und zugleich an den Nächsten ist beider bloß instrumentaler Gebrauch ausgeschlossen: Der Gott Israels ist kein Glücksgötze, und der Mensch kein bloßes Werkzeug für den Menschen. Ist Gott der Schöpfer der Welt und, wie wir sogleich sehen werden, der Schöpfer Israels, so ist in Israel kein Raum für den Dienst der Götter als der Mächte der waltenden Bezüge der Welt und der Grundfähigkeiten und Leidenschaften des Menschen.

So stellt die deuteronomisch-deuteronomistische Theologie den Menschen als verantwortliches Subjekt zwischen Gott und Welt und neben den Nächsten. Und so wie die entgötterte Welt zu der von Gott geschaffenen einen Welt wird, kann der Grund dieser einen Welt auch nur ein Gott sein (vgl. Sap 13,1-9). Damit hat Israel die Welt der Naturreligion hinter sich gelassen und kraft seines exklusiven Gottesverhältnisses die Verantwortung des Menschen für sich und seine Welt entdeckt. Sein Monotheismus ist keine bedauerliche Verarmung, sondern vernünftig: Für ein welttranszendierendes Bewußtsein kann der Grund der Welt nur einer sein. Dabei ist das Gottesbewußtsein dem Menschen insofern mit seinem Weltbewußtsein gegeben, als wer das Endliche denkt, seinerseits bereits über das Endliche hinaus ist.[5] Die Krise der Neuzeit wurzelt nicht im jüdischen-christlichen Monotheismus, sondern im Zerfall ihrer Bindung an Gott und im damit verbundenen Verlust der Verantwortung für den Nächsten und für die Welt, nicht im Christentum, sondern in seinem Mißverständnis und Mißbrauch als einer Herrschaftsideologie.

---

[5] Zum Verhältnis zwischen philosophischer Theologie und der Theologie der Offenbarung vgl. auch *Kasper*, 147 bzw. *Wolfhart Pannenberg*, Systematische Theologie 1, Göttingen 1988, 119f.

5. Die Bedeutung des Zusammenhangs von Grundbeziehung und Grundgebot im Alten Testament

Wir können an dieser Stelle die Einheit der alttestamentlichen Gottesbezeugungen in ihrer Verschiedenheit nicht in aller Ausführlichkeit darlegen. Da wir das an anderer Stelle getan haben,[6] reicht es aus, wenn wir hier an die drei Konstanten erinnern, die sie garantieren: die Grundbeziehung zwischen Jahwe und Israel, das ihr entsprechende, bereits in seiner Bedeutung anvisierte Grund- oder Hauptgebot[7] der exklusiven Verehrung Jahwes und die Grundgleichung von Treue bzw. "Gerechtigkeit" und Leben, die die Grundbeziehung qualifiziert. Das Grund- oder Hauptgebot setzt die Grundbeziehung voraus, daß Jahwe der Gott Israels und Israel das Volk Jahwes ist, wie es die sog. Bundesformel auf den Punkt bringt (vgl. z.B. Dtn 29,11-13; Lev 26,45 und Jer 11,3-5).[8] Israel ist, was es ist, als das Volk Jahwes. Sein erwählendes Handeln ist der Grund der Existenz seines Volkes: Er hat es sich aus Ägypten als Eigentumsvolk (l^ecam s^egullâ) erwählt, nicht " weil ihr größer wäret als alle Völker - denn du bist das kleinste unter allen Völkern, sondern weil er euch geliebt hat und damit er seinen Eid hielte, den er euren Vätern geschworen hat" (Dtn 7,6f.). Die Vätergeschichten prolongieren diese Erwählungsgeschichte um Generationen und Jahrhunderte zurück. Die mit der Geburt der Verheißungsträger verbundenen Umstände verdeutlichen es, daß dieses Volk seine Anfänge und sein wunderbares Anwachsen allein dem planvollen Erwählungshandeln und der Treue seines Gottes verdankt. Der bedingungslose Abrahambund des Priesters in Gen 17 und die beiden Bundesschlüsse am Sinai/Horeb und im Gefilde Moabs (Ex 24 bzw. Dtn 26,16-19 und 29) der Deuteronomisten stehen im Rahmen des Großgeschichtswerkes in einem komplementären Verhältnis: In der Abraham zugesagten, für immer gültigen b^erît verpflichtet sich Jahwe, für immer sein und seiner Nachkommen Gott zu bleiben und ihnen Kanaan als ewigen Besitz zu geben. Diese Zusage gilt ohne Wenn und Aber. Die beiden von Mose vermittelten Bundesschlüsse zwischen Jahwe und Israel binden Segen oder Fluch, Glück oder Unglück des

---

[6] UTB 1747, Abschnitt 3.
[7] Die Bezeichnung geht auf *Norbert Lohfink*, Das Hauptgebot. Eine Untersuchung literarischer Einleitungsfragen zu Dtn 5-11, AnBib 20, Rom 1963 zurück.
[8] Vgl. dazu *Rudolf Smend*, Die Bundesformel, ThSt(B) 68, Zürich 1963 = *Ders.*, Die Mitte des Alten Testaments. Ges.Stud. 1, BevTH 99, München 1986, 11-39.

Volkes an seinen Gehorsam gegen die im Dekalog zusammengefaßten Bundessatzungen. Der ewigen Gültigkeit des Abrahmabundes (Gen 17,7) mit seiner von der Völker- und Landverheißung gerahmten Zusage, für immer der Gott Abrahams und seiner Nachkommen zu sein, entspricht in den Israelbünden am Sinai/Horeb und im Gefilde Moabs die Ausdehnung der Gültigkeit der Verpflichtung auf die göttlich gebotenen Satzungen, Gebote und Rechtssätze der deuteronomischen Gesetzesverkündigung auf das Israel aller Zeiten und an allen Orten (Dtn 29,13f.). Dabei soll der Gehorsam gegenüber Jahwes Geboten Antwort auf die Liebe sein, mit der Jahwe Israel geliebt und um deretwillen er Israel erwählt hat (Dtn 7,7; Hos 11,1). In diesem Sinne legt die deuteronomische (mit Recht zum jüdischen Credo gewordene) Bekenntnisformel des $\check{s}^e ma^c$ in Dtn 6,4f. das Gottesverhältnis Israels angemessen als eine Liebesbeziehung aus: "Höre Israel, Jahwe ist unser Gott, Jahwe allein,[9] und du sollst deinen Gott lieben mit deinem ganzen Herzen und deiner ganzen Seele mit deiner ganzen Kraft." Dem Gott, der sein Volk liebt, dient man nicht im ekstatischen Rausch, sondern indem man ihn wiederum liebt und daher die Treue hält. Wer liebt, erkennt den anderen für sich als einzig und weiß, daß sich sein Leben in der Hingabe ihn erfüllt. Treue ist die Bewährung der sittlichen Kraft der Person in der Konstanz ihrer Entscheidung. So wird der Mensch durch den Anruf des einen Gottes zur Person, die dank ihrer Freiheit zur Hingabe an Gott und den Nächsten befähigt ist. Nicht die isolierte Sexualität, nicht die sieghaft rauschartige Gewalttätigkeit, nicht die isolierte Kunstfertigkeit und bloße Intellektualität und schon gar nicht die Vitalität in ihrem kosmischen Zusammenhang von Tod und Wiederkehr, sondern der eine Gott, vor dem der zur Person gewordene Mensch seine Welt verantwortet, das sollte das Ergebnis der Alleinverehrung Jahwes sein. Im Tun und Lassen des Menschen handeln nicht unterschiedliche Götter in ihm, sondern er selbst. Er überläßt sich nicht ziellos seinen Trieben und Lüsten, sondern handelt als der ganze, durch Gottes Anruf zur Person gewordene Mensch. In dem Vernehmen der Forderung, Gott als den Ursprung seines Lebens und den Nächsten als Inhalt seines Lebenssinnes zu lieben, bleibt er Person, verliert er nicht, sondern erfüllt sich seine Freiheit.[10] So wie Gott seiner Schöpfung als der transzendente gegenübersteht, über-

---

9 Zu den unterschiedlichen Übersetzungsmöglichkeiten vgl. *Gerhard von Rad*, Das 5. Buch Mose/Deuteronomium, ATD 8, Göttingen 1978=1983[4], 45.
10 Vgl. dazu auch *Ernst Würthwein*, Verantwortung im Alten Testament, in: *Ders.* und *Otto Merk*, Verantwortung, BiKon 1009, Stuttgart 1982, 114-116.

schreitet der Mensch seine welthafte Gegenwart in der Transzendentalität seines Geistes und besitzt darin die Fähigkeit, zielvoll zu handeln. In dieser Entsprechung zwischen Gott und Mensch liegt seine Gottebenbildlichkeit.[11] Mensch und Gesellschaft erneuern sich nicht im Rausch, sondern bestehen und wandeln sich im verantwortlichen Handeln, in dem die Liebe Gottes zu Israel in Israels Liebe zu Gott seine Antwort findet und in der Liebe zu seinem Nächsten (Lev 19,18; vgl. I Joh 4,11f.) als dem Mitgenossen Gottes Gestalt gewinnt.

6. Die Grundgleichung und die Tora als Mitte des Alten Testaments

Damit ist bereits gesagt, daß der Gehorsam gegen Gott und die Hingabe an ihn und den Nächsten nicht der Beliebigkeit des Menschen anheim gestellt sind, sondern über Gelingen und Mißlingen seines Lebens entscheiden, weil sein Tun und Lassen unmittelbar der göttlichen Sanktion unterstehen: Der aus der Gottesliebe geborene Gehorsam Israels gegen das Grundgebot und die ihm entsprechenden ethischen Grundforderungen des Dekalogs besitzt die Verheißung des gesegneten Lebens in dem den Vätern zugeschworenen Lande, eines Segens, der, wie *Gerhard von Rad* einmal gesagt hat, bis in die Backschüssel der einzelenen Haushalte reicht (Dtn 28,1-14).[12] Dagegen ruft der Ungehorsam alles Unheil bis zur Dezimierung und Deportation des Volkes aus dem Lande der Väter herbei (Dtn 28,15-68). Was vom Volksganzen gilt, trifft auch für den Einzelnen zu: Der Mann, der seine Freude an der Weisung Jahwes hat, wird einem an Wasserbächen gepflanzten Baume gleichen und alles, was er unternimmt, wird ihm gar wohl gelingen (Ps 1). Die Grundbeziehung erhält so ihre Qualifikation gemäß der Grundgleichung, daß sich treue Hingabe an Gott und verläßlicher Umgang mit dem Nächsten, daß sich "Gerechtigkeit" (*s^{e}daka*) und Heil dank göttlicher Fügung entsprechen. Demgemäß haben der Abfall von Gott und die Versagung der Solidarität gegenüber dem Nächsten Unglück und Unheil zur Folge.

---

[11] Vgl. *O.Kaiser*, NZSTh 33, 1991,99-111; zur Auslegungsgeschichte von Gen 1,26 vgl. *C.Westermann*, Genesis, BK.AT I/1, Neukirchen-Vluyn 1974 (ND), 203-214.

[12] Theologie des Alten Testaments I, München 1969[6], 242.

Das Gesetz, die Propheten und die Schriften (die Bücher des dritten Teils der Hebräischen Bibel) stimmen prinzipiell darin überein,[13] daß der Gemeinschaftswille Jahwes mit Israel alle Israeliten (und als Endziel: alle Völker, Jes 2,2-4; 45,22ff.) einschließt, er aber jeden Abfall zu anderen Göttern, jede Leugnung seiner Allgegenwart, jede Treulosigkeit gegenüber dem Nächsten an Israel wie an dem Einzelnen heimsucht. Diesen rufen die Proverbien zu, daß die Furcht des Herrn der Anfang der Weisheit und die Weisheit ein Baum des Lebens ist (Prov 1,7; 3,18). Da die eigentliche Quelle des Heils für Israel in seinem Gehorsam gegenüber der Tora als der Bedingung der Erlösung von seinem Exilsschick besteht, war die sukzessive ausdrückliche Beziehung von Prophetie und Weisheit auf die Tora unvermeidlich (vgl.z.B. II Reg 17,13-17+20; Jer 26,2-6; Jes 5,24b; Hos 8,1; Am 2,4f.9; Mal 3,22 bzw. Sir 1,26; 21,11; 24; 34,8; Koh 12,12-14): Denn die Tora ist von der Sache her die Mitte der jüdischen Bibel, unseres christlichen Alten Testaments.[14]

In dieser Einheit ist das Alte Testament als Ganzes die verbindliche Auslegung des Exilsgeschicks Israels: Dank Gottes Erwählung, Verheißung und Verpflichtung ist und bleibt es durch alle Zeiten sein Volk Israel, auch wenn es dank der Schuld der Väter und der eigenen (I Reg 19,4; Thren 5,7.16; Neh 1,5ff.), in der Fremde und Gottesferne lebt. Sein Wort ist ihm jedoch in Gestalt der Tora an allen Orten nahe (Dtn 30,14). Kehrt es in der Fremde gehorsam zu seinem Gotte um (Dtn 30,1f.), so wird er sein Herz beschneiden und ihm vollendeten Gehorsam schenken (Dtn 30,6), mit ihm einen neuen Bund schließen, seine Weisung in sein Herz geben und ihm seine Missetat vergeben (Jer 31,31ff.), ihm ein neues Herz und damit vollendeten Gehorsam schenken (Ez 11,19; 36,26), es aus der Verbannung und Zerstreuung in das Land der Väter heimführen (Dtn 30,7) und es zum höchsten unter allen Völkern machen (Dtn 28,1). Nur der vollendete, durch Jahwe selbst gewirkte Gehorsam Israels sichert sein künftiges Bleiben im Lande unter seines Gottes Segen.

---

13 Auf das Ringen mit dem Problem des Deus absconditus in den Büchern Hiob und Kohelet können wir in diesem Zusammenhang nicht eingehen; vgl. dazu UTB 1747, § 15.6.
14 Vgl. dazu *O.Kaiser*, in: *M.Fishbane* und *E.Tov*, 93-103 und ausführlicher *Ders.*, UTB 1747, § 17.

7. Die Botschaft der beiden Testamente

Verallgemeinern wir das Ergebnis unter erneuter phänomenologischer Reduktion, so lautet die Botschaft des Alten Testaments: Die Gottesbeziehung des Menschen ist unzerstörbar. Sie ist nicht naturhafter, sondern personaler Art und daher jeweils positiv oder negativ qualifiziert. Positiv qualifiziert begründet sie Wohlfahrt und Heil, negativ ist sie das Unglück des Menschen. In seiner Gottesferne befindet er sich im Selbstwiderspruch, weil er trotz seiner Geschöpflichkeit Gottes Wirklichkeit bestreitet: Will das Geschöpf des Schöpfers Rolle spielen, muß er scheitern. Durch seine Endlichkeit sind ihm unübersteigbare Grenzen gesetzt.[15] Durch die sich aus seiner welttranszendenten Ortlosigkeit speisende Angst gerät er in den Gegensatz zu den Anderen, die als seinesgleichen aus potentiellen Freunden zu seinen Feinden werden. Weil er Gott entfremdet ist, ist er sich selbst entfremdet und trägt so erneut zu der Entfremdung der anderen bei, die sich grundsätzlich in keiner anderen Lage als er selbst befinden. Daher ist der Verzicht auf das hybride Selbstseinwollen die Voraussetzung seiner eigenen und seiner Gemeinschaft Versöhnung. Mithin lautet das Alte Testament als Gesetz: Deine Hybris ist die Quelle deines Unheils und Elends. Sie trägt die Mitverantwortung für deiner Nächsten und schließlich der ganzen Menschheit Elend. Als Evangelium aber sagt es: Du fällst nie aus Gottes Hand, darum kannst du ihm vertrauen und ihn und deinen Nächsten lieben. Und schließlich läßt sich das Gesagte in die Anleitung zur Selbstprüfung übersetzen: Wenn du Gott wirklich vertraust, kannst du alle Menschen (und also auch, wie es Jesus als Ausleger der Tora [Mt 5,43ff.] verlangt, deine Feinde) lieben.

Können wir das? Oder müssen wir erschrocken innehalten und gleichsam unter den Stamm des Kreuzes treten und rufen: "Herr, sei mir Sünder gnädig!"? Die Christologie beginnt, wo Religion und Ethik scheitern. Gewiß verstand sich Jesus von Nazareth zu seinem eigenen Volk gesandt, ihm vor dem Ende der Tage in der Vollmacht des Heilens und Vergebens der Sünde das wahre Halten der Tora zu lehren und das Kommen des Reiches zu verkünden, das mit seinem Kommen bereits angebrochen war. Dieser Aufgabe getreu ist er in den Tod gegangen. Nachdem er als vermeintlicher Messiasprätendent hingerichtet war, ha-

---

[15] Vgl. *Emil Brunner*, Der Mensch im Widerspruch. Die christliche Lehre vom wahren und vom wirklichen Menschen, Zürich und Stuttgart 1965[4], 116ff. und 168ff.

ben ihn die Seinen dank seinen Erscheinungen als den Messias/Christus und Sohn Gottes erkannt und damit zugleich als Gottes radikales Ja zu den Menschen verstanden. Als der zweite Adam vertritt er in seinem Sterben und Auferstehen die ganze Menschheit (Röm 5,18). Sie hat an beidem teil, indem sie, ihm gleich, mit Gott versöhnt auf die eigne Endlichkeit verzichtet (Röm 6,2ff.).

Das Neue des Neuen Testaments gegenüber dem Alten besteht letztlich nicht in einer neuen Lehre Jesu. Schon das Alte enthielt das Doppelgebot, Gott und den Nächsten zu lieben (Mk 12,28ff.). Und schon das Alte wußte schließlich um die Radikalität der Sünde (Hiob 4,12ff.; Ps 51,1ff.). Das Neue des Neuen Testaments besteht in der Botschaft, daß Jesus von Nazareth gesandt war, uns mit Gott zu versöhnen (II Cor 5,19f.) und dadurch unsere Liebe zu Gott und zu den Nächsten zu ermöglichen. Die zunächst in den Kreisen der jüdischen Anhängerschaft Jesu verwurzelten, sich dann auf die Heiden ausdehnenden und schließlich in der Folge der Konflikte mit dem Judentum zur Eigenständigkeit gelangten christlichen Gemeinden[16] haben, wie wir oben darlegten, zuerst schicksalhaft und schließlich in freier Entscheidung an der jüdischen als ihrer eigenen Bibel festgehalten und sie nach der Entstehung des Neuen als Altes Testament bezeichnet. In dieser Bezeichnung hat die spannungsvolle Einheit zwischen den beiden Testamenten ihren angemessenen Ausdruck gefunden: Die Botschaft Jesu und die Botschaft von Jesus als dem Christus sind ohne den alttestamentlichen Hintergrund nicht nur unverständlich, sie setzen auch seine wesentliche Grundanschauung voraus, daß das Heil der Welt aus Juda kommt und Gott der Schöpfer durch sein Handeln an Israel an der Menschheit handelt. Wenn man so will, haben sie das deuteronomische $š^ema^c$ aufgenommen und die Vielzahl der Gebote durch das eine Liebesgebot ersetzt: Die Liebe ist des Gesetzes Erfüllung (Röm 13,10). Bei ihrer Verwirklichung aber sind die Christen auf die Beachtung dessen angewiesen, was weltweit als Tugend gilt: wahrhaftig, lauter, ehrenhaft, zuverlässig, gerecht und mithin liebenswert zu sein (Phil 4,8), Verhaltensweisen, in denen wir souveräne Daseinsäußerungen zu sehen

---

16 Vgl. *Herbert Frohnhofen*, Christlicher Antijudaismus und jüdischer Antipaganismus. Ihre Motive ud Hintergründe in den ersten drei Jahrhunderten, HThSt 3, Hamburg 1990 und zuletzt *Bernd Wander*, Trennungsprozesse zwischen frühem Christentum und Judentum im 1.Jh., Tübingen 1994.

haben, die ihm als der Gemeinschaft bedürftigen Wesen eigen sind.[17] Gleichzeitig ist für die Christen an die Stelle der Befreiung Israels aus Ägypten Jesu Tod und Auferstehung als Gottes begründende Heilstat getreten. Daher ist Christus des Gesetzes Ende (Röm 10,4). Statt der Tora ist für sie Christus selbst zur Mitte der ganzen Schrift geworden. Sie tragen dem heute angemessen nicht dadurch Rechnung, daß sie das Christuszeugnis in das Wort des Alten Testaments zurückprojizieren, sondern indem sie es im Licht des johanneischen: "Laßt uns lieben; denn er hat uns zuerst geliebt." (I Joh 4,19) verstehen. Die Entscheidung, wer zum wahren Gottesvolk gehört, fällt nicht mit der Eintragung in Religionsregister, sondern mit unserem demütigen Wandel vor Gott (Mich 6,8). Die unsichtbare Kirche umfaßt alle Menschen, die, sei es aufgrund ihrer fides implicita oder ihrer fides explicita, guten Willens sind. Über diese Zugehörigkeit entscheiden nicht wir Menschen, sondern Gott allein. Doch ohne die unterschiedliche und doch derselben Wurzel entstammende Bezeugung des Gerichts und der Barmherzigkeit Gottes durch Synagoge und Kirche wäre es schlecht um die Zukunft des Menschen bestellt. Weiß der Christ, warum er Christ ist, so wird er Israel trotzdem nicht bestreiten, daß es dem wahren Gotte dient. Er wird aber auch nicht verleugnen, daß nach seiner Überzeugung der Neue des Alten Bundes Erfüllung ist. Bis zu ihrer Vereinigung am letzten Tage aber gebührt dem Israel nach dem Fleisch und dem Israel nach dem Geist statt Haß und tödlicher Feindschaft gegeneinander, Wetteifern in der Liebe zur Bezeugung ihres einen Gottes.[18]

Literatur:

- Die Bedeutung des Alten Testaments für den christlichen Glauben, ZThK 86, 1989, 1-17.
- Der Mensch, Gottes Ebenbild und Statthalter auf Erden, NZSTh 33, 1991, 99-111.
- The Law as Center of the Hebrew Bible, in: *Michael Fishbane* und *Emanuel Tov*, "Sha`arei Talmon". Studies in the Bible, Qumran and the Ancient Near East presented to Shemaryahu Talmon, Winona Lake, Indiana 1992, 93-103.
- Der Gott des Alten Testaments. Theologie des ATs 1, UTB 1747, Göttingen 1992.
- Die Bedeutung des Alten Testaments für Heiden, die manchmal auch Christen sind, ZThK 91, 1994, 1-9.

---

[17] *Knud E.Løgstrup*, Norm und Spontanität. Ethik zwischen Technik und Dilettantokratie, übers. *Rosemarie Løgstrup*, Tübingen 1989, 6-36.
[18] Vgl. dazu *W.Pannenberg*, Systematische Theologie III, Göttingen 1993, 509-517.

Der Erste und der Neue Bund

Biblisch-theologische Studie zu Jer 31,31-34
Manfred Josuttis zum 60. Geburtstag

Hans-Joachim Kraus

Bei der Frage nach dem Zusammenhang von Altem und Neuem Testament wurde in der Geschichte der Exegese und der biblisch-theologischen Untersuchungen immer wieder auf den Text Jer 31,31-34 rekurriert - nicht zuletzt deswegen, weil hier der Begriff "neuer Bund" explizit zu finden ist. So wird auch heute, nach mancherlei Wandlungen und einschneidenden Veränderungen im Verständnis der Auslegung, der prophetischen Verheißung des Jeremia neue Aufmerksamkeit zuzuwenden sein.

Die prophetische Verheißung Jer 31,31-34 ist eingefügt in den größeren Zusammenhang einer Schriftrolle, die Heilsverheißungen für Israel enthält: Jer 31 und 32. Eingeführt wird diese Schriftrolle mit den Worten: "So hat *JHWH*, der Gott Israels, gesprochen: Schreibe dir alle Worte, die ich zu dir gesprochen habe, in eine Schriftrolle. Denn, siehe es werden Tage kommen - dies ist der Spruch *JHWHs* - da werde ich das Geschick meines Volkes Israel wenden - hat *JHWH* gesprochen - und bringe sie zurück in das Land, das ich ihren Vätern gegeben habe, daß sie es besitzen sollen ..." Wer wird hier angesprochen? Wer soll die Schriftrolle verfassen? Jeremia (vgl. Jer 31,1)? Oder Baruch (Jer 36,7)? Oder ein unbekannter (dtr) "Redaktor" (*P. Volz, W. Rudolph*)? Mit der Nennung dieser Möglichkeiten tritt das gesamte Einleitungsproblem des Jeremiabuches ins Bild. Es mag aber an dieser Stelle die Feststellung genügen, daß der Abschnitt Jer 31,31-34, um den es sich in dieser Studie hier handelt, ein *Prosatext* zwischen zumeist prophetisch-poetischen Texten ist. Wir haben es wohl mit der deuteronomistischen Rezeption einer Verheißung des Propheten Jeremia zu tun. Terminus ad quem ist das babylonische Exil ("ich bringe sie zurück in das Land, das ich ihren Vätern gegeben habe"). Eine doppelte Aufgabe ist dem Exegeten gestellt: 1. Er hat die Elemente oder doch wenigstens die Intentionen der

Botschaft Jeremias im Kontext der Verkündigung des Propheten aufzuspüren (Quelle A). 2. Er hat die deuteronomistischen Theologumena zu kennzeichnen (Quelle C)[1].

Es wäre denkbar, die Schriftrolle bzw. den Anteil Jeremias an der Botschaft in die Zeit Josias (vgl. Jer 3,6) anzusetzen. Mit dieser Ansetzung könnte die "groß-israelitische", das Nordreich einbeziehende Redeweise erklärt werden (vgl. 2 Kön 21,15ff). "Israel und Juda" werden als völkische Einheit verstanden. Aber es wird wohl doch primär zu bedenken sein, daß der aus Anatot stammende Prophet (Jer 1,1) in nordisraelitischen, ephraimitischen Traditionen verwurzelt ist (Jer 31,16f. 20f). Auch lebt seine Botschaft aus Überlieferungszusammenhängen, die sich stets auf "ganz Israel", das alte Zwölfstämmevolk, beziehen (Jer 31,1). Doch stets ist für Jeremia der Zion (Jerusalem) das zentrale Heiligtum (Jer 31,6).

Wird zu "Israel" noch der Hinweis auf "Juda" hinzugefügt (Jer 30,3 und 31,31), dann wird es sich wohl um eine sekundäre Setzung handeln, die den Begriff "Israel" im stark nordisraelitisch-ephraimitisch geprägten Kontext für ergänzungsbedürftig hielt (vgl. aber Jer 31,11).

I.

Zur Übersetzung der Verheißung Jer 31,31-34:

(31) Siehe, Tage werden kommen - das ist *JHWHs* Spruch -, da schließe ich mit dem Haus Israel (und dem Haus Juda) einen neuen Bund. (32) Nicht wird dieser Bund sein wie der, den ich mit ihren Vätern geschlossen habe, als ich sie bei der Hand nahm, um sie aus dem Land Ägypten herauszuführen. Sie waren es, die meinen Bund brachen, während ich doch Herr über sie war - das ist der Spruch *JHWHs*. (33) Doch dies soll der Bund sein, den ich mit dem Haus Israel schließe nach jenen Tagen - das ist der Spruch *JHWHs*: Ich lege meine Tora in ihr Inneres und schreibe sie ihnen ins Herz. Und ich will ihr Gott sein, und sie sollen mein Volk sein. (34) Und es wird nicht mehr einer den anderen und keiner seinen Bruder belehren: Erkenne *JHWH*!, sondern sie alle werden mich erkennen, vom Kleinsten bis zum Größten - das ist *JHWHs* Spruch -, denn ich werde ihre Schuld vergeben und ihrer Sünde nie mehr gedenken. -

Dies ist eine prophetische Verheißung, deutlich gekennzeichnet durch die in die Zukunft weisenden Ankündigungen ("Tage werden kommen",

---

[1] Vgl. *S. Mowinckel*, Zur Komposition des Buches Jeremia. Kristiania 1914.

31, "nach jenen Tagen", 33). Bemerkenswert ist die viermal, in jedem Vers ausgerufene Versicherung: "Dies ist der Spruch *JHWHs*". Die deuteronomistische Rezeption war offensichtlich eifrig darum bemüht, den prophetischen "Originalton" zu bewahren und zu apostrophieren.

Mit der Ankündigung eines "neuen Bundes", und überhaupt mit der Nennung des Wortes *"Bund"* wird der Exeget heute in nicht geringe Schwierigkeiten versetzt. Denn die bisher so unangefochten geführte Diskussion über den "alten" und den "neuen" Bund ist in neuerer Zeit stark problematisiert worden. Wurde das hebräische Wort b^erit herkömmlich als Bezeichnung für die Lebens- und Gemeinschaftsordnung von Gott und Volk verstanden, so begegnet diesem Verständnis heute starker Widerspruch. Vor allem *E. Kutsch*[2] will die "Fehlübersetzung" mit allen daraus entspringenden Fehldeutungen korrigieren. Er übersetzt den hebräischen Begriff mit "Bestimmung" (wie *"testamentum"*) oder "Verpflichtung" - übrigens auch unter Hinweis auf die 8. Aufl. des Hebräischen und Chaldäischen Wörterbuches über das Alte Testament von *W. Gesenius* (Leipzig 1878). Dort wird die Übersetzung "Verpflichtung", "Bestimmung", "Festsetzung" eingeführt. - Es kann hier keine eingehende Auseinandersetzung mit den Thesen von *Kutsch* vorgetragen werden. Ein methodisches Problem, vor allem bei *E. Kutsch*, liegt in der lexikographisch-statistischen Registrierung des Begriffsvorkommens, die entscheidende Wort*felder*, überlieferungsgeschichtliche Zusammenhänge und kultische Traditionen nicht ins Blickfeld bekommt.

Neue Aspekte hat *L. Perlitt* zur Darstellung gebracht[3]. Bestimmend wird die Feststellung, daß die frühen Propheten vom "Bundesschweigen" gekennzeichnet sind, und daß erst in der Literatur des 7. und 6. Jahrhunderts eine außerordentliche Konzentration des Begriffs, vor allem im deuteronomischen und deuteronomistischen Schrifttum nachzuweisen ist. Entstehungsbereich der Bundestheologie ist also die deuteronomisch-deuteronomistische Tradition. Diese neuen Erkenntnisse finden bereits ihr Echo in der "Theologie des Alten Testaments in Grundzügen"[4] von *C. Westermann*: "Die Wendung *karat b^erit* bedeutet nicht ... 'einen Bund schließen', sondern 'eine verpflichtende Zusage geben'. Die Verbindung zu der Bedeutung 'Bund' ist leicht so zu erklären, daß die bei einem Vertrag oder Bundesschluß von einer oder von beiden Seiten verpflichtende Zusagen abgegeben wurden. Seine theologische Bedeutung erhielt der Begriff erst in der deuteronomischen Zeit (*L. Perlitt*), und es ist sehr

---

[2] Verheißung und Gesetz: Untersuchungen zum sogenannten "Bund" im Alten Testament. Berlin 1977.
[3] Bundestheologie im Alten Testament: BMANT 36. Neukirchen-Vluyn 1969.
[4] ATD ErgBd. 6, Göttingen ²1985.

unsicher, ob vorher überhaupt in Israel von einer *b^{e}rit* (im Sinn von Bund) zwischen Gott und seinem Volk gesprochen wurde. Auf jeden Fall aber bedeutet *b^{e}rit* ursprünglich den Akt einer verpflichtenden Zusicherung, und es ist deshalb nicht möglich, aufgrund des vom Sinai-Ereignis berichtenden Textes zu sagen, *JHWH* habe am Sinai mit Israel einen Bund geschlossen. Dies ist vielmehr eine Deutung der Sinai-Ereignisse aus viel späterer Zeit, der deuteronomischen ..." (36).

Die Erschütterung traditioneller Auslegung durch die neuere Forschung reicht weit und tief. Es kann hier nur der Versuch unternommen werden, den Gewinn der neueren wissenschaftlichen Forschungen zusammenzufassen und kritische Korrekturen einzufügen. Die Übersetzung des hebräischen Begriffs mit "Bund" ist ergänzungsbedürftig. Stets wird der Kontext zu beachten sein.

1. In Jer 31,31-34 ist es Sinn und Inhalt des "Bundes": "Ich will ihr Gott sein, und sie sollen mein Volk sein." Ohne Zweifel ist also die Gott-Volk-Gemeinschaft das Ziel der *b^{e}rit*.
2. Die Intention einer verpflichtenden und zur Selbstverpflichtung aufrufenden *verbindlichen Zusage* liegt dem allen zugrunde. Die *b^{e}rit* wird *gestiftet*. *JHWH* besitzt und behält den Primat, weil er selbst, wie der Kontext enthüllt, den authentischen Entwurf des Gemeinschaftsverhältnisses eröffnet und verbürgt.
3. *B^{e}rit* kann also sowohl den Akt bzw. das Zeremoniell der "verpflichtenden Zusage" oder "Bestimmung" bezeichnen wie dann auch die damit inaugurierte *Lebens- und Gemeinschaftsordnung* der beiden Partner.
4. Die theologische Explikation des am Sinai geschossenen "Bundes" ist ein von der deuteronomisch-deuterononomistischen Überlieferung und Verkündigung durchgesetztes Interpretament.

Aber es bleibt zu fragen, ob der relativ späten (dtr) Explikation und Prägung des Begriffs nicht doch eine ältere Tradition voraufgeht, die wohl nicht einfach als "unsicher" bezeichnet werden kann (*C. Westermann*). Hinzuweisen ist auf die Überlieferung, die implizit und metaphorisch von dem Gemeinschaftsverhältnis des "Bundes" zwischen *JHWH* und seinem Volk als von einem *Ehebund* spricht. Auch sind im Deuteronomium ältere Traditionen greifbar, die eine *kultische* Bundesschließung erkennen lassen (vor allem in Dt 27,17-19 und 29,13.14). Zur Tradition vom "Ehebund" bedenke man die Ausführungen in *H.W. Wolffs* Hosea-Kommentar, wo der exegetische Ertrag von Hos 2,18-25 mit folgenden Worten zusammengefaßt wird: "Ein neuer Bund wird gestiftet ... eine neue Verbundenheit *JHWHs* mit Israel", eine "neue Eheschließung", "Erneuerung des Gottesbundes". "Der neue Bund setzt an keiner Stelle Taten Israels als Vorbedingungen oder Gegenleistungen voraus." "Der neue Bund ist ein wahrhaft *neuer*. Zum neuen Bund gehören *neue Lebensverhältnisse*."[5] Mit diesen Erklärungen wird, frei von jeder begrifflichen Engführung, von der Metapher "Ehe" her das Gott-Volk-Verhältnis als "Bund" bezeichnet. Sogar die Rede vom "neuen Bund" hat hier ihre Wurzel. Diese traditionsgeschichtlichen Zusammenhänge sind für den aus der nordisraelitisch-ephraimitischen Überlieferungswelt herkommenden Propheten Jeremia vorauszusetzen und sowohl für die Erklärung des Bundesbegriffs wie für das Verständnis von Jer 31,31-34 von größter Bedeutung.

II.

Die prophetische Verheißung erklärt Zukunft als das Auf-Israel-Zukommen konkreter Zeiteinheiten: "Tage". "Tage werden kommen". Es sind also nicht ferne Zeiten, sondern sehr aktuelle, in die Gegenwart schon hineinragende Ereignisse, die angekündigt werden. Man wird auch den Begriff der "Eschatologie" nicht einführen sollen, weil er dieses wirksame Herankommen und Andringen der zukünftigen Taten des Gottes Israels zu stark in ein Ultimum verdrängt.

Es sind die herankommenden, auf die Gegenwart eindringenden Tage erfüllt von *JHWHs* neuem, alles bestimmendem Wirken. Ein "neuer Bund" wird mit dem Volk Gottes, dem "Haus Israels" geschlossen. Aus den Worten der Verheißung wird man gewiß zuerst und alle Aussagen prägend das Moment einer neuen "Bestimmung", einer verbindlichen Zusage, heraushören sollen. Die b^erit wird - einseitig - von *JHWH* gestiftet. Er besitzt und behält den Primat, weil von ihm allein der authentische Entwurf des durch seine Initiative begründeten Gemeinschaftsverhältnisses ausgeht, das grundlegend bestimmt ist durch die göttliche Erklärung: "Ich will ihr Gott sein, und sie sollen mein Volk sein" (33). Dies ist der *"neue Bund"*.

Dieser neue Bund *unterscheidet sich* von dem ersten Bund, der mit den Vätern geschlossen worden war, *erheblich*. Doch wird dieser erste Bund, der "Bund mit den Vätern", *nicht* "alter Bund" genannt. Die Bezeichnung "Altes Testament" ist Israel fremd und sollte auf keinen Fall in den Text hineingelesen werden, auch wenn das Neue Testament - unter neuen, eschatologischen Voraussetzungen - dazu anleitet (Hebr 8,13). Zu beachten ist vielmehr zuerst die Beschreibung, wie dieser erste Bund, der "Bund mit den Vätern", zustande kam und wie er gestaltet war. *JHWH* nahm die Väter bei der Hand (wie ein Vater seinen Sohn,

---

[5] *H.W. Wolff*, BK XIV,1, Neukirchen-Vluyn, ³1976, S. 68.

Hos 11,1). Er führte die Gefangenen und Unterjochten aus der Knechtschaft Ägyptens in die Freiheit; er begleitete sie - so ist hinzuzufügen - durch die Wüste. Der Bund mit den Vätern war demnach ein *Bund der Befreiung und Führung* - und zwar in der betont liebevollen und herzlichen, von *JHWH* ausgehenden Verbundenheit und Bindung, die "mit Händen zu greifen" war. Dem auf die Tora eingehenden Kontext entsprechend (33) wird in die Vorstellung von der Israel ergreifenden und führenden Hand Gottes auch die "Weisung" durch die am Sinai geoffenbarten Gebote und Rechtssätze einzubeziehen sein. Die b^erit war ein Tora-Bund.

Wie ein schützender und bewahrender Ring lag der Gottesbund um Israel, immer unter der Prämisse: "Ich will ihr Gott sein, und sie sollen mein Volk sein." Doch diese b^erit ist - unbegreiflicherweise! - von den Vätern gebrochen worden. Der Prophet bringt damit eine ebenso überraschende wie unfaßliche Eröffnung: Die auf Erwählung und Exodus gegründete Lebens- und Gemeinschaftsordnung von Gott und Volk, von *JHWH* gestiftet, ist zerstört! Dabei sind "die Väter" keineswegs nur die Generationen einer fernen Vergangenheit, die gegenwärtigen Hörer der Botschaft sind mitbetroffen (Jer 2,4ff).

Wann begann der Bundesbruch? Jeremia nennt als Beginn allen Abfalls von *JHWH* den Eintritt in das von den Baalim besetzte Kulturland (Jer 2,1-14). Dies entspricht auch dem Urteil Hoseas (Hos 1,2). Was damals begann und bis in die Gegenwart nachwirkt, ist insofern ein unbegreifliches Geschehen als *JHWH* allein doch Israels Baal war. Diese eigentümliche Aussage in 32 könnte in zweifacher Weise verstanden werden.

1. Im Sinne von Jer 3,14: *JHWH* - und keine andere Gottheit - war und ist doch Israels Baal geworden (Baal ist der Herr als Besitzer und Geber aller guten Gaben des Landes, Hos 2,10). So wäre die Polemik gegen den kanaanäischen Baalismus erkennbar.
2. Kann das Verb "Baal werden" auch die Bedeutung haben: "zum *Eheherrn* werden", "sich jemandem antrauen" (als Baal, als Eheherr: Ex 21,22; Num 11,16 u.ö.). Dann wären die Zusammenhänge mit dem Ehe*bund*, von dem Hosea spricht, aufgerufen (vgl. Hos 2,16. 21f).

Mit beiden Interpretationsperspektiven käme - in Übereinstimmung mit der gesamten Botschaft Jeremias - das Unfaßliche und Verwerfliche der Abwendung von *JHWH* und des Bundesbruches (als eines Ehebruches) zum Ausdruck. Dabei schwingt der wichtige Gedanke mit: An *JHWH* hat es nicht gelegen, daß dieser Bundesbruch geschah (Mi 6,3f). Die b^erit mit den Vätern war in ihrer Anlage nicht defizient.

III.

Es bleibt mit großem Nachdruck zu betonen, daß niemand urteilen kann, die in 32 bezeugte Erwählung, Befreiung und Führung, diese Liebe *JHWHs* zu den Vätern, sei "das Alte", "das Überwundene", "das Vergangene", das durch etwas "völlig Neues" abgelöst und ersetzt werden müsse. Die "Theologie des Scheiterns", die *R. Bultmann* im Blick auf das Alte Testament lehrt, ist eine schlechte, biblisch nicht zu verantwortende Theologie, die nur durch eine gnostisch-dualistische Überspannung der neutestamentlichen Eschatologie zustande kommen kann[6]. "Das Alte", besser: "das Erste" ist nichts als Vergangenheit "Überwundenes". Vielmehr: "Dieses Alte ist ein *Kontinuum*. Eben die Anerkennung dieser Hand wird die Öffnung der Herzen in Gang bringen, die zum neuen Dasein gehört. Der Bund wird nicht aufgehoben, es sei denn in einem positiven Sinn, nämlich *auf=emporgehoben*, auf sein wahres Niveau gehoben."[7] Es wird im prophetischen Text eben *nicht* gesagt, daß der vom Volk gebrochene Bund nun auch von *JHWH* her gekündigt und aufgelöst worden sei. Im behutsamen Versuch einer Deutung, der sich von der herkömmlichen Exegese unterscheidet, erklärt *J. Calvin*, ersetzt werde im "neuen Bund" nicht die "Substanz", wohl aber die "Ökonomie" des Bundes. Diesem "heilsökonomischen" Verständnis folgt auch K. Barth, der in KD IV/1,32 ausführt: "Es geht ... um eine *intensive* Erweiterung des alttestamentlichen Bundesbegriffes. Der Israelbund selbst und als solcher ist einer radikalen *Strukturveränderung* fähig und wird ihrer in der Endzeit teilhaftig werden ..." So "wird man von einer 'Aufhebung' jenes ersten Bundes durch diesen 'neuen' und 'ewigen' der Endzeit jedenfalls nur im *positiven* Sinn dieses Begriffs reden dürfen". "Es geht nicht um die Auflösung, sondern nun erst, nun gerade um die Offenbarung des Sinnes und damit auch des Bestandes jenes ersten Bundes." Wie könnte auch der liebende, rettende Gott, der die "Väter bei der Hand nahm", diese Hand zurückziehen und die Erretteten sogar von sich stoßen?! Müßte nicht der "neue Bund" darin bestehen und sich erweisen, daß dieses "Bei-der-Hand-Nehmen" jetzt auf eine neue, noch festere und innigere Weise vollzogen und bewährt wird?! So ist die ins "Innere" und ins "Herz" eingeschriebene Tora eine neue, intensivere Weise des "Bei-der-Hand-Nehmens", des Erbarmens Gottes mit seinem Volk. Hier wird offenkundig, wie unsachgemäß es wäre, von einem

---

[6] Vgl. *R. Bultmann*, Weissagung und Erfüllung: Glauben und Verstehen II, Tübingen 1951, S. 162ff.

[7] *K.H. Miskotte*, Meditation zur Jer 31,31-34: *G. Eichholz* (Hg.), Herr, tue meine Lippen auf, Bd. 5, Wuppertal 1961.

"Scheitern" des Bundes mit den Vätern zu sprechen - so als wäre dieser erste Bund ein gewagtes Experiment oder ein brüchiges Statut ("Gesetz"), und nicht eine erwählende Tat und Geschichte des Gottes Israels mit seinem Volk gewesen. Die Verheißung Jer 31,31-34 tut es kund: Diese Geschichte der zu den Vätern sich herabneigenden Liebe und Barmherzigkeit Gottes *geht weiter* (Jer 31,3), sie geht denen nach, die die befreiende, führende und weisende Hand *JHWHs* ausgeschlagen und die b^{e}rit gebrochen haben. Auf die Gegenwart der Hörer der prophetischen Botschaft kommen die Tage zu, in denen diese Zusage erfüllt wird.

IV.

In 33 werden Inhalt und Gestalt des "neuen Bundes" mitgeteilt. Die neue b^{e}rit wird - hier ist die *Kontinuität* evident - mit dem "Haus Israel" geschlossen. Wie beim Bund mit den Vätern handelt es sich um einen Israelbund (vgl. auch Röm 11,25f). Doch nun sollte man nicht der bedenklichen Erklärung folgen, daß den ersten, auf Tafeln (Ex 31,18; 34,28f) oder auf Schriftrollen (Ex 34,4.7) *äußerlich* und *materialiter* gegebenen Geboten der Tora nun die *innere, spiritualiter* vollzogene Eintragung in die Herzen diametral gegenübergestellt ist (vgl. 2 Kor 3,3). Derartige, dann unversehens auf den Gegensatz von Geist und Materie rekurriende, 2 Kor 3,3 verfälschende Polarisierungen müßten das eigentliche Gefälle der prophetischen Verheißung verkennen und die Botschaft arg entstellen.

In der Geschichte der Auslegung von Jer 31,31-34 ist diese Verzerrung und Verfälschung der Botschaft Jeremias immer wieder geschehen. Der äußere Buchstabengehorsam und die innere (moralische) Gesinnung werden gegeneinandergestellt, obwohl doch insbesondere die deuteronomische Verkündigung stets darauf abzielt, daß der Wille Gottes "von ganzem Herzen und von ganzer Seele" erfüllt wird (Dt 6,5). Aber es ist dem abendländischen Denken eigen, eine Apotheose des Seelischen und Geistigen als des Höchsten und Besten im Menschen zu vollziehen und diese Idee auch noch als "christlich" auszuweisen. In solchem Trend wird der Moralismus ("das moralische Gesetz in mir") als Überwindung des Legalismus gefeiert. Ein für diese Lebensauffassung des Idealismus bezeichnender Ausdruck ist die Aufforderung F. Schillers: "Nehmt die Gottheit auf in euren Willen und sie steigt herab von ihrem Weltenthron" (Die Ideale). Alle und ähnliche Aussagen dieser Art gehen aus von der absoluten Autonomie des Menschen. Der Mensch wird verstanden als der Initiant, das in ihm lebende und wirkende "moralische Gesetz" als Ursprung von Wille und Tat. Es ist kennzeichnend für alle *diese Verstehensweisen, daß Individualismus und Personalismus einfach in die biblischen Texte hineingelesen werden[8], obwohl es sich doch um den Israelbund handelt und das "Innere" oder "Herz" sich zuerst und vor allem auf das Gottesvolk bezieht und von hier aus den einzelnen einbezieht. Die Anthropologisierung der b^erit kann nur als Leugnung des Gott-Volk-Verhältnisses und als Tilgung der entscheidenden Aussage des Textes verstanden werden.*

Es ist auf jeden Fall die ins "Innere", ins "Herz" eingeschriebene Tora eine neue, intensivere Weise des "Bei-der-Hand-Nehmens" *JHWHs*. Es ist dies die Tat Gottes an seinem Volk, in dessen "steuernde Lebensmitte" nun liebevoll und hilfreich eingegriffen wird. Hes 36,26f expliziert: Es wird ein "neues Herz und ein neuer Geist" durch die Gabe des *Geistes Gottes* geschaffen. Die Verheißung neuer Tora-Erfüllung stellt zugleich die endgültige Vollendung der b^erit in Aussicht: "Ich will ihr Gott sein und sie werden mein Volk sein." Zu dieser Formel schreibt R. Smend: "Der Satz, daß *JHWH* der Gott Israels und Israel das Volk *JHWHs* sei, wurde als solcher erst verhältnismäßig spät, vielleicht gerade noch in vorexilischer Zeit, geprägt, er setzt jedenfalls die große Krise schon voraus, die die Propheten erkannten und deuteten. Was dieser Satz besagt, ist aber viel älter, es steht bereits am Anfang der israelitischen Geschichte und wird im Zeugnis des Alten Testaments als deren eigentliches Thema durch die Jahrhunderte sozusagen durchgehalten".[9]

Die Verheißung des "neuen Bundes" ist das Versprechen des Gottes Israels, *er selbst und allein* wolle und werde mit der Eintragung der Tora in das Herz seines Volkes die Zeit des Heils heraufführen. Mit diesem Gott können Menschen nur in der Weise in Bund und Gemeinschaft gelangen, daß Gott diese b^erit in liebevoller Zuwendung und aus freier Gnade setzt. Begründet das Innere geschriebene Gebot Gottes *Autonomie?* Gewiß nicht im idealistischen Sinne, wohl aber als Akt der Befreiung von allen fremden Bindungen und Gebundenheiten zu einem freien, gehorsamen Tun, zu einem Selbst-Werden des Gottesvolkes und seiner Menschen, erlöst von allen ins Scheitern führenden Heteronomien und Gefangenschaften. Aber der neue Akt der Befreiung ist auch ein neues Ereignis der Führung und Weisung durch die im Innersten waltenden Gebote Gottes. So erst kommt der Bund mit den Vätern zu vollkommener Gestalt und Wirklichkeit, zur endgültigen Erfüllung.

---

[8] So auch bei *A. Weiser*, Jeremia ATD zu Jer 31,31-34.
[9] Überlieferung und Geschichte. Aspekte ihres Verhältnisses, in: *H. Gese* (Hg.), Zu Tradition und Theologie im Alten Testament: Biblisch-theologische Studien 2. Neukirchen-Vluyn 1978, S. 22.

Mit der Inschrift der Tora in die Herzen Israels ist der mündliche Tora-Unterricht und die gesamte Institution des priesterlichen und prophetischen Lehramtes aufgehoben. Die jeden Unterricht bestimmende und forcierende theologische Erkenntnisforderung "Erkenne JHWH!" ist überflüssig geworden. Dabei meint "Erkenntnis" nicht nur ein intellektuelles Verhalten, ein "Wissen um Gott". Von der in 34 verkündigten Vergebung her wird deutlich, wie die Gotteserkenntnis des "neuen Bundes" zu verstehen ist. Wird die Schuld vergeben und der Sünde nie mehr gedacht, dann entschwindet alles, was Erkenntnis und Gemeinschaft verhindernd zwischen Gott und seinem Volk liegt. Vergebung heißt: Es wird ein ganz neuer, unvergleichlicher Anfang gesetzt - für alle, ob klein oder groß, ob alt oder jung. Das Ereignis der Vergebung aber ist offenbar ein einziger, alles entscheidender Akt, keineswegs die Begründung einer kultischen Versöhnungs-Institution oder ein permanent begleitendes Geschehen in der Zukunft. Die "Gravur der Sünde", von der es in Jer 17,1 heißt: Die Sünde Judas ist eingetragen mit eisernem Griffel, eingegraben mit diamantener Spitze auf die Tafeln ihres Herzens" - dies alles wird gelöscht und an die Stelle tritt die "Inschrift der Tora". In Hes 36,26f wird diese Verheißung des Propheten Jeremia aufgenommen und mit dem Hinweis auf das schöpferische Wirken des Geistes Gottes neu entfaltet.

Es liegt nun alles daran, Jer 31,31-34 in der alttestamentlichen Eigenaussage so deutlich wie möglich zu erfassen und den Text vor dem "kirchlichen Zugriff", dem "christologischen Erfüllungspathos" zu bewahren. Die Botschaft des Propheten Jeremia ist und bleibt Verheißung für Israel (vgl. Röm 11,25-29). Wer im biblisch-theologischen Verstehungsprozeß auch nur mit dem heimlichen Hintergedanken am Werk ist, Israel zu enterben und die alttestamentliche Geschichte als "Scheitern" zu verstehen, hat sein Tun a limine diskreditiert und kann in dem neu aufzunehmenden christlich-jüdischen Dialog kein ernst zu nehmender Partner sein.

Auch wird die prophetische Verheißung in Jer 31,31-34 Maßstab und leitendes Prinzip aller Konzeptionen zum Verhältnis von Altem und Neuem Testament sein müssen. Die Lehre von "Gesetz und Evangelium" mit dem Vorrang des "usus elenchticus Legis" (M. Luther) muß ausscheiden und an ihren kirchen- und theologiegeschichtlichen Ort verwiesen werden. In dieser Sache sind einschneidenden Neuorientierungen gefordert.

Literatur:

H.-J. Kraus, Die Biblische Theologie. Ihre Geschichte und Problematik. Neukirchen 1970

H.-J. Kraus, Geschichte der historisch-kritischen Erforschung des Alten Testaments. 4. Aufl., Neukirchen 1988

H.-J. Kraus, Rückkehr zu Israel. Neukirchen 1991

Eine Bibel - zwei Testamente

Norbert Lohfink

Die Bibel gehört allen: denen, die sich als gläubige Juden und Christen betrachten, und denen, die sich vom Glauben ihrer Vorfahren inzwischen weit entfernt haben. Goethe, Nietzsche oder Brecht wären ohne die Lutherbibel nicht denkbar. Ohne sie wären wir Deutschsprechenden alle nicht, was wir sind. Doch ist das noch lange nicht alles. In ihren Inhalten birgt die Bibel wichtigste Stücke unseres kulturellen Gedächtnisses. Mehr als alles andere hat die Bibel unsere Welt geprägt. Nun bestehen ihre Buchausgaben aus zwei Teilen, dem »Alten« und dem »Neuen Testament«. Doch solange wir sie unter der bisher genannten Rücksicht ins Auge fassen, ist diese Unterteilung gleichgültig. Wenn wir uns zurechtfinden wollen, nennen wir sofort die Namen der Bücher. Was soll also die Aufteilung in zwei »Testamente«? Wir müssen auf einer neuen Ebene fragen.

Die gewaltige Wirkungsgeschichte der Bibel hat sich nur deshalb ergeben, weil die Bibel zunächst einmal in einem anderen und strikteren Sinn als dem, in dem sie unser aller Buch ist, das Buch der Juden und der Christen war. Das ist sie auch geblieben, und allein das sei nun ins Auge gefaßt. Die Bibel ist auch heute noch für beträchtliche Gruppen unserer Sprachgemeinschaft ein Text besonderer Art. An ihr richten Juden wie Christen ihr Leben aus. Kein anderes Buch hat eine vergleichbare Stellung. Die abendliche Bibelandacht der evangelischen Familie mag nur noch in wenigen Wohnungen gehalten werden. Auch die tägliche Bibellesung des einzelnen mag selten geworden sein. Die Zahl der Gruppen und Kreise, in denen junge Menschen sich treffen, um miteinander die Bibel zu lesen, nimmt zwar wieder zu. Doch wichtiger als dies alles: In den christlichen Kirchen und den jüdischen Synagogen wird die Bibel im Gottesdienst heute wie früher immer von neuem vorgelesen, angehört, erklärt. Insofern ist sie ein Buch der Gläubigen. Die Gläubigen lesen die Bibel anders. Sie lesen sie als Konstituente ihrer nur ihnen eigenen Welt. Die Bibel wird für sie zum »Kanon«.

Kanon heißt zunächst: Maßstab. Alles in der aus dem Glauben erwachsenden Welt hat in der Bibel sein Maß. Das Wort Kanon ist sogar noch zu harmlos, um all das auszudrücken, was hier impliziert ist. Die im biblischen Wort ihr Maß erhaltende neue Welt entsteht geradezu im Umgang mit diesem Wort. Sein Text ist nicht nur assertiv (indem er wahre Maßstäbe mitteilt). Er ist nicht einmal nur illokutiv (indem er Menschen, sie anredend, in ein Leben nach diesen Maßstäben führt). Er wird sogar, vor allem in der Liturgie, zu performativem Sprachgeschehen: *Indem* der Text gelesen und gehört wird, realisiert sich der Kern der im Kanon gegründeten Welt. Denn ihr Kern ist nichts anderes als die im Hören auf das von außen kommende Wort Gottes entstehende Gemeinschaft mit Gott, die zugleich neue Gemeinschaft unter Menschen ist, neue Gesellschaft. Hier lagern sich traditionelle theologische Begriffe an wie »Wort Gottes«, »Inspiration« oder »Irrtumslosigkeit«. Die gemeindliche Feier einer Osternacht ist vielleicht der adäquateste Umgang mit dem Kanon.

Bevor ich weitergehe, möchte ich sofort einige Folgerungen für die Dimensionen meiner weiteren Überlegungen ziehen. Die Frage nach dem Verhältnis der beiden »Testamente« zueinander wird gewöhnlich als inhaltliche, semantische Frage, eventuell noch als Wahrheitsfrage erörtert. Widersprechen oder entsprechen die beiden Testamente einander in ihren Aussagen? Wenn diese sich nicht decken, wo ist dann der archimedische Punkt? Wo wird die umfassende Perspektive bestimmt? Gewöhnlich geben dann schon die Bezeichnungen »alt« und »neu« die Lösungsrichtung an. Dabei erscheint das Problem der Doppelheit der »Testamente« sehr schnell als ein Problem der Theoretiker, also der Theologen, vielleicht sogar nur der Exegeten, weil man oft sie allein als für die Bibel zuständig betrachtet (obwohl dann gerade sie sich sehr leicht vor unserer Frage immunisieren können, da sie entweder als Alttestamentler oder als Neutestamentler aufzutreten pflegen). Doch nimmt man die gegebene Definition von »Kanon« ernst, dann ist die inhaltliche und an Wahr und Falsch ausgerichtete Fragestellung nur ein Teilaspekt. Genau so wichtig wäre die Frage: Aus welchem Teil des Kanons wird der Christ angeredet? Noch wichtiger: Wo dort entbindet sich performatives Sprachgeschehen? Nur bei einem der Teile des Kanons? Oder bei beiden? Wenn dies, je einzeln? Oder nur, wenn beide im Spiel sind? Wenn nach dem Verhältnis der beiden Testamente gefragt wird, geht es also genau so wie um die Erkenntnis um den sachgemäßen Umgang mit ihnen im Leben und in der Liturgie. Das »Neue Testament« als Kundenservice im Hotelnachtkästchen könnte - abgesehen davon, daß es durch seine Art der Bibelverkürzung ein Affront gegen jüdische Gäste ist - unter Umständen auch Christen gegenüber eine Anstiftung zur Häresie sein. Die Leseordnung liturgischer Bücher oder der selektive Umgang mit an sich richtig angelegten Leseordnungen durch Liturgen könnten klandestine oder sogar bewußt im Symbol vollzogene Häresie sein. Natürlich lassen sich die Probleme der Beziehung der beiden »Testamente« am leichtesten am inhaltlichen Aspekt erörtern. So wird dieser auch im folgenden dominieren. Aber es ist wichtig, daß man die anderen Dimensionen der Fragen immer mitdenkt.

Nun wieder zum »Kanon«. »Maßstab« für eine gesellschaftliche Sinnwelt zu sein, ist noch nicht alles, was das Wort »Kanon« hergibt. Es besagt zugleich »Festlegung«. Der Kanon ist eine Liste von Schriften. Entscheidend ist deren Abgeschlossenheit. Man könnte nicht beliebig etwas wegnehmen oder hinzufügen. Kanon heißt feste Liste. Die Festgelegtheit sichert der Geschichte der über diesen Büchern sich aufbauenden Gesellschaft ihre Kontinuität und ihre die Zeiten durchziehende Identität. Das heißt nicht, daß es dann kein Leben mehr gebe. Doch die Lebendigkeit einer solchen Gesellschaft spiegelt sich nicht in einem Wandel der grundlegenden Schriften, sondern in einem zum Kanon notwendig hinzutretenden Phänomen: im Wandel der Auslegung. Hier verbindet sich der »Kanon« mit dem Phänomen »Tradition«. Sie ist ein Lebensvorgang, nicht ein kaschierter zweiter Kanon. Im jüdischen Selbstverständnis werden diese Sachverhalte begrifflich anders erfaßt. Doch sind die Grundstrukturen, soweit ich sehe, vergleichbar.

Hier ist der Punkt ereicht, von dem aus die Doppelheit der »Testamente« begreifbar wird. Sie signalisiert eine einmal, an einem bestimmten Punkt der Zeitlinie, geschehene Aufhebung der Abgeschlossenheit. Der alten Liste wurde damals eine neue hinzugefügt. Als Kanon-Aussage meint das im konkreten Fall allerdings: Nicht ein neuer Kanon wurde neben einem älteren und inzwischen entbehrlichen Wegwerf-Kanon geschaffen, sondern ein Kanon, der aus einem vorgegebenen Kanon gewissermaßen herauswuchs und ihn umwachsen hat, ohne daß die Konturen des ersten, tragenden dabei aufgelöst worden wären. Auf der Zeitlinie und in gesellschaftsgeschichtlicher Perspektive spiegelt sich hier ein Umsprung aus der Geschichte eines Gottesvolkes, das eine ethnische Identität hatte, in eine Kirche, die nun die Völker der Welt in diese Identität einbringt. Paulus im Römerbrief gebraucht das Bild des Baumes, dem neue Reiser eingepfropft werden. Dieser Umsprung ist jedoch geschichtlich nicht voll geglückt - wenn man vom Standpunkt der universal gewordenen Wirklichkeit aus formulieren will. Tiefgreifende und spaltende Identitätsentscheidungen sind gefallen. Gesellschaftliche Wege haben sich geteilt. Vom Umsprungpunkt an geht eine Identität, die ethnisch bleibt und allein am älteren Kanon orientiert ist, ebenso weiter durch die Geschichte wie die neubeginnende universale: das Judentum ebenso wie das Christentum.

Im Effekt ist das »Alte Testament« des christlichen Kanons zugleich *der* Kanon, *die* »Schrift« des Judentums. Es gibt eine übereinstimmende Zahl textlich identischer heiliger Schriften, die doch anderes sagen, anderes auslösen, andere Identitäten herstellen, weil sie von einander verschiedene Gruppen fundieren und sich dadurch unterscheiden, daß sie entweder noch ein »Neues Testament« haben oder nicht. Für den Zweig der Entwicklung, der Altes *und* Neues Testament als Kanon hat - und allein dessen Fragen sollen hier ja erörtert werden - bedeutet dies, daß die Zweiteilung seiner Bibel ihn untrennbar nicht nur zu jenem Stück der Geschichte Israels in Verbindung bringt, das vor Jesus Christus liegt und nach ihm sich in der »Kirchengeschichte« fortsetzte, sondern ebenso zu der nach Christus weiterlaufenden jüdischen Geschichte bis hin zur jüdischen Welt von heute. Das eine ist die eigene Anfangsgeschichte der Christenheit, das andere müßte ihr als ihre eigene Passionsgeschichte im Anderen ihrer selbst bewußt werden. Es kann nicht folgenlos sein, daß man als ersten Teil seiner Bibel die gleichen Texte hat wie eine andere menschliche Gruppe. Jedes Augenschließen und jede Fehlinterpretation des Sachverhalts hat noch zu schrecklichen Folgen geführt.

Demgegenüber sekundär, wenn auch in sich höchst bedeutsam, sind Randunschärfen in der konkreten Kanonumschreibung: Daß die Christenheiten, die für die weitere Entwicklung des Christentums bestimmend wurden, sich zunächst in der Umschreibung ihres Alten Testaments an die Tradition des griechischen Judentums hielten, später dann aber, vor allem durch Hieronymus bewogen, teilweise zur enger umschriebenen palästinensischen Liste, die sich im Judentum durchgesetzt hatte, übergingen, so daß sich jetzt die Bibelausgaben verschiedener Kirchen umfangmäßig unterscheiden. Hier spiegeln sich einerseits Differenzen im vorchristlichen Judentum, andererseits spätere Spaltungen innerhalb der christlichen Glaubensgemeinschaft. Insofern bestätigt das alles zugleich die hier vorgetragene These der engen Zusammengehörigkeit von Kanon der Schrift und Konstitution von Glaubensgemeinschaft.

Dieser Zusammenhang läßt es auch leichter verstehen, warum es zwar zwei »Testamente« geben kann, niemand aber mit einem eventuell noch kommenden dritten »Testament« oder mit einer alles Bisherige beiseiteschiebenden ganz neuen Heiligen Schrift rechnen muß. Letzteres wäre das Denkmodell des Islam oder der Mormonen. Der Übergang vom ethnisch definierten Gottesvolk innerhalb der Völkerwelt zu einem Ruf an alle Völker, sich unter der Gottesherrschaft sammeln zu lassen, ist nicht in nochmals Universaleres hinein ergänzbar - es gibt nichts jenseits der Universalität. Die Zweiheit der Testamente ist also »inhaltlich« bedingt, es ist keine Frage reinen Abzählens nacheinander kommender Textfassungen.

Dabei ist - um zunächst bei diesem einen inhaltlichen Moment zu bleiben - das »neue« Testament nicht einmal mit einem *neuen* Inhalt aufgetreten. Die endzeitliche »Wallfahrt der Völker zum Zion« war vorher schon ein wichtiges Thema der Schriften Israels, besonders des Jesajabuches und des Psalters. Aber auch schon die Tora ist in Weltdimension angelegt. Das Neue des Neuen Testaments ist nur das Zeugnis, daß die Wallfahrt der Völker beginnt. Dies ist zugleich ein konkretes Beispiel dafür, daß die genaue Aussagerichtung des Neuen Testaments ohne ständiges Mitlesen des Alten Testaments gar nicht erfaßt werden kann. Es fordert, um verstanden zu werden, gesamtbiblische Intertextualität.

Natürlich gibt das Stichwort »Universalität« den Blick nur auf einen einzigen Differentialaspekt der beiden »Testamente« frei. Es gibt natürlich weitere, wenn sie auch alle zusammenhängen. Man könnte genau so vom Eintreten des erwarteten Endes der Geschichte, vom Kommen des wahren David, von der definitiven Vergebung der Sünden, von neuer Erkenntnis Gottes sprechen - doch in allen diesen Fällen tritt etwas Angebahntes oder Angekündetes nur in die Phase der Realisierung ein. Insofern haben Sichtweisen traditionellen Umgangs mit der Bibel wie das Aussageschema »Verheißung - Erfüllung« oder die Frage nach Strukturanalogien (»Typologie«) ihr sachliches Recht. Das Wort »allegoria«, großes Schlüsselwort der Exegese der Väter und des Mittelalters, später entfaltet in der leider so verleumdeten und verkannten Lehre vom mehrfachen Schriftsinn, zielt genau auf diese immer neu zu vollziehende Zusammenschau der Testamente. Stets wird das Neue nicht als neu, sondern als Ins-Licht-Treten des Alten definiert.

Ungeeignete Kategorien für die Verhältnisbestimmung der beiden Testamente - weil schon faktisch unzutreffend - sind dagegen die, die weithin gebraucht werden, etwa: Das Alte Testament sei an der Materie, an der Gesellschaft, am Diesseits orientiert, das Neue dagegen am Geist, am Individuum, am Jenseits. Schwieriger ist die historisch orientierte Frage, ob das Alte Testament im Zusammenhang mit gesellschaftlichen Entwicklungen auch evolutive Erkenntnisprozesse spiegele, etwa auch eine Entwicklung des Gottesbildes. Das wird der Fall sein. Ich habe es vor allem im Blick auf die menschliche Gewalttätigkeit und die entsprechende Gottesvorstellung zu erarbeiten versucht. Doch auch hier ist entscheidend, daß das Neue Testament in der Gewaltlosigkeit Jesu und seinem Todesgeschick nur das Hervortreten einer neuen Weltmöglichkeit bezeugt, die schon das Alte Testament erwartet und vorentworfen hat. Immerhin wird, wo es um das zentrale menschliche Phänomen des

Hangs zur Gewalttätigkeit geht, der heutige Leser des Alten Testaments in einen damals geschehenen schmerzhaften Lernprozeß hineingezogen. Es ist eine Frage, ob er je die definitiven Aussagen des Neuen Testaments verstehen könnte, wenn er diesen Lernprozeß nicht immer wieder durchmachen würde. Wie kompliziert die Dinge liegen, zeigt gerade dieses Beispiel »Gewalt«: Trotz der umgekehrten Aussagenlage war es das Judentum, das die Todesstrafe schon mehr als ein Jahrtausend vor den christlichen Gesellschaften ausmanövriert hat.

Ein nicht struktureller, sondern historisch-faktischer Sachverhalt kommt bei der Frage, wieweit das Neue Testament vom Alten getragen und umfangen sei, hinzu: Das Neue Testament entstand zeitlich nach dem Alten Testament, es wurde von Juden geschrieben, und es setzt das Alte Testament voraus. Seine Sprache wurde dort geprägt, seine Bilderwelt dort ausgebildet, sein Erfahrungsschatz dort gesammelt. Auf vieles wird in den neuen Texten nur angespielt, es wird als bekannt nur aufgegriffen, oder es muß als selbstverständlich gar nicht mehr erwähnt werden. Aber das ist im letzten eine historische Feststellung, die auch sonst für Bücherbestände aus verschiedenen Perioden eines Kulturbereichs gelten kann, ohne daß etwas vorliegen müßte, was der speziellen Beziehung von Altem und Neuem Testament entspräche.

Hinter der Kanondefinition, aus der die Zweiheit der Testamente stammt, muß eine tiefe Sachnotwendigkeit stehen, das Neue, das sich in der gesellschaftlichen Dimension der Gottesherrschaft ereignete, auch in einem neuen Kanon zu dokumentieren - und doch nicht in Ersetzung und Loslösung, sondern in einem Ans-Ende-Führen.

Aus allem ergibt sich, daß der archimedische Punkt, nach dem wir angesichts der Zweiheit der Testamente bei der Suche nach einer christlich-biblischen Hermeneutik notwendig fragen müssen, im Neuen Testament liegt. Doch ist es wirklich ein Punkt. Man könnte formulieren, das Christusereignis sei wie ein Notenschlüssel vor die schon vorhandene Melodie gesetzt. Mehr sei das Neue Testament trotz seiner vielfältigen Äußerungen nicht. Angesichts der Tatsache, daß die Schriften des Neuen Testaments sich selbst ja nicht als »heilige Schrift« präsentieren, sondern als »Schrift« nur das später erst so bezeichnete »Alte Testament« bezeichnen, bleibt es auch sinnvoll zu sagen, das Neue Testament sei für die Christen eigentlich nicht »Schrift«, sondern nur deren unentbehrlicher und authentischer erster Kommentar. Es ist wichtig, diese Sichtweise angesichts der üblichen, natürlich durchaus legitimen Sichtweise nicht untergehen zu lassen, damit das Gründende und Umfangende des Alten Testaments ebenso wie die bleibende Angewiesenheit der Christenheit auf das Judentum nicht in Vergessenheit geraten. Dies sichert auch die zentrale Form des Umgangs der Christen mit ihrer Bibel, nämlich der

Lesegottesdienst der Liturgie, der im übrigen genetisch durchaus mit dem Gottesdienst der Synagoge zusammenhängt.

In der Synagoge gilt als Heilige Schrift im strengsten Sinn nur die Tora. Es ist der Pentateuch, von der Schöpfung der Welt bis zum Tod Moses an der Grenze zum verheißenen Land. Der Hauptinhalt der Tora ist die am Sinai dem Volk gegebene Sozialordnung. Die Lesung aus der Tora steht in der Synagoge immer an erster Stelle. Dann folgt, als Kommentar dazu, eine zweite Lesung aus den auf die Tora folgenden Büchergruppen der hebräischen Bibel: aus den weiteren Geschichtsbüchern oder den Büchern der Propheten.

- Nun würde man doch erwarten, daß die Christenheit an die erste Stelle die Lesung aus ihren Evangelien gesetzt hätte, weil diese von Jesus Christus erzählen, und daß dann, gewissermaßen als Kommentar, Lesungen aus den anderen Büchern der Bibel gefolgt wären, sei es aus dem Neuen, sei es aus dem Alten Testament. Das ist aber nicht der Fall. Die Christenheit ist bei der alten jüdischen Ordnung geblieben.
- An die erste Stelle, da wo die Lesung der Bibel im strengsten Sinn zu stehen hat, tritt heutzutage allerdings nicht mehr allein die Tora, sondern das ganze Alte Testament. Zumindest ist das dort der Fall, wo die volle Leseordnung durchgehalten wird - bei uns Katholiken wieder seit der nachkonziliaren Liturgiereform. Dann kommen, gewissermaßen als Kommentare dazu, Lesungen aus dem Neuen Testament. Zunächst meist aus den Paulusbriefen. Das sind eher Kommentare. Dann kommt als letzte Lesung die aus einem der vier Evangelien. Diese erzählen von dem Faktum, das alle Erfahrungen Israels nach christlichem Verständnis letztlich entschlüsselt und deutet, vom Leben und Sterben Jesu von Nazaret.
- Irgendwie gipfelt in dieser liturgischen Abfolge natürlich alles beim Evangelium. Zugleich aber - von der Reihenfolge der Lesungen her gesehen - ist auch das Evangelium eigentlich nichts als ein Kommentar zu dem, was aus der Bibel Israels in der ersten, alttestamentlichen Lesung vorgetragen wurde. Denn man beginnt ja nicht mit dem Kommentar, sondern mit dem auszulegenden Text. Man wird wohl sagen müssen, daß die christliche Liturgie in ihrem Wortgottesdienst die Gestalt einer Ellipse mit ihren zwei Brennpunkten zugrundelegt. Leider wird dies in unserer erneuerten lateinischen Liturgie durch sekundäre Ritualelemente wieder überdeckt, vor allem dadurch, daß man zwar den alten Ritus des Einzugs zum Evangelium wieder aufgegriffen hat, dagegen nicht den des Einzugs vor der ersten Lesung.

Das hermeneutisch Interessante an diesen liturgischen Strukturen scheint mir nun zu sein, daß man auch mit dem Gedanken der Zweipoligkeit nicht richtig durchkommt. Denn was ist eigentlich genau die Funktion der in der Mitte stehenden Lesung? In alten Riten wie der Osternacht gibt es sogar noch mehr Lesungen. Ist die Idee einer schlichten Dialektik Altes - Neues Testament vielleicht zu simpel? Die Lesungen stehen offenbar in einem komplizierteren Verhältnis zueinander als nur in dem der Entsprechung der beiden Testamente. Dies ist für die Diskussion des Verhältnisses der beiden Testamente zueinander meines Wissens bisher noch nicht wirklich fruchtbar gemacht worden, und dem sollen die nun folgenden Gedanken dienen.

Doch zuvor ist eine Zwischenbemerkung angebracht, die sich auf unsere moderne, vor allem von der historisch-kritischen Exegese her geprägte Leseweise bezieht. Die in der Bibelwissenschaft entwickelte historische Erforschung der Entstehungsgeschichte der biblischen Texte und die dabei benutzten Techniken der literarischen Kritik zur Erschließung von Texten sind außerordentlich wichtig und hilfreich. Sie verbinden sich jedoch faktisch (keineswegs wesensnotwendig) weithin mit Interessenausrichtungen, die eher der Bibel als allgemeinem Kulturgut und historischem Phänomen zuzuordnen sind, weniger der Bibel als Kanon. So sucht eine letztlich romantische Grundeinstellung stets nach den ältesten Textzuständen. Eine am Genie interessierte Grundeinstellung fragt nach den großen Schriftstellerpersönlichkeiten. Das sind oft keineswegs die Endredaktoren unserer Bücher. Eine sozialgeschichtlich interessierte Grundeinstellung fragt nach sukzessiven Textbearbeitungen und der Geschichte der Anpassung eines Textes in seiner Vorgeschichte an immer neue historische Konstellationen. Das sind alles legitime Fragen. Ihre Beantwortung führt stets sowohl zu diachronen als auch zu synchronen Betrachtungen. Sie bleiben auch unentbehrlich als Vorarbeiten zu jener Fragestellung, die allein der Bibel als Kanon entspricht und innerhalb deren allein die hier diskutierte Problematik überhaupt auftaucht: zur Erschließung des synchronen Textsinns der in gesellschaftlichen Gruppen wie den christlichen Kirchen als Bibel akzeptierten kanonischen Schriften in ihrem nun festliegenden Text. Nur bei dieser Fragestellung ist es überhaupt sinnvoll, von »Altem« (nach dem 2. Korintherbrief; oder »Erstem« nach dem Hebräerbrief) und »Neuem« Testament zu reden. Sonst spricht man je nach Zusammenhang besser von den Schriften Israels, der hebräischen Bibel, der griechischen Bibel, den urchristlichen Schriften, und es ist sinnlos, den kanonischen Büchern mehr Aufmerksamkeit zuzuwenden als anderen Schriften aus der gleichen Epoche. Eine Einschränkung der Wissensbemühung auf den christlichen oder jüdischen Kanon wäre bei nicht-theologischer Exegese Inkonsequenz. Was neuerdings als »Canonical Criticism« auftritt, hat diese Verwirrungen, die aus zu wenig reflektiertem Forschungsinteresse stammen, endlich aufgedeckt. Doch bleibt auch hier noch die Frage, welchem Forschungsinteresse der »canonical process«, der bei den Protagonisten des »Canonical Approach« oft eine so große Rolle spielt, eigentlich zugeordnet werden muß.

Geht es also in unserem Zusammenhang nur um die synchrone Auslegung des den Kirchen vorgegebenen kanonischen Textes, wenn auch unter Benutzung aller Möglichkeiten der historisch-literarischen Kritik, dann taucht zum Beispiel die Frage auf, ob der alttestamentliche und der neutestamentliche Kanon eigentlich aus vielen Büchern oder aus einem einzigen bestehe. Entstanden sind beide selbstverständlich aus vielen Büchern. Doch die Frage ist, ob es dabei geblieben ist. Es gibt in beiden Büchergruppen eine bei allen Variationen doch so stabile Anordnung und darüberhinaus so viele literarische Verstrebungen, daß man mit mehr rechnen muß als nur einer Reihe von in sich selbständigen Büchern. Beide Kanones bilden in sich geschlossene Sinngefüge. Das wird erst in unseren Jahren durch die Forschung nachgewiesen, scheint aber schon genügend gesichert zu sein. Damit entsteht innerhalb der beiden Büchergruppen eine neue, intensivere Art von Intertextualität. Das hat beträchtliche Folgen für den Sinn der einzelnen Bücher, ja der einzelnen Aussagen in ihnen. Die Konsequenzen sind kaum schon gezogen.

Innerhalb des alttestamentlichen Kanons nimmt zum Beispiel die Tora eine völlig andere Position ein als die restlichen Büchergruppen. Sie steht nicht nur am Anfang, sondern die anderen Büchergruppen sind durch entsprechende Textelemente mit ihr verstrebt und auf sie bezogen. Sie ist, wenn man so will, der »Kanon im Kanon«. Genau dem entspricht ihr Ort im Synagogengottesdienst. Das gilt nicht allein von der hebräischen Bibel, sondern auch von der Septuaginta, obwohl dort die Bücher hinter der Tora wohl schon sehr früh anders angeordnet wurden. Man hat diese Umordnung als die Herstellung einer Achterlast, und zwar auf der prophetischen Zukunftsschau, interpretiert. Doch scheint nicht mehr am Werk gewesen zu sein als das stärkere griechische Bibliothekarsbewußtsein für literarische Gattungen. Philo von Alexandrien hat nur die Tora ausgelegt. Inhaltlich wird die Vorrangstellung der Tora in den neu hinzukommenden Schriften, etwa bei Jesus Sirach, eher verstärkt.

Im Neuen Testament gibt es eine entsprechende Gesamtstruktur. Die Aufsprengung und verschiedene Gruppenzuteilung des lukanischen Doppelwerkes (das in den ältesten Zeugnissen nicht einmal direkt hinter den Evangelien kommt) zeigt neben anderen Indizien, daß der Evangelienblock dem Rest der Schriften als eigene Größe gegenübersteht. Genau das spiegelt sich ja auch in der Struktur christlicher Wortgottesdienste.

Es gibt also sowohl im Alten als auch im Neuen Testament nicht eine flächige, sondern eine konturierte Intertextualität. Wie sie semantisch funktioniert, beginnen wir gerade erst zu fragen. Sie schließt aus, daß die vielen Bücher gewissermaßen ein einziges Buch sein sollten, mit einem einzigen Aussagensystem. Man könnte zum Beispiel vermuten, daß die Tora, die ja mit Moses Tod an der Grenze der Heilsverwirklichung abbricht, dann durch verschiedene Alternativen der Interpretation ergänzt wird - eine am Ende gescheiterte geschichtliche Verwirklichung (Vordere Propheten), Zeugnisse der Kritik und Zukunftsverheißung (Hintere Propheten), meditative Verarbeitung vielfacher Erfahrungen (Psalmen), Reflexion im weltweiten Bildungshorizont (Weisheitsschriften) usw. Dem würde sich das Neue Testament als ganzes im Sinne einer Ergänzung nun durchaus anderer Qualität und Endgültigkeit zuordnen. Innerhalb desselben hätten dann aber die Evangelien eine ähnliche Funktion gegenüber dem Rest der neutestamentlichen Bücher wie im Alten Testament die Tora.

Liturgisch würde dem eigentlich entsprechen, daß am Anfang des christlichen Wortgottesdienstes nicht einfach eine alttestamentliche Lesung, sondern eine (Bahn-)Lesung aus der Tora stünde, so wie am Ende notwendig eine Lesung aus den Evangelien steht. Dazwischen wären zugeordnete und entweder den Tora- oder den Evangelientext kommentierende Lesungen aus den anderen Teilen des Alten und Neuen Testaments vorzusehen. Georg Braulik hat nachgewiesen, daß dies die älteste uns faßbare Struktur christlicher Lesegottesdienste war, und vorgeschlagen, darauf in der Praxis wieder zurückzukommen.[1]

Durch eine solche Reform wäre an der gesellschaftlich-lebensmäßig entscheidenden Stelle die rechte und allein genügend differenzierte Hermeneutik der beiden Testamente gesichert. Wie eine entsprechende theoretische Hermeneutik aussehen würde, wäre erst Schritt für Schritt zu erarbeiten. Ich kenne keine vorhandenen Theorien, die diesem Ansatz entsprechen und zugleich auf exegetischer Erfahrung aufruhen würden. Im Endeffekt hatte wohl auch die Theorie vom mehrfachen Schriftsinn nicht genügend Atem. Die Entwicklung einer differenzierteren Theorie wäre sowohl für den »systematischen« (an Sachfragen orientierten) als auch für den »exegetischen« (Texte entlanggehenden) Teil der Theologie dringend erfordert. Zu Theologie, das heißt reflexer Vermittlung des im Kanon enthaltenen Wortes Gottes, wird der Umgang mit der Bibel auf jeden Fall erst, wenn der kanonische Text synchron unter Berücksichtigung der innerkanonisch gegebenen Strukturen erschlossen wird. Alle

---

[1] *G. Braulik*, Die Tora als Bahnlesung. Zur Hermeneutik einer zukünftigen Auswahl der Sonntagslesungen im Lektionar der römischen Eucharistiefeier, in: *R. Meßner/E. Nagel/R. Pacik* (Hg.), Bewahren und Erneuern (FS H.-B. Meyer) Innsbruck 1995, 50-76.

andere Auslegungsarbeit, und sei sie noch so unentbehrlich, bleibt Vorstufe und ist noch keine Theologie im christlichen Sinn. Schaut man auf sein eigenes Werk zurück, kann man dann natürlich nur bekennen, daß man recht wenig Theologie getrieben hat.

Literatur zum Thema von N. Lohfink:

Über die Irrtumslosigkeit und die Einheit der Schrift, StZ 174, 1964, 161-181 = *N. Lohfink*, Studien zur biblischen Theologie, Stuttgart 1993, 13-39

Die historische und die christliche Auslegung des Alten Testaments, StZ 178, 1966, 98-112 = *N. Lohfink*, Unsere neuen Fragen und das Alte Testament, Freiburg 1989, 11-32

Text und Thema, StZ 81, 1968, 120-126 = *N. Lohfink*, Studien zur biblischen Theologie, Stuttgart 1993, 40-49

Was hat Jesus genutzt?, BiKi 34, 1979, 39-43

Gesellschaftlicher Wandel und das Antlitz des wahren Gottes. Zu den Leitkategorien einer Geschichte Israels, in: *Kath. Bibelwerk* (Hrsg.), Dynamik im Wort, Stuttgart 1983, 119-131 = *N. Lohfink*, Studien zur biblischen Theologie, Stuttgart 1993, 64-77

Die Bibel: Bücherei und Buch, in: Deutsche Akademie für Sprache und Dichtung. Jahrbuch 1983, Lfg. 2, Heidelberg 1984, 50-64 = *N. Lohfink*, Das Jüdische am Christentum, Freiburg 1987, 217-234

Das Jüdische am Christentum, in: *N. Lohfink*, Das Jüdische am Christentum, Freiburg 1987, 48-70

Das Alte Testament christlich ausgelegt, Meitingen/Freising 1988

Was wird anders bei kanonischer Schriftauslegung? Beobachtungen am Beispiel von Psalm 6, JBTh 3, 1988, 29-53 = *N. Lohfink*, Studien zur biblischen Theologie, Stuttgart 1993, 263-293

Der niemals gekündigte Bund. Exegetische Gedanken zum christlich-jüdischen Gespräch, Freiburg 1989

Der »heilige Krieg« und der »Bann« in der Bibel, IKaZCommunio 18, 1989, 104-112

Krieg und Staat im alten Israel, Barsbüttel 1992

Der weiße Fleck in Dei Verbum Artikel 12, TThZ 101 (1992) 20-35 = *N. Lohfink*, Studien zur biblischen Theologie, Stuttgart 1993, 78-96

Zur Hermeneutik des Alten und Neuen Testaments, in: *M. Stöhr* (Hrsg.), Lernen in Jerusalem — Lernen mit Israel, Berlin 1993, 242-248

(zusammen mit *E. Zenger*), Der Gott Israels und die Völker, Stuttgart 1994

Biblische Theologie als Dauerreflexion im Raum des Kanons

Manfred Oeming

1. Der Kanon als Bedingung der Möglichkeit christlicher Theologie

Biblische Theologie hat drei Fragehinsichten zusammenzudenken: erstens soll sie deskriptiv sein, die in der Bibel enthaltenen Theologien in ihren jeweiligen Eigenarten erfassen; zweitens soll sie synthetisch sein nicht in dem Sinne, daß sie die *eine* Mitte oder *die* innere Einheit entdecken könnte, sondern in dem Sinne, daß sie die Pluralität der theologischen Konzeptionen im Alten und Neuen Testament miteinander in einem Diskurs zusammenführt; drittens soll sie den Brückenschlag zwischen dem innerbiblischen "Gespräch" und dem Problemhorizont der Moderne leisten. Biblische Theologie ist somit eine sehr komplexe Denkbewegung zwischen historischer Analyse, theologischer Synthese und gegenwärtiger Applikation.

In früheren Arbeiten habe ich aus der Neukantianischen Wissenschaftstheorie *Heinrichs Rickerts* und *Max Webers* die Lehre von der "theoretischen Wertbeziehung" benutzt, um die in allen Fragehinsichten notwendig enthaltenen Momente der Subjektivität (besonders beim Gegenwartsbezug) als wissenschaftlich legitim, ja notwendig zu verteidigen. Es ist hermeneutische Naivität zu glauben, man könne unbeeinflußt von persönlicher Wertnahme objektiv das Alte Testament allein sprechen lassen. Vielmehr ist im Alten und ebenso im Neuen Testament eine Fülle theologischer Konzeptionen vorzufinden, die den modernen Rezipienten zwingt, - wissend, was er tut - eine Auswahl zu treffen und Akzente zu setzen (vgl. Gesamtbiblische Theologien, 226-237). Dies hat mir wiederholt den Vorwurf des Subjektivismus eingetragen. Demgegenüber würde ich heute noch stärker versuchen, die Diskursstruktur der unterschiedlichen Theologien in der Bibel aufzunehmen und durchzuhalten. Die Problemsituation in der Biblischen Theologie berührt sich an vielen

Punkten mit der Diskussion um die sogenannte "Postmoderne", besonders der französischen Gegenwartsphilosophie. Hier geht es um die synchrone Koexistenz divergierender Wahrheits-, Sinn- und Aktionsmuster, um die Erfahrung von Pluralität in aller Radikalität, die nicht in einer übergeordneten "Meta-Erzählung" versöhnt werden kann. Von der Rezeption dieser Denkbewegung, v.a. bei *Jean-Francois Lyotard*, *Emanuel Lévinas* und *Jaques Derrida*[1], in den Bereich der Biblischen Theologie verspreche ich mir für die Zukunft einiges an Befruchtungen. Obgleich ich an den philosophischen Theoremen als solchen nur untergeordnetes Interesse habe, hat mir die Aufnahme meiner Versuche zur Biblischen Theologie klar gemacht, daß im Rahmen exegetisch-theologischen Arbeitens die Berufung auf philosophische Theorieelemente immer ein zweischneidiges Schwert ist: Die exegetischen Grundbeobachtungen zur innerbiblischen Polyphonie sind von der philosophischen Verarbeitung unabhängig, werden aber dennoch mit ihr gemeinsam akzeptiert oder (zumeist) verworfen. Wir Exegeten haben (zumeist) eine große Skepsis gegen alles, was "von außen" an unseren Text herangetragen wird, obgleich es eine Einsicht der modernen Hermeneutik ist, daß dieses Herantragen eines fremden Horizontes (des Subjekts) eine unhintergehbare Notwendigkeit für den Prozeß des Verstehens ist. Um aber solchen Kritiken vorzubeugen, halte ich mich mit philosophischer Theoriebildung hier bewußt zurück und möchte vielmehr ganz elementar ansetzen.

Nach meiner Einsicht war es der wohl wichtigste theologische Denkprozeß der (Alten) Kirche, einen Kanon heiliger Schriften zu bilden. Zur Fülle der inhaltlichen Aspekte, die zur allmählichen Herausbil-dung des jetzt vorliegenden neutestamentlichen Kanons führten, kommt konstitutiv die in der Praxis der Gemeinden tief verwurzelte "Entscheidung" hinzu, das Alte Testament als Teil des christlichen Kanons beizubehalten. Dabei wurde *der ganze Umfang* der Septuaginta (mit wechselnden, bis heute ökumenisch nicht abgeglichenen Rändern) als erster und umfangreicherer Teil der christlichen Heiligen Schriften *unverändert*, d.h. vor allem ohne christliche Interpolationen, als gültiges Wort Gottes anerkannt. Auf Grund der Bestreitungen und Herausforde-rungen (z.B. durch Marcion oder die Ebioniten) stellt diese im kanonischen Prozeß, der in der liturgischen und spirituellen Praxis der Gemeinden seinen Wurzelgrund hatte, heranreifende bekenntnismäßige Dezision keinen Zufall dar, keine bloß zeitbedingte Panne, die man später korrigieren könnte oder müßte. Aufgabe der Exegese und systematischen Theologie sollte es vielmehr sein, die hermeneutischen Leitlinien aufzudecken, die in dieser

---

[1] Vgl. z.B. die faire Darstellung und Auseinandersetzung bei *W. Welsch*, Unsere postmoderne Moderne, ²1988.

aus der Tradition herausgewachsenen theologischen Fundamentalentscheidung der Kirche impliziert sind.²

Im metaphysischen Denkhorizont der Alten Kirche, der versuchte, die Soteriologie in substanzontologischen Kategorien auszusagen (*homousios etc.*), scheint der primäre Gedanke der gewesen zu sein, daß das Wesen und die Fülle Gottes ohne das Alte Testament nicht ausgesagt werden kann, daß das christliche Zeugnis von der Erlösungstat Gottes in Jesus Christus erheblich an Substanz verliert, wenn es seine alttestamentlich-jüdischen Dimensionen einbüßt. Der Gott, der der Vater Jesu Christi ist, ist der gleiche, der sich vor Zeiten auf vielfache Weise den Vätern Israels offenbart hat. Grundlage des Kanons ist somit das tiefgehende Wissen um die Identität Gottes.³ Diese ontologische Tiefenstruktur, die der Kanon schon durch seinen Umfang bekennt, führt dazu, daß die Kirche ihr Glaubenszeugnis von Jesus Christus bewußt in die Geschichte Gottes, die vor Jesus Christus begonnen hat, einrückt. Wer Jesus Christus ist und was sein Geschick theologisch bedeutet, das kann die Kirche nur dann erfassen, wenn sie aus dem Alten Testament weiß, wer Gott ist und welche Geschichte Gott mit den Menschen hat. Die Beibehaltung des Alten Testaments ist viel mehr als nur eine Geste der Verbundenheit mit Israel, viel mehr als ein Bekenntnis zur Treue Gottes, sie ist Bedingung der Möglichkeit christlicher Theologie. Nur im Rahmenwerk des gesamten Kanons ist es möglich, das Entscheidende an Jesus Christus zu erfassen, sowohl seine Verbundenheit mit der alttestamentlichen Tradition als auch das radikal Neue, das in ihm gekommen ist. Das Alte Testament liefert nicht nur stimmungsvolle Sprachbilder, nicht nur ornamentale Illustrationen (die allesamt auch aus dem hellenistischen Bereich entnommen werden konnten), es ist schon gar nicht als bloß dunkle Folie für das eigentlich Christliche gedacht, sondern es ist im Sein Gottes gegründete *"Heimat"*. Die Vorstellung von einem der Welt radikal transzendenten und dennoch der Welt radikal zugewandten einen Gott verdankt die Kirche exklusiv dem Alten Testament.

---

² Biblische Theologie basiert somit auf einer Entscheidung, die ihr in gewissem Sinne als fester Rahmen vorausliegt, den sie nicht begründen muß, sondern höchstens verstehend nachvollziehen kann. Das unterscheidet sie von religionsgeschichtlichen Untersuchungen, die solche bekenntnismäßigen "Vorgaben" aus methodischen Gründen ablehnen müssen, die aber wichtige "Dienstleistungen" für die Biblische Theologie erbringen.

³ Vgl. *H. Seebass*, Der Gott der ganzen Bibel, 1982; *H. Graf Reventlow*, Hauptprobleme der Biblischen Theologie im 20. Jahrhundert (EdF 203), 1983, bes. 154f.; *C.-H. Ratschow*, Von den Wandlungen Gottes, 1986 bes. 128-131.225-234, der die Einheit in der Dynamik Gottes festhalten lehrt.

2. Trugschlüsse und Irrwege bei der Deutung der Intention des Kanons

Die Kanonisierung kann leicht mißverstanden werden.

a) Indem "alle Schrift" als von Gott eingegeben angesehen wird (2 Tim 3,16), wird die Vorstellung begünstigt, kanonisch sei gleichbedeutend mit verbal inspiriert. Jedes einzelne kanonische Wort wäre danach seinem situativen Kontext enthoben und für alle nachfolgenden Generationen verbindlich. Jeremia schreibt dann nicht mehr an die Exilierten in Babylon, sondern an die Menschheit aller Zeiten; Paulus nicht mehr an die Thessalonicher, sondern an uns heute. Die hermeneutischen Leitlinien des Kanons werden aber mißdeutet, wenn man ihre Intention in einer völligen Entgeschichtlichung sieht. Zwar eignet dem Kanonisierungsvorgang die Tendenz, geschichtsübergreifende Geltung zu erlangen,[4] aber der Kanon will gerade keine Transformationen in eine zeitlose Philosophie oder Ideologie. Es ist daher eine völlige Verfehlung der Bibel, wenn man undifferenziert und unreflektiert einzelne Aussagen herausgreift und ihnen "Ewigkeitswert" aufnötigen will. Der Kanon hätte, so verstanden, eine äußerst unglückliche Gestalt. Denn er trägt sehr deutliche Zeichen seines geschichtlichen Wachstums an sich, präsentiert in nahezu allen Fragen des Glaubens und der Sitten variierende, wo nicht widersprüchliche Aussagen. Will man die Intention des Kanons als ganzem erfassen, dann ist eine fundamentalistische Interpretation nicht hilfreich, sondern unangemessen und irreführend.

b) Eine Theologie des Tenach, der hebräischen Bibel für sich allein, ist keine (gesamt-)biblische Theologie. Auch wenn es verdienstvoll und an der Zeit ist, die theologische Bedeutung des Tenach, des sogenannten "Ersten Testaments", herauszuarbeiten, darf die Gestalt Jesu Christi nicht eingeebnet werden. In dieser Gefahr stehen z.B. die Arbeiten von *Rolf Rendtorff* und *Erich Zenger* (vgl. deren Arbeiten in diesem Band), die (zumindest bislang noch) nicht deutlich gemacht haben, worin für sie die eigenständige Bedeutung der vielfältigen theologischen Aussagen des Neuen Testaments besteht. Die

---

[4] Vgl. exemplarisch *J. Jeremias*, Das Proprium der alttestamentlichen Prophetie, ThLZ 119 (1994) 483-494: Die systematische Sammlung von Prophetenworten "ist nur denkbar, wenn die Schüler der Meinung waren, daß auch die Glieder ihres Volkes, die die Stimme des Propheten nicht mehr hatten hören können, und die kommenden Generationen Lebensorientierung und Lebensweisung aus den Worten des Propheten schöpfen könnten und sollten" (490).

unleugbare theologische Differenz der beiden Teile der einen Bibel kommt hier zu wenig in den Blick.

c) Umgekehrt ist es sehr problematisch, die Intention des Kanons so auszulegen, daß *das* Neue Testament einseitig zum Maßstab und Filter für *das* Alte Testament avanciert. Es bedeutet eine fragwürdige Reduktion, das Alte Testament nur so weit als gültiges Glaubenszeugnis von Gott zu akzeptieren, als es vom Neuen Testament her rezipiert wird.[5] Auch die Passagen, die das Neue Testament nicht explizit aufnimmt, werden als gültig impliziert. "Die Schrift" wird nicht in sich differenziert; "das Gesetz des Mose, die Propheten und die Psalmen" (Lk 24,44) sind Gottes Wort; *alle* Schrift gilt als inspiriert. Die in der Tat notwendige Differenzierung in der Gültigkeit sowohl des Alten Testaments (vgl. z.B. die Reinheitsgebote in Mk 7) als auch des Neuen Testaments (vgl. z.B. 1 Kor 14,34f.) kann nicht auf so formalem, äußerlichem Wege geschehen, sie bedarf vielmehr gründlicher, differenzierter Reflexion.

d) Der Kanon als Dokument einer (sich fast als Heilsgeschichte vollziehenden) unilinearen Überlieferungsgeschichte, die mit innerer Logik im Neuen Testament sich vollendet (vgl. *Hartmut Gese* in diesem Band), scheint dem Eigenanspruch der Texte, nicht nur Übergangsphase, sondern im jeweiligen Jetzt vollgültiges Gotteswort zu sein, nicht gerecht zu werden. Auch wenn ich über die geschichtlichen Entwicklungen innerhalb des Kanons sehr viel aus diesen Analysen lernen kann und auch die Hochschätzung der zwischentestamentlichen Literatur teilen möchte, eine voll befriedigende Lösung stellt dieses Modell nicht dar.

e) Das Bemühen des Alten Testaments, Gottes Wirken im Irdischen erfahrbar und ausweisbar zu machen, z.B. in einem theokratischen Tempelstaat oder in einem reinen Gottesvolk (Esra 9f.), ist beständig gescheitert. Der sündige Mensch fällt immer und immer wieder hinter das zurück, was er sein soll. Ist insofern das Alte Testament

---

[5] So *A.H.J. Gunneweg*, Sola Scriptura. Beiträge zur Exegese und Hermeneutik des Alten Testaments, 1983, 168 ff.; 180f. Anm. 67; *Ders.*, Vom Verstehen des Alten Testaments (GAT 5), 1987², 183-187 (kritisch dazu *Verf.*, Gesamtbiblische Theologien, 180f.). Von anderen Voraussetzungen aus, ganz auf das Phänomen der alttestamentlichen Zitate im Neuen Testament enggeführt, kommt *H. Hübner* zu einer ähnlichen Sicht, vgl. *Ders.*, Vetus Testamentum und Vetus Testamentum in Novo receptum. Die Frage nach dem Kanon des Alten Testaments aus neutestamentlicher Sicht, JBTh 3 (1988) 147-162; *Ders.*, Biblische Theologie des Neuen Testaments. Band 1, 1990 (kritisch zu *Hübner B.S. Childs*, ThZ Die Bedeutung der hebräischen Bibel für die biblische Theologie, ThZ 48 (1992) 382-390.

ein "Dokument des Scheiterns"⁶, dann ist es wohl kaum im Sinne des Kanons, das Neue Testament als "Dokument des Gelingens" von Gottes Willen dem entgegenzustellen. Nicht nur, daß auch die sog. "Entweltlichung" der Christen am Wesen der Sünde scheitert, die auch den neutestamentlichen Menschen an diese Welt bindet. Auch das Neue Testament fordert - und zwar verschärft!- eine innerweltlich ausweisbare "bessere Gerechtigkeit": "Ihr sollt vollkommen sein" (Mt 5,48). Insofern ist auch das Neue Testament "Dokument des Scheiterns". Der Kanon als ganzer umgreift in seinen *beiden* Teilen sowohl das Scheitern als auch das Gelingen von Gottes Willen.

f) Ein äußerst bemerkenswerter Versuch, dem Befund innerhalb des Kanons gerecht zu werden, stammt von *Joachim Becker*.⁷ Einerseits plädiert er für eine konsequente Anwendung der historisch-kritischen Methode auf die alttestamentlichen Texte. Der auf diese Weise erhobene Ursprungssinn der Texte ist andererseits völlig von dem verschieden, den das Neue Testament behauptet. Das Alte Testament ist für sich allein betrachtet kein Christus-Zeugnis; die Schrift sagt nicht, daß der Messias leiden, sterben und nach drei Tagen auferstehen *muß*. Ein solches Verständnis der Schrift ist vielmehr ein, *Mysterium*, das wesensmäßig rational nicht einholbar ist. Mit Lk 24,45 könnte man sagen: Allein Christus, allein der Glaube "öffnet die Augen, die Schrift zu verstehen". Von allen vorliegenden Ansätzen scheint mir derjenige von *Becker* der logischste und zugleich kühnste. Auch wenn ich ihm nicht folgen werde, ist hier doch mutig ausgesprochen, daß im christologischen Verständnis des Alten Testaments eine Spannung enthalten ist, die zugleich eine kirchliche Notwendigkeit und eine intellektuelle Unmöglichkeit darstellt und nur im Gedanken des "Geheimnisses" aufgelöst werden kann. Dieser Gedanke des Geheimnisses soll festgehalten werden, ohne aber der offensichtlichen Gefahr des Modells zu erliegen, nämlich der unkontrollierbaren Allegorie Tür und Tor zu öffnen. *De facto* wird nämlich von diesem Ansatz her das Alte Testament mundtot gemacht, weil sein erklärtermaßen anderslautendes Eigenzeugnis keinen Wert mehr besitzt.

---

⁶ Der Begriff des Scheiterns stammt von *R. Bultmann*, Weissagung und Erfüllung (1949), Glauben und Verstehen II, 1993⁶, 162-186: "Das Scheitern erweist die Unmöglichkeit, und deshalb ist das Scheitern die Verheißung" (184). Neuerdings verwendet ihn auch *O. Kaiser*, Der Gott des Alten Testaments. Theologie des AT 1: Grundlegung, 1993, 86f.

⁷ *J. Becker*, Grundzüge einer Hermeneutik des Alten Testaments, 1993.

g) Die bislang reifste Frucht Biblischer Theologie ist das große Werk von *Brevard S. Childs*, "Biblical Theology of the Old and New Testaments"[8]. *Childs* zeichnet kenntnisreich die Entwicklungen und die Pluralität in den biblischen Glaubenszeugnissen nach; zunächst die Überlieferungsgeschichte des für sich allein genommenen Alten Testaments, dann des Neuen Testaments. Er achtet besonders darauf, wie die neutestamentlichen Autoren in ihren sehr differenzierten theologischen Entwürfen jeweils das Alte Testament aufnehmen, wobei sich sogar für das Johannes-Evangelium und den Hebräer-Brief eine *substantielle* Integration des Alten Testaments zeigt. Childs hat gegenüber seinen früheren Arbeiten die diachrone Struktur, die der Kanon in seiner Endgestalt aufbewahrt, sehr angemessen entfaltet und damit einen wesentlichen Teil der Kritik[9] entkräftet. Im zweiten Teil bringt *Childs* eine nach Themen geordnete Zusammenschau beider Testamente. Daß im Endeffekt dabei eine neue Form christologischer Deutung des Alten Testaments herauskommt, gibt zu denken auf, wird aber heftige Kritik auslösen.[10] In jedem Falle ist das Niveau hermeneutischer Reflexion bei *Childs* eindrucksvoll und allen bisherigen christologischen Deutungen haushoch überlegen. Sein Entwurf wird bislang den Gegebenheiten des Kanons am besten gerecht. Dennoch meine ich, daß man in Weiterführung und vielleicht auch in Kritik an *Childs* einige Phänomene des Kanons stärker betonen muß.

3. Biblische Theologie als Dauerreflexion im Rahmenwerk des Kanons

Die angemessene Form biblischer Theologie ergibt sich nur, wenn man die Intention des Kanons richtig erfaßt und für die Gegenwart umsetzt. Es gilt also, die Einheit in der Vielfalt der biblischen Glaubenszeugnisse angemessen zu erfassen, ohne die Differenz von Altem und Neuem Testament zu verlieren. Wie an anderer Stelle breiter entfaltet,[11] ist das

---

[8] 1992 (1. Teilband der deutschen Übers. 1994).

[9] Auch meiner eigenen, vgl. Gesamtbiblische Theologien, 194-209; Text - Kontext - Kanon. Ein neuer Weg alttestamentlicher Theologie? JBTh 3 (1988) 241-251.

[10] Vgl. *W. Brueggemann*, Against the Stream: Brevartd Child's Biblical Theology, ThT 50 (1993) 279ff.

[11] Vgl. *Verf.*, Gesamtbiblische Theologien, bes. 237-241; Biblische Theologie - was folgt daraus für die Auslegung des Alten Testaments, EvErz 37 (1985) 233-243; Unitas Scripturae? Eine Problemskizze, JBTh 1(1986) 48-70; (gemeinsam mit *Ch.*

Wesen des Kanons primär *Dialogik*. Spätere Generationen treten mit den paradigmatischen Formulierungen des Glaubens früherer Generationen in einen Dialog, deuten ihre eigenen Erfahrungen im Lichte der vorhergehenden Traditionen und schreiben sie in Auseinandersetzung mit der jeweils neu vorgegebenen Situation fort. Diese "geprägten Fortschreibungen" radieren das Ältere, Bewährte nicht aus, sondern reichern es an; zukünftige Generationen bedenken die zum Teil sehr gegensätzlichen Erfahrungen ihrer jeweiligen Gegenwart wiederum im Rahmenwerk der bewährten Tradition und schreiben sie weiter fort. Das Schriftkorpus, das auf diese Weise sukzessiv entsteht, ist kein geschlossenes, in sich logisch stimmiges System. Es ist eher Dokument eines lebendigen Diskurses. Wie bei jeder Diskussion gibt es Positionen und Gegenpositionen, erste Regelungen und Glaubensentscheidungen, dann aber verbesserte (oder verschlechterte!) Neuregelungen, Erweiterungen oder Verengungen des Glaubenshorizontes. Die Bibel ist so Zeugnis einer facettenreichen Geschichte, Zeugnis des jahrhundertelangen Lebens von Menschen vor Gott, auf das Wesentliche hin verdichtet. Daher enthält sie Widersprüche und Härten, Extrempositionen und extreme Gegenpositionen. Aber dies ist keine Schwäche. Diese Dialektik, ja Paradoxalität ist (lebens-)wichtig. Die Bibel ist ein ehrlicher Spiegel des Lebens; denn die Wirklichkeit selbst ist polyphon und voller Widersprüche. Indem der Kanon die reale Dialektik menschlicher Existenz vor Gott einfängt,[12] die geheimnisvollen Widersprüche im Menschen, ja in Gott selbst,[13] konfrontiert sie den Menschen mit dem tiefsten Geheimnis seiner selbst und mit dem Mysterium Gottes. Der Charakter des Geheimnisses des Alten und Neuen Testaments ergibt sich nicht aus einem intellektuellen "Salto mortale", sondern aus der Sache, um die es in der Bibel geht. Dem Kanon eignet von daher eine Vollkommenheitsgestalt, insofern er das Sein in seiner Fülle und in seinem logisch nicht einzuholenden Spannungsreichtum zum Ausdruck bringt. Indem er die Widersprüche der Existenz festhält und nicht auf einer höheren Ebene "aufhebt", erlangt er eine Widerspruchsfreiheit "höherer Ordnung"; indem er das Scheitern und die Irrtümer auch des Glaubenden nicht verschweigt, eignet ihm eine Irrtumslosigkeit, die gerade auf eine ausgleichende Meta-Ordnung verzichtet. Der Kanon zeigt seine ungeheure (göttliche?) Weisheit, indem er sich durch seine widerspruchsvolle Gestalt der Erstarrung zum religiösen Sy-

---

Dohmen) Biblischer Kanon - warum und wozu? Eine Kanontheologie (QD 137), 1992, bes. 91-113.

[12] Der Mensch als Krone der Schöpfung (Gen 1,26f.) und als elender Sünder (Gen 6,5; 8,21).

[13] Neben und gegen Gottes Liebe steht die Gerechtigkeit Gottes, neben und gegen die Barmherzigkeit Gottes steht seine richterliche Härte.

stem widersetzt und damit der Gefahr der Transformation in eine Christus-Ideologie entgeht. Die Spuren der Geschichtlichkeit sind keine Schmach, sondern seine große Stärke. Nicht jeder Teil der Schrift ist für sich genommen "verbalinspiriert", sondern die Schrift als ganze. Der Kanon läßt die Wahrheit Gottes nicht von einem Autor allein ausgesagt sein, auch nicht von Paulus allein. Man muß sich durch konsequente historisch-kritische Exegese in die dialogische Reflexionsbewegung der Bibel hineinnehmen lassen. Diese Bewegung ist nicht rahmenlos, unbegrenzt und daher beliebig. Auf der Grundlage der Einheit Gottes eröffnet sich vielmehr die theologische Dauerreflexion im Raum des Kanons, im Rahmenwerk bestimmter Möglichkeiten, als der angemessene Weg Biblischer Theologie. Die Sehnsucht nach Harmonie und Eindeutigkeit, nach endgültiger, unerschütterlicher, ewiger Wahrheit wird vom Kanon selbst durchkreuzt. Jede objektivierende Rede von Gott muß sich aus dem Kanon selbst in Frage stellen lassen, jede undialektische Vorstellung vom Wesen des Menschen und der Erlösung wird durch den Kanon angegriffen. Theologische Rede im Sinne Biblischer Theologie kommt aus Fundamentalspannungen notwendig nicht heraus: Gottes Liebe und Gerechtigkeit, wahrer Mensch und wahrer Gott, Heil und Gericht, Sünder und Gerechter, Glaube und Werke. Im Kanon steht eben nicht nur ein Evangelium, sondern vier; es gibt den Paulus der Apostelgeschichte und den erheblich anderen Paulus seiner eigenen Briefe; es gibt Elemente des urchristlichen Wanderradikalismus und Elemente einer institutionell organisierten, bürgerlichen Kirche. Im Kanon gibt es, um nur einige Beispiele herauszugreifen, nicht nur den eindeutig heiligen David des chronistischen Geschichtswerks, sondern auch den ambivalenten und problematischen David des deuteronomistischen Geschichtswerks; es gibt nicht nur Heilsprophetie, sondern auch harte Gerichtsansagen; es gibt Elemente von Gewalt und von Gewaltverzicht;[14] es gibt Texte, in denen der Tod als schreckliche radikale Trennung von Gott verstanden wird (Ps 6,6; 22,16; Hi 18,14), aber auch Texte, in denen der Tod als willkommene Erlösung (Hi 7,15; Tob 3,6.13 LXX) oder als schöner Anfang des Seins bei Gott begrüßt wird (Phil 1,20-23; 2 Kor 5,8). Biblische Theologie kann von daher kein Arsenal von ewigen Satzwahrheiten produzieren, keine logische Entwicklungslinie präsentieren, an deren Ende eine eindeutige Wahrheit stünde. Die Wahrheit des Kanons ist anderer Art. Sie eröffnet einen Raum, ein Feld, ein Spannungsfeld mit mehreren, aber doch auch bestimmten Frequenzen. *Die* Wahrheit ist wesentlich diskurs-

---

[14] Vgl. *E. Otto*, Das Kriegslager - die Wiege der altisraelitischen *JHWH*-Religion? Tendenzen der Kriegsüberwindung im Alten Testament und ihre Begründungen, in: *H.M. Niemann/M. Augustin/W.H. Schmidt* (Hg.), Nachdenken über Israel, Bibel und Theologie (FS K.D. Schunck), 1994, 357-373.

haft, situativ, dialektisch. Sie kann immer nur im hermeneutischen Dialog von Tradition und Situation erfahren werden. In gewissem Sinne entspricht das Verhältnis von Altem und Neuem Testament dem Verhältnis von schriftlicher und mündlicher Tora im Judentum: "Diese (zunächst) mündliche Lehre ist... nach rabbinischem Verständnis nicht neu, sondern so alt wie die schriftliche Tora, die Mose am Sinai gegeben wurde. Die mündliche Überlieferung ist auf die Schrift bezogen, als Auslegung ist sie Erweiterung und Einschränkung, Präzisierung, Klärung. Durch exegetische Regeln ist sie an die Schrift gebunden, die mündliche Überlieferung somit in der schriftlichen Lehre enthalten. So ist jüdisches Lernen nicht nur Wiederholen, sondern zugleich das *Finden des Neuen im Alten*."[15] Von daher ergibt sich auch die theologische Notwendigkeit des Alten Testaments in seinem Eigenzeugnis.[16] Seine Stimme gehört notwendig in den Dialog. Im Bedenken der religiösen Erfahrungen des ausgehenden 20sten Jahrhunderts haben die Psalmen, die Weisheit, die Geschichtswerke und die Prophetie ihren unverzichtbaren Beitrag zur Erfassung der Situation des Menschen vor Gott zu leisten. Nur wenn wir sorgfältig auf die Stimmen hören, sie prüfen und sie auch dann nicht verdrängen, wenn sie unserer Situation nicht entsprechen und wir momentan nichts mit ihnen anfangen können, nur dann werden wir der dialogischen Struktur des Kanons gerecht, in der eben sehr unterschiedliche, aber keineswegs beliebige Zeugnisse zusammengestellt sind. Was bedeutet diese Sicht für die konkrete Arbeit biblischer Theologie?
- Biblische Theologie muß die Fortschreibungsprozesse verfolgen, in denen die verschiedensten Themen überlieferungsgeschichtlich entfaltet wurden;
- sie muß die Wandlungen bewußt machen, die Glaubensinhalte in verschiedenen historischen Kontexten durchlebt haben und die jeweiligen theologischen Implikationen bedenken;
- sie muß die produktiven semantischen Unschärfen erkennen, die es ermöglichen, auch im Alten Testament mit gutem intellektuellen Gewissen Elemente des Christusgeschehens angedeutet zu finden;[17]

---

[15] *H. Lichtenberger*, Lesen und Lernen im Judentum, in: *A.Th. Khoury/L. Muth* (Hg.), Glauben durch Lesen? Für eine christliche Lesekultur (QD 128), 1990, 23-38, hier 34. Zur Bedeutung des Grundsatzes, daß das Alte das Überlegene, das Neue nur durch Absicherung aus dem Alten überzeugend wird vgl. *P. Pilhofer*, Presbyteron kreitton. Der Altersbeweis der jüdischen und der christlichen Apologeten und seine Vorgeschichte (WUNT 2/39), 1990.

[16] Vgl. dazu bes. *Ch. Dohmen/F. Mußner*, Nur die halbe Wahrheit? Für die Einheit der ganzen Schrift, 1993.

[17] Wenn z.B. in Ps 1 "der Mann" selig gepriesen wird, der sich beständig an die Offenbarung Gottes bindet, und wenn verheißen wird, daß Gott "den Weg der

- sie muß die Lebendigkeit der Beziehung zu Gott zu würdigen lehren;
- sie muß an den konkreten Themenfeldern herausarbeiten, inwiefern beide Testamente der gegenseitigen Ergänzung bedürfen;
- sie muß das theologische Denken lebendig halten für den gegenwärtigen Dialog mit einer bewegten Tradition.

Drei knappe Beispiele:
a) In der Christologie des Neuen Testaments steht mit unterschiedlichen Formulierungen zentral die Vorstellung, daß dem Glaubenden aufgrund des stellvertretenden Todes Jesu Christi die Sünden vergeben werden (1 Kor 15,3 u.ö.). Wie ist dieses Glaubensbekenntnis genau zu verstehen?[18] Eine Analyse der einschlägigen Texte zeigt, daß ein Verstehen zwar nur vom Alten Testament her möglich ist, daß es jedoch keine kontinuierliche Linie vom Alten zum Neuen Testament gibt: die Rede von der in Jesus Christus vollbrachten Sühne für die Sünden der Welt ist weder eine neutestamentliche Fortsetzung der *kipper*-Theologie der Priesterschrift[19], noch eine direkte Anwendung von Vorstellungen um den Gottesknecht von Jes

---

Gerechten" kennt, darf man dann als christlicher Leser hier nicht einen Anklang an das Leben Jesu Christi und an seine Bewahrung aus dem Tod heraus hören?

[18] Aus der neueren Diskussion: *H. Gese*, Die Sühne (1977), in: *Ders.*, Zur biblischen Theologie (BEvTh 78), 1989³, 85-106; *M. Hengel*, The Atonement. A Study of the Origins of the Doctrine in the New Testament, 1981; *B. Janowski*, Sühne als Heilsgeschehen. Studien zur Sühnetheologie der Priesterschrift und zur Wurzel KPR im Alten Orient und im Alten Testament (WMANT 55), 1982; *O. Hofius*, Sühne und Versöhnung. Zum paulinischen Verständnis des Kreuzestodes Jesu, in: *W. Maas* (Hg.), Versuche, das Leiden und Sterben Jesu zu verstehen, 1983, 25-46; *J. Blank/J. Werbick*, Sühne und Versöhnung (Theologie zur Zeit 1), 1986; *C. Breytenbach*, Versöhnung. Eine Studien zur paulinischen Soteriologie (WMANT 60), 1987; *H. Merklein*, Der Sühnetod Jesu nach dem Zeugnis des Neuen Testaments, in: *H.P. Heine* u.a. (Hg.), Versöhnung in der jüdischen und christlichen Liturgie, (QD 124), 1990, 155-183; *W. Kraus*, Der Tod Jesu als Heiligtumsweihe. Eine Untersuchung zum Umfeld der Sühnevortsellung in Römer 3,25-26a (WMANT 66), 1991; *B.S. Childs*, Biblical Theology of the Old and New Testaments, 1992, 502-516; man vgl. auch die Thema-Hefte mit Beiträgen mehrerer Autoren aus verschiedenen Disziplinen: JBTh 6 (1991) 155-211. 339-354 und BiKi 49 (1994) 125-155.

[19] So gibt es z.B. keine Handaufstemmung des Opferherrn (wobei die Bedeutung des Ritus ohnehin nicht eindeutig ist, vgl. *H.-J. Fabry*, ThWAT V, 883f.); das Opfertier ersteht nicht wieder auf; die Deutung als Heiligtumsweihe, die in Lev 16 wesentlich ist, wirkt im Bezug auf Christus äußerst künstlich.

53[20], weder eine Ableitung aus der *toda*-Feier im Sinne von Ps 22,23ff. noch eine Anwendung des Sinai-Bundesschlusses (Ex 24) und auch keine ungebrochene Fortsetzung alttestamentlichen Priesterdienstes und Opferkultes allgemein. Dennoch haben alle diese Bereiche, die untereinander ja in vielfacher Spannung stehen, in tiefgründiger überlieferungsgeschichtlicher Verschlingung im neutestamentlichen Grundbekenntnis zusammengewirkt, wobei die Summe mehr ist als die Teile. Das Alte Testament stellt hier wie häufig nur "Bausteine" für eine komplexe Collage bereit; dazu müssen noch griechische Vorstellungen etwa von der Versöhnung als Vertauschung von Feindschaft und Krieg gegen Freundschaft und Frieden aus der Diplomatensprache oder von der Bereitschaft, aus Liebe füreinander zu sterben (Platon, Symposion 179b) hinzugenommen werden. Dennoch bleibt das alttestamentliche Opferwesen als autoritative Stimme in der christlichen Wahrheitsreflexion, d.h. im Kanon, erhalten und hält so unter anderem das Bewußtsein wach, daß der Mensch vor dem gerechten und allwissenden Gott schuldig, unrein, der Gnade bedürftig bleibt.[21]

b) Wenn es darum geht, christlich zu entfalten, was Sünde ist, dann ist z.B. Gen 1-11 ein zu diesem Zwecke voll gültiger Text, der die unterschiedlichen Aspekte von Sünde (Grenzüberschreitung, Verschiebung von eigenem Versagen auf andere, Selbstüberhebung, Tragik) in einer Weise entfaltet, die auch für das Neue Testament grundlegend ist.[22] Altes und Neues Testament sind in diesem Fall strukturanalog.[23]

c) Bei der Frage, wie Krankheit und Leid von Jahwe her zu verstehen sind, bietet schon das Alte Testament selbst divergierende Vorstellungen an (unbegreifliche Schickung, verdiente Vergeltung und Strafe, Erziehung, Stellvertretung), wohingegen das Neue Testament über diese Modelle hinaus die *imitatio Christi* als völlig neuen Aspekt stark betont.[24] Nur beide Testamente zusammen ergeben das Ganze des christlichen Zeugnisses.

---

[20] Es fehlt im NT z.B. der kollektive Aspekt, der dem Gottesknecht nicht nur wegen Jes 49,3 eignet; oder die Krankheiten, mit denen der Gottesknecht vertraut war, und die Häßlichkeit haben in Jesus keine Entsprechung.

[21] Vgl. *I. Willi-Plein*, Opfer und Kult im alttestamentlichen Israel. Texterfahrungen und Zwischenergebnisse (SBS 153), 1993.

[22] Vgl. *Verf.*, Sünde als Verhängnis. Gen 6,1-4 im Rahmen der Urgeschichte des Jahwisten, TThZ 102 (1993) 34-50.

[23] Diesen wichtigen Aspekt betont bes. *H.D. Preuß*, Das Alte Testament in christlicher Predigt, 1984, 120-140.

[24] Vgl. z.B. die einschlägigen Beiträge in *Verf.* (Hg.), Krankheit und Leid in der Sicht der Religionen (Osnabrücker Hochschulschriften 13), 1994.

Da die Biblische Theologie im Sinne der historisch-kritisch redlichen Erfassung der gesamtbiblischen Polyphonie und des Eintretens in den in der Bibel selbst dokumentierten theologischen Diskurs immer auch einen Bezug auf die religiösen Erfahrungen der Gegenwart impliziert, bleibt die Disziplin notwendigerweise eine immer neue Aufgabe, der sich jede neue Generation stellen muß. Der hochkomplexe Prozeß, auf der Grundlage eines breiten Wissens um die bewährten biblischen Zeugnisse in jeder neuen Situation den rechten Weg zu finden, ist nicht beliebig, aber eben auch nicht eindeutig. Uneindeutigkeit ist ein notwendiges Signum des In-der-Welt-Seins. Der Kanon ist keine stringente Prinzipienphilosophie, sondern Einweisung in ein lebenslanges intellektuelles und ethisches Ringen, jeden Augenblick neu. Dabei bleibt der Christ immer eingespannt in die dialogische Struktur von Alt und Neu, woraus sich auch die hohe Bedeutung des jüdisch-christlichen Dialogs erhellt. Der lukanische Christus macht diese dialektisch-dialogische Spannung deutlich mit dem Bildwort vom alten und neuen Wein: "Niemand füllt neuen Wein in alte Schläuche; sonst zerreißt der neue Wein die Schläuche und wird verschüttet, und die Schläuche verderben. Sondern neuen Wein soll man in neue Schläuche füllen." Aber der Satz geht weiter "und niemand, der vom alten Wein trinkt, will neuen; denn er spricht der alte ist besser." (Lk 5,37f.)[25] In diesem Sinne heißt es auch in den Pirqe Abot 4,27: "Merk nicht auf den Krug, sondern auf den Inhalt. Es gibt neue Krüge voll alten Weins, und alte, worin nicht einmal neuer Wein ist." Man muß eben immer wieder kosten.

Literatur:

Gesamtbiblische Theologien der Gegenwart. Das Verhältnis von AT und NT in der hermeneutischen Diskussion seit Gerhard von Rad, Stuttgart (1985) ²1987.

Biblische Theologie - was folgt daraus für die Auslegung des Alten Testaments, EvErz 37 (1985) 233-243.

Unitas Scripturae? Eine Problemskizze, JBTh 1 (1986) 48-70.

(gemeinsam mit Ch. Dohmen) Biblischer Kanon - warum und wozu? Eine Kanontheologie (QD 137), Freiburg 1992.

---

[25] Wie Lukas mit dem Problem der Hochschätzung des Alten einerseits und Wissen um das Neue in Christus andererseits tragisch ringt, hat vorzüglich *H. Merkel* herausgearbeitet (Israel im lukanischen Doppelwerk, NTS 40).

Die Bibel Israels als Buch der Christen

Rolf Rendtorff

I

Das wichtigste theologische Ereignis der zweiten Hälfte dieses Jahrhunderts ist die Entdeckung des Judentums für die christliche Theologie. Sie hat sich an verschiedenen Stellen und in unterschiedlicher Weise vollzogen. Manche finden sie schon bei *Karl Barth*, und dafür gibt es zweifellos gewichtige Gründe; aber sie trat von dorther nicht unmittelbar ins allgemeine Bewußtsein, sondern wurde erst im Rückblick erschlossen.[1] Ein weiterer wesentlicher Aspekt war die Entstehung einer neuen Theologie des Alten Testaments. Schon *Walther Eichrodts* Entwurf[2] war theologisch von nicht zu unterschätzender Bedeutung, weil hier nach langer Zeit wieder der Versuch einer theologischen Gesamtdarstellung der "alttestamentlichen Glaubenswelt" unternommen wurde. Allerdings zeigt sich dabei auch, wie weit *Eichrodt* noch von einem angemessenen Verständnis des Judentums entfernt war. Schon im einleitenden Paragraphen spricht er vom "Charakter des Unfertigen", von dem das Alte Testament geprägt sei, während "erst in der Erscheinung Christi...die edelsten Kräfte des Alten Testaments zur Vollendung gelangen...Der negative Beweis dafür ist der Anblick des Torso, den das vom Christentum geschiedene Judentum darbietet" (S.1). Im weiteren Verlauf seiner Darstellung finden sich dann immer wieder Urteile über das Judentum wie diese: "Die lebensvolle Gemeinschaft zwischen Gott und Mensch...schrumpfte zusammen auf die korrekte Erfüllung der gesetzlichen Vorschrift"[3], so daß "die Kraft zu(r)...Bejahung des Gesetzes als der Offenbarung des persönlichen Gotteswillens verloren ging."[4]

---

[1] F.-*W.Marquardt*, Die Entdeckung des Judentums für die christliche Theologie. Israel im Denken Karl Barths, München 1967.
[2] *W.Eichrodt*, Theologie des Alten Testaments, 3 Bde., Leipzig 1933-1939 (Bd. 1 ⁵1957, Bd.2/3 ⁴1961).
[3] *Eichrodt*, Bd.1, 80 (5.Aufl. 103).
[4] Ebd., 1,108 (139). Vgl. dazu *J.Levenson*, Warum Juden sich nicht für biblische Theologie interessieren, EvTh 51, 1991, 402-430, besd. 410.

Gerhard von Rads Theologie[5] eröffnet eine neue Epoche.[6] Ihre große Bedeutung liegt vor allem darin, daß sie grundlegende neue Entwicklungen im Bereich der Geschichte Israels und der alttestamentlichen Einleitungswissenschaft aufnimmt und sie in einer neuen theologischen Gesamtschau fruchtbar werden läßt. Dabei zeigt sich zugleich ein ganz anderes Verhältnis zu den Überlieferungen des Alten Testament. Es wäre für *von Rad* undenkbar gewesen, alttestamentliche Aussagen aus einer christlichen Perspektive heraus abzuwerten oder gar Israel insgesamt als "gescheitert" anzusehen. Im Gegenteil: In einer Auseinandersetzung mit *Gerhard Ebeling* über das alttestamentliche Verständnis des Gesetzes hat er sich ausdrücklich von einer Israel abwertenden Tradition distanziert.[7] In dem abschließenden Kapitel des zweiten Bandes mit dem Titel "Das Gesetz" heißt es: "Die bekannte, im früheren Luthertum fast zu kanonischer Gültigkeit erhobene Vorstellung von einem Israel, das durch das Gesetz Gottes in einen immer härteren Gesetzeseifer getrieben und das gerade durch diesen Gesetzesdienst und durch die von ihm erweckte Sehnsucht nach dem wahren Heil auf Christus vorbereitet werden sollte, ist aus dem Alten Testament nicht zu begründen."[8] In einer ausführlichen Anmerkung hierzu distanziert sich von Rad von den Auffassungen *Hirschs* und *Bultmanns*. Hier ist ein wesentlicher Schritt in Richtung auf ein neues Verständnis des Judentums zu erkennen.

Einen "Durchbruch", wenn man es so nennen will, gab es in dieser Frage aber erst, als sich das Bewußtsein von der theologischen Bedeutung der Existenz eines lebendigen Judentums in unserer Gegenwart zu entwickeln begann. Dies geschah im wesentlichen auf zwei Ebenen, die miteinander in vielfältigen Beziehungen stehen. Die eine Ebene war der wachsende Kontakt mit Juden, den es ja für Deutsche nach dem Zweiten Weltkrieg zunächst kaum gegeben hatte. Aus meiner eigenen Erfahrung waren dabei vor allem die Begegnungen mit jüdischen Kollegen auf internationalen Alttestamentlerkongressen von großer Bedeutung. Dabei kam zugleich die andere Ebene mit ins Spiel, wenn man dort z.B. dem früheren Häftling des Lagers Theresienstadt und späteren Professor für Bibel an der Hebräischen Universität Jerusalem, Isac Leo Seeligmann, begegnete. Gegenwärtiges, lebendiges Judentum war zugleich Judentum

---

[5] *G.v.Rad*, Theologie des Alten Testaments, 2 Bde., München 1957 und 1960.
[6] Vgl. dazu *R.Rendtorff*, Theologie des Alten Testaments. Überlegungen zu einem Neuansatz, in: Kanon und Theologie (s. Literatur), 8.
[7] Vgl. schon die kritischen Bemerkungen zu Ebeling in der vierten Auflage des ersten Bandes der Theologie, S.214. Zum Ganzen *R.Rendtorff*, Das Bild des nachexilischen Israel in der deutschen alttestamentlichen Wissenschaft von Wellhausen bis von Rad (s.Literatur), 72-80, besd. 78ff.
[8] Bd.2, 420 (4.Aufl. 1965, 432).

nach dem Holocaust. So brachte das Wahrnehmen des gegenwärtigen Judentums unausweichlich die Konfrontation mit der Frage des christlichen Anteils am Antisemitismus mit sich.

Das Problem einer angemessenen christlichen Auslegung des Alten Testaments ist eng mit der Frage des Verhältnisses zum Judentum verknüpft. Wenn das Judentum "gescheitert" oder gar, nach früher weithin herrschender christlicher Meinung, von Gott "verworfen" ist, braucht die christliche Auslegung des Alten Testaments auf das Verständnis, welches das Judentum von seiner Bibel hat, keine Rücksicht zu nehmen. Sie kann sich darauf beschränken, das Alte Testament als ersten Teil der christlichen Bibel zu betrachten, wobei sie es als in ihrer eigenen Kompetenz liegend erachtet zu entscheiden, was als theologisch wertvoll und bleibend zu gelten hat. Wenn Christen aber zu entdecken beginnen, welche gefährlichen Konsequenzen eine solche Betrachtung haben kann, werden sie mit Notwendigkeit zu einer Revision dieses Ansatzes geführt.[9]

Entscheidend ist dabei, daß wir die (scheinbar selbstverständliche) Voraussetzung zurückgewinnen, daß unser Altes Testament zuerst die Bibel Israels war und daß es bis heute die Bibel des jüdischen Volkes geblieben ist. Dies ist aber nicht nur eine historische Feststellung. Vielmehr folgt daraus mit Notwendigkeit die theologische Einsicht, daß wir als Christen keinen Ausschließlichkeitsanspruch auf Auslegung des Alten Testaments haben, sondern daß die jüdische Auslegung ihr uneingeschränktes Recht behält. Das schließt zugleich die theologische Anerkennung der jüdischen Religion in ihrem eigenen Selbstverständnis mit ein. So wenig wie wir einen Ausschließlichkeitsanspruch auf Auslegung de Alten Testaments haben, so wenig sind wir auch legitimiert, von außen her Werturteile über die Religion Israels und des Judentums abzugeben und sie als defizitär oder gescheitert zu bezeichnen. Das Alte Testament ist und bleibt ein unaufgebbarer Bestandteil un-

---

[9] Diesen Zusammenhang hat die Synode der Evangelischen Kirche im Rheinland in ihrem Beschluß "Zur Erneuerung des Verhältnisses von Christen und Juden" vom Januar 1980 treffend formuliert: "Durch Jahrhunderte wurde das Wort 'neu' in der Bibelauslegung gegen das jüdische Volk gerichtet: Der neue Bund wurde als Gegensatz zum alten Bund, das neue Gottesvolk als Ersetzung des alten Gottesvolkes verstanden. Diese Nichtachtung der bleibenden Erwählung Israels und seine Verurteilung zur Nichtexistenz haben immer wieder christliche Theologie, kirchliche Predigt und kirchliches Handeln bis heute gekennzeichnet. Dadurch haben wir uns auch an der physischen Auslöschung des jüdischen Volkes schuldig gemacht." (Ziffer 7). Zitiert nach: *R.Rendtorff/H.H.Henrix* (Hrsg.), Die Kirchen und das Judentum. Dokumente von 1945 bis 1985, Paderborn und München, 1988, S.593-596.

serer christlichen Bibel. Es ist und bleibt aber auch, und sogar zuerst, die jüdische Bibel.[10]

II

Diese Spannung bildet das Grundmoment jeder christlichen Theologie des Alten Testaments und jeder Biblischen Theologie, die beide Teile unserer Bibel zu umfassen unternimmt. Die Frage ist, wie wir mit dieser Spannung umgehen. Im Rahmen dieses Bandes ist es nicht meine Aufgabe, mich mit denjenigen Positionen auseinanderzusetzen, bei denen diese Spannung einseitig zugunsten eines ausschließlich christlichen theologischen Ansatzes beseitigt oder überspielt wird. Interessant und wichtig ist demgegenüber die Tatsache, daß es eine ganze Reihe von Theologien des Alten Testaments gibt, die von ausgewiesenen christlichen Theologen geschrieben worden sind, in denen aber die christliche Auslegung des Alten Testaments nicht ausdrücklich als Problem formuliert wird. Dies gilt z.B. von *Walther Zimmerli*[11], dessen sehr ausgeprägtes theologisches Interesse und dessen kontinuierliches, engagiertes Gespräch mit dem Judentum es ihm gleichwohl möglich und sogar notwendig erscheinen ließen, eine Theologie des Alten Testaments zu schreiben, in der den alttestamentlichen Aussagen "ihr geschichtlicher Ort belassen wird".[12] Dies gilt, trotz der oben zitierten Bemerkungen im einleitenden Paragraphen, auch von *Walther Eichrodt*.[13] Ich nenne einige weitere Beispiele, ohne Anspruch auf Vollständigkeit: *Ludwig Köhler*[14], *Edmond Jacob*[15], *H.H.Rowley*[16], *Ronald Clements*[17], *Brevard Childs*[18],

---

[10] Was ich hier kurz skizziert habe, beschreibt meine eigenen Erfahrungen und die anderer Angehöriger meiner Generation. Ich will damit keineswegs sagen, daß der Weg zu einem angemessenen Verständnis des Alten Testaments als der Bibel Israels notwendigerweise diese Erkenntnisschritte durchlaufen muß. Für eine neue Generation ergeben sich, wie ich hoffe, manche Einsichten von selbst, die wir uns mühsam erarbeiten mußten.

[11] W.*Zimmerli*, Grundriß der alttestamentlichen Theologie, Stuttgart 1972.

[12] So in einer Auseinanderstzung mit Gunneweg in W.*Zimmerli*, Von der Gültigkeit der "Schrift" Alten Testamentes in der christlichen Predigt, in: Textgemäß, FS E.Würthwein, Göttingen 1979, 184-202, Zitat 201. Vgl. dazu die Dissertation von *J.Motte*, Gesamtbiblische Theologie nach Walther Zimmerli (Diss. Wuppertal 1992). Motte macht auch auf den interessanten Sachverhalt aufmerksam, daß Zimmerlis Theologie in dem Buch von *M.Oeming*, Gesamtbiblische Theologien der Gegenwart (Stuttgart 1985), nicht behandelt wird (a.a.O., 313).

[13] S.o. Anm. 2.

[14] *L.Köhler*, Theologie des Alten Testaments, Tübingen 1935 (⁴1966).

[15] E.*Jacob*, Théologie de l'Ancien Testament, Neuchâtel 1955.

[16] *H.H.Rowley*, The Faith of Israel, 1956.

[17] *R.E.Clements*, Old Testament Theology. A Frech Approach, London 1978.

Horst Dietrich Preuß[19]. Schließlich findet man in einigen Fällen einleitende Überlegungen über das Verhältnis des Alten Testaments zum Neuen Testament und zum christlichen Glauben, denen dann aber eine ganz im Rahmen des Alten Testaments bleibende Darstellung folgt, so z.B. bei *Th.C.Vriezen*[20] und *Otto Procksch*[21].

Hier zeigt sich, daß die Mehrzahl der christlichen Theologen, die eine ausgearbeitete Theologie des Alten Testaments vorgelegt haben, ihre Aufgabe in einer Darstellung der alttestamentlichen theologischen Überlieferungen in ihrem geschichtlichen und literarischen Kontext gesehen haben. Man kann gewiß voraussetzen, daß ihnen die oben skizzierte Spannung bewußt war. Es ist aber bedeutsam, daß diese Autoren eine breite Tradition innerhalb der alttestamentlichen theologischen Wissenschaft repräsentieren, für die das Alte Testament selbst in seiner vorliegenden, "kanonischen" Gestalt ohne zusätzliche oder korrigierende christliche Interpretationen ein angemessener und wichtiger Gegenstand theologischer Bemühungen ist. Viele Autoren bringen jedoch auch in mehr oder weniger kurzen Hinweisen am Beginn oder am Schluß ihres Buches zum Ausdruck, daß die Aufgabe der christlichen Theologie damit noch nicht abgeschlossen sei, sondern daß das Verhältnis des Alten Testaments zum Neuen einer selbständigen Behandlung bedürfe. Dabei wird häufig auf eine noch zu leistende Biblische Theologie verwiesen, der diese Aufgabe zufiele.

Zwei Dinge gehören also für die christlichen Verfasser einer Theologie des Alten Testaments zu den Voraussetzungen ihrer Arbeit. Zum einen die zweifelsfreie Zugehörigkeit des Alten Testaments zur christlichen Bibel und zur christlichen Religion. Zum andern die Tatsache, daß das Alte Testament ein theologisches Buch ist, jedenfalls in dem Sinne, daß die in ihm enthaltenen Aussagen einer sinnvollen theologischen Interpretation zugänglich sind. Beides erscheint nicht immer als selbstverständlich. So ist mir vorgehalten worden, daß ich "wie viele im jüdisch-christlichen Dialog Engagierte" die Frage "weithin unbeantwortet" ließe, "was den Gebrauch der Hebräischen Bibel in der Kirche und damit

---

[18] *B.S.Childs*, Old Testament Theology in a Canonical Context, Philadelphia 1986. Childs begründet die gesonderte Abfassung einer Theologie des Alten Testaments: "It is theologically important to understand the Old Testament's witness in its own right in regard to its coherence, variety and unresolved tensions." Inzwischen hat er aber die erste voll ausgearbeitete Biblische Theologie veröffentlicht: Biblical Theology of the Old and New Testaments. Theological Reflection on the Christian Bible, Minneapolis 1993.
[19] *H.D.Preuß*, Theologie des Alten Testaments, 2 Bde., Stuttgart 1991 und 1992.
[20] *Th.C.Vriezen*, Theologie des Alten Testaments in Grundzügen (niederländisch 1949), Neukirchen 1956.
[21] *O.Procksch*, Theologie des Alten Testaments, Gütersloh 1950.

ihre Stellung im christlichen Schriftkanon begründet."[22] Ich habe Schwierigkeiten, diese Frage zu verstehen. Seit die Kirche Marcions Forderung nach dem Verzicht auf das Alte Testament abgewiesen hat, bedarf ihre Zugehörigkeit zur christlichen Bibel m.E. keiner "Begründung". Auch die zweite Voraussetzung, daß das Alte Testament sinnvollerweise als ein "theologisches" Buch verstanden werden könne, wird heute wieder in Zweifel gezogen.[23] Ich sehe aber angesichts der breiten und z.Zt. wieder sehr lebendigen Tradition der Disziplin "Theologie des Alten Testaments" keinen Anlaß zu einer besonderen Verteidigung meiner Position.

III

Als "im jüdisch-christlichen Dialog Engagierter" richtet sich mein Interesse vielmehr auf die Frage, wie das Alte Testament betrachtet wird, wenn man den nächsten Schritt vollzieht. Es gibt bisher nur eine einzige wirklich ausgearbeitete "Biblische Theologie", nämlich die 1992 erschienene von *Brevard Childs*.[24] Aber es gibt eine breit gefächerte Diskussion über die Frage, wie eine Biblische Theologie aussehen *sollte*, bis hin zu einer monographischen Behandlung dieser Frage.[25] Hier kommt nun meine eingangs skizzierte Beurteilung der theologischen Situation in der zweiten Häfte dieses Jahrhunderts zum Tragen: Die erste Voraussetzung jeder theologischen Betrachtung des Alten Testaments muß m.E. heute lauten, daß dieses Buch zunächst die Bibel Israels ist.[26] Das bedeutet nach meiner Auffassung, daß wir das "Alte Testament" in seinem jüdischen, genauer: seinem israelitischen[27] Charakter theologisch ernstnehmen und in seiner Dignität anerkennen. Dies bedarf der Präzisierung und Entfaltung.

---

[22] *C.Dohmen/M.Oeming*, Biblischer Kanon, warum und wozu?, Freiburg 1992, 112.
[23] Vgl. die Diskussion über "Theologie des Alten Testaments oder Religionsgeschichte Israels" auf dem International Meeting der Society of Biblical Literature" in Leuven 1994 (demnächst in JBTh).
[24] S.o. Anm. 18 und dazu meine Rezension in JBTh 9, 1994, 359-369.
[25] *H.Graf Reventlow*, Hauptprobleme der Biblischen Theologie im 20.Jahrhundert, Darmstadt 1983. Dort steht im Vorwort der Satz: "Eine 'Biblische Theologie' ist noch nicht geschrieben." Erst durch das Erscheinen des Buches von Childs ist dieser Satz überholt.
[26] Ich greife hier den von C.Dohmen vorgeschlagenen Begriff "Bibel Israels" auf, ohne damit die in Gang befindliche Diskussion über diese Frage als abgeschlossen zu betrachten. (*C.Dohmen* in: *C.Dohmen/F.Mußner*, Nur die halbe Wahrheit? Für die Einheit der ganzen Bibel, Freiburg 1993, 14f, Anm. 9.)
[27] Dazu s.u.

Es heißt als erstes, daß wir die Aussagen des Alten Testaments nicht mit von außen herangetragenen Kriterien beurteilen, sondern, um noch einmal *Walther Zimmerli* zu zitieren, daß wir ihnen "ihren geschichtlichen Ort belassen". Zum geschichtlichen Ort gehört dabei auch der religiöse und theologische Kontext, in dem die Texte entstanden, gesammelt und kanonisiert worden sind. Das bedeutet nichts anderes, als daß wir das Alte Testament als die "Bibel Israels" lesen. Dies geschieht auch de facto in der exegetischen Arbeit der großen Mehrheit der heutigen christlichen Alttestamentler, und es geschieht bei vielen von ihnen ebenso bei der Darstellung der Theologie des Alten Testaments, wie ich oben in Abschnitt II gezeigt habe.

Diese Betrachtung des Alten Testaments könnte zunächst unter rein historischen Gesichtspunkten unternommen werden, ohne daß dabei die religiösen Voraussetzungen des Auslegers selbst eine Rolle spielen müßten. Faktisch werden aber die meisten Ausleger des Alten Testaments, und noch mehr die Verfasser von alttestamentlichen Theologien, einer der beiden religiösen Traditionen angehören, für die die Bibel Israels "Heilige Schrift" ist, dem Judentum oder dem Christentum. Was bedeutet dies für die Auslegung des Alten Testaments? Was es für die Christen bedeutet, habe ich zu sagen versucht: Das Alte Testament ist ein integrierender und unaufgebbarer Teil unserer christlichen Bibel; aber es ist auch und zuerst die jüdische Bibel. Wenn wir es als Bestandteil unserer christlichen Bibel auslegen, müssen wir uns dessen bewußt sein, daß wir damit die Bibel Israels in einem anderen Kontext auslegen als dem, in dem sie entstanden ist.

Für die Juden gilt ebenfalls, daß die Bibel, der *Tanakh* oder die *Mikra'*, nicht allein und für sich genommen ihre Heilige Schrift bildet, sondern daß sie Bestandteil der größeren, umgreifenden Tradition ist, die als die "schriftliche Tora" (die Bibel) und die "mündliche Tora" (der Talmud) bezeichnet wird. Diese beiden Teile der Tora gehören für die Juden ebenso untrennbar zusammen wie die beiden Teile der Bibel für die Christen. Allerdings besteht ein grundlegender Unterschied: Für die Juden bedeutet der Übergang von der Bibel zum Talmud nicht den Übergang in eine andere Religion. Um es genauer zu sagen: Nach der Zerstörung des Tempels in Jerusalem durch die Römer im Jahr 70 n.Chr. konstituierte sich in Jabne unter der Leitung von Jochanan ben Zakkai das pharisäische Judentum neu zu dem, was man das "Rabbinische Judentum" zu nennen pflegt. Die Hebräische Bibel war schon vor diesem Zeitpunkt abgeschlossen und bildete die unbestrittene Grundlage der weiteren religiösen Entwicklung, die zunächst in der Mischna und schließlich im Talmud ihren Niederschlag fand.[28] So ist das "Judentum" deutlich vom biblischen "Israel" unterschieden, und es hat neben der "Bibel Israels" die "mündliche Tora" (die inzwischen auch schriftlich niedergelegt worden ist) als Heilige Schrift. Gleichwohl besteht eine bruchlose Kontinuität zwischen beiden, vor allem deshalb, weil die "mündliche Tora" sich als Auslegung der "schriftlichen Tora" versteht.

Es würde den Rahmen dieses Beitrags überschreiten, den Gemeinsamkeiten und Unterschieden zwischen dem jüdischen und dem christlichen Verhältnis zur Bibel Israels genauer nachzugehen. Ein gewichtiger Unterschied besteht darin, daß der zweite Teil der grundlegenden religiösen Überlieferung im Judentum nicht ein zweiter Teil der "Bibel" ist, sondern deren verbindliche Auslegung. Beide gemeinsam bilden die religiöse Grundlage des Judentums. Eine Isolierung der Bibel von der übrigen Traditionsliteratur ist für das traditionelle Judentum nicht möglich.[29] Deshalb kann es im Judentum auch nicht das Problem einer "Biblischen Theologie" geben. Ich zitiere dazu Jon Levenson: "Man kann sich um eine konstruktive jüdische Theologie mit besonderer Beachtung der biblischen Quellen bemühen - und ich glaube, daß eine dringende Notwendigkeit für solche Arbeiten besteht. Aber das steht dem näher, was christliche Fakultäten 'Dogmatik' oder 'Systematische Theologie' nennen als der 'Biblischen Theologie'."[30]

Als Gemeinsamkeit ist also festzuhalten, daß die Bibel Israels für beide Glaubensgemeinschaften, die jüdische wie die christliche, einen wesentlichen Bestandteil ihrer grundlegenden religiösen und theologischen Traditionen bildet. Bei der Auslegung im eigenen gegenwärtigen religiösen Kontext besteht aber der grundlegende Unterschied darin, daß für die jüdische Tradition die Bibel Israels ein unbezweifelbarer und unbezweifelter Bestandteil der eigenen religiösen Tradition ist, ja daß die "Tora" im engeren Sinne (d.h. der "Pentateuch") sogar den wichtigsten

---

[28] Vgl. dazu *G.Stemberger*, Das klassische Judentum. Kultur und Geschichte der rabbinischen Zeit, München 1979.
[29] Eine eigenständige jüdische Bibelwissenschaft hat sich nach Anfängen im 18.Jahrhundert (vor allem Moses Mendelssohn) erst im 19. und 20. Jahrhunderts sehr zögernd entwickelt. (Vgl. *EJ* 4, 899ff). Dabei ist die Verbindung mit den Rabbinischen Studien zunächst weitgehend verlorengegangen. Vgl. *M.Goshen-Gottstein*, Christianity, Judaism and Modern Bible Study, VTSuppl. 28, 1975, 69-88, besd. 87. *Levenson* (s.Anm. 4) wendet sich gegen diese Trennung und praktiziert in seinen Veröffentlichungen eine enge Verbindung der biblischen mit der rabbinischen Tradition. Das gleiche gilt für eine Reihe weiterer jüdischer Bibelwissenschaftler. Ich nenne aus meiner begrenzten persönlichen Kenntnis und ohne jeden Anspruch auf Vollständigkeit einige Namen: Michael Fishbane, Moshe Greenberg, Baruch Levine, Jacob Milgrom, Nahum Sarna.
[30] *Levenson* (s.Anm. 4), 408.

und am höchsten geachteten Teil der jüdischen Überlieferung von ihren Anfängen bis heute darstellt und daß alle übrigen Schriften letzten Endes Auslegung der Tora sind. Für die christliche Tradition liegen die Dinge ganz anders. Für sie bedarf die sachgemäße Bestimmung der Stellung der Bibel Israels innerhalb ihrer biblischen Tradition sowie im Ganzen ihrer theologischen Tradition sorgfältiger hermeneutischer Überlegungen.

IV

Für den christlichen Ausleger des "Alten Testaments" ergibt sich eine zweifache Aufgabe. Zunächst muß er den ersten Teil seiner Bibel in dessen Charakter als Bibel Israels ernstnehmen und sich bemühen, ihn angemessen auszulegen. Ich möchte noch einmal betonen, daß dies bei dem größten Teil der heutigen christlichen Alttestamentler im Grundsatz durchaus der Fall ist. Allerdings schließt dies keineswegs aus, daß dabei Werturteile mit einfließen, die sich nicht ohne weiteres mit einem einfühlsamen Verständnis der Religion Israels, wie sie sich in der Bibel Israels niedergeschlagen hat, in Einklang bringen lassen. So war, um ein Beispiel zu wählen, die priesterliche Schicht des Pentateuch (die sog. Priesterschrift) in der Literatur vielfach Gegenstand negativer oder herabsetzender Urteile. Hier sind in jüngster Zeit deutliche Veränderungen erkennnbar. Dies zeigt sich in übergreifenden Darstellungen des Pentateuch, die sich um ein neues Verständnis der "Priesterschrift" oder der priesterlichen Kompositionsschicht bemühen[31], ebenso wie in Kommentaren[32] und in thematischen Einzelstudien.[33] Ähnliches läßt sich für andere Bereiche der alttestamentlichen Schriften sagen, in deren Beurteilung sich vergleichbare Entwicklungen abzeichnen.

Hier meldet sich nun zugleich ein anderes Problem. Das Alte Testament ist die Bibel Israels in der uns vorliegenden Gestalt. Man kann diese Gestalt die "Endgestalt" nennen, oder auch die "kanonische" Gestalt. Es kann kein Zweifel daran bestehen, daß diese Endgestalt das Ergebnis eines Wachstums-, Sammlungs- und Kompositionsprozesses ist, der bei den einzelnen Schriften von unterschiedlicher Dauer und Komplexität gewesen sein dürfte, der aber wohl für alle in der einen oder anderen

---

[31] Z.B. *E.Blum*, Studien zur Komposition des Pentateuch, BZAW 189, 1990; *J.Blenkinsopp*, The Pentateuch, New York 1992; *F.Crüsemann*, Die Tora. Theologie und Sozialgeschichte des alttestamentlichen Gesetzs, München 1992.

[32] Z.B. *E.Gerstenberger*, Das dritte Buch Mose. Leviticus, ATD 6, 1993.

[33] Z.B. *B.Janowski*, Tempel und Schöpfung. Schöpfungstheologische Aspekte der priesterlichen Heiligtumskonzeption, JBTh 5, 1990, 37-69; *M.Douglas*, In the Wilderness. The Doctrine of Defilement in the Book of Numbers, JSOTSuppl 158, 1993.

Weise angenommen werden muß. Die moderne alttestamentliche Wissenschaft hat seit ihrem Bestehen ihr Hauptaugenmerk auf die Herausarbeitung früherer Stadien der jetzigen Texte gerichtet, ja sie hat ihren eigentlichen Ursprung in Beobachtungen, die zur Unterscheidung verschiedener Textschichten, "Quellen" usw. geführt haben. Dies hat zur Folge, daß in den "klassischen" Bereichen solcher literarkritischen Arbeit wie z.b. dem Pentateuch und dem Buch Jesaja häufig nicht der jetzige Text, sondern eine rekonstruierte Vorform der Auslegung zugrundegelegt wurde und wird.[34]

Es stellt sich aber die Frage, ob es die einzige und auf Dauer auch die vordringliche Aufgabe der wissenschaftlichen Auslegung des Alten Testaments sein kann und muß, Vorstadien des jetzigen Textes zu rekonstruieren. Abgesehen von dem hohen Maß an hypothetischen Un-sicherheiten[35] bekommt man die Bibel Israels auf diese Weise jedenfalls nicht in den Blick. Es fragt sich auch, ob auf diese Weise eine "Theologie des Alten Testaments" geschrieben werden kann, oder ob die gesonderte Behandlung verschiedener Überlieferungsstufen nicht bei einer "Religionsgeschichte Israels" stehen bleiben muß.[36] Deshalb hat sich in jüngster Zeit die Forderung nach einer "kanonischen" Auslegung mehr und mehr Gehör verschafft.

Der Begriff "kanonisch" enthält zahlreiche Aspekte, die in der gegenwärtigen Diskussion lebhaft erörtert werden.[37] Dabei ziehen die Fragen der Entstehung und des Abschlusses des biblischen Kanons in ihren historischen, literarischen und theologischen Aspekten sowie die Frage der kanonischen Verbindlichkeit des Endtextes die besondere Aufmerksamkeit auf sich. Dies sind zweifellos wichtige Fragen, die uns gewiß noch

---

[34] So wurden z.B. die angenommenen Hauptquellen des Pentateuch, der "Jahwist" (und in seinem Gefolge der "Elohist") und die "Priesterschrift" in den Kommentaren zur Genesis von *H.Gunkel* (HK I,1, 1902, ^{3}1910) und *G.v.Rad* (ATD 2-4, 1949-1953, ^{9}1972) gesondert abgedruckt und kommentiert, oder sie wurden sogar in Buchform getrennt voneinander gedruckt (*R.Smend*, Biblische Zeugnisse. Literatur des alten Israel, Frankfurt 1967, 24-124). Bei *O.Kaiser*, Einleitung in das Alte Testament (1969, ^{5}1984) erscheinen Jes 1-39, Jes 40-55 (Deuterojesaja) und Jes 56-66 (die tritojesajanische Sammlung) als getrennte Bücher.

[35] Man denke nur an die tiefgreifenden Veränderungen in der Beurteilung und Datierung der "Quellen" des Pentateuch in den letzten zwei Jahrzehnten!

[36] So stellt z.B. *von Rad* (s. Anm. 5, 4.Aufl., 302-308) die verschiedenen "Mosebilder" der drei Pentateuchquellen und des Deuteronomiums dar, aber der Mose der Bibel Israels kommt dabei nicht in Blick.

[37] Vgl. u.a. *Dohmen/Oeming* (s. Anm. 22) mit Literatur. Hinzuzufügen wären jetzt u.a. die Artikel "Canon. Hebrew Bible" von *J.A.Sanders* und "Canonical Criticism" von *G.Sheppard* im Anchor Bible Dictionary 1992, Bd.1, 837-852 und 861-866.

lange beschäftigen werden. Mein eigenes Interesse richtet sich jedoch primär auf den exegetischen Aspekt des Problems. Die Fragen, um die es dabei geht, können auch unter den Begriffen der "synchronen" und "diachronen" Auslegung erörtert werden. Meine These ist, daß wir der Bibel Israels besser gerecht werden, wenn wir sie zunächst in ihrer jetzt vorliegenden Endgestalt, also synchron, zu lesen versuchen und die diachrone Betrachtung der synchronen Lesung unterordnen.

Dieser exegetische Ansatz hat vor allem zwei Aspekte. Zum einen geht er davon aus, daß die uns vorliegende Endgestalt des Textes in aller Regel das Ergebnis einer wohlüberlegten Arbeit seiner Autoren ist. Ich benutze hier bewußt den Begriff "Autoren" auch für diejenigen, die für die Formulierung der Endgestalt verantwortlich sind. Zweifellos sind sie in vielen Fällen nicht die Verfasser des jetzt vorliegenden Textes vom Beginn seiner Entstehung an. Aber sie sind es, aus deren Hand wir die Texte entgegennehmen. Auch wenn sie vielfach mit dem meistens im herabsetzenden Sinne gebrauchten Begriff der "Redaktoren" bezeichnet und dadurch von den ursprünglichen "Autoren" unterschieden werden, so hat doch das häufig zitierte Wort von Franz Rosenzweig einen tiefen Wahrheitsgehalt, daß man das Siglum R nicht als "Redaktor", sondern als "Rabbenu" ("unser Meister") lesen solle. Zudem sind frühere oder gar "ursprüngliche" Autoren für uns nur hypothetisch und oft überhaupt nicht erschließbar. Wer ist z.B. der "Autor" des Jesajabuches oder auch nur von Jes 1-39? Jedenfalls kaum der Prophet Jesaja.[38] Hier herrscht auch im Rahmen der traditionellen historisch-kritischen Exegese keineswegs terminologische und sachliche Klarheit.

Zum andern betrachtet der synchrone Ansatz den Text als die Bibel Israels und auch als den ersten Teil der christlichen Bibel. Beide Glaubensgemeinschaften haben ihn durch die Jahrhunderte hindurch in der uns vorliegenden Gestalt gelesen und sind von ihm geprägt worden. Der heutige Ausleger kann sich nicht ohne weiteres über diese Tradition hinwegsetzen. Insbesondere darf er den Text nicht besserwisserisch dadurch verändern, daß er ihn in einzelne Teile zerlegt und diese gesondert oder gar gegeneinander auslegt. Hier bekommt der Begriff "kanonisch" zweifellos einen theologischen Akzent.

---

[38] *O.Kaiser* "rechnet damit, daß der Grundbestand des (Jesajab)uches in den c.1+28-31* zu suchen ist und erst im 6.Jh.v.Chr. seine Verschriftung erfahren hat" (s. Anm. 34, 234). Er schließt auch nicht aus, daß diese Prophetien ursprünglich "namenlos" waren und erst nachträglich "als jesajanisches Traditionsgut...gedeutet wurden" (Das Buch des Propheten Jesaja. Kapitel 1-12, ATD 17, ⁵1981, 19). Aber auch weniger radikale Exegeten betrachten nur mehr oder weniger große Teile von Jes 1-39 als jesajanisch - und ist er dabei selbst der "Autor"?

Diese beiden miteinander zusammenhängenden Aspekte sind heute oft dem Vorwurf ausgesetzt, fundamentalistisch zu sein oder doch dem Fundamentalismus Vorschub zu leisten. Ich möchte deshalb sehr nachdrücklich betonen, daß ich meine synchrone Lesung der Texte ganz im Kontext der historisch-kritischen Bibelwissenschaft verstehe. Was sich ändert, ist vor allem die Blickrichtung und das "erkenntnisleitende Interesse". Ich gehe von der Endgestalt der Texte aus im vollen Bewußtsein dessen, daß sie in vielen Fällen das Endstadium eines mehr oder weniger langen Entstehungsprozesses darstellen, jedoch mit der Absicht, sie zunächst in der vorliegenden Gestalt zu verstehen und auszulegen. Ich denke, daß mit diesem veränderten Ansatz ein lange vernachlässigter Aspekt der historisch-kritischen Exegese zu seinem Recht kommt. Daß die Notwendigkeit dieser Fragestellung schon früher empfunden wurde, möchte ich durch ein Zitat belegen:

Da... "der fertige Pentateuch das ist, was wir auszulegen haben, und alle literarkritische und überlieferungsgeschichtliche Untersuchung nur als Mittel zur Erfüllung dieser Aufgabe betrachtet werden muß, so muß auch eine Überlieferungsgeschichte des Pentateuch, so wie sie vom Gesamt-pentateuch ausgegangen ist, schließlich wieder beim Gesamtpentateuch enden....

Noch bleibt die Frage übrig, ob ... nicht doch schließlich das Ganze mehr geworden ist als nur die Summe seiner Teile; und da dieses Ganze fortan als heilige Schrift gelesen und gottesdienstlich gebraucht worden ist und also eine geschichtliche Wirkung ausgeübt hat und bis heute das einzige wirklich konkret Gegebene geblieben ist, so ist es eine wissenschaftliche Aufgabe, auch dieses Ganze in seiner überlieferten Gestalt ins Auge zu fassen."[39]

An diesem Zitat ist besonders interessant, daß Noth die beiden von mir zuvor genannten Aspekte hervorhebt: die Auslegung der gegebenen Endgestalt des "fertigen Pentateuch" und seine Bedeutung als "Heilige Schrift", und daß er zudem den Endtext als "das einzige wirklich konkret Gegebene" bezeichnet. Ich will damit natürlich nicht behaupten, daß ich mit meiner Forderung einer synchronen Auslegung genau dasselbe täte, was Noth getan hat. Dieses Zitat zeigt aber, daß hier keineswegs unüberbrückbare Gegensätze bestehen, sondern daß mein Ansatz auch aus Noths Sicht als "wissenschaftliche Aufgabe" zu betrachten ist.[40]

---

[39] *M.Noth*, Überlieferungsgeschichte des Pentateuch, 1948 (^{3}1966), 268 und 270.
[40] Noth unterscheidet sich mit diesen Äußerungen übrigens sehr grundsätzlich von dem, was z.B. *H.Greßmann* (Mose und seine Zeit. Ein Kommentar zu den Mosesagen, FRLANT 18, 1913, 22f) ausgedrückt hat, wenn er die Arbeit des Exegeten mit der eines Archäologen vergleicht, von dem man auch nicht verlangen könne, "daß er seine Ausgrabungen wieder zuschütten, ja sogar daß er den

Die diachrone Betrachtung ist nach meiner Auffassung der synchronen zuzuordnen und unterzuordnen. In vielen Fällen ergeben sich bei der synchronen Lesung Hinweise darauf, daß dem jetzt vorliegenden Text frühere Stadien der Textentwicklung vorausgegangen sind. Im herrschenden Verständnis der historisch-kritischen Exegese ist es dann die Aufgabe, diese früheren Stadien herauszuarbeiten und soweit wie möglich zu rekonstruieren. Dabei geht aber in aller Regel der Blick auf die Endgestalt verloren. Zudem ist jede "Rekonstruktion" früherer Stadien ein äußerst hypothetisches Unterfangen. M.E. gehört es zu dem belastenden Erbe der Tradition der historisch-kritischen Wissenschaft, daß sie bestimmte rekonstruierte Vorstadien der Texte als feste, undiskutierte Gegebenheiten nimmt.[41] Man muß aber sehr deutlich sagen, daß eine Größe wie z.B. der "Jahwist" eine hypothetische Konstruktion der neueren alttestamentlichen Wissenschaft ist und daß man nicht sagen kann, daß es den Jahwisten "gibt".[42]

Die entscheidende Frage ist aber, mit welcher Absicht der Exeget an den Text herantritt. Die diachrone Fragestellung ist und bleibt interessant und wichtig, sofern der Exeget dadurch Einblick in die Vorgeschichte des Bibeltextes und in die Geschichte der israelitischen Religion zu gewinnen versucht. Er muß dabei aber in Kauf nehmen, daß er mit Texten arbeitet, die von ihm selbst oder der "Schule", der er sich zurechnet, rekonstruiert worden sind und daß deshalb seine exegetischen Ergebnisse nur im Kontext eines bestimmten "Paradigmas" aufgenommen und aner-

---

wiederhergestellten Trümmerhaufen würdigen und den Wirrwarr sinnvoll erklären solle! Die Wissenschaft hat mit einer solchen Aufgabe nichts zu tun." Darum ist auch die Forderung, "man solle die Quellenschriften nicht nur in der Vereinzelung betrachten, sondern auch den *jetzigen Zusammenhang* würdigen...prinzipiell abzulehnen, weil sie Unmögliches verlangt." Diese Auffassung Greßmanns wurde gewiß von der großen Mehrheit der Alttestamentler seiner Zeit geteilt und wird auch von vielen heutigen noch anerkannt.

[41] Dazu gehört auch, daß vielfach die historisch-kritische Methode mit einzelnen ihrer Ergebnisse wie z.B. der Quellenscheidung im Pentateuch identifiziert wird, was m.E. ein Mißverständnis und ein Mißbrauch dieser Methode ist, die grundsätzlich für jede neue Erkenntnis offen sein müßte. Vgl. dazu meinen Aufsatz "The Paradigm is Changing: Hopes - and Fears", Biblical Interpretation 1, 1993, 34-53.

[42] Der begrenzte Rahmen dieses Beitrags läßt es nicht zu, auf diese Frage näher einzugehen. Ich muß dazu auf die ausführliche Erörterung in meinem Buch "Das überlieferungsgeschichtliche Problem des Pentateuch" (BZAW 147, 1977) verweisen. Ich füge heute hinzu, daß der "Jahwist", wie ihn etwa John Van Seters in zahlreichen Publikationen dargestellt hat, mit demjenigen Wellhausens kaum noch etwas gemein hat. (*J.Van Seters*, Abraham in History and Tradition, New Haven 1975; *ders.*, Der Jahwist als Historiker, ThSt 134, 1987.)

kannt werden können.⁴³ Zudem ändern sich die Voraussetzungen seiner Arbeit mit dem Wechsel der zugrundeliegenden Hypothesen, was sich in den letzten zwei Jahrzehnten besonders dramatisch im Bereich der Pentateuchforschung gezeigt hat.

Bei einem synchronen Ansatz bildet der Text in seiner Endgestalt, die "das einzige wirklich konkret Gegebene" ist (*Noth*, s.o.), den Ausgangspunkt und den eigentlichen Gegenstand der Auslegung.⁴⁴ Die primäre Aufgabe besteht darin, den Text in dieser uns vorliegenden Form zu verstehen und auszulegen. Wenn sich dabei Hinweise darauf ergeben, daß in dem jetzigen Text frühere Materialien und Textelemente verarbeitet sind, wird sich von Fall zu Fall die Frage stellen, wie man damit umgehen will. Die synchrone Auslegung, wie ich sie verstehe, wird keinesfalls in einer unkritischen Harmonisierung offenkundiger Spannungen in den Texten bestehen. So wird z.B. niemand ernsthaft behaupten wollen, daß die beiden Schöpfungsberichte in Gen 1,1-2,3 und 2,4-25 vom gleichen Verfasser stammen. Die synchrone Frage ist aber, wie sie sich zueinander verhalten und wie der "Verfasser" des Endtextes sie in ihrem jetzt gegebenen Zusammenhang gelesen haben will. Der Gedanke, daß die beiden Texte ohne solche Überlegungen einfach von einem Redaktor nebeneinander gestellt worden seien, scheidet für einen synchronen Ansatz von vornherein aus. Hier kommt dann sofort die Frage ins Spiel, ob die "Quellen" des Pentateuch unabhängig voneinander existiert haben oder ob die "priesterliche" Kompositionsschicht schon für ihren jetzigen Kontext verfaßt worden ist.⁴⁵ Daran zeigt sich, daß die Frage der synchronen Lesung eng verflochten ist mit anderen methodischen Fragen.⁴⁶ Gerade dieses Beispiel kann aber zeigen, daß synchrone und diachrone Auslegung nicht einfach als sich ausschließende Alternativen verstanden werden dürfen. Der entscheidende Unterschied liegt in dem primären Interesse der synchronen Auslegung am Verständnis des jetzt vorliegenden Textes und in der Zuordnung und Unterordnung diachroner Fragen

---

⁴³ Ich benutze den Begriff "Paradigma" in dem von *Th.Kuhn*, Die Struktur wissenschaftlicher Revolutionen (englisch 1962, ²1970) deutsch Frankfurt a.M. 1967, ⁵1981, entwickelten Sinn.
⁴⁴ Textkritische Fragen sind in dem hier erörterten Zusammenhang nur in Ausnahmefällen von wirklicher Relevanz. Man sollte sie ernstnehmen, aber ihnen nicht eine Bedeutung zumessen, von der aus die Rede von "Endgestalt" in Frage gestellt werden könnte.
⁴⁵ Vgl. dazu *Blum* (s. Anm. 31).
⁴⁶ Wiederum gestattet es der begrenzte Rahmen dieses Beitrags nicht, weitere Beispiele anzuführen. Ich habe schon an anderen Stellen zu zeigen versucht, daß oft bestimmte diachrone Vorentscheidungen die Auslegung bestimmen und in eine entsprechende Richtung lenken. Vgl. z.B. die Beiträge "Jakob in Bethel", "Die Geburt des Retters" sowie mein Buch "Die Bundesformel" (vgl. Literatur).

zu dieser primären Aufgabe. In der gegenwärtigen Situation der alttestamentlichen Wissenschaft werden die wenigen synchron arbeitenden Exegeten gewiß verstärktes Gewicht auf diesen Aspekt legen müssen, zumal die diachronen Fragen in der Vergangenheit schon sehr intensiv bearbeitet worden sind, so daß ein Wechsel des Interessenschwerpunkts gewiß von Nutzen wäre.[47] Ich bin davon überzeugt, daß eine verstärkte synchrone Auslegung einem angemessenen Verständnis des Alten Testaments als Bibel Israels wesentlich zugute kommen wird.

V

Die zweite grundlegende Aufgabe des christlichen Auslegers des Alten Testaments besteht schließlich darin, seinen Beitrag dazu zu leisten, die Bibel Israels als Bestandteil der christlichen Bibel zu lesen. Nach dem bisher Dargelegten kann dieser Beitrag keinesfalls darin bestehen, bei der Auslegung des Alten Testaments selbst christliche Maßstäbe oder Kriterien anzulegen. Vielmehr muß auch hierbei die Integrität der Bibel Israels voll gewahrt bleiben. Der Ausleger des Alten Testaments ist deshalb auf die Zusammenarbeit mit den Auslegern des Neuen Testaments und auch mit den Vertretern der frühen Kirchengeschichte angewiesen. Der erste Schritt muß darin bestehen, das Auftreten Jesu und die Anfänge der christlichen Gemeinde innerhalb des Rahmens des damaligen Judentums zu verstehen. Für Jesus und die ersten Christen war die Bibel Israels ihre Bibel wie für alle Juden ihrer Zeit. Deshalb kann auch für die Anfänge der christlichen Gemeinde nicht von einem Gegenüber von "Judentum" und "Christentum" gesprochen werden, weil die christliche Gemeinschaft zunächst eine messianische Gruppe innerhalb des Judentums war. Wenn dies ernstgenommen wird, dann kann die Frage nicht lauten, wie und warum Jesus und die ersten Christen die Bibel Israels benutzt oder herangezogen haben. Daß sie sie benutzten, war für sie selbstverständlich.[48] Das zeigt sich sehr eindeutig darin, daß sie noch lange nach der Trennung von Judentum und Christentum die Bibel Israels in ihrer griechischen Gestalt als ersten Teil ihrer Bibel beibehielten und ihr die inzwischen entstandene Sammlung christlicher Schriften hinzufügten.

Eine wesentliche Aufgabe besteht deshalb darin, daß Alt- und Neutestamentler gemeinsam das Neue Testament mit den Augen seiner jüdi-

---

[47] Daß man auch das eine tun und das andere nicht lassen kann, zeigt in schöner Weise *W. Thiel*, Zur Komposition von 1 Könige 18, FS R.Rendtorff, Neukirchen-Vluyn 1990, 215-223 (vgl. besonders den letzten Absatz).

[48] Vgl. dazu Childs 1993 (vgl. Anm. 18), 225ff, und *H.v.Campenhausen*, Die Entstehung der christlichen Bibel, BHTh 39, 1968.

schen "Autoren" im weitesten Sinne, d.h. unter Einschluß Jesu selbst, lesen. Dabei geht es zunächst darum, "das Jüdische am Christen-tum" wiederzugewinnen, um einen Buchtitel von Norbert Lohfink zu zitieren.[49] Deshalb müßte die erste Frage lauten, wie die Bibel Israels im Neuen Testament als die grundlegende Voraussetzung des Redens und Lehrens präsent ist. Erst auf diesem Hintergrund könnte dann die zweite Frage gestellt werden: wie sich im Verlauf der Entwicklung der nachösterlichen Gemeinde, insbesondere ihrer Ausweitung in den neuentstehenden heidenchristlichen Bereich hinein, sodann in der Auseinandersetzung mit dem sich neu konstituierenden Judentum[50] und schließlich in der Trennung von diesem bestimmte Aspekte des Gebrauchs der Bibel Israels verändert haben. Aber auch dabei ist es entscheidend, festzuhalten, daß die Bibel Israels immer ein wesentlicher Bestandteil der christlichen Bibel geblieben ist, und daß die Christen sie keineswegs nur oder auch nur überwiegend gegen ihren ursprünglichen Sinn gelesen haben.

Die hier skizzierte Aufgabe ist, soweit ich sehe, noch kaum in Angriff genommen worden. Dies führt zu der Feststellung zurück, daß eine "Biblische Theologie" bisher noch fast nie vorgelegt wurde. *Brevard Childs* hat es unternommen, diese Lücke zu füllen, nachdem er sich zuvor selbst tief in die Problematik des Neuen Testaments eingearbeitet hat.[51] Im Grunde hat er mit diesem zeitweiligen Fachwechsel demonstriert, daß diese Aufgabe von einem Autor allein kaum zu bewältigen ist. Er hat dann in seiner "Biblical Theology" noch einen weiteren bemerkenswerten Aspekt hinzugefügt, indem er die theologischen Aussagen des Alten und des Neuen Testaments jeweils in die Dogmatik weitergeführt hat. Dies eröffnet ein ganz neues Feld der Diskussion, in das ich hier nicht eintreten möchte.[52] Ich denke aber, daß es zunächst darum gehen müßte, die bislang noch fehlende Brücke zwischen den beiden Teilen unseres christlichen Bibelkanons gemeinsam herzustellen.

---

[49] *N.Lohfink*, Das Jüdische am Christentum. Die verlorene Dimension, Freiburg 1987 (^{2}1989).
[50] S.o. bei Anm. 28.
[51] *B.S.Childs*, The New Testament as Canon: An Introduction, London 1984.
[52] Vgl. aber meine Anm. 24 genannte Rezension.

Literatur:

Das Alte Testament. Eine Einführung, Neukirchen-Vluyn 1983 (^{4}1992)
Kanon und Theologie. Vorarbeiten zu einer Theologie des Alten Testaments, Neukirchen-Vluyn 1991
darin:
Theologie des Alten Testaments. Überlegungen zu einem Neuansatz   1-14
Rabbinische Exegese und moderne christliche Bibelauslegung   15-22
Zwischen historisch-kritischer Methode und holistischer Interpretation. Neue Entwicklungen in der alttestamentlichen Forschung   23-28
Wege zu einem gemeinsamen jüdisch-christlichen Umgang mit dem Alten Testament 40-53
Zur Bedeutung des Kanons für eine Theologie des Alten Testaments   54-63
Das Bild des nachexilischen Israel in der deutschen alttestamentlichen Wissenschaft von Wellhausen bis von Rad   72-80
"Bund" als Strukturkonzept in Genesis und Exodus   123-131
Die Geburt des Retters. Beobachtungen zur Jugendgeschichte Samuels im Rahmen der literarischen Komposition   132-140
Zur Komposition des Buches Jesaja   141-161
Die "Bundesformel". Eine exegetisch-theologische Untersuchung, SBS 160, 1995
Jakob in Bethel. Beobachtungen zum Aufbau und zur Quellenfrage in Gen 28,10-22, ZAW 94, 1982, 511-523
Old Testament Theology, Tanakh Theology, or Biblical Theology: Reflections in an Ecumenical Context, Bib. 73, 1992, 441-451
The Paradigm is Changing: Hopes - and Fears, Biblical Interpretation 1, 1993, 34-53
Rezension zu: B.S.Childs, Biblical Theology of the Old and New Testaments. Theological Reflection on the Christian Bible, JBTh 9, 1994, 359-369.
"Canonical Interpretation" - A New Approach to Biblical Texts, StTh 48, 1994, 3-14.

Zwischen Bundestheologie und Christologie

Überlegungen eines christlichen Alttestamentlers zur Biblischen Theologie

Henning Graf Reventlow

I.1. "Bund" und "Christologie": Damit werden im Rahmen eines exegetischen Faches, wie ich es vertrete, Themen einer gesamtbiblischen Theologie angesprochen, und als Themen biblischer Theologie sollten sie auch verhandelt werden, denn eine dogmatische Sicht löst sich gar zu gern vom Boden der Bibel ab, wohin sie recht eigentlich gehören. Nun kann man gerade auch im Bereich alt- und neutestamentlicher Wissenschaft in den letzten Jahren eine verstärkte Bemühung um eine die Grenzen der Testamente überschreitende gesamtbiblische Theologie beobachten, die auch zu einigen Versuchen einer Gesamtdarstellung geführt hat, wie *H.Seebaß*' "Der Gott der ganzen Bibel"[1], der mit seiner Zentralaussage nach 2.Kor 5,19: "Gott war in Christus" sogleich einen für unser heutiges Thema wichtigen Text anspricht, oder unlängst - als Frucht lebenslanger Bemühung - *Brevard S.Childs*' "Biblical Theology of the Old and New Testaments"[2]. Das durchaus nicht überall, aber doch häufiger als früher erwachte Interesse an einer die Testamente übergreifenden theologischen Besinnung hängt sicher auch mit dem veränderten allgemeintheologischen Klima zusammen. Dazu hat besonders in den USA, unter anderen Voraussetzungen auch in Deutschland das seit dem letzten Weltkrieg geführte jüdisch-christliche Gespräch beigetragen, zu dem es früher nur vereinzelte Ansätze gegeben hatte. Ein solches Gespräch kann m.E. aber nur dann sinnvoll sein, wenn es sich auf die biblischen Grundlagen besinnt, die den "zwei Glaubensweisen", wie *M.Buber*

---

[1] Freiburg-Basel-Wien 1982.
[2] London 1992. Vgl.auch das im Erscheinen begriffene Werk von *Hans Hübner*, Biblische Theologie des Neuen Testaments. Bd.1.Prolegomena. Göttingen 1990. Bd.2. Die Theologie des Paulus, Göttingen 1993. *Hübner* baut diese Theologie auf der Verwendung des Alten Testaments im Neuen auf.

sie nannte[3], in unterschiedlicher Perspektive zugrundeliegen. Auf den ersten Blick scheint die Aussage einfach zu sein, daß wir im Alten Testament eine mit dem Judentum gemeinsame Bibel haben. Auf den zweiten Blick ist sie dies keineswegs, denn, wie der Titel der *Rendtorff*-Festschrift: "Die hebräische Bibel und ihre zweifache Nachgeschichte"[4] ganz richtig festhält, haben das rabbinische Judentum, mit dem wir es heute zu tun haben, und das Christentum mit ihrer Bibel eine durchaus verschiedene Nachgeschichte erlebt. Sie hatte einen unterschiedlichen Ausgangspunkt und unterschiedliche Ergebnisse, und wenn wir uns heute verstärkt um ein Gespräch mit dem Judentum bemühen, können wir ehrlicherweise darüber nicht hinwegsehen. So gehört für uns Christen das Neue Testament unzweifelhaft an den Anfang dieser Geschichte. Schon die spezifisch christliche Bezeichnung "Altes Testament" erinnert uns daran, die, recht verstanden, nichts anderes als die Zuordnung beider Testamente zueinander ausdrücken soll - auch wenn das manchmal mißdeutet wird.

2. Ein zentrales Resultat exegetischer Erkenntnis, an dem mittelalterlich-jüdische Ausleger wie Abraham ibn Esra und Raschi als Pioniere für die Bemühung um den Wortsinn und christliche Exegeten seit Humanismus und Aufklärung einen entscheidenden Anteil gehabt haben, ist das historisch-kritische Verständnis der Bibel. Die streng wissenschaftliche Methodik erlaubt es, dogmatisch hingestellte Behauptungen über den Sinn der Heiligen Schrift exegetisch zu überprüfen und durch kritische Maßstäbe das Gespräch zu versachlichen, das über Verständnisgegensätze hinweg geführt werden muß. Es wird also auch für uns darauf ankommen, immer wieder über die Interpretationsgeschichte hinweg zurückzufragen und uns klarzumachen, was denn die Aussage des biblischen Textes selbst ist, wenn wir sie in die Zeit ihrer Entstehung als Einzeltext und in die Entstehung des Kanons als ganzen hinein zurückverfolgen.

3. Nun wird häufig das Stichwort "Bund" als umfassende Bezeichnung für das Verhältnis zwischen Gott und seinem Volk im Alten Testament verwendet. Dies ist verständlich, wenn man die lange Geschichte bedenkt, die dieses Wort in der christlichen Theologie bereits gehabt hat. Ich denke hier vor allem an die reformierte Tradition, die mit Johannes Coccejus (1603-1669) einen Höhepunkt der Föderaltheologie erlebt hat. Das hat über diese spezielle dogmengeschichtliche Ausprägung hinaus eine breite Nachwirkung im allgemein-kirchlichen Verständnis des Alten

---

[3] *M.Buber*, Zwei Glaubensweisen, 1950.
[4] Neukirchen- Vluyn 1990.

Testaments gehabt. Auf der anderen Seite darf nicht übersehen werden, daß in den letzten drei Jahrzehnten in der alttestamentlichen Fachwelt ein sehr kontroverses Gespräch über die Rolle des Begriffs "Bund" innerhalb des Alten Testaments und über seine genaue Bedeutung geführt worden ist. Diese Diskussion wurde vor allem durch *L.Perlitt* entfacht, der in seinem Buch "Bundestheologie im Alten Testament"[5] eine zentrale Bedeutung des Begriffes für das Alte Testament als ganzes infrage stellte. Sein wichtigstes Argument lautet, die Vokabel *bryt* sei typisch deuteronomisch, also relativ spät. Vorkommen in älteren Texten seien nicht sicher zu belegen. Diese Auffassung war vor *Perlitt* auch schon von *J.Wellhausen*[6] geäußert worden. Nun muß man zugeben, daß die Diskussion über den frühesten Beleg für *bryt* bis heute nicht abgeschlossen ist. Es mag sein, daß vereinzelte Vorkommen älter als das Deuteronomium sind; mögliche Kandidaten sind hierfür Ex 24,3-8 mit dem vor Gott abgehaltenen Mahl, bei dem Mose ein *spr hbryt* verliest (Ex 23,7), das nachträglich mit dem sog. Bundesbuch identifiziert wurde, und Hos 8,1, wo jedoch V.b, der den Begriff enthält, aus anderweitigen, recht einleuchtenden Gründen wohl als nachträglich hinzugefügt gelten muß.[7] Genesis 15 ist neuerdings ganz aus der Konkurrenz ausgeschieden, da ziemlich eindeutig eine deuteronomistische oder noch spätere Herkunft des Kapitels erwiesen ist.[8] Wie dem auch sei: die theologische Verwendung des Wortes als ein Zentralbegriff für das Verhältnis zwischen *JHWH*, dem Gott Israels, und seinem Volk geht ganz eindeutig auf das Deuteronomium zurück, und wenn wir uns mit ihm theologisch beschäftigen, verhandeln wir zwangsläufig über die deuteronomische Theologie.

Dies könnte durchaus legitim sein, hat doch *Siegfried Herrmann* mit gewissem Recht das Deuteronomium als "Mitte biblischer Theologie" bezeichnet.[9] Daß wir so gern auf das Deuteronomium zugehen, ist verständlich, bietet doch dieses Buch erstmals so etwas wie ein geschlossenes theologisches Denken, das unserer abendländischen systematischen theologischen Tradition entgegenkommt. Es ist aber zu beachten, daß es sich damit von dem Inhalt der meisten alttestamentlichen Schriften unterscheidet, für die statt des Systems der narrative Stil charakteristisch ist.

---

[5] WMANT 36. Neukirchen-Vluyn 1969.
[6] Prolegomena zur Geschichte Israels.Berlin 1956, 416f.
[7] Vgl.u.a.*J.Jeremias*, Der Prophet Hosea. ATD 24/1, Göttingen 1983, z.St.
[8] Späte Herkunft (aus der Zeit des Exils) vermutet auch die jüngste größere Monographie zum Kapitel: *J.Ha*, Genesis 15. A Theological Compendium of Pentateuchal History. BZAW 181. Berlin/New York 1989.
[9] *S.Herrmann*, Die konstruktive Restauration. Das Deuteronomium als Mitte biblischer Theologie, in: Probleme biblischer Theologie.FS *G.von Rad*. München 1971, 155-170= *ders.*, Gesammelte Studien zur Geschichte und Theologie des Alten Testaments. ThB 75. München 1986, 163-178.

In der Hauptsache will das Alte Testament erzählen, und zwar von der Geschichte Gottes mit seinem Volk Israel. Diese Geschichte ist wechselvoll verlaufen und läßt sich nicht ohne weiteres systematisieren, auch wenn dies im Sinne des Deuteronomiums von den Verfassern und Redaktoren des deuteronomistischen Geschichtswerkes für die Geschichte von der Richter- bis zur späten Königszeit geschehen ist, die im Rückblick auf das durch das Ende der Staatlichkeit und das Exil eingetretene Scheitern das Desaster als eine Folge des - mit wenigen Ausnahmen - langanhaltenden Ungehorsams der Könige des Nord- und Südreiches gegen das Zentralisationsgebot des Deuteronomiums gedeutet haben. Wie parteiisch und partikulär diese offenbar von Anhängern des Jerusalemer Tempels ausgehende Deutung ist, haben verschiedene Verfasser moderner Geschichten Israels hinreichend betont. Es ist auch gar nicht so, daß wir uns auf die deuteronomistische Deutung der Geschichte Israels unbedingt einlassen müssen, denn die alttestamentlichen Propheten haben den Bruch in den Beziehungen zwischen Gott und Volk viel umfassender und tiefgreifender gesehen: auf der einen Seite als ein nicht enden wollendes Bemühen Gottes um sein Volk in grundloser Zuwendung und liebevollem Zurechtweisen, auf der anderen Seite als ein gleichermaßen hartnäckiges Nichthören-Wollen auf seiten des Volkes, als mangelnde Buße (etwa Hos 6,4f.) und beständiger Abfall zu anderen Göttern. Dies führte dann in Sicht eines Ezechiel dazu, daß *JHWH* überhaupt nur noch "um meines Namens willen, daß er nicht entweiht würde vor den Augen der Völker" (Ez 20,9 u.ö.) verschonend handelte, da andere Motive nicht mehr übrigblieben.

Wenn man also das Alte Testament unter dem Begriff "Bund" verhandelt, besteht die Gefahr, daß man sich auf ein sehr einseitiges Verständnis einläßt. Um so mehr, als der Begriff im Deutschen Konnotationen hat, die dem hebräischen *bryt* keineswegs eigen sind. "Bund" lädt jedenfalls zu der Vorstellung ein, es handele sich um ein Vertragsverhältnis mit gegenseitig vereinbarten Rechten und Pflichten. Dem wollte *E.Kutsch* entgegenwirken, indem er in wiederholten Äußerungen[10] den Begriff "Verpflichtung" als angemessene Übersetzung für *bryt* postulierte. Der Einwand von *Childs*[11], die Begrifflichkeit funktioniere nur im Deutschen, weniger im Englischen und Französischen, ist sicher ernstzunehmen. Tatsächlich hat *Kutsch* trotz aller Bemühungen seinen Vorschlag auch nicht recht durchsetzen können.

---

[10] Vor allem dem Band: Verheißung und Gesetz. Untersuchungen zum sogenannten "Bund" im Alten Testament. BZAW 131. Berlin/New York 1973.

[11] A.a.O.,136.

4. Wenn man beim Deuteronomium einsteigt, ist es besser, etwas grundsätzlichere Überlegungen über die Rolle der Tora im Alten Testament anzustellen. Da der Begriff differenzierte Wurzeln hat - er bezeichnet ursprünglich wohl die weisheitliche oder auch priesterliche Weisung und ist erst nachträglich auf den Bereich des Rechts übertragen worden[12] - hat es nicht viel Sinn, sich mit der Begriffsgeschichte zu beschäftigen. Sinnvoller ist es, den gesamten sozialgeschichtlichen Hintergrund mit im Blick zu haben, wie es auf verschiedene Weise *E.Otto*[13] und *F.Crüsemann*[14] in neuester Zeit getan haben, und sich mit den konkreten Rechtskorpora, wie vor allem dem Bundesbuch (Ex 20,22-23,33) und dem Deuteronomium zu beschäftigen. Soviel ist bei allen Differenzierungen, die im einzelnen nötig sind, gewiß: Das alttestamentliche Recht ist in seinen Grundlagen aus der konkreten Rechtspraxis entstanden und wurzelt im Alltag. Inhaltlich ist vieles aus altorientalischen Vorbildern übernommen. Das bedeutet freilich nicht, daß man den erst modernem Denken entstammenden Gegensatz von kultisch und profan unbesehen anwenden kann. Rechtsausübung ist im alten Orient grundsätzlich vor dem Hintergrund einer religiös bestimmten Weltordnung zu sehen. Trotzdem sind hier Stufungen zu unterscheiden. Die Entwicklung ist im Bundesbuch (Ex 20,22-23,33) besonders gut zu erkennen. Die kasuistisch formulierten[15] Bestimmungen Ex 21,2-22,19 werden hier von in der Anredeform gestalteten Abschnitten (Ex 20,22-26; 22,20-23,33) umrahmt. Während die kasuistisch formulierten Sätze[16] das zwischenmenschliche Recht regeln, geht es in den umrahmenden Bestimmungen um das Verhältnis zwischen Gott und Volk und die sich daraus ergeben-

---

[12] Es handelt sich dabei zunächst wohl um prophetische Sprechweise, wobei *twrh* "die gesamte Willenskundgebung Jahwes" (wie Hos 4,6; 8,1.12; Jes 5,24; 30,9), aber auch eine Einzelweisung (Jes 1,10) bezeichnen kann. Erst in dtr.und chr.Literatur wird die Tora eng mit Mose verbunden und bezeichnet das "Gesetz" als Gesamtheit des Willens Gottes. Vgl. *G.Liedtke/C.Petersen*, Art. *tora* Weisung:THAT II,1032-1043.

[13] *E.Otto*, Wandel der Rechtsbegründungen in der Gesellschaftsgeschichte des antiken Israel. Eine Rechtsgeschichte des "Bundesbuches" Ex XX 22- XXIII 13. Leiden u.a.1988; *ders.*, Körperverletzungen in den Keilschriftrechten und im Alten Testament. Studien zum Rechtstransfer im Alten Orient. AOAT 226. Kevelaer/Neukirchen-Vluyn 1991.

[14] Die Tora. Theologie und Sozialgeschichte des alttestamentlichen Gesetzes. München 1992. Weiter wären zu vergleichen: *L.Schwienhorst-Schönberger*, Das Bundesbuch (Ex 20,22-23,33). Studien zu seiner Entstehung und Theologie. BZAW 188. Berlin / New York 1988; *Y. Osumi*, Die Kompositionsgeschichte des Bundesbuches Ex 20,22-23,33. OBO 105. Freiburg(Schw.)/ Göttingen 1991.

[15] Die sogenannten "Todesrechts"-Sätze in *mwt ywmt*-Formulierung seien hier subsummiert.

[16] Die Überschrift Ex 21,1 nennt sie *mšptym*.

den Verhaltensweisen.[17] Dabei wird vor allem die soziale Verantwortung der am Rechtsleben Beteiligten betont. Das Bundesbuch in seiner vorliegenden Form - wobei die Rahmung der "profanrechtlichen" durch die "gottesrechtlichen" Bestimmungen ein bewußtes Stilmittel ist - zeigt also das Bemühen, den Bereich des Rechts im ganzen in das Gottesverhältnis einzubinden. Dabei ist besonders die "Du"- bzw. "Ihr"-Anrede zu beachten. Beide (obwohl offensichtlich verschiedener Herkunft und wahrscheinlich nacheinander eingefügt[18]) haben die Jahwe-Gemeinde im ganzen im Auge.

5. In unserem Zusammenhang gilt es die theologischen Folgerungen aus diesen Beobachtungen zu ziehen. Offensichtlich bestand zu einem bestimmten Zeitpunkt in der Geschichte - über die genauere Festlegung wird wahrscheinlich die Diskussion weitergehen - das Anliegen, die Bestimmungen der Rechtsordnung in einer direkteren Weise als bisher mit dem Glauben an den Gott Israels zu verbinden und sie, zusammen mit den Geboten einer ausschließlichen Jahweverehrung (hierzu vgl. bes. den Zusatz Ex 22,19 "außer Jahwe allein"[19]) als unmittelbare Gebote Gottes zu deklarieren. Da der Ort, wo eine solche Deklaration geschah, nicht im Text genannt wird, wäre noch darüber nachzudenken, wo dergleichen seinen Platz haben könnte.

Die Situation ist die gleiche in dem in einer noch durchgreifenderen Weise als Paränese gestalteten Deuteronomium. In diesem Buch fällt die durchgehende Tendenz auf, das gesamte weltliche und kultische Recht, das hier zu einem großen Teil erkennbar aus älteren Quellen übernommen ist[20], zusammen mit religiösen und ethischen Weisungen als Forderungen Gottes, vermittelt durch Mose, geltend zu machen. Das zeigt sich vor allem in der ausführlichen Einleitung[21], in der die

---

[17] Vgl. dazu bes. *Osumi*, a.a.O. Hier wird auch die These vertreten, dabei sei das "religiöse Rechtsbuch" von Ex 34,11-26 übernommen worden. Dazu vgl.bereits *J.Halbe*, Das Privilegrecht Jahwes Ex 34,10-28. FRLANT 114. Göttingen 1975, 449f.
[18] Dazu vgl. *Osumi*, a.a.O., 183ff. Er und sein Lehrer *Crüsemann* (a.a.O., 215f.230) denken für die Entstehung des Bundesbuches an die Zeit nach dem Untergang des Nordreiches. Darüber wäre weiter nachzudenken.
[19] Er wurde von *J.Halbe*, a.a.O., als Mittelpunkt des Gesamtgefüges des Bundesbuchs bestimmt, vgl.bes.das Schema 421. Zustimmend neuerdings *Crüsemann*, a.a.O.136.
[20] Dafür sprechen vor allem die zahlreichen inhaltlichen Berührungen zu Stoffen aus dem Bundesbuch. *Crüsemann*, a.a.O., 236, charakterisiert das Verhältnis als "Fortschreibung, Ausweitung, Verbegrifflichung".
[21] Ihren Kern bilden Kap.5-11. Kap.1-3 gehören anerkanntermaßen zum dtr Geschichtswerk; auch Kap.4 scheint jünger zu sein. Die umfangreiche Sekundärliteratur hat außerdem noch zahlreiche Einzelergänzungen geltend gemacht.

Forderung des einen Gottes (Dt 6,4f.) den Mittelpunkt bildet. Als Appell an die Jahwe-Gemeinde zur Loyalität gegenüber ihrem Gott formuliert, trägt das Deuteronomium einen stark paränetischen Charakter, es ist "Predigt".[22] Die Gebote Gottes sind nicht etwas, das von außen auferlegt wird, will das Deuteronomium sagen. Sie stehen unter dem großen Vorzeichen der vorangegangenen Erwählung Israels durch *JHWH*. Das wird sichtbar durch die Voranstellung des Dekalogs in der vermutlich ältesten Form der Einleitung in Dt 5 - des Dekalogs, der seinerseits mit der Präambel beginnt: "Ich bin *JHWH*, dein Gott, der ich dich aus Ägypten herausgeführt habe." So wird das vorausgehende Handeln Gottes am Volk als Motivierung entsprechenden Handelns durch Israel an den Anfang gestellt. Ausführlicher wird die Motivierung in Dt 7,6ff. entfaltet, wo der Gedanke der vorausgegangenen Erwählung durch *hwhy* im Mittelpunkt steht, die auch das Volk veranlassen soll, mit dem Halten der Gebote darauf zu antworten: "Denn du bist ein heiliges Volk für *JHWH*, deinen Gott. Dich hat *JHWH*, dein Gott, erwählt zum Volk des Eigentums aus allen Völkern, die auf Erden sind. Nicht hat euch *JHWH* angenommen und erwählt, weil ihr größer wäret als alle Völker ..., sondern weil er euch geliebt hat und damit er seinen Eid hielte, den er euren Vätern geschworen hat." Daran an knüpft die bekannte Forderung in Dt 6,5: "Und du sollst *JHWH*, deinen Gott, liebhaben von ganzem Herzen, von ganzer Seele und von all deiner Kraft." Es ist *G. von Rad* gewesen, der in seinen Arbeiten über das Deuteronomium auf den besonderen Charakter dieser Gebotsparänese hingewiesen hat: "Dankbarkeit und Gegenliebe als Motiv der Befolgung der Gebote, - das ist eine sehr spezifische theologische Interpretation, die dem alten Israel - mindestens so explizit - nicht geläufig war."[23] Daß die Reihenfolge Erwählung-Gehorsam an so vielen Stellen im Deuteronomium hervorgehoben wird, macht nach *von Rad* den besonderen Charakter dieses Buches aus obwohl es auch nicht an Stellen fehlt, "die den Empfang der Heilsgüter noch doch in konditionalem Sinne vom Gehorsam Israels abhängig machen"[24]. Dies geschieht vor allem durch die Hinzufügung von Segen und Fluch zu den Geboten, besonders in Dt 28, wobei man darauf hinweisen

---

[22] Dies macht skeptisch gegenüber der neuerdings häufig vertretenen These (vgl. dazu *Crüsemann*, a.a.O.,311ff.), die Jerusalemer aristokratischen Familien seien der Trägerkreis des Deuteronomiums. Freilich hat auch die ältere Auffassung, es seien die "Landleviten" gewesen (so besonders *G.von Rad*, Deuteronomium-Studien, in *ders.*, Gesammelte Studien II.ThB 48. München 1973, 109-153, 148) wenig überzeugende Gründe für sich. Das Problem kann hier außer Betracht bleiben.

[23] *G.von Rad*, Theologie des Alten Testaments ,Bd.I. Die Theologie der geschichtlichen Überlieferungen Israels.München 1962, 239.

[24] A.a.O., 243.

muß, daß dies einem alten, auch in den anderen Gesetzeskorpora anzutreffenden Schema entspricht. *Von Rad* hat außerdem darauf hingewiesen, daß im Deuteronomium der Begriff "Tora" erstmalig für das Dt als ganzes gebraucht werde (das geschieht besonders im Rahmenteil[25]). Für das Verständnis dessen, was Tora meint, läßt sich auf *von Rads* Charakterisierung des Dekalogs zurückgreifen, an den er die Frage richtet· "Wie ist dieser Wille an Israel theologisch zu verstehen?" "Und da kann nun kein Zweifel sein, daß sich mit der Ausrufung des Dekalogs über Israel die Erwählung Israels verwirklicht... Die Ausrufung des göttlichen Rechtswillens ist wie ein über Israel hingeworfenes Netz, sie ist der Vollzug seiner Übereignung an Jahwe."[26]

In diesen Zusammenhang gehört auch die deuteronomische Rede vom "Bund". Es fällt auf, daß an prominenter Stelle, direkt vor dem Dekalog und damit am Anfang der ursprünglichen Einleitung des Werkes, vom Bund gesprochen wird (Dt 5,2f.). Hier ruft Mose - das ganze Werk ist bekanntlich als Moserede stilisiert - das Volk zum Halten der Gebote auf und fährt fort: "*JHWH*, unser Gott, hat mit uns einen Bund geschlossen am Horeb. Nicht mit unseren Vätern hat er diesen Bund geschlossen, sondern mit uns, die wir heute hier und am Leben sind." Durch den Kontext wird der Sinn des Wortes bestimmt : Es geht auch hier um das Gottesverhältnis, das durch die vorausgehende Gnade Gottes und die daraus folgende Forderung auf Einhaltung seines Willens konstituiert wird. Dies zu verstehen ist wichtiger als der Versuch, das eingebürgerte Wort durch ein anderes zu ersetzen. Allerdings darf man nicht das naheliegende Verständnis eines Vertragsverhältnisses mit gegenseitigen Rechten und Pflichten mit ihm verbinden. Es ist eindeutig der Wille Gottes, der den Bund begründet und die Verpflichtungen aus ihm dem Volk auferlegt.

6. Bei Gesprächen mit unseren jüdischen Partnern werden sie mit Recht - sofern sich die Erkenntnis noch nicht allgemein durchgesetzt hat - betonen, daß sie von diesem Verständnis von Tora ausgehen und den "Bund" Gottes mit Israel in diesem Sinne interpretieren. Ganz gewiß ist es falsch, den Begriff "Gesetz" im Sinne des lutherischen Gegensatzes von Gesetz und Evangelium auf die Tora und ihr Verständnis anzuwenden. So ist es Bemühen des toratreuen Judentums bis heute, den Willen Gottes in diesem Rahmen zu erfüllen, wobei es sehr wohl von der vorangegangenen Gnade Gottes zu reden weiß. Freilich hat dabei die Kasuistik als eine besondere Weise, mit der Tora umzugehen, die spätere Entwicklung bestimmt. Wenn man zu den Wurzeln dieser spezifisch

---

[25] Stellen bei *von Rad*, a.a.O., 234, Anm.78.
[26] A.a.O., 205.

rabbinischen Nachgeschichte des Toraverständnisses zurückfragt, kommt man mit Mischna und Talmud zu antiken und frühmittelalterlichen Auslegungsmethoden, die sich - im Gegensatz zur christlichen Auslegungstradition, die durch die Aufklärung die älteren Zugänge zur Bibel überwunden hat - in ihren Auswirkungen bis in die Gegenwart erhalten haben. Kasuistik bedeutet ein vorwiegend juridisch ausgearbeitetes System, aus der Entwicklung, von Fallbeispielen und ihrer Lösung durch autoritative Entscheidung ein immer dichteres Netz von Vorschriften zu entwickeln, die eingehalten werden müssen, um den Willen Gottes in allen Situationen genauestens zu erfüllen. Besonders das orthodoxe Judentum hat durch die Fortschreibung der Halacha diese Tendenz bis auf die Gegenwart weitergeführt. Wer die Situation in dem Israel von heute mit der Macht der religiösen Parteien kennt, weiß um die Folgen. Eine Gegenbewegung war das liberale Judentum des 19. Jahrhunderts mit seinen Gemeindebildungen vor allem in England und den USA. Daneben haben die Rabbinen allerdings auch die Motivation zum Tun der Gebote aus der vorangegangenen Heilstat Gottes immer wieder betont.

II.1. Warum aber nun noch Christologie? Diese Frage kann man zunächst einmal mit den unterschiedlichen Ausgängen beim Alten Testament beantworten, die in *M.Bubers* Rede von den "Zwei Glaubensweisen" angedeutet wurde. Die eine Traditionslinie, die bei der Tora ihren Ausgang nimmt - wir könnten sie von Bundesbuch und Deuteronomium aus über die priesterliche Theologie und die nachexilische Torafrömmigkeit hin weiterverfolgen - geht vor allem im rabbinischen Judentum weiter. Der Schwerpunkt des jüdischen Kanons liegt für dieses eindeutig beim Pentateuch - den die Samaritaner überhaupt als einzige Heilige Schrift übernommen haben. Propheten und "Schriften" haben nie das gleiche Ansehen besessen, auch wenn sie formal dem Kanon hinzugefügt wurden. Damit hat sich aber im Judentum eine ganz bestimmte Linie durchgesetzt, die konkurrierende Strömungen schon früh ausgeschaltet hat. Blicken wir in die zwischentestamentliche Periode und die Zeit vor der Zerstörung des zweiten Tempels zurück - ja, man kann sogar noch bis zum Bar-Kochba-Aufstand gegen die Römer 132-135 n.Chr. gehen - lernen wir noch ganz andere Bewegungen kennen, unter die auch das junge Christentum zu rechnen ist. Auch das Pharisäertum ist, wie neuere Untersuchungen gezeigt haben[27], ja keineswegs mit dem späteren Rabbinentum gleichzusetzen, auch wenn dieses aus ihm hervorgegangen ist. Wenn wir den traditionsgeschichtlichen Ort für die Jünger Jesu und

---

[27] Zu erwähnen sind vor allem die Arbeiten von *J.Neusner*.

die ersten Christen bestimmen wollen, werden wir sie in die prophetisch-apokalyptischen Bewegungen einordnen müssen, nahe bei Johannes dem Täufer, der nicht umsonst in den Evangelien seine Rolle als Vorläufer Jesu zugewiesen bekommt, auch wenn seine Anhänger vermutlich Konkurrenten für die Jesusanhänger waren. Gemeinsam war ihnen, in Nachfolge der alttestamentlichen Propheten, die Überzeugung, daß der Bund, den das Deuteronomium durch seine Torapredigt neu zu befestigen gesucht hatte, in Wirklichkeit nicht restauriert werden konnte. Daß dies vergebliche Mühe gewesen war, hatte sich schon in dem baldigen Scheitern des Restaurationsversuchs des Königs Josia (639-609) gezeigt, unter dessen Nachfolgern der Abfall des Volkes zu fremden Göttern nach dem Zeugnis der Propheten Jeremia und Ezechiel ungebrochen gewesen war. Der Verlust der staatlichen Existenz und die Zerstörung des Tempels im Jahre 587 v.Chr. wurden als göttliche Reaktion darauf gewertet. Auch die exilisch-nachexilischen Hoffnungen auf einen Neuanfang hatten sich in den Augen dieser Kreise nicht erfüllt. Brennender als je wurden die Erwartungen auf den Anbruch einer neuen Weltzeit, die Gott selbst herbeiführen würde. Johannes der Täufer stellte eine radikale Buße und die Taufe als Zeichen eines vollkommenen Neuanfangs als Eingangsforderung vor die Pforte zum bevorstehenden Gottesreich (Mk 1,2ff.parr.; Joh 1,19-27). Nicht vom Halten der Tora - wie es die Leute von Qumran in strenger Konsequenz in ihrer mönchischen Gemeinschaft zu verwirklichen suchten - sondern durch das Kommen des Messias erwarteten diese Leute die Verwirklichung des Gottesreiches. Auch damit wurde eine prophetische Tradition aufgenommen, die in nachexilischer Zeit (Sach 9,9f.; vermutlich auch Jes 9,1-6; 11,1-9; PsSal 17[28]) die einst mit der davidischen Dynastie verbundenen Prädikationen - traditionell ist es die Aufgabe des altorientalischen Königs nach innen, für Gerechtigkeit zu sorgen und für die Schwachen und Unterdrückten einzutreten. Nach außen hat er die Aufgabe, den Frieden herzustellen, bis hin in die Natur[29] - auf einen in der Endzeit zu erwartenden neuen Herrscher übertragen hatte. Die Eigenart von Sach 9,9f. ist, daß diese Friedenssicherung durch den Messias vollkommen gewaltfrei, nur durch die von Gott her empfangene Hilfe[30] geschehen soll.

---

[28] Vgl. zu PsSal 17 *U.Kellermann*, Messias und Gesetz. BSt 61.Neukirchen-Vluyn 1971, 97-105, und neuerdings auch *E.Zenger*, Jesus von Nazareth und die messianischen Hoffnungen des alttestamentlichen Israel. In: Christologische Schwerpunkte, hrg. *W.Kasper*. Düsseldorf 1980,37-78= *U.Struppe*, Hg., Studien zum Messiasbild im Alten Testament. SBAB 6. Stuttgart 1989, 23-66, dort 54-58.

[29] Vgl. 2.Sam 23,3f.; Jes 9,6; 11,4ff.; Jer 22,3.15; 23,5; 33,15-17; Ps 72 passim.

[30] Im Gegensatz zur traditionellen Lutherübersetzung: "Ein Gerechter und ein Helfer" ist das *nôša^c* passivisch (mit MT!) zu lesen.

2. Nun ist es eine viel diskutierte und bisher nicht endgültig beantwortete Frage, ob nicht bereits Jesus selbst messianische Prädikationen auf sich bezogen hat[31]. Die lange dagegen verbreitete Skepsis scheint neuerdings einer größeren Bereitschaft zu weichen, entsprechende Äußerungen in den Evangelien nicht von vornherein als "nachösterlich" zu bezeichnen.[32] Jesus hat offenbar - indem er zeitgenössische Erwartungen aufgriff und in Fortführung der Botschaft des Täufers - den unmittelbar bevorstehenden Anbruch des Reiches Gottes verkündet. Darauf richtet sich die zweite Bitte des Vaterunsers (Mt 6,10/Lk 11,2), aber in Jesu Handeln und der Begegnung mit ihm ist die Gottesherrschaft auch bereits Gegenwart (Mt 12,28/Lk 11,20; Lk 17,20f.). Jesus verknüpft das Kommen des Gottesreiches unmittelbar mit der ihm verliehenen Vollmacht: Wer in das Reich Gottes hineinkommen will, muß sich für ihn entscheiden, unmittelbar und mit allen Konsequenzen (Mk 10,15; Lk 12,31/Mt 6,33). Von der Botschaft des Täufers unterscheidet Jesus allerdings, daß er ein gänzlich anderes Bild von dem Gott zeichnet, der zum Gericht naht: Die Parabel vom Schalksknecht (Urform in Mt 18,23-30) zeigt den unvorstellbar gnädigen Gott, der von sich aus die Schuld des ärgsten Sünders vergibt. Wenn Jesus in diesem Zusammenhang auch messianische Erwartungen mit seiner Person verknüpft hat, muß man freilich mit einbeziehen, daß bereits der Messias von Sach 9,9f. - nicht der wiedererstandene David von PsSal 17, der mit allen Gegnern Gottes aufräumt! - einem veränderten Messiasbild entspricht. Es sieht aber so aus, als ob Jesus noch weitere alttestamentliche Typen auf sich bezogen hat, so den "Freudenboten" von Jes 61,1f, der gesandt ist, "den Armen" die frohe Botschaft und den Gefangenen die Freilassung zu verkünden[33], möglicherweise auch den "Menschensohn" von Dan 7,13 - wo vielleicht gerade die indirekte Sprechweise, die scheinbar zwischen Jesus selbst und einem kommenden "Menschensohn" unterscheidet[34], eine bewußte Verhüllung eigener Identität bedeutet, die nur der glaubende Jünger durchschauen kann. Schließlich wäre zu fragen, ob das alttestamentliche Motiv vom leidenden Gerechten nicht bereits von Jesus selbst auf seine

---

[31] Zu dem Problem habe ich mich in "Epochen der Bibelauslegung", Bd.I. München 1990, 52-59 bereits geäußert. Dort auch einige Literatur zu dieser Frage, 207.

[32] Vgl.die klassische Auffassung von *R.Bultmann*, Theologie des Neuen Testaments. Tübingen 1984⁹, § 4, 26-34.

[33] So in der ersten Seligpreisung (Luk 6,20// Mt 5,3) , in der Botschaft an Johannes den Täufer (Mt 11,2-6 parr.). Sachgemäß ist es wohl auch, wenn Lukas Jesus bei seinem Besuch der Synagoge in Nazareth (Mt 6,1-6) gerade diese Jesajastelle vortragen läßt.

[34] Hier wäre besonders an das Verhör vor Kaiphas zu denken (Mk 14,62): Vgl.dazu auch *A.Strobel*, Die Stunde der Wahrheit. WUNT 21. Tübingen 1980. Vgl.weiter Lk 12,8f.(Mk 8,38); Mt 19,28.

Person bezogen worden ist. In dem Spruch über den Menschensohn Mk 10,45 wird mit dem Motiv aus Dan 7 der Gedanke der Stellvertretung des einzelnen "für die vielen" und der Hingabe des Lebens für sie aus Jes 43,3f. und 53,10-12 verbunden. Auch die neuerdings häufiger als historisch zuverlässig angesehene Abendmahlsperikope Mk 14,22-25 enthält in dem Deutewort Jesu für den Wein als "Blut des Bundes" offenbar eine Anspielung auf Ex 24,8, durch die Jesu Blut, mit dem er das neue Gottesvolk entsühnen wird, wenn er stellvertretend für es den Tod auf sich nimmt, mit dem Blut verglichen wird, das Mose am Sinai sühnespendend auf das Volk sprengte. Beiden, Johannes dem Täufer wie Jesus, ist gemeinsam, daß sie die Situation, in der sich das Gottesvolk befindet, mit der prophetischen Tradition als Gott gegenüber in einer entscheidenden Krise befindlich sehen, in einer Krise, die so schwer ist, daß nur noch ein unmittelbares Eingreifen Gottes selbst, indem er sein eschatologisches Reich aufrichtet, aus ihr befreien kann. Während Johannes der Täufer Umkehr und Neuanfang des einzelnen als eine Möglichkeit sah, sich auf das bevorstehende Kommen Gottes angemessen vorzubereiten, und Jesus anfänglich im "Evangelium für die Armen", das er brachte, in der Zuwendung zu den Ausgestoßenen der Gesellschaft, die er lebte, und in der Verkündigung des "Gnadenjahrs des Herrn"[35] eine positive Sendung für seine Person zu sehen glaubte, hat sich ihm offenbar die Perspektive mehr und mehr verdüstert, und in Worten wie dem "Wehe über Jerusalem" (Mt 23,37) kommt die Tradition der prophetischen Gerichtsbotschaft über das abtrünnige Israel wieder voll zum Ausbruch.[36]

3. Man kann den Konflikt, der hier aufbricht, als den zwischen dem deuteronomischen Ideal, wonach das Volk im ganzen ansprechbar und bei entsprechender Überzeugungsarbeit zum dankbaren Gehorsam gegenüber dem Willen Gottes motivierbar ist, und der Verkündigung der Propheten, in der sich eine ganz andersartige Wirklichkeit spiegelt, charakterisieren. Die Wirklichkeit hat das Ideal immer wieder Lügen gestraft, und das hat auch Jesus in seinem Geschick erfahren. Sein Scheitern im Sinne eines dem deuteronomischen Ideal entsprechenden Erfolgs und damit das Kreuz als unausweichliches Ende des irdischen

---

[35] Luk 4,19, aus Lev 25,10.
[36] Die Gesamtgestaltung von Mt 23 als eine antipharisäische Sammlung geht sicher erst auf Matthäus zurück, weil sie Jesu eigener Haltung zu den Pharisäern widerspricht und die eigene Situation des Matthäus widerspiegelt. Vgl. dazu u.a. *W.Grundmann*, Das Evangelium nach Matthäus. ThHK I. Berlin ⁴1975, Exk.12, 497-499. Doch hat wohl mit Recht *R.Bultmann*, Theologie, 21, dieses und ähnliche Worte Jesus selbst zugeschrieben.

Weges war vorprogrammiert. Das bedeutet auch: der "Bund" im Sinne von Dt 5 war gescheitert. Das "Blut des Bundes" in den Abendmahlsworten von Mk 14,22 blieb als Alternative, und damit auch die dort gleichfalls enthaltene Anspielung auf Jes 53,11: "das vergossen wird für die vielen". Die Gestalt des leidenden Gottesknechtes, mit den vielschichtigen Assoziationen auf Israel als das leidende Volk, auf den Messias, auf den Propheten als den stellvertretend Leidenden, steht im Hintergrund.

5. Das alles sind jüdische Traditionen, tief im Alten Testament verwurzelt. Man muß sie allerdings nun noch ein entscheidendes Stück weiterverfolgen, bis zu der christologischen Deutung, welche die Urgemeinde und die frühe Christenheit den Ereignissen von Kreuz und Auferstehung gab. Das Kreuz blieb - offenbar unabhängig von den schon durch Jesus selbst versuchten Deutungen seines Leidens - für die Jünger zunächst unverständlich, wie noch aus Andeutungen innerhalb der Tradition erkennbar ist.[37] Erst die Gewißheit, daß er auferstanden sei, konnte ihren Glauben an ihn neu befestigen. Von da an entwickelte sich die urchristliche Christologie weiter, die sich etwa in dem Philipperhymnus 2,6-11 artikuliert, in dem der Weg Jesu von der Selbsterniedrigung zur Erhöhung nachgezeichnet wird. Man kann hier den Gedankengang von Jes 52,13-53,12 nachvollzogen sehen. Die Verwendung von Ps 22 in der Passionsgeschichte bei Markus liegt auf der gleichen Linie, wobei wir bei dem noch aramäisch zitierten Kreuzeswort Jesu aus Ps 22,2 in Mk 15,34/Mt 27,46 nochmals auf jesuanisches Urgestein stoßen.

6. Die grundlegende Frage dabei bleibt, ob zwischen der nachösterlichen Christologie und der vorösterlichen Zeit tatsächlich der entscheidende Bruch liegt, der *Bultmann* veranlaßte, in seiner "Theologie des Neuen Testaments" die neutestamentliche Theologie erst mit dem "Kerygma der Urgemeinde" beginnen zu lassen und die Verkündigung Jesu nur unter ihre "Voraussetzungen und Motive" einzuordnen.[38] Damit würde aber die Urgemeinde zugleich von ihren Wurzeln abgeschnitten, die, wie wir doch deutlich sehen, eindeutig im, freilich hellenistisch geprägten[39] Judentum liegen. Es gibt keine Christologie, die sich von diesen Wurzeln verabschieden könnte, diese Erkenntnis setzt sich in neuerer Zeit mehr und mehr durch. Sie muß allerdings gegen die noch immer nicht ganz verschwundene These verteidigt werden, durch Kreuz und Auferstehung

---

[37] Vgl.etwa Luk 24,21: "Wir aber hofften, daß er Israel erlösen würde".

[38] Vgl.die Gliederung des Werkes.

[39] Diese Erkenntnis verdanken wir *M.Hengel*, Judentum und Hellenismus. Tübingen 1973.

Jesu sei ein grundsätzlicher Bruch eingetreten, durch den jegliche Kontinuität abgeschnitten sei. Diese Auffassung findet sich bei *R.Bultmann*, der sich vor allem auf paulinische Aussagen beruft, wie z.B. in dem Aufsatz "Geschichte und Eschatologie im Neuen Testament"[40], wo er sich auf 2.Kor 5,17 stützt und daraus folgert: "Christus ist das Ende der Geschichte, weil Gott ihn gesandt hat, ' als die Zeit erfüllt war' (Gal 4,4)".[41] Den entscheidenden Bruch sieht *Bultmann* darin, daß seit Kreuz und Auferstehung Jesu die Geschichte als Volksgeschichte ihre Bedeutung verloren hat. "Bei Paulus ist die Geschichte in der Eschatologie untergegangen."[42] An die Stelle der (Heils-)Geschichte tritt "die echte Geschichtlichkeit des menschlichen Seins. Die entscheidende Geschichte ist nicht die Weltgeschichte, die Geschichte Israels und der anderen Völker, sondern die Geschichte, die jeder einzelne selbst erfährt."[43] In einer noch einlinigeren Weise hat der Alttestamentler F.Hesse diesen Gedanken auf den Punkt gebracht: "Daß der Christus crucifixus Heilsbedeutung hat, wird durch die auf ihn zulaufende Geschichte weder ins Werk gesetzt noch auch nur angebahnt... Was sie niemals hätte bewirken können, ... ist das nur dem Glauben sich erschließende Faktum: Der Christus *crucifixus* bedeutet Heil für die Welt. Dieses Faktum, weil von Gott durch sein Wort proklamiert, ist - geschichtlich oder religionsgeschichtlich gesehen - völlig unableitbar."[44] Kreuz und Auferstehung sind "unableitbare, kontingente Gottestat, von der christlicher Glaube weiß"[45]. Mit Geschichte im üblichen Sinne hat sie nichts zu tun. Hierfür gebraucht Hesse das einprägsame Bild vom Astigmatismus: In Wirklichkeit handelt es sich beim Heilsgeschehen im Kreuz Christi um einen Punkt, den nur eine falsche Hornhautkrümmung des menschlichen Auges als Linie sieht.[46]

Wir durchschauen inzwischen diese Sicht in ihren Zusammenhängen mit der existentialistischen Philosophie, die, vor allem in der Begegnung mit *M.Heidegger*, für *Bultmann* prägend gewesen war. Wir sind allerdings in der Verurteilung solcher Bedingtheiten inzwischen vorsichtiger geworden, seitdem unterdessen weitere weltanschauliche Vorverständnisse der Reihe nach auf die Theologie eingewirkt haben und weiter einwirken. Hier hilft nur der ständige Rückbezug auf die Bibel in kritischer Methodik, wie ich anfangs andeutete.

---

[40] In: Glauben und Verstehen.Bd.3. Tübingen 1960,91-106 (engl.Original in NTS 1[1954], 5-16).
[41] A.a.O.,103f.
[42] A.a.O.,102.
[43] Ebd.
[44] *F.Hesse*, Abschied von der Heilsgeschichte. ThSt 108. Zürich 1971, 61.
[45] A.a.O.,63.
[46] A.a.O.,66.

7. Dann bleibt aber als Kern urchristlichen Verständnisses des Kreuzesgeschehens, wie es etwa bei Paulus in 1.Kor 15,3 überliefert ist, "daß Christus gestorben ist für unsere Sünden nach den Schriften"(vgl. auch Gal 1,4; 1.Tim 2,6; Tit 2,14). Wenn, wie allgemein anerkannt, in dem Traditionsstück 1.Kor 15,3b-5 ein urchristliches Bekenntnis vorliegt, kann man mit Recht in dem artikellosen *Christos* eine Wiedergabe des Messiastitels sehen[47]. Für die Urgemeinde war es selbstverständlich, an die biblische Tradition anzuknüpfen, gerade auch in der Deutung des bisher Unerhörten. Wie auch immer die Deutungen des Christusgeschehens weiter ausgebaut wurden - etwa in der Opfervorstellung und der Hohepriester-Typologie im Hebräerbrief - die Grundform blieb das *hyper hymon* (1.Kor 1,13 u.ö.). In dem "für euch" läßt sich zusammenfassen, was aus der alttestamentlichen Überlieferung für die Gemeinde entscheidend war: daß der Eine für die Vielen (Jes 53,11; Mk 10,45 parr.) die Versöhnung mit Gott gebracht hatte. In der paulinischen Theologie, wie sie in der vollendetsten Form im Römerbrief formuliert wurde, können wir, nochmals aus der Feder eines aus dem Judentum stammenden Theologen, die Begründung finden: Paulus zeigt in Röm 1,18-3,20 - in echt prophetischer Tradition - daß alle Menschen, Nichtjuden wie Juden, den Willen Gottes, das Gesetz (*nomos* als Übersetzung von *twrh*) nicht erfüllt haben. Die Rettung kommt nach Paulus allein durch den Glauben an Jesus Christus. "Den hat Gott hingestellt als Sühnopfer in seinem Blut als Beweis seiner Gnade[48], indem er die vorangegangenen Sünden überging in der Langmut Gottes" (Röm 3,25).

Daß also durch die Stellvertretung des *einen* Menschen, der Gottes Willen vollkommen erfüllt und zugleich die Strafe für seine Nichterfüllung auf sich genommen hatte, die Schuldverhaftung der Menschheit ein-für allemal aufgehoben war und jeder Mensch durch den Glauben an ihn vor Gott gerechtfertigt worden war, das war die zentrale Erkenntnis, die Paulus gewonnen hatte, die nun Inhalt seiner Botschaft (*euangelion*[49]) an Juden und Nichtjuden war. Durch die Lektüre des Römerbriefes erlebte auch *M.Luther* den reformatorischen Durchbruch. Es ist die Linie von Paulus über Augustin[50] zu Luther, die für evangelisches Bekenntnis zentral ist.

---

[47] Vgl.dazu *C.Wolff*, Der erste Brief des Paulus an die Korinther. ThHK 7/II. Berlin 2 1982, 158f. Ältere Lit. dort 159, Anm.60.
[48] So kann man nach dem Zusammenhang *dikaiosyne* wiedergeben, das damit eine Bedeutungsvariante von *sdqh* wiedergibt.
[49] Zu den zahlreichen Belegen bei Paulus vgl. die Konkordanzen.
[50] In seinem Kampf gegen Pelagius.

8. Hier gewinnt dann auch der Begriff "Bund" eine neue Bedeutung, wenn wir ihn mit den Abendmahlsworten von Mk 22,24 als "neuen Bund"[51] verstehen. Dieser beruht dann allerdings auf einer anderen Grundlage als im Deuteronomium. Es ist wichtig, darüber nachzudenken, wie beide Verstehensweisen sich bis in die Gegenwart fortsetzen, wobei ich eindeutig auf der Seite des Paulus, Augustins und Luthers stehe. Hinter die reformatorische Erkenntnis sollten wir nicht mehr zurückgehen. Die andere Linie, die wir auszogen, die der messianischen Erwartung, deutet sich bei Paulus dann in dem "Gott war in Christus" von 2.Kor 5,19 an, ebenso wie in der häufigen Verwendung der Bezeichnung des "Sohnes Gottes" (Röm 1,3f.9; 5,10; 8,3 u.ö.), die, wie die Bezeichnung *Christos*, ebenfalls alttestamentliche Wurzeln hat.

Auf der so gezeichneten Basis muß das Gespräch mit allen, Christen wie Juden, weitergehen.

Literatur:

- Hauptprobleme der alttestamentlichen Theologie im 20. Jahrhundert (EdF 173) Darmstadt 1982.
- Hauptprobleme der biblischen Theologie im 20. Jahrhundert (EdF 203) Darmstadt 1983.
- Kritische Bilanz der Sicht des Alten Testaments in neueren christlichen Entwürfen einer Biblischen Theologie, in: *M. Klopfenstein* u.a. (Hg.), Mitte der Schrift? Ein jüdisch-christliches Gespräch, Bern u.a. 1987, 9-27.

---

[51] Besser statt des lateinischen *testamentum* für *diatheke*.

Über die innere Einheit von
Altem und Neuem Testament[1]

Horst Seebass

Das Thema gibt mir Gelegenheit, meinen früher geäußerten Vorschlag zur Ermöglichung biblischer Theologie kritisch zu prüfen. Hatte ich 1965 in einem Aufsatz, den *H. Graf Reventlow*[2] zu unverhofften Ehren gebracht hat, in der Gottesherrschaft ein Altes und Neues Testament verbindendes Thema gefunden, so habe ich 1982 stattdessen vorgeschlagen, die innere Einheit in Gott selbst und nur in Gott zu finden.[3]

Seit 1982 hat sich die Diskussionslage erheblich geändert. Zwar ist ein Pol der Diskussion unverändert geblieben. Vor allem sehr namhafte ev. Alttestamentler wie *R.Smend* in Göttingen[4] und *O.Kaiser* in Marburg[5] (um von Neutestamentlern nicht zu reden) stehen der biblischen Theologie als einer historisch-kritischen Disziplin ablehnend-skeptisch gegenüber und äußern sich inzwischen eher dezidierter als früher in diesem Sinne. Die gründliche Aufarbeitung der Hauptprobleme, die *H.Graf Reventlow* der biblischen Theologie widmete,[6] schien zunächst auch nicht dahin zu deuten, daß das Thema richtig gestellt sei. Und die kriti-

---

[1] Überarbeitete Fassung eines Vortrags auf Einladung der Fachgruppe Evangelische Theologie der Universität Osnabrück am 20.6. 1994.
[2] *Henning Graf Reventlow*, Hauptprobleme der alttestamentlichen Theologie im 20. Jahrhundert, EdF 173,Darmstadt 1982, 143 zu *H.Seebass*, Über den Beitrag des Alten Testaments zum Entwurf einer biblischen Theologie, WuD 8, 1965, 20-49.
[3] *H. Seebass*, Der Gott der ganzen Bibel, Freiburg 1982, vor allem Kap.2.
[4] Deutlich etwa in *R. Smend*, Schleiermachers Kritik am Alten Testament, in: *Ders.*, Epochen der Bibelkritik. Gesammelte Studien 3, BevTh 109, München 1991, 128-144.
[5] S. jetzt *O. Kaiser*, Der Gott des Alten Testaments. Theologie des AT 1: Grundlegung, UTB 1747, Göttingen 1993, 60-89. Der große Gelehrte hat freilich die so lebensvolle atl. Religion zum Theorem gemacht, als ginge Leben glatt in einer Theorie auf.
[6] *H. Graf Reventlow*, Hauptprobleme der Biblischen Theologie im 20. Jahrhundert, EdF 203, Darmstadt 1983.

sche Revision gesamtbiblischer Theologien, die *M.Oeming* vorlegte,[7] schien noch weniger zu ermuntern, die Frage weiter zu verfolgen. Immerhin stellte sie auf hohem Niveau die für die christliche Theologie mit dem Alten Testament gegebene Frage der Hermeneutik zwar in Anlehnung an *A.H.J.Gunneweg*, aber doch mit neuen Impulsen, und ich finde z.Z. neben *B.S.Childs*, Biblical Theology of the Old and New Testaments (1992) die wichtigste Förderung in Beiträgen von *Chr.Dohmen*[8] und von *M.Oeming*[9].

In einem ersten Schritt möchte ich knapp auf meinen Versuch aus dem Jahr 1982 eingehen, in einem zweiten die jetzt gegebene Diskussionslage beschreiben, in einem dritten meinen Vorschlag präzisieren und in einem letzten ein exegetisches Beispiel anführen.

I

1982 schien es mir am dringendsten, einen Punkt zu finden, von dem aus man biblische Theologie als exegetische Disziplin überhaupt angehen könne. Dazu war es in der Tat nötig, die in heftige Kritik geratenen, bis dahin meistdiskutierten Entwürfe als verfehlt zu erweisen, ohne den Weg zu einer biblischen Theologie zu verbauen. Gescheitert sind, so meine ich, Versuche, eine Gemeinsamkeit zwischen Altem und Neuem Testament durch ein gemeinsames Thema wie "Gottesherrschaft und Gottesgemeinschaft" (*G.Fohrer*), "Bund" (*W.Eichrodt*) o.ä. zu erzielen. Der inzwischen kaum mehr diskutierte Weg über die Annahme einer beide Testamente umfassenden Heilsgeschichte (z.B. *O.Cullmann*) mußte zurückgewiesen werden. Die analoge Idee einer charismatischen Traditionsgeschichte (*G.v.Rad*) hat Oeming zwar durchsichtig gemacht, damit aber auch destruiert. Besonders faszinierend war 1982 *H.Geses* Vorschlag einer Traditionsgeschichte, die geradezu zwingend ihren Schlußpunkt in der Auferweckung Jesu von den Toten und der ihr zuzuordnenden Dimension finden sollte.[10]

In diesem Kontext habe ich vorgeschlagen, das Altes und Neues Testament miteinander Verbindende nicht in einer von geschichtlichen Konstruktionen abhängigen Bewegung wie der der Heilsgeschichte oder einer charismatischen Traditionsgeschichte zu suchen, sondern im Gott

---

[7] *M. Oeming*, Gesamtbiblische Theologien der Gegenwart, Stuttgart u.a. 1985; ²1987.
[8] *C. Dohmen* in: *C. Dohmen/F.Mussner*, Nur die halbe Wahrheit? Für die Einheit der ganzen Bibel, Freiburg u.a. 1993, 9-74.
[9] In: *C. Dohmen/M. Oeming*, Biblischer Kanon Warum und Wozu? Eine Kanontheologie, QD 137, Freiburg u.a. 1992, 68-89.
[10] S. vor allem *H. Gese*, Erwägungen zur Einheit der biblischen Theologie, ZThK 67, 1970, 417-436; Ders., Zur biblischen Theologie. Alttestamentliche Vorträge, BevTh 78, München 1977; Tübingen ²1983.

der Bibel selbst. Angesichts einer bis in die Gegenwart heftig geführten Debatte um die Entstehung des Monojahwismus in Israel sind hierzu folgende Erläuterungen nötig:

1) Der Vorschlag beruhte auf der religionsgeschichtlichen Annahme, daß es eine Selbigkeit Jahwes von den frühesten Anfängen bis zum Danielbuch gibt, die je nach den geschichtlichen Herausforderungen in den Zeugnissen Israels unterschiedlich zum Tragen kommt. Damals wie heute gibt es ja Vorstellungen, zumeist verbunden mit einer Spätdatierung aller Pentateuchquellen, daß das frühe Israel einem dem heidnischen Polytheismus nahen Jahwe huldigte und daß erst die große Prophetie (mitsamt dtn Bewegung) dem Monojahwismus zum Durchbruch verholfen habe (ähnlich das Postulat einer Jahwe-allein-Bewegung).[11] Konstruiert finde ich auch die Annahme von *O.Kaiser* (s. A.5), erst seit dem Exil habe im Alten Orient eine solche Schwächung des Götterglaubens stattgefunden, daß Jahwe zum Weltgott aufstieg. Alle diese Theorien setzen einen Bruch zwischen Jahwe und Jahwe voraus und zwar aufgrund eines methodisch fragwürdigen Verfahrens. Religionsgeschichtlich scheint es mir jedoch unglaubwürdig, daß ein im Alten Orient so singuläres Phänomen wie der Jahwismus anders als aus einer Selbigkeit Jahwes erwachsen sein kann. Dies bedeutet nicht, daß Israel stets synchron und überall dieselben Vorstellungen von Jahwe verfolgte, noch muß man diachron Unterschiede in Erfahrung und Auffassung leugnen. Mit dem Philosophen *P.Graf Yorck v.Wartenburg*[12] meine ich vielmehr, daß der Ausgang einer Kultur in ihren Anfängen angelegt sein muß.

2) Obwohl es m.E. so etwas wie eine Mitte des Alten Testaments gibt, die durch die Formel "Jahwe Gott Israels - Israel Volk Jahwes" in erster Näherung erfaßbar wird, ist diese Mitte keine thematische (wie im Neuen Testament Christus Jesus), sondern eine rein formale. Es ist daher sachgemäß, daß die jüdischen Gesprächspartner beim Berner Symposion diese Frage für ihr Bibelverständnis nicht belangreich fanden.[13] Jene Formel fixiert auch nicht auf den religionsgeschichtl. Typ einer Volksreligion, so gewiß reichlich kontingent-ethnische Züge im Alten Testament zu finden sind. Gerade auch wo Israel wie in der Weisheit oder in der Apokalyptik über die Volkstradition hinausblickt, wird jedoch die Re-

---

[11] Eine Dokumentation dieser bekannten Thesen erspare ich mir.

[12] *P. Graf Yorck v. Wartenburg*, Bewußtseinsstellung und Geschichte. Ein Fragment aus dem philosophischen Nachlaß, hg. v. *I.Fetscher*, Tübingen 1956, 46. Yorck war ein Freund W.Diltheys.

[13] *M.Klopfenstein/U.Luz/Sh.Talmon/E.Tov* (Hg.), Mitte der Schrift? Ein christlich-jüdisches Gespräch, Judaica et Christiana 11, Frankfurt u.a. 1987.

zeption auswärtiger Stoffe vom Wesen des Gottes Israels gesteuert. Wenn demgegenüber Gunneweg einmal gewarnt hat: "Dieser Gott hat so viele Namen und so unterschiedliche Eigenschaften, daß die Rede von *dem* Gott des Alten Testaments in der Gefahr steht, zur Leerformel zu werden.",[14] so scheint mir das die Selbigkeit Jahwes im Alten Testament nicht zu falsifizieren, sondern sie gegen eine systematisch-theologische Erfassung abzuheben.

Gern gestehe ich ein, daß ich früher dem Ansatz *Gunnewegs*, durch existentiale Interpretation wesentliche Texte des Alten Testaments zu erschließen, nicht gerecht geworden bin. Solche Interpretation ist mir freilich stets als legitim erschienen. Jedoch halte ich die existentiale Methode trotz *Oemings* Verteidigung (s.o.) nur teilweise mit Geist und Kultur des Alten Testaments für kompatibel, weswegen ich die innere Einheit von Altem und Neuem Testament anders begründet sehen möchte als in einem gemeinsamen Existenzverständnis. Mit *Gunneweg* darf man sagen, daß wir erst am Anfang eines theologischen Verstehens der atl Schriften stehen.[15]

II

Kommt man nun zur gegenwärtigen Diskussionslage, so scheint mir ein Gewinn durch die Kanon-Untersuchungen von *Oeming* und *Dohmen* erzielt zu sein. Sie haben sich u.a. in Dohmens Beiträgen zu dem o.g. Büchlein "Nur die halbe Wahrheit?" niedergeschlagen. Entscheidend für Dohmens hermeneutischen Ansatz wird der Hinweis, daß einige Schlüsselbelege des Neuen Testaments (vor allem Lk 24,44f[16] und 2 Kor 3) ein doppeltes Verständnis des Alten Testaments verlangen: einmal ein Verständnis aus sich selbst heraus und einmal aus der Sichtweise der Gottesoffenbarung in Christus Jesus. D. h. das Alte Testament führe von sich aus nicht zwangsläufig zu einem christologischen Verständnis, sondern umgekehrt habe sich die Christus-Offenbarung an die schon in Geltung stehenden atl Schriften angelehnt und damit als Gott-gemäß erwiesen. Das konstitutiv Rätselhafte der Christus-Offenbarung habe durch Hinweise der geltenden hl. Schriften erst seine Verständlichkeit in dem Raum erzielt, in dem sie ihren Sitz im Leben hatte. Das Neue Testament spiegele entsprechend ein Bewußtsein dessen, daß auch ein anderes Ver-

---

[14] *A.H.J. Gunneweg*, Vom Verstehen des Alten Testaments. Eine Hermeneutik, GAT 5, Göttingen 1977, 186.
[15] Nach *B.S.Childs*, Biblical Theology in Crisis, Philadelphia 1970, 51ff scheiterte die amerikanische Biblical Theological Movement seinerzeit, weil sie ihre Grundsätze exegetisch nicht verifizierte.
[16] H.Merkel erklärte dazu mündlich, daß Dohmens Verständnis von Lk 24,44f nicht gesichert sei.

ständnis jener Schriften möglich ist als das die Christus-Offenbarung erhellende. Was wir Christen also als Kanon haben, sei die Einheit einer zweigeteilten Bibel, bei der sich die Bildung des ntl Kanons nicht unabhängig von der des atl Kanons vollzog. Den ersten Teil dieser Bibel kann Dohmen passend "die Bibel Israels" nennen, passend aber m.E. nur dann, wenn der Titel Israel nicht ausschließlich dem Judentum vorbehalten wird.[17] Denn nach paulinischer Theologie gilt die Wurzel Israels, also Abraham (Röm 11,13ff), zweifellos auch den Heiden(christen), da die Zugehörigkeit zu Abraham nach Gal 3 exklusiv durch den Glauben vermittelt ist.[18]

Ein Gewinn wird dadurch erzielt, daß die heilige Schrift als die Grundlage christlicher Kirchen (das Wie lasse ich hier beiseite) dezidiert nicht auf das Neue Testament eingeschränkt werden darf ("halbe Wahrheit"). Das Neue Testament kann man nur als Teil der ganzen Bibel haben oder gar nicht. Hatte *Rudolf Bultmann* gegen den NS-Staat erklärt, daß das Neue Testament bald verliere, wer als christlicher Theologe das Alte Testament aufgebe, so sind die Gewichte jetzt noch anders gewürdigt. Es kann hervortreten, daß das Christus-Ereignis ganz und gar nicht selbstverständlich war noch ist und daß zu seinem Begreifen die alten Schriften Entscheidendes beitrugen. Daß dies nicht bloß damals und dort, sondern *von da an* so sein soll, das ist der Sinn der Kanonbildung als zweigeteilte eine Bibel - so *Oeming* und *Dohmen* in ihrem Kanon-Buch.

Offenkundig hilft dieser Ansatz auch dem christlich-jüdischen Gespräch, wie er nicht ohne dieses entstand. U.a. verweist *Dohmen* auf *E.Zenger*, Das Erste Testament,[19] als wesentlichen Beitrag zu einem freieren und unvoreingenommeren Umgang von Christen mit jüdischer Tradition und Denkart, die tief verwurzelt ist in der Bibel Israels, dem ersten Teil unserer zweigeteilten Bibel. Es gehört auch zur veränderten Diskussionslage, daß *Zenger* m.R. bei Christen anmahnen kann, in der Deutung des Alten Testaments nicht durchweg den ersten Adressaten der Bibel Israels zu übergehen. Aber wie *U.H.J.Körtner* (s. A.17) ökumenisch und kirchengeschichtlich hat nachweisen können, ist das gegenwärtige Judentum nicht einfach mit dem ersten Adressaten identisch.

---

[17] Kompetent zu diesem Problem *U.H.J.Körtner*, Volk Gottes - Kirche - Israel, ZThK 91, 1994, 51-79.
[18] Paulus nennt freilich die junge Christenheit nicht ausdrücklich Israel, sondern beschränkt sich auf die Gründung in der Wurzel. Das hängt gewiß mit dem atl überaus häufigen staatsrechtlichen Gebrauch des Terminus Israel zusammen. Man übersehe jedoch nicht, daß "Israel" ebenfalls sehr häufig als ein Begriff des Sollens belegt ist. Leider kann dies hier nicht im Detail ausgeführt werden.
[19] *E. Zenger*, Das Erste Testament, Düsseldorf 1991;³1993. S. dazu meine Besprechung in ThRv 90, 1994, 265ff.

Heutige Juden sind ebenso wie Christen darauf angewiesen, den ersten Adressaten nicht zu übergehen, ehe sie das Wort in den Wörtern hören. Die doppelte Auslegung des Alten Testaments gabelt sich nämlich nicht einfach in jüdische und christliche, sondern in historisch situative und erst dann in kanonisch-jüdisch oder kanonisch-christlich. Eine "Theologie nach Auschwitz" kann auch von dem Gewinn Gebrauch machen, daß die historisch-situative Verfremdung der Bibel Israels für Juden wie für Christen je Grundneues entdeken ließ und läßt, das beiden prophetisch gegenübertritt. Geistesgeschichtlich ist es Kil'ajim (unerlaubte Mischung), wenn man jüdische Interpretation der klassischen Zeit (oder urchristliche) unmittelbar und ungeprüft in das Alte Testament einträgt. Denn dessen Prozeß kanonischer Geltung ragt, wie *Oeming* und *Dohmen* überzeugend nachwiesen, mit dem Deuteronomium noch in die Assyrerzeit, kam eher unter dem inneren Einfluß des babylonischen Exils als durch äußeren Einfluß in Gang und ist daher überwiegend dem Alten Orient, nicht der griechischen Ära zuzurechnen.

So sehr nun die Gesprächslage gewonnen hat, so gewiß kann man nicht übergehen, daß der relative Fortschritt immer noch einen mehr formalen als inhaltlichen Aspekt erfaßt. Denn auch wenn neue Erkenntnisse zum Kanon die Bedeutung der Bibel Israels für den christlichen Glauben steigern, sind ja die inhaltlichen Anstöße, die die Gegner einer biblischen Theologie an ihr wahrnehmen, noch nicht beseitigt. Zwar hat *B.S.Childs* bereits einen respektablen Gesamtentwurf vorgelegt.[20] Es ist aber nicht überflüssig, daß christliche Theologie den vielen dunklen oder noch dunkel erscheinenden Passagen der alten Schriften nachgeht.[21]

Die atl Wissenschaft ist z.Z. viel zu zerrissen, um erwarten zu können, daß eine einheitliche Absicht zu solcher Erhellung besteht. Um ein Beispiel zu nennen: *R.Smend* scheint mir das Alte Testament so eindeutig mit den Augen des 19. Jh.s zu lesen, daß ein Zugang zur Biblischen Theologie von daher nicht zu erwarten ist.[22] Es kann sein, daß noch nicht entschieden ist, ob das 19. Jh. die Bibel Israels insgesamt besser verstanden hat als die gewichtigsten Stimmen nach dem 2. Weltkrieg. Ich denke zwar nicht, daß dem so ist; aber es ist immerhin möglich, daß die stürmische theologische Wiederentdekung des Alten Testament nach dem 2. Weltkrieg Beobachtungen des 19. Jh.s zu sehr überspielt dh. ge-

---

[20] *B.S. Childs*, Biblical Theology of the Old and New Testaments, Philadelphia 1992; dt. Übersetzung: *B.S. Childs*, Die Theologie der einen Bibel (2 Bde.), Freiburg, bisher Bd.1: Grundstrukturen, 1994.
[21] Das von mir im Biblischen Kommentar zu bearbeitende Buch Numeri bietet z.B. manche einschlägigen Probleme, vgl. *H. Seebass*, Numeri, BK.AT IV, Neukirchen-Vluyn 1993ff.
[22] Vgl. etwa *R. Smend*, Schleiermachers Kritik am Alten Testament (s. Anm. 4).

schönt hat. In einer globalen Theorie wird dies nicht zu lösen sein. Hier ist die Exegese gefordert.

III

Damit kann mein Vorschlag, die innere Einheit von Altem und Neuem Testament in dem einen Gott der Bibel zu finden, näher erläutert werden. Er knüpft an den einfachen Tatbestand an, daß das Neue Testament offenbar und unbestritten vom selben Gott redet wie das Alte,[23] das Wort Gott also im polytheistischen Horizont nicht erst hat erläutern müssen und sich dabei deutlich nicht auf philosophische Traditionen, sondern auf die vorgegebenen Schriften Israels stützt. Wie *H.Graf Reventlow* (156) nachweist, hat vor ca. 30 Jahren schon *E.Jacob*, dessen atl Theologie *M.Noth* am höchsten schätzte,[24] einen solchen Vorschlag eingebracht, und *S.Terrien* habe dies an den Topoi des Deus absconditus und präsens durchgeführt.

Das Wort "Gott", um das es dabei auch gehen muß, ist atl nicht ein Allerweltswort oder eine Leerformel ist, soweit es um den Gott der Bibel geht. Im polytheistischen Raum des Alten Orients war der Jahwe-Name zweifellos dem Verdacht ausgesetzt, ein Götterindividuum unter vielen anderen Götterindividuen zu sein, und das Alte Testament läßt bekanntlich an einigen Stellen unmißverständlich erkennen, daß Israel selbst dieser Gedanke nicht fremd, sondern höchst vertraut war (vgl. nur Dt 32,8 LXX und viele Pss). Für Jahwes Einzigartigkeit in atl Zeit war die Bedingung zweifellos nicht, daß es einen und nur einen Gott geben könne, sondern Bedingung war sein eigentümlicher Charakter, der für die, die mit ihm zu tun bekamen, auf Einzigartigkeit drängte. Im Innenraum blieb zwar so etwas wie die Vorstellung von einem göttlichen Hofstaat, von Göttersöhnen als nicht selbständigen göttlichen Entitäten (s.u. IV); aber charakteristisch ist erst die ausschließliche Orientierung *Israels* an Jahwe allein. Wie *Th.Krapf* hat nachweisen können, gehört es zum Charakter Jahwes in Unterscheidung vom Polytheismus, daß er nicht wie die Göttervielheit etwa Ägyptens oder Babylons eine Gefährdung durch ein unbeeinflußbares Schicksal erleidet, sondern über allem Geschaffenen souverän bleibt.[25] Daher ist es kein Zufall, daß Israels Gott in atl Zeit ganz überwiegend seinen Eigennamen behielt,

---

[23] Gegen *P.G. Klumbies*, Die Rede von Gott bei Paulus in ihrem zeitgeschichtlichen Kontext, FRLANT 155, Göttingen 1992.
[24] So R.Smend, brieflich.
[25] *T. Krapf*, Biblischer Monotheismus und vorexilischer JHWH-Glaube, BThZ 11, 1994, 42-64 (einer Anregung Y.Kaufmanns folgend): Krapf nennt die Differenz metaphysisch.

weil sein Name dem Verdacht des Polytheismus *trotzt*. Insoweit bedeutet Name Charakter und Charakter Name.

Setzt man diesen Gedankengang fort, so ergibt sich, daß ein Charakter sich im Verhältnis zu anderen Charakteren formt. Im Raum des Polytheismus war dies einfach. Für Jahwe aber stand kein Marduk, kein Sonnengott, nicht einmal der Baal als unterscheidend zur Verfügung, sondern Jahwes Eigenart mußte und konnte anders bestimmt sein. M.E. profiliert sie sich im Alten Testament am Gegenüber zu seinen Menschen, s.u. Dies erklärt das eigentümliche atl Traditionswesen der Fortschreibung sei es an einzelnen Topoi, sei es durch neue Entwürfe. Während nämlich die Bibel Israels Begriffe der Offenbarung äußerst selten verwendet und unreflektiert ein unmittelbares Reden Gottes zu Mose und den Propheten bezeugt, gibt es auch viel Menschenwort, das von Jahwe als Jahwe Kunde gibt.

Deutlicher als früher wäre zu sagen, daß es nicht nur Geschichten Gottes mit Abraham, Israel-Jakob, Mose und dem Volk, mit David und Salomo, Jesaja und allen Propheten sind, die Gottes Charakter, dh. Gottes Namen erfassen lassen, sondern auch Rechts- und Ritualvorschriften, politische und lehrhaft weisheitliche Entwürfe bis hin zur radikalen erkenntnistheoretischen Skepsis eines Kohälät. *G.Fohrer* hat zwar vor einem allzu engen Menschenbezug gewarnt und hervorgehoben, daß Gottes Wesen atl auch durch kosmische Vorgänge erkannt wurde.[26] Dies kann man nicht bestreiten, muß aber ergänzen, daß etwa die kosmische Kunde von Gott dem Schöpfer ihre spezifisch biblische Nuance erst durch Jahwes Wesen bekommt (Gen 1 Sabbat-Gliederung!) und die eigentümliche Furchtlosigkeit Israels in der Drohung durch Chaos und Mächte sich auf die Eigenart *Jahwes* als des Schöpfers gründet.

Diese Zugangsweise bewährt sich nun auch am Neuen Testament, ohne daß das Wort der zweigeteilten Bibel in einer der beiden Sammlungen zurückstecken müßte. Im Kern darf man behaupten, daß nach dem Neuen Testament die Offenbarung des Christus Jesus Gottes Name abschließend erhellt. Im Gefälle der Bibel Israels gibt dies Sinn, weil Gottes Name im Gegenüber zu seinen Menschen sich profiliert und der Christus-Titel Jesus v. Nazaret als Repräsentanten Gottes für Israel und zugleich als Vertreter Israels in der Welt ausweisen soll.[27] Zweifellos

---

[26] *G. Fohrer*, Theologische Grundstrukturen des Alten Testaments Berlin 1972, 38-46.

[27] Auf die Probleme des Christus-Titels im christlich-jüdischen Gespräch kann ich hier aus Raumgründen nicht eingehen. - Ich gestehe gerne, daß ich in diesem und dem folgenden Absatz Mühe habe, das spezifisch Neue des Christus Jesus als Nicht-Neutestamentler angemessen einzubringen. Dies Neue verstehe ich jedenfalls nicht hauptsächlich religionsgeschichtlich, sondern in einer (nicht quantitati-

hätte sich die Christus-Offenbarung aus der Bibel Alten Testaments nicht *errechnen* lassen. Sie war und ist alles andere als selbstverständlich.

Es ist im Gefälle der Bibel Israels aber auch sinnvoll, von einer abschließenden Erhellung des Namens Gottes im Christus Jesus zu sprechen. Dies geschieht dadurch, daß die Gerechtigkeit, in der Israel und dh. mit ihm alle Welt vor Gott Leben und volles Genüge haben können, nur und ausschließlich von Gott selbst in Christus gewährt, nur im Glauben angenommen werden kann, was Nicht-Israel mit Israel gleichstellt und damit Israel aufsprengt, ohne es aufzugeben (Röm 11,28). Weil es dabei im Kern um Israel geht, hat dies keinen antijudaistischen Impuls. Und weil es um das abschließende Wort Gottes, nämlich um das endgültige Ja und Amen zu seinen Verheißungen geht (so 2 Kor 1,19f), gibt es auch weiterhin eine Geschichte der Verheißungen Gottes mit der Welt in Christus, für die noch nicht ausgemacht ist, was noch alles zu erfassen und zu lernen ist auf der Basis des Ja und Amen in Christus Jesus.[28]

Wichtiger scheint mir dann die Frage: Kann man so einfach behaupten, wie das die völligen Antipoden *E.Zenger* und *R.Smend* tun, daß die klassische jüdische Traditionsbildung unmittelbarer der Bibel Israels folgt als die christliche? Dazu ein Beispiel. *Dohmen* hat gewiß m.R. den kanonischen Prozeß einer Abschlußbildung des Pentateuch in Dt 34,1-9 gefunden. Er hebt aber konstant auf den Abschluß der Größe *Tora* ab, obwohl das Stichwort Tora in Dt 34,1-9 gar nicht vorkommt.[29] Konstant sieht er daran vorbei, daß in Dt 34,1-9 das hl. Land als *Verheißungs*gut Israels das Thema ist. Man muß nicht erst künstlich eine Verbindung über Mose hinweg zu den Vätern postulieren (*Dohmen*), weil Dt 34 selbst das Thema Land aus der Väterzeit aufgreift. In der Klammer der *Verheißung* wird also der Pentateuch und mit ihm die Tora abgeschlossen.[30]

Ist es nicht angesichts dieser Rolle der Verheißung geboten zu begreifen, daß der zweifache Ausgang der Bibel Israels nicht sofort in die traditionsgeschichtliche Bevorzugung einer der beiden Glaubensweisen

---

ven, sondern) qualitativen Vollendung des 1. Gebots. Es mag immerhin den Versuch wert sein, auf Jer 16,14f; 23,7f zu verweisen, die ankündigen, Jahwe werde nicht mehr der heißen, "der die Israeliten aus Lande Ägypten führte" (sondern aus dem Lande des Nordens). Heißt der neue neutestamentliche Name dann nicht "Gott, der Jesus Christus von den Toten auferweckt hat"? (Hinweis von M.-Wolter)

[28] *F.Mußner* in: *C. Dohmen/F. Mussner*, Nur die halbe Wahrheit (s. Anm. 8) 103ff prägt das Schlagwort: Jahwe setzt sich durch. Ist für Mussner wirklich Christus das Gesicht Gottes?

[29] *C. Dohmen*, in: Biblischer Kanon (s. Anm. 9) 57-68

[30] *H. Seebass*, The Relationship of Torah and Promise in the Redactionary Composition of the Pentateuch, HBT 7, 1985, 99-122.

weist? Ich meine dies eben nicht als insgeheime Bevorzugung einer christlichen Interpretation, sondern lediglich als einen Imperativ für christliche Theologen, sich vorbehaltlos dem Gott der Bibel Israels zu stellen. So beruht mein Vorschlag auf einem Indikativ des Vertrauens zu Gott und zielt auf einen Imperativ zu wachsendem Verstehen Gottes in der Bibel Israels.

IV

Zur Theorie ein biblisches Beispiel! Ich wähle ein Extrem, weil an ihm die Rezeptions- und Integrationskraft der Selbigkeit Gottes offenkundig werden kann: Gen 6,1-4. Denn es besteht ein Konsens, daß da ein auswärtiger Stoff in die Genesis eingearbeitet wurde. Der Kenner mag vielleicht denken, daß dies Beispiel ungeeignet, weil es zu mythisch und zu fremdartig ist. Aber hier hat die Liebe für Kompliziertes das Einfache verstellt. Im Unterschied zur herrschenden Aufassung verstehe ich nämlich die 4 Verse als in sich konsistent und zwar wie folgt. V.1 bildet die Exposition: die Menschheit wurde zahlreich, also wurden auch viele Töchter geboren. Den Konflikt nennt V.2: die Gottessöhne, also Gottes Umgebung ohne eigene *göttliche* Vollmacht, bemerkten, daß Menschentöchter auch für sie gut waren, und nahmen sich ausgesuchte von ihnen zur Ehe. Außerhalb Israels ergäbe dies keinen Konflikt, da man dort von Halbgöttern hört. Für Israel aber, das Jahwe nicht sexuell geprägt dachte, geschah hier etwas, was über die Gottessöhne die Nase rümpfen ließ. Da es für Menschenfrauen kein Verbrechen sein kann, schön gefunden zu werden, ist die Begrenzung menschlicher Lebenszeit (V.3) keine Strafe. Die kleine Erzählung handelt nicht von einem Delikt, sondern von etwas für Jahwe Unerwünschtem. Weil nämlich Menschentöchter zu lange charmant (Ruach = Geist, Charme!) waren, übergingen die Gottessöhne, daß Menschen vergänglich, daß sie nur "Fleisch" sind. Jahwe muß daher in V.3 niemand als sich selbst anreden: die Menschen nicht, weil sie ohne Schuld waren, und die Gottessöhne nicht, weil zu Gottes Beschluß deren Einsicht nicht nötig war. Gott beschließt die Kürzung menschlicher Lebenszeit, um die species Mensch gegen die Gottessöhne abzusetzen. Die Kinder aus jenen Ehen sind der Erzählung nicht wichtig, sie gehören zum Schluß: V. 4 besagt nur, daß es damals sowieso Riesen gab, die Kinder aus jenen Ehen also nicht besonders auffielen.

Unbestritten gilt, daß die Verbindung von Göttern mit Menschen einem auswärtigen Stoff entstammt. Auch ist es für Israel nicht typisch, *ewiges* Leben (3,22-24) oder wie hier Gottes *ewiges* Charisma anzustreben. Aber schon der Stoff wird israelitisiert: statt von göttlichen Seitensprüngen hören wir von regulären Ehen. Ebenso interessiert sich der Erzähler (anders als die Nachbarn) nicht für die Halbgötter, die aus den Ehen entsprangen (V.4 formuliert extrem gewunden). Und diente das Motiv ewigen Lebens in 3,22-24 dazu, den Menschheitsverlust der Urharmonie mit Gott und mit sich selbst zu symbolisieren, so dient hier Gottes ewiges Charisma dazu, die Menschheit gegenüber Gottes Umgebung zu verselbständigen. Denn die Menschen verlieren das Charisma (den Charme) nicht, es wird nur auf 120 Jahre begrenzt.[31]

Damit ergibt sich: ein auswärtiger, universal-menschheitlicher Stoff wird nach dem Maß der Gottheit Jahwes rezipiert. Die Erzählung ist nicht düster, sondern schmeichelhaft für die Weiblichkeit. Vor allem: trotz des ersichtlich polytheistischen Hintergrunds treibt sie den Monojahwismus und die Selbigkeit Jahwes voran. Denn Jahwe setzt sich deutlich von den Gottessöhnen als schöpfungsüberlegen ab, er ist quasi (eine Klasse) Gott für sich.

In dieser Tradition geht es um eine kosmische Dimension, um den Unendlichen im Verhältnis zu uns Endlichen. Sie stellt als Charakter/-Name heraus, daß Jahwe der Menschheit nicht zum Bösen das immerwährende Charisma nahm, wie er schon den Zugang zum Baum des Lebens nicht in Strafabsicht sperrte, sondern weil das widersprüchliche Dasein der Menschen zwischen Gut und Böse nicht ewig währen soll. Man hört vielmehr, daß Jahwe gerade von der Menschheit *als vergänglicher* viel hielt und in diesem Sinn den Unterschied zu den Gottessöhnen vertiefte. Nichts schadet ja der Menschheit so wie die Vergötterung einzelner Menschen oder gar eine Selbstvergötterung.

Diese Entscheidung Gottes mußte noch durch den Konflikt der Sintflut hindurch, nach dem Jahwe sich entschloß, die dem Bilden von Bösem verfallene Menschheit nie mehr als ganze auszulöschen. In der Verlängerung findet man das Sich-Einsetzen Gottes durch den Tod des Christus Jesus hindurch nicht nur für Israel, sondern von Israel ausgehend für alle Menschen, vermittelt durch Abrahams Wahl als eines Neuanfangs des Vertrauens nach der Sintflut.

Literatur

- Über den Beitrag des Alten Testaments zum Entwurf einer biblischen Theologie, WuD 8, 1965, 20-49.
- Biblische Hermeneutik, Urban TB 199, Stuttgart u.a. 1974.
- Der Gott der ganzen Bibel, Freiburg 1982.
- Biblische Theologie, VuF 27, 1982, 28-45.
- Ist biblische Theologie möglich, Jud. 4, 1985, 194-206.

---

[31] Die Nachweise bei *H.Seebass*, Genesis I. Urgeschichte, Neukirchen-Vluyn 1995.

- Interpretation statt Hermeneutik, VF 36, 1991, 3-26.
- Hat das Alte Testament als Teil der chrsitlichen Bibel für christliche Theologie und Kirche grundlegende Bedeutung?, ThRv 90, 1994, 265-273.

Thesen zu einer Hermeneutik des Ersten Testaments nach Auschwitz

Erich Zenger

1. Der theologische Ausgangspunkt

Die Frage nach dem Verhältnis der beiden Testamente in der *einen* christlichen Bibel ist kein historisches, sondern ein theologisches Problem, das jede Epoche neu bearbeiten muß, insofern Theologie Glaubensreflexion unter den »Zeichen der Zeit« ist. Ein solches Zeichen der Zeit ist für unsere Epoche »Auschwitz« als »die Signatur epochalen Einschnitts: Christliche Theologie, die mehr und anderes ist als situations- und gedächtnislose Heilslehre, ist fortan ›Theologie nach Auschwitz‹«.[1] Eine Exegese des sog. Alten Testaments, die nicht nur historisch-deskriptiv, sondern kirchlich-theologisch sein will, muß als »Bibelhermeneutik nach Auschwitz« bedenken, daß Juden in und über Auschwitz hinaus ihre jüdische Identität nicht zuletzt in der Treue zu ihrem »Buch«, das *auch* der erste Teil der christlichen Bibel ist, bewahrt haben.

»Ohne den Aufbau einer ›Theologie nach Auschwitz‹ gibt es keinen wirklichen Abbau des christlichen Antijudaismus.«[2] Gerade die »kritische« alttestamentliche Bibelwissenschaft hat, geleitet von unreflektierten, pseudo-christlich inspirierten Klischees bei der Auslegung alttestamentlicher Bücher zahlreiche Antijudaismen hervorgebracht oder hervorgerufen. Deshalb brauchen wir auf diesem Feld eine neue Sensibilität.

Theologisch engagierte Kommentierung des Alten Testaments im Versuch, die bleibende Bindung der Kirche an das Judentum miteinzu-

---

[1] *J.B. Metz*, Art. Auschwitz II. Theologisch, in: ³LThK 1, Freiburg 1993, 1260f.
[2] *F.Mußner*, »Theologie nach Auschwitz«. Versuch eines Programms, in: *ders.*, Dieses Geschlecht wird nicht vergehen. Judentum und Kirche, Freiburg 1991, 182.

beziehen, ist zumindest nach katholischem Verständnis seit der Erklärung Nostra Aetate des Zweiten Vatikanums von 1965 gut kirchlich. Johannes Paul II. hat 1985 die Bedeutung dieser Erklärung in einer Rede am 20. Jahrestag ihrer Promulgation folgendermaßen bewertet: »Die katholische Kirche ist immer bereit, mit Hilfe der Gnade Gottes alles in ihren Haltungen und Ausdrucksmöglichkeiten zu revidieren und zu erneuern, von dem sich herausstellt, daß es zu wenig ihrer Identität entspricht, die sich auf das Wort Gottes gründet, auf das Alte und Neue Testament, wie es in der Kirche gelesen wird. Sie tut das nicht aus einer Zweckmäßigkeit noch um irgend einen praktischen Vorteil zu gewinnen, sondern aus einem tiefen Bewußtsein von ihrem eigenen ›Geheimnis‹ und aus einer erneuerten Bereitschaft, dieses Geheimnis in die Tat umzusetzen. Die Konzilserklärung sagt mit großer Exaktheit, daß sie, die Kirche, bei ihrer Besinnung auf dieses ›Geheimnis‹ des ›Bandes gedenkt‹, durch das sie ›mit dem Stamm Abrahams geistlich verbunden ist‹. Dieses ›Band‹, das die Erklärung weiter anschaulich erläutert, ist das eigentliche Fundament unserer Beziehung zum jüdischen Volk. Eine Beziehung, die man wohl als eine tatsächliche ›Abstammung‹ bezeichnen könnte und die wir nur zu dieser Religionsgemeinschaft haben, trotz unserer vielfältigen Kontakte und Beziehungen zu anderen Religionen, besonders zum Islam, die von der Erklärung in eigenen Abschnitten behandelt werden. Dieses ›Band‹ muß als ein ›geheiligtes‹ Band bezeichnet werden, da es vom geheimnisvollen Willen Gottes herstammt.«[3]

Als bibelwissenschaftliche Konsequenz aus der Bejahung dieses »geheiligten Bandes«, durch das die »jüdische Religion... für uns nicht etwas ›Äußerliches‹ ist, sondern in gewisser Weise zum ›Inneren‹ unserer Religion gehört«[4], ergibt sich für unsere Epoche (und künftighin) eine stärkere Berücksichtigung *und* theologische Hochschätzung des spezifisch jüdischen Umgangs mit der Jüdischen Bibel - beides als Bereicherung des christlichen Umgangs mit dem Ersten Testament.

2. Die hermeneutische Perspektive

Die historisch-kritische Exegese hat Großes geleistet, als sie die Bibel aus der Bevormundung durch die Dogmatik befreite, und insbesondere,

---

[3] Vgl. *R.Rendtorff/H.H.Henrix* (Hrsg.), Die Kirchen und das Judentum. Dokumente von 1945-1985, Paderborn/München ²1989,104.

[4] Johannes Paul II. 1986 in der Großen Synagoge Roms; vgl. *R.Rendtorff/ H.H.Henrix* (s.Anm.3), 109.

insofern sie die biblischen Texte durch die Einordnung in ihren jeweiligen Entstehungskontext vor dem Mißverständnis fundamentalistischer Wortwörtlichkeit schützte. Die Frage nach der Absicht der AutorInnen eines Einzeltextes oder einer Einzelschrift führte zu vielen überraschenden Einsichten in das Aussageprofil der Texte. Das Ernstnehmen der historischen Differenzen war die Voraussetzung dafür, daß nicht vorschnell eigene oder gar falsche Vorstellungen der LeserInnen eingetragen wurden. Wer die biblischen Texte als historische Dokumente der Religions- und Kulturgeschichte Israels und des Urchristentums auswerten will, wird sich konsequent auf die historisch-kritische Methode konzentrieren müssen.

Wer freilich die biblischen Texte im Horizont der (jüdischen oder) christlichen Lebens- und Glaubensgemeinschaft und zugleich als Wegweisung für (jüdische oder) christliche Existenz heute auslegen will, wird sich mit der historisch-kritischen Exegese nicht begnügen können. Er muß über die textorientierten Fragen (»Was wollte der Autor/die Autorin mit seinem/ihrem Text wem sagen? Was wollte bzw. konnte der Text zur Zeit seiner Entstehung sagen?«) hinaus die leserorientierten Fragen mitbedenken: »Wie wirkt der Text auf heutige Leser? In welcher Situation, mit welchen Erwartungen oder Widerständen hören heutige Leser den Text? In welcher Absicht lesen sie den Text als Partitur ihrer Existenz?« Aufgabe einer leserorientierten Hermeneutik ist es, den Text nicht vom Sprecher, sondern vom Hörer/Leser aus zu betrachten. Diese Rezeptionshermeneutik »öffnet« den Text für zahlreiche Perspektiven, die er streng historisch-kritisch betrachtet zum Zeitpunkt seiner Entstehung nicht hatte - aber gleichwohl hat, seit er schriftlich festgehalten wurde, um weiter »zu sprechen«.

Heutiger (jüdischer oder) christlicher Umgang mit einem biblischen Text muß deshalb beides reflektieren: die historisch beschreibbare »Welt des Texts« (intentio operis) und die »Welt des heutigen Lesers« (intentio lectoris), wobei letztere sehr vielschichtig und teilweise recht subjektiv sein kann. Damit die Subjektivität der LeserInnen nicht in Willkür endet, braucht es die »Objektivität« der historisch-kritischen Auslegung, die die Grenzen der Interpretation zu ziehen hat.

In der Perspektive der leserorientierten Hermeneutik sind jüdischer und christlicher Umgang mit dem gleichen Text *notwendigerweise* verschieden. Diese Erkenntnis sollte besonders die Christen von ihrem jahrhundertelang praktizierten »Alleinvertretungsanspruch« befreien, wonach sie *eigentlich und allein* die von Gott in der Bibel als Offenbarung intendierte Wahrheit erfassen würden. Zugleich macht dieser hermeneutische Ansatz abermals klar, daß heute angesichts der Wiederentdeckung der bleibenden theologischen Würde des nachbiblischen Judentums (»Das heutige jüdische Volk ist die kontinuierliche Fortsetzung des biblischen Israel und steht als solches im ungekündigten und unkündbaren Gottesbund«), und besonders im Wissen um die fatalen Konsequenzen pseudotheologisch motivierter Judenfeindschaft ein neuer Umgang der Christenheit mit ihrem sog. Alten Testament gefordert ist, insofern dieses zuallererst und zugleich die Jüdische Bibel ist.

3. Fundament und Wurzel des Christentums

Die christlichen Gemeinden haben im Gottesdienst von Anfang an biblische Texte als Gottes Wort vorgelesen und ausgelegt. Biblische Texte waren normativ und formativ für christliche Existenz in der Nachfolge Jesu. Sprache und Bilder der Bibel bildeten die kulturelle Matrix der ersten Jüngerinnen und Jünger Jesu. *Diese* Bibel der Christen war bis ins 2. Jahrhundert hinein die *Jüdische* Bibel. Für das Urchristentum war diese Bibel nicht das »Alte Testament« im Sinne einer zweitrangigen oder gar veralteten Offenbarung. Die Bibel Israels und der aus ihr herauswachsende way of life galten als der *prinzipiell* unumstrittene Lebens- und Glaubenshorizont sogar für die Heidenchristen, selbst dann noch, als der Streit um die *Sinnrichtung* der Tora in der Nachfolge Jesu zu einer von der Mehrheit des zeitgenössischen Judentums abgelehnten »christlichen« Auslegung bzw. Aktualisierung von Einzelbestimmungen der Tora führte. Dieser Streit wurde nicht *gegen* die Bibel Israels, sondern *um* sie und um ihr rechtes Verständnis für die Gegenwart geführt. »Hätte man einen Christen um das Jahr Hundert gefragt, ob seine Gemeinde ein heiliges und verbindliches Buch göttlicher Offenbarung besäße, so hätte er die Frage stolz und ohne zu zögern bejaht: die Kirche besaß solche Bücher, das ›Gesetz und die Propheten‹, das heute sogenannte Alte Testament. Über hundert Jahre lang, noch um die Mitte des zweiten Jahrhunderts bei Justin, erscheint das Alte Testament als die einzige, maßgebende und völlig ausreichende Schrift der Kirche...; daß zur Sicherung über das Alte Testament hinaus weitere, schriftliche Urkunden erwünscht oder erforderlich sein könnten, kam ihm nicht in den Sinn«.[5]

Als die christlichen Gemeinden ab der Mitte des 2. Jahrhunderts darangingen, ihre eigenen Schriften zu sammeln und ihnen den gleichen

---

[5] *H.von Campenhausen*, Die Entstehung der christlichen Bibel, Tübingen 1968, 110.

theologischen und kanonischen Stellenwert, den die Bibel Israels hatte, zuerkannte, traf die Kirche zwei wichtige Entscheidungen:
1. Sie behielt *alle* Schriften der Bibel Israels bei und sie stellte die »neuen« Schriften nicht vor, sondern hinter die Bibel Israels; so entstand die eine, zweigeteilte christliche Bibel.
2. Sie griff nicht in den *jüdischen* Wortlaut des ersten Teils ein, auch nicht dort, wo in einem neutestamentlichen Text eine christologisch/ christlich motivierte Relecture eines alttestamentlichen Textes vorlag.

Daß die Kirche die Jüdische Bibel *so* in *ihrer* Bibel beibehielt, entsprach der in den neutestamentlichen Schriften selbst und in den wichtigen Glaubensbekenntnissen der alten Kirche sich aussprechenden Überzeugung, daß die Jüdische Bibel das unaufgebbare Fundament des Christentums ist. Bei aller Polemik, die das sich profilierende junge Christentum gegen die jüdische Mehrheit entwickelte, die *seinen* Weg nicht gehen wollte, hielten die neutestamentlichen Autoren auch nach der Tempelzerstörung (70 n.Chr.), wie es scheint noch dezidierter als zuvor, daran fest: Christliche Identität gibt es nur, auch für das Heidenchristentum, in der bleibenden Rückbindung an das Judentum, an die jüdische Kultur und insbesondere an die Jüdische Bibel. Selbst als faktisch aus vielfältigen Gründen die Brücken zwischen Kirche und »Synagoge« abgebrochen wurden, blieb die Kirche, auch wenn es ihr offensichtlich schwer fiel, dabei: »Nicht du trägst die Wurzel, sondern die Wurzel trägt dich« (Röm 11,18).

4. Auslegungshorizont des Neuen Testaments

Daß das Christentum der Jüdischen Bibel als seines Fundamentes bedarf, ist beinahe auf jeder Seite des Neuen Testament buchstäblich zu greifen. Um die Botschaft vom endzeitlichen Wirken Gottes in und durch Jesus Christus nahezubringen, werden immer wieder »die Schrift«/»die Schriften« (d.h. die Jüdische Bibel) wörtlich zitiert oder motivlich eingespielt. »Gesetz und Propheten« sind explizierender und legitimierender Horizont für das neutestamentliche Christuszeugnis.

Was die Bibel Israels für den Christusglauben leistet, aber auch was sie allein *nicht* leisten kann, zeigt beispielhaft die Erzählung von den zwei Emmausjüngern am Schluß des Lukas-evangeliums (vgl. Lk 24,13-35):
1. Den zwei »blinden« Jüngern rekapituliert der aus dem Tod auferweckte Jesus nicht einfach seine eigene Predigt und seine Wunder,

schon gar nicht als das ganz und gar andere, neue Handeln Gottes, das im Gegensatz zu seinem bisherigen Handeln an und in Israel stünde. Im Gegenteil: Er betont den tiefen Zusammenhang (die Kontinuität) zwischen »Gesetz und Propheten« und ihm selbst. Pointiert gesagt: Er macht keine Wortexegese von »Gesetz und Propheten«, sondern exegesiert sich selbst von der Schrift Israels her.

2. Daß die beiden Jünger zum Christusglauben finden, bedarf der lebendigen Begegnung mit dem Auferweckten selbst. Nicht einmal seine Exegese allein hat sie dazu geführt. Erst als er mit ihnen die jüdische Beraka (d.h. das eucharistische Segensgebet) spricht, werden ihnen die Augen geöffnet. Die »Schrift« ist Voraussetzung und Hilfe für den Christusglauben, aber die »Schrift« führt nicht von selbst zu Jesus als dem Christus.

Mit ihrem ausdrücklichen Rückgriff auf »die Schrift« und durch das subtile Einspielen von Vorstellungs- oder Geschehenszusammenhängen aus der Bibel Israels wollen die neutestamentlichen Autoren nicht »die Schrift« auslegen. Ihnen geht es um ein Verstehen und Näherbringen des Christusereignisses als einer weiteren in ihrer Sicht endgültig entscheidenden Heilssetzung Gottes »von der Schrift her«, d.h. von der als bekannt und autoritativ anerkannt vorausgesetzten Bibel Israels her. Die neutestamentlichen Autoren lassen weder Jesus einen alttestamentlichen Text zitieren noch zitieren sie selbst einen solchen, *um* damit diesen Text verbindlich christlich auszulegen, so als wäre dies der *einzige* Sinn des Textes. Das Problem der jungen Kirche, gerade im Angesicht des lebendigen Judentums, war nicht, wie sie mit der Bibel Israels umgehen sollte. »Man darf nicht sagen, daß das Alte Testament für die ersten Christen aus sich selbst keine Autorität gehabt habe und nur darum übernommen worden sei, weil man sah, daß es ›Christum trieb‹ oder auf Christus zutrieb. Die kritische Frage, auf die Luthers bekannte, viel mißbrauchte Formulierung Antwort gibt, war noch gar nicht gestellt. Die Dinge liegen eher umgekehrt: Christus wird vor den Ungläubigen wohl aus der Schrift gerechtfertigt, aber das entgegengesetzte Bedürfnis, die Schrift von Christus her zu rechtfertigen, ist noch nirgends erwacht.«[6]

Daß die Kirche die Bibel Israels zum ersten Teil ihrer Bibel gemacht hat, hat programmatische Bedeutung: Die Bibel Israels hatte den unbestrittenen Offenbarungsanspruch. Sie hatte kanonische Qualität und Autorität. Auf sie griffen deshalb die Jesusjünger zurück, um ihrer Jesusbotschaft kategoriale Mitteilbarkeit, Überzeugungskraft und Gültigkeit zu geben. Dabei wird nicht das Alte Testament vom Neuen her gele-

---

[6] *H. von Campenhausen* (s. Anm. 5), 78.

sen, sondern umgekehrt gilt: Das Neue Testament ist vom Alten Testament her geschrieben; das *Neue Testament will im Lichte des Alten Testaments gelesen werden.*[7] Das Alte Testament *im Neuen* ist »mater et magistra Novi Testamenti« (Mutter und Lehrerin des Neuen Testaments). In Abwandlung des vielzitierten Wortes des altkirchlichen Schriftgelehrten und Bibelübersetzers Hieronymus »Die Schrift nicht kennen heißt Christus nicht kennen« kann gesagt werden: Das Alte Testament nicht kennen und verstehen heißt Christus und das Christentum nicht verstehen.

Daß es ein genuin christliches Bekenntnis zu Jesus dem Christus nur in Rückbindung an die Traditionen des Judentums geben kann, dokumentiert das Neue Testament auf dreifache Weise:

1. Die neutestamentlichen Erzählungen über Jesus sind so intensiv und detailliert aus der Bibel Israels heraus gestaltet, daß Jesu Leben und Sterben insgesamt als »schriftgemäß« präsentiert wird: Er hat selbst »schriftgemäß« gelebt und seine Jüngerinnen/Jünger haben ihn »schriftgemäß« erlebt. Insofern ist der »schriftgemäße« Jesus die Besiegelung der Bibel Israels für seine Jüngerinnen und Jünger. Jesus und die Bibel Israels sind für sie untrennbar.
2. Das neutestamentliche Zeugnis von Jesus stellt ihn als einzigartige Aktualisierung der kanonischen Ursprungsgeschichte seines Volkes dar, wie diese in der Tora/im Pentateuch erzählt wird (von Ägypten durch die Wüste hinauf nach Jerusalem). Die christliche Tradition hat dies in ihrer typologischen Lektüre des Alten Testaments richtig erkannt. Daß sie dabei freilich die Bedeutung des Alten Testaments meist darauf reduzierte, (schattenhafte) Vorausdarstellung der in Jesus geschehenen »Erfüllung« zu sein, widerspricht nicht nur dem Selbstverständnis des Alten Testments, sondern auch der Art und Weise, wie das Neue Testament selbst das Jesusleben *so* als Ereignis und Aktualisierung der Geschichte Israels darstellt, daß diese Geschichte weitergeht - »schriftgemäß«!
3. Die neutestamentliche Christologie, die in den sog. Hoheitstiteln entfaltet wird (vor allem: Menschensohn, Herr, Christus/Messias, Gottessohn), ist ohne ihre Rückbindung an den jüdischen Kontext, in dem sie entstanden und überliefert sind, schlechterdings nicht verstehbar. Dies gilt ebenso vom christlichen Glauben an die Auferweckung aus den Toten.

---

[7] Vgl. dazu auch den »Katechismus der Katholischen Kirche«: »Im übrigen will das Neue Testament auch im Lichte des Alten Testaments gelesen sein« (Nr. 129).

5. Altes Testament oder Erstes Testament?

Man kann fragen, ob die grundlegende Funktion des ersten Teils der christlichen Bibel nicht verkannt wird, wenn man ihn traditionell »Altes Testament« nennt. Das Neue Testament selbst kennt weder ein »Altes« Testament noch »Alte« Schriften als Sammelbegriff für die Jüdische Bibel. Erst die gezielte Absetzung der Kirche vom Judentum hat diesen Begriff geschaffen. Das ist die Hypothek, die bis heute auf ihm lastet. Voraussetzung für diese Bezeichnung war, daß man die beiden »Testamente« überhaupt als *zwei* Größen empfand, deren Verhältnis zueinander dann näher zu bestimmen war. Dafür waren zunächst sogar die äußeren Bedingungen nicht gegeben. In der Praxis zerfiel die christliche Bibel im frühen Christentum in mehrere Schriftrollen oder Codices; das belegt auch der Sprachgebrauch »biblia« = (mehrere) Bücher. Wie sehr die konzeptionelle »Einheit« im Vordergrund stand und daß sie als Einheit von ihrem Anfang her gedacht wurde, belegt die in der frühen afrikanischen Kirche für die ganze Bibel verwendete Bezeichnung »lex« (= Gesetz/Tora).

Nun muß die Bezeichnung »Altes Testament« nicht notwendigerweise negative Konnotationen haben; umgekehrt *kann* das Prädikat »neu« auch eine negative Qualifikation (z.B. modisch, unerfahren) oder zumindest gegenüber »alt« eine Qualitätsminderung sein (z.B. alter Wein - neuer Wein). So lange »alt« im Sinne von Anciennität (altehrwürdig, kostbar, bewährt) und Ursprung seine positiven Konnotationen behält, kann die Bezeichnung gewiß akzeptabel bleiben, zumal sie selbst »alt« ist. Und wenn man sich bewußt macht, daß dies eine *spezifisch* christliche Bezeichnung ist, die daran erinnert, daß es das Neue Testament nicht ohne das Alte Testament gibt, kann man sie als legitimen Appell an die fundamentale Wahrheit hören, daß die christliche Bibel aus zwei Teilen besteht, deren Gemeinsamkeit und Differenz zugleich (Kontinuität und Diskontinuität) festgehalten werden muß. Freilich muß man sich daran erinnern, daß dies eine Bezeichnung ist, die weder dem Selbstverständnis des Alten Testaments entspricht noch dem jüdischen Verständnis dieser Schriften angemessen ist. Als solche ist sie anachronistisch und, wie die Rezeptionsgeschichte im Christentum zeigt, der Auslöser permanenter Mißverständnisse und fataler Antijudaismen.[8] Deshalb müßte sie eigent-

---

[8] Zwei Beispiele aus jüngster Zeit: *G.Gäde*, »Altes« oder »Erstes« Testament? Fundamentaltheologische Überlegungen zu Erich Zengers Vorschlag einer christlichen Neubenennung der Schrift Israels: MThZ 45, 1994, 161-177; *J.Ringleben*, Der Gott des Sohnes. Christologische Überlegungen zum Verhältnis von Judentum und Christentum: KuD 40, 1994, 20-30.

lich immer in Anführungszeichen gesetzt - oder durch eine andere Bezeichnung ersetzt oder zumindest ergänzt werden. Diese korrigierende Funktion könnte von der Bezeichnung »Erstes Testament« ausgeübt werden.

Die Bezeichnung »Erstes Testament« ist sogar biblischer als »Altes Testament«. Sie kommt nicht nur im Hebräerbrief vor (vgl. Hebr 8,7.13; 9,1.15.18), sie wird auch in der griechischen Übersetzung (Septuaginta) von Lev 26,45 verwendet, wo sie - anders als im Hebr - uneingeschränkt positiv den »ersten« Bund am Sinai als »Bund zur Vergebung der Sünden« (vgl. Lev 26,39-45) im Sinne des gründenden und weiterwirkenden Anfangs meint. Genau *diesen* Aspekt kann die Bezeichnung herausstellen: Der erste Teil der christlichen Bibel ist das *grundlegende Fundament*, das zuerst gelegt wurde und auf dem das im »Zweiten Testament« bezeugte neue Handeln Gottes an und durch Jesus und an denen, die Jesus nachfolgen, so aufruht, daß es dessen erneute und endgültige Aktualisierung ist.

Die Bezeichnung hat mehrere positive Implikationen: 1. Sie vermeidet die traditionelle Abwertung, die sich assoziativ und faktisch mit der Bezeichnung »Altes Testament« verbunden hat. 2. Sie gibt zunächst den historischen Sachverhalt korrekt wieder: Es ist gegenüber dem Neuen/Zweiten Testament in der Tat als »erstes« entstanden, und es war die erste Bibel der jungen, sich formierenden Kirche. 3. Sie formuliert theologisch richtig: Es bezeugt jenen »ewigen« Bund, den Gott mit Israel als seinem »erstgeborenen« Sohn (vgl. Ex 4,22; Hos 11,1) geschlossen hat, als »Anfang« jener großen »Bundesbewegung«, in die der Gott Israels auch die Völkerwelt hineinnehmen will. 4. Als »Erstes« Testament weist es hin auf das »Zweite Testament«. So wie letzteres nicht ohne ersteres sein kann, erinnert auch die christliche Bezeichnung »Erstes Testament«, daß es in sich keine vollständige christliche Bibel ist.[9]

Auch die Bezeichnung »Erstes Testament« ist nicht ohne mögliche Mißverständnisse. Da viele beim Wort »Testament« in der Zusammensetzung »Erstes Testament« die technische Bedeutung »letztwillige Verfügung« assoziieren, werden sie fragen: »Hebt nicht ein Zweites Testa-

---

[9] Daß die Bezeichnungen »Erstes/Zweites Testament« die Möglichkeit eines »Dritten« Testaments nahelegen, wie manche Opponenten meinen, ist ein bloßes Gedankenspiel, das mit den konkreten Texten, um die es geht, nichts zu tun hat. Die Texte sind doch vorgegeben - und um die Bestimmung *ihres* Verhältnisses zueinander geht es. Im übrigen wäre sprachlich auch die Reihenbildung »alt - neu - neuer - neuest« nicht a priori auszuschließen, wie z.B. die Theoriebezeichnungen in der Pentateuchforschung zeigen. Fazit: Über *Worte* läßt sich trefflich streiten?

ment das Erste Testament auf?« Das *kann, muß* aber nicht sein. Es kann ja auch sein, daß das Zweite Testament *das Erste Testament* bestätigt - und den Kreis der »Nutznießer« des Ersten Testaments *erweitert.* Und genau das ist beim »Neuen Testament« als Zweitem Testament der Fall: In ihm wird bezeugt, *daß* und *wie* der Gott Israels, der Schöpfer des Himmels und der Erde ist, durch Jesus den Christus seine Bundesgeschichte »endgültig« auf die Völkerwelt hin geöffnet hat.

6. Der spannungsreiche Dialog der beiden Teile der einen christlichen Bibel

Zwar sind die in literarischer wie theologisch-konzeptioneller Hinsicht so unterschiedlichen biblischen Schriften von der sie sammelnden Tradition in gewisse Ordnungsschemata gebracht worden. Aber eine »Einheit«, was immer man darunter verstehen mag, bilden sie nicht - auch wenn sie als eine einzige Größe, eben »die Schrift« bzw. »die Schriften«, bezeichnet und betrachtet werden. Ihre »Einheit« liegt eher in ihrer Funktion als »kanonisches« Dokument von Judentum und Kirche denn in ihrem Inhalt.

Die Polyphonie des Ersten Testaments ist von seinen Komponisten gewollt. Die Vielschichtigkeit und Mehrstimmigkeit ist nicht einfach die (leider) unvermeidbare Folge der Tatsache, daß dieses Opus eine so komplexe und lange Entstehungsgeschichte hat; zumindest wäre es ja möglich gewesen, daß eine glättende Schlußredaktion eine »Einheit« hergestellt hätte (wie wir dies z.B. bei Konzilsdokumenten oder Papstenzykliken kennen). Auch die Tatsache, daß hier so unterschiedliche Formen, Motive und Kompositionstechniken verwendet werden, muß eine fundamentale »Einheitlichkeit« nicht von vornherein ausschließen. Nein: Die komplexe und kontrastive Gestalt des Ersten Testaments ist zum größten Teil ausdrücklich gewollt. Daß und wie die Töne, Motive und Melodien, ja sogar die einzelnen Sätze dieser polyphonen Sinfonie (= Zusammenklang!) miteinander streiten und sich gegenseitig ins Wort fallen, sich ergänzen und bestätigen, sich widersprechen, sich wiederholen und sich variieren - das ist kein Makel und keine Unvollkommenheit dieses Opus, sondern seine intendierte Klanggestalt, die man hören und von der man sich geradezu berauschen lassen muß, wenn man sie als Kunstwerk, aber auch als Gotteszeugnis erleben will.

Was die historische Kritik zum Ausgangspunkt ihrer Hypothesen zur komplexen Entstehungsgeschichte der Bibel und einzelner Teile gemacht hat und macht, insbesondere die sog. Dubletten, Widersprüche, semantischen und stilistischen Differenzen, darf nicht so mißverstanden werden, als hätten die »Bearbeiter« und die »Redaktoren« die Spannungen nicht bemerkt. Im Gegenteil: Es ist eben das Proprium der Bibel, daß eine solche Komplexität gezielt geschaffen und aus theologischem (!) Interesse beibehalten wurde. Wenn man unbedingt von einer »Einheit« des Ersten Testaments reden will, dann ist dies höchstens eine komplexe, spannungsreiche, unsystematische und kontrastive Einheit. Statt von »Einheit« sollte man vielleicht konsequenter von »Zusammenhang« reden, dessen Vielgestaltigkeit zum Diskurs und zum Streit über/um die Wahrheit provozieren will.

Dies gilt analog für das Zweite Testament und für die christliche Bibel als Ganzes: Daß alle Überlieferungen auf den einen und einzigen Gott Israels bezogen sind, der der Schöpfer der Welt und der Vater Jesu Christi ist, konstituiert ihren dramatischen Zusammenhang - und provoziert den (innerjüdischen, innerchristlichen und jüdisch-christlichen) Streit um die Gotteswahrheit, die sich nur einstellt, wenn man sich auf den leidenschaftlichen Dialog einläßt, den die vielen Stimmen der Bibel miteinander führen. Die Kanonisierung der vielen Stimmen der Bibel ist so der kanonisierte innerbiblische Dialog.

Insofern die frühe Kirche das Erste Testament in seiner *jüdischen*, christlich *nicht* bearbeiteten Textgestalt *neben* dem Zweiten Testament beibehalten hat, wird auch eine Lese- und Verstehensweise des Ersten Testaments als in sich verstehbaren Textes nahegelegt - etsi Novum Testamentum non daretur (»als ob es das Neue Testament nicht gäbe«).

Als vorgängig zum und unabhängig vom Neuen Testament gelesene Büchersammlung wird das Erste Testament zur *Herausforderin* und *Rivalin* des Neuen Testaments. Sie ist auf bestimmten Lebens- und Glaubensfeldern ihrer neutestamentlichen Konkurrentin überlegen, auf anderen Feldern erhebt sie heilsamen Einspruch gegen allzu vorschnelle Reden des Zweiten Testaments und auf wieder anderen Feldern muß sie sich durch das Zweite Testament in Frage stellen oder ergänzen lassen. Läßt man beide Testamente als Rivalinnen im Streit um die Gotteswahrheit zu, kann aus ihrer Korrelation und Konfrontation eine neue, produktive Lektüre der einen, zweigeteilten Bibel hervorgehen, die keines der beiden allein und in sich selbst ermöglichen würde.

Das Erste Testament kann seine Rolle als Herausforderin, Rivalin und Kommentatorin des Zweiten Testaments freilich nur spielen, wenn man ihm sein *Eigenwort mit Eigenwert* beläßt - und vor allem, wenn man seine Vielgestaltigkeit und seine Andersartigkeit nicht mit der christlichen Brille übersieht. So wichtig es ist, gegenüber allen alten und neuen Formen des Markionismus die Traditions- und Bekenntniskontinuität vom Ersten zum Zweiten Testament zu betonen, so notwendig ist es zugleich, die Differenzen gelten zu lassen, damit zwischen beiden Teilen der christlichen Bibel ein produktiver Streit über das in beiden Teilen sich aussprechende Zeugnis von dem einen und einzigen Gott entstehen kann.

Den methodisch reflektierten Versuch, die beiden Teile der christlichen Bibel so miteinander zu korrelieren und zu konfrontieren, daß ein produktiver Streit um die Wahrheit entsteht, in den sich die LeserInnen hineinnehmen lassen, könnte man eine »*Hermeneutik der kanonischen Dialogizität*« nennen. Sie gehört zum Typ der oben kurz skizzierten leserorientierten Hermeneutik, insofern sie zwischen Texten der beiden Testamente ein Beziehungsgeflecht bzw. einen Dialog herstellt, der nicht unbedingt von den Autoren, sondern von den Lesern dieser Texte - im Horizont ihrer Glaubensgemeinschaft - intendiert/produziert sein muß. Theologisch gesprochen: Dieses Beziehungsgeflecht erschließt den Sinn der Texte, insofern sie Teile der kanonisierten Bibel sind (die sog. mens sacrae scripturae). Während es Aufgabe der historisch-kritischen Exegese ist, den vom Verfasser eines Textes intendierten Sinn zu erforschen (die sog. mens auctoris), geht es hier darum, die intertextuell erkennbaren Textbezüge zwischen erst- und zweittestamentlichen Texten in einen »kanonisierten« bzw. »kanonischen« Dialog zu bringen. Diese (poststrukturalistische) Methode will den »zitierten«/»eingespielten« ersttestamentlichen Prätexten wieder ihr »Eigenleben« zurückgeben, indem diese in ihrem ursprünglichen Sinn gelesen werden, und ein produktives, kontrastives »Schriftgespräch« zwischen beiden Teilen der einen christlichen Bibel initiieren.

Methodisch hat keiner der beiden Teile einen Vorrang, sondern die Texte gelten als zunächst einmal gleichberechtigte Partner im Streit und im Diskurs, weil sie nun in der *einen* (gleichwohl komplexen) Bibel stehen und als unterschiedliche, miteinander rivalisierende Zeugnisse des *einen* und *einzigen* Gottes gehört werden wollen. Das Zweite Testament ist für Christen kein bloßer Zusatz oder Anhang zum Ersten Testament und das Erste Testament ist kein bloßes Vorwort oder nur eine (eigentlich unwichtig gewordene) Vorgeschichte des Zweiten Testaments, sondern sie bilden ein polyphones, polyloges, aber dennoch zusammenklingendes Ganzes, das nur als *solches* »Wort Gottes« ist, das vom dramatischen Geschehen der Erlösung der ganzen Welt kündet, dessen »letzter« Akt mit dem Messias Jesus beginnt.

7. Drei unterschiedliche Größen: Tanach, Erstes Testament, Hebräische Bibel

Insofern das Erste Testament für Christen im Dialog mit dem Zweiten Testament *und* im Kontext ihrer je spezifischen christlichen Gemeinschaften gelesen und aktualisiert wird, unterscheidet sich diese christliche Leseweise prinzipiell von der jüdischen Leseweise, die die gleichen Texte im Dialog mit dem Talmud (und der Responsenliteratur) und im Kontext ihrer je spezifischen jüdischen Gemeinschaften liest und aktualisiert. Streng genommen lesen Juden und Christen deshalb gar nicht die gleichen Texte, wenn sie diese *als* Juden und *als* Christen lesen, um aus ihnen *in ihrer Gegenwart Gottes* berufende und rettende Anrede zu hören - für ein Leben im Dienst der in dieser ihrer Welt anbrechenden Gottesherrschaft. Beide hören die Anrede jeweils anders. Und es kommt darauf an, die verschiedene Lesart nicht in Gegnerschaft zu bekämpfen, sondern in Partnerschaft zu respektieren. Um die spezifisch jüdische bzw. christliche Leseweise anzuzeigen, empfiehlt es sich, dafür auch unterschiedliche Bezeichnungen zu verwenden: Tanach bzw. Erstes Testament.

Die unterschiedliche Leseperspektive wird auch im unterschiedlichen Aufbau und im unterschiedlichen Umfang von Tanach und Erstem Testament (zumindest in der katholischen und orthodoxen Tradition; die Kirchen der Reformation haben sich für den Umfang, nicht jedoch für den Aufbau des Tanach entschieden) angezeigt. Im Unterschied zum Tanach, der die Tora als die allen übrigen Teilen des Tanach übergeordnete Größe betont und deshalb »die mündliche Tora« (Talmud) als Aktualisierung generiert, erhält im Ersten Testament die Prophetie durch ihre Endposition im Aufbau eine mit der Tora konkurrierende Funktion; diese hermeneutische Zweipoligkeit des Ersten Testaments generiert in der christlichen Bibel die Christologie als Aktualisierung von Tora und Prophetie.

Neben der gezielt im Kontext jüdischer und christlicher Existenz erfolgenden Leseweise von Tanach bzw. Erstem Testament gibt es sodann einen dritten Umgang mit diesen Texten, der sie historisch-kritisch (»neutral«) als Dokumente der Religion und Kultur des biblischen Israel im Kontext der altorientalischen Geschichte liest, in bewußter Absehung von deren Bedeutung für zeitgenössische jüdische oder christliche Identität. Die *so* gelesene Bibel Israels sollte man mit einer eigenen Bezeichnung von Tanach bzw. Erstem Testament abheben; es empfiehlt sich die Bezeichnung »Hebräische Bibel«.

8. Wie also soll die Kirche ihr Erstes Testament heute (nach Auschwitz) lesen?

Vor dem skizzierten Hintergrund lassen sich auf die Frage mindestens folgende vier Antworten geben:

a) als Gottes-Wahrheit über die Juden

Die erste Antwort ist so einfach wie folgenreich zugleich: Die Kirche muß diese Texte als *Gottesbotschaft an und über das jüdische Volk* hören, als *judaica veritas*. Wir müssen sie hören nicht nur als Gottes Wort über das »alttestamentliche« Israel, sondern vor allem über das »nachbiblische« Israel *und* über unser Verhältnis zu diesem Israel. So können wir lernen, die Mißverständnisse und die Verzerrungen zu überwinden, die eine falsche christliche Theologie jahrhundertelang über das Judentum verbreitet hat. Im unvoreingenommenen Hören auf die Botschaft der Bibel Israels können wir neu entdecken: daß der Gott des sog. Alten Testaments ein Gott der Güte und der Barmherzigkeit ist; daß die Tora Israels nicht ein unfrei machendes »Gesetz«, sondern eine beglückende Wegweisung ist; daß die Geschichte Gottes mit Israel hinzielt auf das alle Völker in Frieden zusammenführende Gottesreich.

b) als Zeugnis vom Neuen Bund

Wir Christen sollen unser Erstes Testament lesen als Botschaft vom Ersten Bund, den Gott mit der Schöpfung und mit Israel geschlossen hat und den er in Jesus, dem Kind Israels, erneuert hat. Der neue als der erneuerte Erste Bund, in dessen Gnade wir Christen leben, ist kein Bund neben dem Bund Gottes mit Israel oder gar ein Bund, der den Gottesbund mit Israel aufhebt. Es ist ein und derselbe Bund der Erwählung und der Versöhnung, an dessen geschichtlicher Wirklichkeit Juden und Christen auf unterschiedliche Weise teilhaben. Insofern die Kirche jener Teil der Völker ist, der den Ruf Jesu zur Anerkenntnis des Gottes Israels und zur Partizipation an der Bundesgeschichte angenommen hat, brauchen wir als Kirche das Erste Testament als Zeugnis von der Stiftung *dieses* Ewigen Bundes mit Israel und der Verheißung seiner bedingungs losen Erneuerung (vgl. Jer 31,31-34). Ohne dieses Zeugnis wäre die christliche Rede vom Neuen Bund grund-los.[10]

c)   als Gottes-Botschaft, die im Zweiten Testament nicht oder *so* nicht enthalten ist

Wir Christen sollen unser Erstes Testament als unverzichtbaren und kostbaren Teil unserer Bibel hören und lesen, der eine Lebenshilfe anbietet, die uns *so* nicht im Neuen Testament begegnet. In mancher Hinsicht ist das Alte Testament eine notwendige Ergänzung zum Neuen Testament, ja, in mancher Hinsicht weist es ihm gegenüber sogar ein Plus auf. Während das Neue Testament in der Gestalt Jesu Christi sozusagen die Idealgestalt erlösten Lebens und Sterbens verkündet, konfrontiert das Erste Testament stärker mit der Realität des Durchschnittsalltags. Ist das Zweite Testament das Buch von Christus, so ist das Erste Testament das Buch von Gott, der Welt und den Menschen.

d) als Einübung in die messianische Geschwisterlichkeit mit den Juden

Das Erste Testament, das die Christen mit den Juden teilen, zwingt die Kirche nicht nur, ein für allemal den Versuchungen zu einem triumphalistischen Absolutheitsanspruch zu widersagen, es konfrontiert sie auch beharrlich mit der Erinnerung, daß sie gerade als Kirche Jesu Christi nicht am Ziel, sondern auf dem Wege ist - zusammengebunden in einer messianischen Weggemeinschaft mit den Juden. Daß diese "Botschaft" den Christen nicht immer leicht gefallen ist und fällt, haben die Juden sehr schmerzlich erleiden müssen, bis hin zu Auschwitz.

Gerade das ernsthafte Hinhören der Christen auf die sog. messianischen Texte des Ersten Testaments sollte sie einerseits dafür wach halten, daß die Verheißungen Gottes *noch nicht* erfüllt sind - wie unerträglich wären sonst die Gegenwart und die Zukunft, wenn wir über das hinaus, was schon »ist«, nicht noch etwas zu erwarten, zu erhoffen hätten (nämlich: IHN, den zur Vollendung kommenden Gott)! Und das Hören

---

[10] Auch von dieser *inhaltlichen* Perspektive her ist die Bezeichnung »Altes Testament« obsolet, worauf auch *H.Gese* aufmerksam macht: »Es ist nicht ganz unproblematisch, ein Traditionskorpus Altes Testament zu nennen, das das Thema des neuen Bundes begründet und entfaltet« (Erwägungen zur Einheit der biblischen Theologie, in: ders., Vom Sinai zum Zion. Alttestamentliche Beiträge zur biblischen Theologie 2 [BEvTh 64], München 1974,13).

auf das Erste Testament sollte andererseits das die Christen ärgernde Nein der Juden zu Jesus als dem Messias verständlich machen, wenn diese, nicht zuletzt aus der Differenz zwischen den messianischen Texten der Jüdischen Bibel und der von den Christen mit Jesus verbundenen messianischen Wirklichkeit, die Messiasfrage meinen offen halten zu müssen - um des Gottesreiches willen!

Der Tanach bzw. das Erste Testament ist Graben und Brücke zugleich zwischen Juden und Christen. Sie wohnen gemeinsam und nebeneinander im Reich Gottes, das im Kommen ist, sie atmen die gleiche Luft (den Geist Gottes) - und doch ist zwischen ihnen ein Graben, der sie bleibend trennt. Aber zugleich gibt es eine Brücke, auf der sie sich von Zeit zu Zeit begegnen, ja sogar besuchen können. Diese Brücke kann die ihnen gemeinsame Bibel dann werden, wenn Juden und Christen darin den sie rufenden einen und gemeinsamen Gott hören.

Literatur:

E .Zenger, Das Erste Testament. Die jüdische Bibel und die Christen, Düsseldorf ^{4}1994;

ders., Am Fuß des Sinai. Gottesbilder des Ersten Testaments, Düsseldorf ^{2}1994;

ders., Das Erste Testament zwischen Erfüllung und Verheißung, in: *B.Kranemann/ K.Richter* (Hrsg.), Christologie der Liturgie. Gottesdienst der Kirche zwischen Sinaibund und Christusbekenntnis (QD), Freiburg 1995 (im Druck).

Probleme und Chancen Biblischer Theologie aus neutestamentlicher Sicht

Thomas Söding

1. Die strittigen Punkte in der Diskussion Biblischer Theologie

Das Projekt der Biblischen Theologie besteht darin, methodisch nach der Einheit der Heiligen Schrift Alten und Neuen Testaments zu suchen.[1] Was diese Einheit problematisch macht, ist nicht nur die innere Pluralität sowohl des Alten wie auch des Neuen Testaments, sondern vor allem das Verhältnis zwischen den beiden Teilen der einen Heiligen Schrift. Spätestens seit *Marcion* liegt diese Relationsbestimmung als Kardinalproblem christlicher Theologie offen zutage: Sind die Spannungen zwischen dem Alten und dem Neuen Testament nicht so groß, daß die Einheit beider Testamente nur äußerlich besteht?[2] Oder gibt es so starke Verbindungen zwischen den beiden Testamenten, daß sie von Christen nicht auseinandergerissen werden dürfen? Worin aber würden diese Verbindungen bestehen? Und welches Licht würden sie auf das Alte wie auf das Neue Testament werfen?

Spätestens seit der Aufklärung wird aber auch die wissenschaftliche Legitimität dieser Problemstellung in Zweifel gezogen: Ist der Kanon nicht ein dogmatisches Konstrukt aus späterer Zeit? Setzt er nicht eine

---

[1] Einen instruktiven Forschungsüberblick vermittelt *H. Graf Reventlow*, Hauptprobleme der Biblischen Theologie im 20. Jahrhundert (EdF 203), Darmstadt 1983; vgl. überdies die kritische Besprechung herausragender neuer Entwürfe durch *M. Oeming*, Gesamtbiblische Theologien der Gegenwart. Das Verhältnis von AT und NT in der hermeneutischen Diskussion seit Gerhard von Rad, Stuttgart u.a. ²1987 (¹1985).

[2] So urteilen in der Neuzeit (mit jeweils unterschiedlichen Gründen) *A. v. Harnack*, Marcion. Das Evangelium vom fremden Gott (¹1921.²1924), Darmstadt 1985, 217.222; *O. Kuß*, Der Römerbrief. 3. Lieferung Röm 8,19-11,36, Regensburg 1978, X.XI.

Glaubens-Entscheidung voraus, die wissenschaftlich obsolet ist? Heißt es nicht schlicht, einem Anachronismus zu verfallen, wenn man als historisch-kritisch arbeitender Bibelwissenschaftler nach der Biblischen Theologie des Alten und Neuen Testaments fragt?[3] Oder hat die theologische Frage nach der Einheit der Schrift das wissenschaftliche Recht auf ihrer Seite? Ist sie eine Konsequenz, vielleicht sogar die Krönung exegetischer Schriftauslegung?

Beide Fragen sind von innen heraus miteinander verbunden. Einerseits würde der Aufweis, daß das Alte und Neue Testament eine theologische Einheit bilden, die Legitimitätsfrage beantworten; andererseits besteht der einzig überzeugende Weg, die Legitimitätsfrage positiv zu beantworten, im exegetischen Aufweis eben dieser Einheit. Gleichwohl kann es an dieser Stelle auch nicht annähernd darum gehen, eine umfassende eigene Antwort auf die beiden Haupt-Fragen zu skizzieren; das hieße, das Konzept einer eigenen "Biblischen Theologie" vorzulegen. Es kann nur darum gehen, die Voraussetzungen zu nennen, die erfüllen muß, wessen Antworten schriftgemäß sein sollen, also dem Zeugnis und Anspruch der biblischen Texte selbst entsprechen. Dies kann im folgenden nur aus neutestamentlicher Sicht geschehen. Die neutestamentliche Perspektive erscheint nicht etwa deshalb aufschlußreich, weil die alttestamentliche unmaßgeblich wäre, sondern weil das Kardinalproblem der Biblischen Theologie, die Verhältnisbestimmung zwischen dem Alten und dem Neuen Testament, überhaupt nur aufgrund des Christusgeschehens entsteht, das ursprünglich und verbindlich im Neuen Testament zur Sprache kommt. Zu fragen ist also: Wie stellt sich das Problem Biblischer Theologie aus der Perspektive des Neuen Testaments dar? Und was kann die mit historisch-kritischen Methoden arbeitende Exegese des Neuen Testaments zur Problemlösung beitragen?

2. Biblische Theologie und historisch-kritische Exegese

Daß die Schrift mit ihren beiden Teilen eine Einheit bildet, ist die fundamentale Glaubensüberzeugung der Ekklesia, die im Dogma des Kanons zum Ausdruck kommt. Deshalb ist die Einheit der Biblischen Theologie

---

[3] In eindringlicher Schärfe hat diese Fragen *W. Wrede* gestellt: Über Aufgabe und Methode der sogenannten Neutestamentlichen Theologie, Göttingen 1897. Die S. 7-80 sind wieder abgedruckt in: G. Strecker (Hg.), Das Problem der Theologie des Neuen Testaments (WdF 367) Darmstadt 1975, 81-154. Jüngst findet er Zustimmung bei *H. Räisänen*, Beyond New Testament Theology, London - Philadelphia 1990.

ein Gegenstand der Dogmatik und der Fundamentaltheologie: der Dogmatik, insofern sie die Glaubens-Wahrheit der Schrift systematisch darzulegen trachtet; der Fundamentaltheologie, insofern sie den Offenbarungsanspruch der Schrift dadurch zu rechtfertigen sucht, daß sie ihn in seinen Voraussetzungen und Konsequenzen darlegt.[4] Eine exegetisch ausgearbeitete Biblische Theologie kann deshalb weder die Dogmatik noch die Fundamentaltheologie ersetzen. Zwar mußte sich die Exegese in ihren Anfängen von der Gängelung durch die systematische Theologie befreien, um zu ihren Texten und ihren Aufgaben zu gelangen; das Projekt einer Theologie des Alten wie des Neuen Testament bzw. einer gesamtbiblischen Theologie ist im Zeichen einer Kritik dogmatischer Schriftbenutzung entwickelt worden[5]. Aber der weitere Gang der Forschungsgeschichte zeigt, daß diese alte Frontstellung überholt ist: So wenig sich die Kritik der Exegese an jedweden Systematisierungsversuchen der alt- und neutestamentlichen Theologie erledigt hat, so wenig kann sich die exegetische Theologie der Einsicht entziehen, daß sie um der Lösung ihrer ureigenen Aufgabe geschichtlichen Verstehens willen[6] zum Dialog mit der systematischen Theologie bereit und fähig sein muß.[7]

Allerdings gilt mindestens ebenso auch umgekehrt: Die systematisch-theologische Frage nach der Einheit der Heiligen Schrift ist essentiell auf die Arbeit der wissenschaftlichen Exegese angewiesen. Einerseits kann selbstverständlich weder die Dogmatik noch die Fundamentaltheologie (noch auch das Lehramt) an der geschichtlichen Grundbedeutung und der

---

[4] Zum Verhältnis zwischen exegetisch- und systematisch-theologischer Schriftauslegung vgl. *Th. Söding*, Wissenschaftliche und kirchliche Schriftauslegung. Hermeneutische Überlegungen zur Verbindlichkeit der Heiligen Schrift, in: W. Pannenberg - Th. Schneider (Hg.), Verbindliches Zeugnis II, Göttingen - Freiburg u.a. 1995, 72-121; 94-104.

[5] Vgl. *O. Merk*, Biblische Theologie des Neuen Testaments in ihrer Anfangszeit. Ihre methodischen Probleme bei Johann Philipp Gabler und Georg Lorenz und deren Nachwirkungen (MThSt 9), Marburg 1972.

[6] Vgl. *Th. Söding*, Historische Kritik und theologische Interpretation. Erwägungen zur Aufgabe und zur theologischen Kompetenz historisch-kritischer Schriftauslegung: ThGl 80 (1992) 27-59.

[7] Vgl. (mit recht unterschiedlichen Akzenten) *W. Thüsing*, Zwischen Jahweglaube und christologischem Dogma. Zu Position und Funktion der neutestamentlichen Exegese innerhalb der Theologie: TThZ 93 (1984) 118-137; wieder abgedruckt in: *ders.*, Studien zur neutestamentlichen Theologie, hg. v. Th. Söding (WUNT 82), Tübingen 1995, 3-22; *H. Weder*, Exegese und Dogmatik. Überlegungen zur Bedeutung der Dogmatik für die Arbeit des Exegeten (1987), in: ders., Einblicke ins Evangelium. Exegetische Beiträge zur neutestamentlichen Hermeneutik. Gesammelte Aufsätze aus den Jahren 1980-1991, Göttingen 1992, 109-136; *H. Hübner*, Offenbarungen und Offenbarung. Philosophische und theologische Erwägungen zum Verhältnis von Altem und Neuem Testament, in: S. Pedersen (Hg.), New Directions in Biblical Theology (NT.S 76), Leiden 1994, 10-23.

großen Pluralität alt- und neutestamentlicher Theologien vorbeischauen, die herauszuarbeiten aber unbestritten eine theologische Leistung historisch-kritischer Exegese ist. Andererseits ist das, was die Exegese zum geschichtlichen Verstehen der biblischen Texte beitragen kann, für die systematisch-theologische Reflexion auf den Kanon und die Einheit der Schrift unmittelbar relevant, zumindest in zweierlei Hinsicht. *Zum einen* erweist sich die Kristallisation des Kanons als Ergebnis einer längeren geschichtlichen Entwicklung.[8] Wenn man aber zu Recht von einem "kanonischen Prozeß" sprechen kann, ist von herausragender Bedeutung, in Erfahrung zu bringen, wo er seinen Ausgang genommen und wodurch er zu Anfang seine Richtung gefunden hat. Dann aber wird der Blick auf die biblischen Schriften gelenkt - und im Zusammenhang damit auch auf das Verständnis, das die biblischen Autoren selbst mitsamt ihren Adressaten (explizit oder implizit) von der Qualität ihrer Texte entwickelt haben. Dieses Verständnis programmiert zwar gewiß nicht schon die gesamte spätere Entwicklung vor; aber umgekehrt ist der kanonische Prozeß kaum nachzuvollziehen, wenn man seine Ausgangspunkte in den biblischen Schriften nicht fixiert hat. *Zum anderen* beansprucht die Kanonentscheidung der Ekklesia, dem gerecht zu werden, ja, in einer neuen geschichtlichen Situation allererst aufzudecken, worin der theologische Anspruch der biblischen Texte und ihrer biblischen Tradenten besteht.[9] Dann aber gehört die Frage nach der geschichtlichen Intention der biblischen Autoren, namentlich nach dem Verständnis, das sie von ihrer eigenen Aufgabe und ihren eigenen Texten gehabt haben, zur fundamentaltheologisch unverzichtbaren Problematisierung der ekklesialen Entscheidung für den Kanon.

Freilich: So weit betrachtet, könnte sich der Eindruck aufdrängen, die Exegese sei nur die Hilfswissenschaft einer im wesentlichen dogmatisch anzulegenden und apologetisch zu verantwortenden Biblischen Theologie[10]; sie würde sich, sofern sie nach der Einheit der Heiligen Schrift des Alten und Neuen Testaments sucht, ihre Fragestellung von anderen theologischen Disziplinen (und letztlich von kirchlichen Instanzen) vorschreiben lassen. Die entscheidende Frage lautet deshalb, ob die Exegese

---

[8] Zum Neuen Testament vgl. vor allem *B.M. Metzger*, Der Kanon des Neuen Testaments. Entstehung, Entwicklung, Bedeutung (engl. 1987), Düsseldorf 1993.

[9] Nach *K. Lehmann* "bleibt das christologische Bekenntnis der apostolischen Zeugen die treibende Mitte der Kanonbildung und der Interpretation der Schrift": Die Bildung des Kanons als dogmatisches Ur-Paradigma. Zur Verhältnisbestimmung von Schrift, Überlieferung und Amt: Freiburger Universitätsblätter 108 (1990) 53-63: 60.

[10] Diesen Eindruck erweckt *F. Mildenberger*, Biblische Dogmatik. Eine Biblische Theologie in dogmatischer Perspektive. Bd. 1: Prolegomena: Verstehen und Geltung der Bibel, Stuttgart u.a. 1991.

im Zuge ihrer ureigenen Forschungsarbeit, d.h. von den neutestamentlichen Texten selbst zu den Fragen der Biblischen Theologie geführt wird. Nur dann wäre sie aus eigenem Recht am theologischen Gespräch über die Einheit der Schrift beteiligt; nur dann würde sich die wissenschaftliche Legitimität der Fragestellung im Gespräch mit Exegese-Konzepten der religionsgeschichtlichen Schule aufweisen lassen; mehr noch: nur dann wäre für die gesamte Theologie die Schriftgemäßheit des Projekts "Biblische Theologie" nachgewiesen, sowohl ihre Angemessenheit gegenüber dem Selbstverständnis neutestamentlicher Autoren als auch vor allem ihre Begründung in den theologischen Kernaussagen der neutestamentlichen Schriften. Gleichzeitig würde sich dann aber auch herausstellen, daß der Exegese, die um ihrer Wissenschaftlichkeit willen mit literatur- und geschichtswissenschaftlichen Methoden arbeitet, von Haus aus, nämlich von ihren Texten her, ein systematisches Element innewohnt, das sie im Zuge ihrer Auslegungs- und Reflexionsarbeit zu explizieren hätte.

3. Das Aufgabenfeld Biblischer Theologie im Lichte des Neuen Testaments

Schaut man in der Optik historisch-kritischer Exegese auf das Neue Testament, erschließt sich ein weites Aufgabenfeld Biblischer Theologie. Alle neutestamentlichen Autoren setzen die Bibel Israels voraus, "die Schrift", das "Alte Testament" - unabhängig von der historischen Feststellung, daß die Kanongrenzen in neutestamentlicher Zeit zwar bei der Tora und den Propheten, aber kaum schon bei den Geschichts- und Weisheitsbüchern ganz fest gewesen sind.[11] Mit wenigen Ausnahmen beziehen sich alle neutestamentlichen Autoren ausdrücklich auf diese "Schrift" zurück - unabhängig von der exegetischen Feststellung, daß die Form, die Intensität und die Intention dieser Rekurse höchst unterschiedlich gewesen sind.[12] Gleichzeitig zeigt sich aber, daß der eigentliche

---

[11] Vgl. *O.H. Steck*, Der Kanon des hebräischen Alten Testamentes. Historische Materialien für eine ökumenische Perspektive, in: W. Pannenberg - Th. Schneider (Hg.), Verbindliches Zeugnis. Bd. I: Kanon - Schrift - Tradition (Dialog der Kirchen 7), Freiburg - Göttingen 1992, 11-33; *M. Hengel*, Die Septuaginta als "christliche Schriftensammlung", ihre Vorgeschichte und das Problem ihres Kanons, in: ders. - A.M. Schwemer (Hg.), Die Septuaginta zwischen Judentum und Christentum (WUNT 72), Tübingen 1994, 182-284.

[12] Vgl. *H. Hübner*, Biblische Theologie des Neuen Testaments I-III, Göttingen 1990-1995.

Anlaß und Gegenstand der neutestamentlichen Schriften Jesus Christus selbst ist - wiederum unabhängig von der Feststellung, daß die Artikulationen und Interpretationen des Heilshandelns Gottes in und durch Jesus Christus eine recht große Spannweite aufweisen.

Aus diesen beiden Grund-Daten kristallisieren sich die Grundfragen Biblischer Theologie heraus, wie sie von den neutestamentlichen Schriften selbst (eher implizit denn explizit) gestellt werden.

Erste Frage: Inwiefern und inwieweit ist das Neue Testament gegenüber dem Alten wirklich neu? Ist das neutestamentliche Evangelium nur die "Aktualisierung" der alttestamentlichen Freudenbotschaft[13]? Oder hat es auch unerhört Neues mitzuteilen? Worin aber läge dieses Neue? Und wie teilte es sich den Texten mit, die im Neuen Testament gesammelt sind?

Zweite Frage: Was bedeutet für die neutestamentlichen Autoren das "Alte Testament"? Ist es nur als Vorgeschichte des Neuen Testaments interessant, wie Irenäus gemeint hat? Ist es, wie *Rudolf Bultmann*[14] im Gefolge *Martin Luthers* und auf etwas andere Weise *Hans Urs von Balthasar*[15] im Gefolge *Thomas von Aquins* urteilen, insofern theologisch notwendig, als sonst die Dialektik von Gericht und Gnade nicht in der gebotenen Schärfe deutlich werden könnte? Oder ist das, was im Alten Testament geschrieben steht, auch aus sich heraus Bestandteil der christlichen Bibel? Worin läge dann aber seine Bedeutung?

Dritte Frage: Inwiefern gehört das Neue zusammen mit dem Alten Testament zur einen Heiligen Schrift? Ergibt sich vom Neuen Testament aus die Perspektive einer Einheit des christlichen Evangeliums mit der Heiligen Schrift Alten Testaments? Wie aber wäre dann diese Einheit zu verstehen? Welche Verhältnisbestimmungen wären dem neutestamentlichen Kerygma gemäß?

---

13 So *E. Zenger*, Das Erste Testament. Die jüdische Bibel und die Christen, Düsseldorf 1991, 153.
14 Weissagung und Erfüllung (1949), in: ders., Glauben und Verstehen. Gesammelte Aufsätze II, Tübingen ^{5}1968, 162-186.
15 Herrlichkeit. Eine theologische Ästhetik. Bd. I: Schau der Gestalt, Einsiedeln 1961, 595-604; Bd. III/2: Theologie. Teil I: Alter Bund, Einsiedeln 1967; Teil II: Neuer Bund, Einsiedeln 1969.

4. Die Neuheit des christlichen Evangeliums

a) Das Pathos der eschatologischen Neuheit

Der Antike gilt im allgemeinen das Alte als das Wahre und Gute, als das Würdige und Wertvolle. Demgegenüber ist im Neuen Testament immer wieder das Pathos der eschatologischen Neuheit zu hören: nicht nur gegenüber der Vergangenheit des bisherigen Lebens, das die Christen als Heiden oder als Juden gelebt haben, sondern auch gegenüber dem bisherigen Heilshandeln Gottes an Israel.

Nach Mk 1,27 verkündet Jesus vollmächtig eine "neue Lehre"; nach Mk 2,22 fordert Jesus, "neuen Wein in neue Schläuche" zu füllen[16]; nach Lk 22,20 und 1Kor 11,25 ist der Tod Jesu die Stiftung des "neuen Bundes"; nach Joh 13,34 ist das Gebot der Bruderliebe ein "neues Gebot", sofern es in der Liebe Jesu gründet (vgl. aber 1Joh 2,7f); nach 2Kor 3 stehen der "alte" (3,14) und "der neue Bund" (3,6) einander antithetisch gegenüber, sofern das Gesetz in den Tod, das Evangelium aber zum Leben führt; nach 2Kor 5,17a und Gal 6,15 ist das Sein in Christus nur als eine "neue Schöpfung" zu beschreiben; nach 2Kor 5,17b ist durch Jesus Christus "das Alte vergangen", indem "das Neue geworden" ist; nach Röm 6,4 besteht das Gnadengeschenk der Taufe in der "Neuheit des Lebens", nach Röm 7,6 dienen die Christen "in der Neuheit des Geistes und nicht in der Altheit des Buchstabens"; nach dem Epheserbrief erschafft Gott einen "neuen Menschen", indem er durch Jesus Christus in der Kirche zwischen Juden und Heiden Frieden stiftet (2,15; vgl. 4,24); nach dem Hebräerbrief realisiert sich im Christusgesche-hen die jeremianische Verheißung des "neuen Bundes" (8,8.13; 9,15; 12,24; vgl. 10,16f.29), eines "zweiten Bundes" (8,7), der als ein "besserer" (7,22; 8,6) und "ewiger Bund" (13,20) die "Schwäche" (7,18.28) des "ersten Bundes" (8,7.13; 9,15.18) aufhebt.

Gewiß hat das Attribut "neu" im Neuen Testament schillernde Farben; es ist auch nicht immer als glatter Gegensatz von "alt" zu bestimmen. Dennoch ist die Selbstdefinition Jesu und des Urchristentums, die sich in der Wahl dieses Attributes ausspricht, signifikant. Das Pathos der Stellen

---

[16] Lk 5,39 ("Keiner, der alten Wein trinkt, will neuen; denn er sagt: Der alte Wein ist besser") thematisiert alles andere als einen jesuanischen Vorrang des Alten vor dem Neuen, sondern die (durchaus verständlichen) Widerstände derer, die das Alte, d.h. die jüdische Kultur, schätzen, gegen das Neue, das Jesus bringt.

ist nicht künstlich, sondern sachlich: Es entspricht dem Evangelium, das, seit der Kairos gekommen ist (vgl. Mk 1,15; Lk 4,21; Apg 2,29-36; Joh 1,14; Gal 4,4; Hebr 1,1f), verkündigt, reflektiert, gelehrt werden muß. Die Neuheit des Neuen Testaments ist freilich nicht eigentlich in einer besseren Moral oder einer intensiveren Frömmigkeit zu suchen, schon gar nicht in den Gegensätzen von Gericht und Gnade, Werkgerechtigkeit und Glaube, Gewalt und Liebe, Partikularität und Universalität. Zwar gibt es auf nahezu allen großen Themenfeldern der Theologie, von der Gotteslehre und der Anthropologie über die Ethik bis zur Eschatologie, durchaus signifikante Unterschiede zwischen dem Alten und dem Neuen Testament. Doch diesen Differenzen stehen substantielle Gemeinsamkeiten gegenüber; die Unterschiede lassen sich zwar (mehr oder weniger genau) quantifizieren, aber sie begründen keine qualitative Dichotomie, sondern bauen im Gegenteil den Spannungsbogen zwischen dem Alten und dem Neuen Testament auf, der sie zu einer Einheit verbindet.

Die eigentliche Neuheit, von der das Neue Testament Zeugnis ablegt, ist Jesus Christus selbst und das an seine Person geknüpfte Heilsgeschehen: das Kommen, das Wirken, das Leiden und Sterben, die Auferweckung und Erhöhung Jesu Christi, verstanden als eschatologische Selbst-Offenbarung Gottes, die aus der Zukunft der transhistorischen Vollendung heraus schon gegenwärtig das Heil der Gottesherrschaft antizipieren läßt. Dieses Geschehen entspricht zwar nach Auffassung großer Theologen des Neuen Testaments dem ewigen Ratschluß Gottes (Lk 1,46-55; Joh 1,1-18; 8,37-59; Apg 7; Röm 1,2ff; 8,19-39; 8; Hebr 1-2 u.ö.); es geht nach Lk 3,15 auch auf die messianischen Erwartungen vieler Menschen in Israel ein; aber es ereignet sich doch als ein unableitbares, unberechenbares, unverdientes, unvordenkliches und unüberbietbares Heilsgeschehen, das von eschatologisch-neuer Qualität ist. Schon der irdische Jesus sprengt den Rahmen eines jeden noch so großen, weiten und offenen Messias-Bildes im Alten Testament und im Frühjudentum.[17] Die Vorstellung gar, ein Gekreuzigter, an dem nach Dtn 21,23 der Fluch Gottes klebt (vgl. Gal 3,13), sei der Sohn Gottes, muß im Horizont alttestamentlicher und frühjüdischer Schriftgelehrsamkeit absurd erscheinen (vgl. 1Kor 1,23 und Mk 15,29-32) - selbst angesichts von Texten wie Jes 53 und Sach 12. Der Glaube schließlich, daß Gott diesen Gekreuzigten aus den Toten erweckt und zu seiner Rechten erhöht, um ihn gegenwärtig herrschen und zum Endgericht als Weltenrich-

---

17 Vgl. das unverdächtige Urteil des Alttestamentlers *J. Schreiner*, Das Verhältnis des Alten Testaments zum Neuen Testament (1987), in: ders., Segen für die Völker. Gesammelte Schriften zur Entstehung und Theologie des Alten Testaments, hg. v. E. Zenger, Würzburg 1987, 392-407: 398: "Jesus ist . . . ganz anders, als die alttestamentlichen Messiasverheißungen es ansagen."

ter wiederkommen zu lassen, artikuliert sich zwar an jedem einzelnen Punkt mit Hilfe alttestamentlicher und frühjüdischer Theologoumena, ist aber im Grunde und im Ganzen etwas völlig Neues. Dieses Neue bleibt nicht verborgen; es teilt sich mit: Die Erscheinungen des Auferweckten zielen auf die Aussendung seiner Zeugen; es ist ein inneres Moment der Herrschaft des Auferstandenen, sich Menschen kraft des Geistes so mitteilen zu können, daß sie das Evangelium verbindlich und verständlich bezeugen können.[18]

b) Konsequenzen für das Verhältnis zwischen dem Alten und dem Neuen Testament

Auch wenn zu konzedieren ist, daß die eschatologische Neuheit des Christusgeschehens nicht von jedem neutestamentlichen Autor in gleicher Klarheit gesehen und in gleicher Intensität bekannt worden ist, bleibt sie für die Einschätzung des Verhältnisses zwischen dem Alten und dem Neuen Testament in zweifacher Hinsicht entscheidend:

Erstens ist das Alte Testament, aus sich selbst heraus betrachtet, nicht notwendig auf eine Fortsetzung im Neuen Testament hin angelegt; wer anderes sagt, relativiert nicht nur die Geschichtlichkeit der alttestamentlichen Gottes-Offenbarungen, Gottes-Erfahrungen und Gottes-Bezeugungen, sondern zugleich die schöpferische Neuheit des Heilshandelns Gottes in Jesus Christus.[19]

Zweitens: Eine Verhältnisbestimmung zwischen den beiden Testamenten, in der die Unableitbarkeit und Uneinholbarkeit des christologischen Heilsgeschehens ausgeklammert oder relativiert würde, wäre im Horizont neutestamentlicher Theologie undenkbar. Daran scheitern all jene Konzepte, die im Neuen Testament nur eine Erneuerung, Bekräftigung, Variation, Bestätigung der alttestamentlichen Theologie(n) sehen wollen. Daß die neutestamentlichen Theologien dies alles auch sein können und wollen, steht nicht in Abrede. Aber sie können nicht darauf reduziert werden. Vielmehr ist es eine *conditio sine qua non* Biblischer Theologie,

---

[18] Vgl. zum Beispiel des Paulus *Th. Söding*, Erweis des Geistes und der Kraft. Der theologische Anspruch der paulinischen Evangeliumsverkündigung und die Anfänge der neutestamentlichen Kanon-Bildung: Cath (M) 47 (1993) 184-209.

[19] Hier liegt das strukturelle Problem des traditionsgeschichtlichen Ansatzes von *H. Gese*, Zur biblischen Theologie. Alttestamentliche Vorträge, Tübingen ²1983. Die Neuheit des Christusgeschehens betont relativ stärker: *P. Stuhlmacher*, Biblische Theologie des Neuen Testaments. Bd. I: Grundlegung. Von Jesus zu Paulus, Göttingen 1993, 32; dort in kritischer Auseinandersetzung mit dem Einwand einer Harmonisierung der beiden Testamente, erhoben von *G. Strecker - U. Schnelle*, Einführung in die neutestamentliche Exegese (UTB 1253), Göttingen ³1989, 148.

die soteriologische Neuheit des Christusgeschehens in all seinen Konsequenzen ohne jede Relativierung zur Geltung zu bringen.

5. Die (alttestamentliche) "Schrift" als Wort Gottes

Das Pathos der eschatologischen Neuheit, das in den neutestamentlichen Schriften ertönt, führt an keiner Stelle zur theologischen Marginalisierung der (alttestamentlichen) "Schrift" und der in ihr bezeugten Geschichte Israels mit Gott.

a) Die theologische Wertung der Heiligen Schrift Israels

So unterschiedlich der Umgang neutestamentlicher Autoren mit der "Schrift" ist, kann doch kein Zweifel bestehen, daß sie der Sache nach für alle "Heilige Schrift" ist (Röm 1,2; vgl. 2 Tim 3,15)[20]: Wort Gottes[21] und inspiriertes Glaubenszeugnis[22]. Die Aussagen entsprechen im wesentlichen jenen, die über die Qualität des jesuanischen Evangeliums und der apostolischen Verkündigung getroffen werden. Entscheidend ist die Glaubensüberzeugung, daß im Wort der (alttestamentlichen) Schrift Gott selbst durch Menschen so zur Sprache kommt, daß sein Wille klar und eindeutig erkannt werden kann. Zwar wird an keiner Stelle des Neuen Testaments in Zweifel gezogen, dieses Wort Gottes richte sich an Israel; eine Position wie die des Barnabasbriefes, daß sich die Schrift exklusiv an Christen wendet und ausschließlich über die neubundliche Heilswirklichkeit spricht, ist im Neuen Testament unmöglich. Aber ebenso deutlich wird gesagt, daß aus der Adressierung an Israel nicht im mindesten abgeleitet werden kann, die Bedeutung der Schrift sei für Christen geringer. Im Gegenteil: Weil sie Heilige Schrift Israels ist, ist sie auch die Heilige Schrift der Christen und für die an Jesus Glaubenden von größter Aktualität und Relevanz.[23]

Als Heilige Schrift haben die neutestamentlichen Autoren im Regelfall die Biblia Graeca rezipiert, den "Mehrheits-Text" des zeitgenössischen Judentums, der für die Heidenchristen und die hellenistischen Judenchri-

---

[20] Der Hebr allerdings stellt nicht auf die Schriftlichkeit des "Alten Testaments" ab, sondern darauf, daß es lebendiges Wort Gottes ist (4,3.7.12; 5,12).
[21] Mt 1,22; Röm 9,12.15.25; 11,4; 1Kor 9,9f; Hebr 1,1.5.6.7.13; 3,15; 4,3.4.7; 5,5.6; 6,14; 8,8; 10,30.
[22] Mk 12,32; Apg 1,20; 2Tim 3,16; Hebr 3,7; 9,8; 10,15; 2Petr 1,21f.
[23] Vgl. nur aus Paulus 1Kor 9,10; 10,11; Röm 4,23f; 15,4.

sten der einzig zugängliche gewesen ist. Aus neutestamentlicher Sicht kommt deshalb der Septuaginta sowohl hinsichtlich der griechischen Sprache als auch hinsichtlich ihres größeren Schriftenbestandes eine wichtige Rolle bei der Konzeption einer Biblischen Theologie zu[24] - ohne daß freilich die fundamentale Bedeutung der Biblia Hebraica in Abrede zu stellen wäre (die ja doch wohl von der Septuaginta selbst impliziert wird).

b) Die theologische Basis der neutestamentlichen "Schrift"-Theologie

Diese hohe Einschätzung des "Alten Testaments" ist alles andere als ein kulturgeschichtliches Relikt, das bei Judenchristen, wie es die meisten neutestamentlichen Autoren nun einmal gewesen sind, nur allzu verständlich, im übrigen aber theologisch wenig belangvoll wäre.[25] Vielmehr ist die Rückbindung der christlichen Theologie an die Theologie der (alttestamentlichen) Schrift nach dem Neuen Testament ein Gebot christlicher Identität. Diese Rückbindung schließt die kritische Adaption hellenistischer Theologoumena in keiner Weise aus, wie ja auch schon im Alten Testament und namentlich in den Septuaginta-Schriften nicht. Aber sie setzt dieser Rezeption einen Maßstab - auch wenn nur selten so programmatisch wie in 1Kor 4,6 formuliert wird: "Nicht über das hinaus, was geschrieben steht."[26] Daß die Schriftzitate zumeist nicht illustrativen, sondern argumentativen Charakter haben und keineswegs nur einer nachträglichen Apologie, sondern sehr häufig einer genuinen theologischen Begriffsbildung dienen[27], ist ein deutliches Indiz. Noch eindeutiger

---

[24] Vgl. (zu dieser auch ökumenisch sensiblen Frage) *P. Stuhlmacher*, Die Bedeutung der Apokryphen und Pseudepigraphen für das Verständnis Jesu und der Christologie, in: S. Meurer (Hg.), Die Apokryphenfrage im ökumenischen Horizont, Stuttgart 1989, 13-25; *N. Walter*, "Bücher - so nicht der heiligen Schrifft gleich gehalten ..."? Karlstadt, Luther - und die Folgen, in: Tragende Tradition. FS M. Seils, hg. v. A. Freund u.a., Frankfurt/M. u.a. 1992, 173-197.

[25] So indes *F. Schleiermacher*, Der christliche Glaube (1821/22), hg. v. M. Redeker, Berlin 71960, § 132; Kurze Darstellung des theologischen Studiums zum Behuf einleitender Vorlesungen (1811). Nachdruck der 3. Aufl. 1910 hg. v. H. Schulz, Darmstadt 1993, § 3. Vgl. zur kritischen Würdigung *R. Smend*, Schleiermachers Kritik am Alten Testament (1985), in: ders., Epochen der Bibelkritik. Gesammelte Studien III (BEvTh 109), München 1991, 128-144.

[26] Die Auslegung des Satzes ist freilich kontrovers; vgl. zu der hier vorausgesetzten Deutung *Th. Söding*, Heilige Schriften für Israel und die Kirche. Die Sicht des "Alten Testaments" bei Paulus: MThZ 46 (1995) 159-181: 175f; anders interpretiert zuletzt *H. Merklein*, Der erste Brief an die Korinther. Bd. I: Kapitel 1-4 (ÖTK 7/1), Würzburg - Gütersloh 1992, 307f.

[27] Im einzelnen nachgewiesen von *H. Hübner*, Biblische Theologie (s. Anm. 12) II-III.

ist die Beobachtung, daß die Schriftlektüre der neutestamentlichen Autoren - bei beträchtlichen Unterschieden im einzelnen - ein zwar keineswegs unkritisches, aber unter theozentrischer Perspektive positives Verhältnis zur Geschichte Israels begründet, das stark von der deuteronomisch-deuteronomistischen Tradition bestimmt ist. Israels Geschichte wird zwar (auch bei Lukas) nicht als eine triumphale Heilsgeschichte gedeutet, deren Krönung die Zeit Jesu bzw. der Kirche wäre, wohl aber als eine durch Gottes Treue konstituierte Erwählungs- und Verheißungsgeschichte, die auch in noch so großen Katastrophen wie dem babylonischen Exil nicht abbricht. Die Stephanusrede in Apg 7 ist zwar keineswegs für alle neutestamentlichen Theologien repräsentativ, aber gleichwohl für die neutestamentliche Sicht der Geschichte Israels signifikant. Zwar ist die Geschichte Israels für die nachösterliche Ekklesia Geschichte - aber als eine vergegenwärtigte Vergangenheit, die konstitutiv zum Wesen der Ekklesia gehört. Mit Röm 11,18 zu sprechen, bildet das Israel der Väter, wie es sich in der (alttestamentlichen) Schrift widerspiegelt, die Wurzel, von der die Christen leben.

Entscheidend ist freilich, daß hinter der positiven Einschätzung der Heiligen Schrift und der Geschichte Israels die (christologisch neu vermittelte) Glaubenseinsicht in die Einheit und Einzigkeit Gottes steht, der sich offenbart, indem er sich Menschen so mitteilt, daß sie zum Zeugnis fähig sind. Am deutlichsten wird dieser Gedanke im Eingangssatz des Hebräerbriefes zum Ausdruck gebracht (1,1f). Aber auch in kardinalen Aussagen wie 1Kor 8,6 oder Röm 1,2f und 3,31 sowie im Johannesprolog (1,1-18) spricht er sich - mit anderen Bedeutungsmomenten - aus. Im Kern geht er auf die Gottes-Verkündigung Jesu selbst und die grundlegende Auferweckungs-Erfahrung der ersten Jünger zurück.

c) Die Ganzheit und Einheit der alttestamentlichen Schrift im Lichte des Neuen Testaments

Die "Schrift" ist für die neutestamentlichen Autoren in ihrer Ganzheit eine feste Größe, die sich Gottes pneumatischer Selbstmitteilung verdankt. Diese Feststellung wird nicht durch die Beobachtung in Frage gestellt, daß für die neutestamentliche Urchristenheit keineswegs alle Teile der "Schrift" gleichermaßen Verbindlichkeit beanspruchen, sondern daß insbesondere bei Paulus und im Hebräerbrief, aber auch bei Johannes und in den synoptischen Evangelien (Mk 2,23 - 3,6 parr; Mk 7,1-23 par Mt 15,1-20; Mk 10,2-12 par Mt 19,3-12; Mt 5,32 par Lk 16,18) deutliche, theologisch begründete Vorbehalte gegenüber der Verbindlichkeit zentraler alttestamentlicher Weisungen erhoben werden. Zwar gehen die kritischen Unterscheidungen über jene Differenzierungen hinaus, die auch im Frühjudentum immer wieder getroffen worden sind[28]; die einhellige Ablehnung des Sühnekultes im Tempel und der Beschneidungsforderung für Heiden, überdies weithin der Reinheitsgebote und Speisevorschriften markiert einen qualitativen Unterschied. Aber diese Vorbehalte irritieren nicht im mindesten die Gesamteinschätzung der "Schrift(en)" als Wort Gottes. Dieser Umstand weist keineswegs auf eine innere Widersprüchlichkeit der neutestamentlichen Positionen zum "Alten Testament" hin, sondern bezeugt ein (implizites) Schrift-Verständnis, daß der Geschichtlichkeit des Offenbarungshandelns Gottes im vollen Umfang Rechnung trägt und insbesondere darauf abhebt, daß mit dem Kommen Jesu Christi ein neues Zeitalter begonnen hat, das auch eine neue Hermeneutik erfordert. Schaut man die verschiedenen Lektüren des Alten Testaments im Neuen Testament zusammen, so erhellt die große theologische Relevanz, die der "Schrift" als geschichtlicher Offenbarungsurkunde zugemessen worden ist: Sie erscheint weder allein als dialektisches Gegenüber noch allein als *praeparatio evangelica*, auch nicht lediglich als ständige Warnung vor dem Rückfall in Gesetzlichkeit oder als Sammlung eindrucksvoller *exempla* für die Paraklese, sondern vor allem als Dokument der Einheit und Einzigkeit Gottes, als gültiger Ausdruck der Hoffnung auf die eschatologische Vollendung, als Urkunde der Erwählung Israels wie der Treue Gottes zu seinem Volk, als elementare ethische Wegweisung (vor allem mit dem Liebesgebot und dem Dekalog), als Zeugnis der messianischen Verheißung, (nur) bei Paulus auch als Zeugin der Koexistenz von Kirche und Israel in der Zeit und der Rettung "ganz Israels" (Röm 11,26) - im ganzen aber vor allem als Wort, in dem der eine Gott, der nicht erst im Christusgeschehen, sondern bereits in der Geschichte Israels als er selbst gehandelt hat, so zur Sprache kommt, daß er von Juden und Heiden als Schöpfer und Erhalter der Welt, als Herr Israels und der Völker, als Richter, als Retter und als Vollender erkannt werden kann. Darin, daß die Schrift dank Gottes Offenbarung auf vielfältige Weise (Hebr 1,1) dies zum Ausdruck bringt, wird sie vom Neuen Testament aus als Einheit betrachtet.

d) Das fundamentaltheologische Problem der neutestamentlichen "Schrift"-Interpretation

Auch wenn mit hinreichender Sicherheit gesagt werden kann, daß die neutestamentlichen Autoren die alttestamentliche Schrift als (differen-

---

[28] Vgl. *Kh. Müller*, Beobachtungen zum Verhältnis von Tora und Halacha in frühjüdischen Quellen, in: I. Broer (Hg.), Jesus und das jüdische Gesetz, Stuttgart u.a. 1992, 105-133.

zierte) Einheit gelesen haben, ist damit das fundamentaltheologische Problem noch nicht beantwortet, ob dies zu Recht geschehen ist. Dieses Problem spitzt sich in zweierlei Hinsicht zu. Einerseits gibt es offenkundig eine jüdische Rezeption der Heiligen Schrift Israels, die aus theologischen Prämissen im Unterschied zur christlichen (neutestamentlichen) Lektüre davon ausgeht, diese Schrift (die den Christen ihr Altes Testament ist) sei Gottes letztes Wort. Andererseits ist durch das Aufkommen der historisch-kritischen Methoden, die dem Durchbruch zum geschichtlichen Denken im 19. Jahrhundert[29] Rechnung zu tragen versuchen, die Differenz zwischen dem Ursprungssinn und der neutestamentlichen Auslegung der alttestamentlichen Schrifttexte in neuen Dimensionen sichtbar geworden.

Der Blick auf die jüdische Schriftauslegung zeigt, daß die vom Neuen Testament gestellte Aufgabe einer christlichen Aneignung der alttestamentlichen Theologie nicht die Form einer offenen oder sublimen Enteignung der Juden haben kann[30] - obschon im Neuen Testament doch wohl nur Paulus dieses Problem in der gebotenen Klarheit gesehen und es nur in Röm 9-11 auf überzeugende Weise gelöst hat. Umgekehrt gilt aber auch: Gerade wenn ein jüdisch-christlicher Dialog über die Heilige Schrift des Judentums und des Urchristentums geführt werden soll, müssen nicht nur die Spezifika der *interpretatio iudaica*, sondern auch die der *interpretatio christiana* deutlich herausgearbeitet werden.

Damit aber ergibt sich für die christliche Exegese des Alten Testaments im Horizont Biblischer Theologie ein weiteres Problem. Im Neuen Testament werden die Texte und Themen der "alttestamentlichen" Schrift zwar höchst unterschiedlich intensiv rezipiert, aber durchweg, wenngleich nicht immer ausdrücklich, in einer christologischen Hermeneutik (vgl. nur 2Kor 3,16f). Von daher ist die Unterscheidung zwischen dem *Vetus Testamentum in se* und dem *Vetus Testamentum in Novo Testamento receptum*[31] hermeneutisch höchst aufschlußreich. Nur darf sie nicht verkennen lassen, daß die neutestamentlichen Autoren, soweit sie sich äußern, allesamt die heiligen Schriften Israels (wie immer sie sich für sie dargestellt haben) als eine Ganzheit gesehen und in dieser Ganzheit als Heilige Schrift - weiterhin - akzeptiert haben. Eine Biblische Theologie müßte deshalb, will sie dem Neuen Testament gerecht

---

[29] Vgl. *P. Hünermann*, Der Durchbruch des geschichtlichen Denkens im 19. Jahrhundert, Freiburg - Basel - Wien 1967.

[30] Das betont unter den Neutestamentlern nachhaltig *J.D.G. Dunn*, The Partings of the Ways between Christianity and Judaism and Their Significance for the Character of Christianity, London - Philadelphia 1991.

[31] *H. Hübner*, Vetus Testamentum und Vetus Testamentum in Novo receptum. Die Frage nach dem Kanon des Alten Testaments aus neutestamentlicher Sicht: JBTh 3 (1988) 147-162.

werden, einerseits durchaus die rezeptionsästhetische Frage nach dem Bild des Alten Testaments im Neuen Testament stellen, um auf diese Weise der *interpretatio christiana* des Alten Testaments ansichtig zu werden; andererseits aber müßte sie den Blick freibekommen für das Alte Testament als Ganzes in der Vielzahl seiner Schriften, um in möglichst großer Breite und Tiefe deren geschichtliche Ursprungssinne zu eruieren. Das eine bildet eine Voraussetzung dafür, die Frage zu beantworten, wie die Einheit der Schrift im Neuen Testament angesehen worden ist; das andere die Voraussetzung dafür, die Frage nach der Einheit der Schrift auf der Basis ihrer alt- und neutestamentlichen Ganzheit zu beantworten.

Das entscheidende "fundamentaltheologische" Problem hat dann zwei Aspekte: Grundlegend ist die Frage, in welchem Verhältnis die - pluriforme, wenngleich nicht amorphe - alttestamentliche Theologie zur - gleichfalls pluriformen und ebensowenig amorphen - neutestamentlichen Theologie steht; diese Frage kann jedoch nicht beantwortet werden, wenn nicht auch untersucht wird, wie sich das Alte Testament in seinem ursprünglichen Ganzheitszeugnis - als Heilige Schrift Israels - zu seiner neutestamentlichen Rezeption verhält. Von einer Einheit der Schrift könnte aus neutestamentlicher Sicht wohl nur dann gesprochen werden, wenn es zwischen dem ursprünglichen und dem im Neuen Testament applizierten Alten Testament bei allen notwendigen Spannungen eines jeden Rezeptionsprozesses substantielle Gemeinsamkeiten, besser: essentielle Konvergenzen gibt, die sich freilich nur "in Christus" verstehen.[32]

e) Konsequenzen für das Verhältnis zwischen dem Alten und dem Neuen Testament

Eine Theologie des Kanons, die in irgendeiner Weise relativieren würde, daß Gott in seinem Wesen und Handeln *einer* ist, daß er sich selbst treu bleibt, daß ihn seine Gnade nicht reut, daß er seine Verheißungen wahr machen wird, daß er der Schöpfer, der Erhalter und der Erlöser in einem ist, daß er durch das Gesetz und die Propheten gesprochen hat - jede solche Theologie würde auf eine Relativierung der Geschichte Israels als Ort und Medium der Offenbarung Gottes hinauslaufen; sie würde nicht nur die Glaubenserfahrung Israels diskreditieren; sie würde zugleich die Wurzeln des christlichen Glaubens kappen.

---

[32] Einen herausragenden Beitrag auf diesem Gebiet liefert *O. Hofius*, "Rechtfertigung des Gottlosen" als Thema biblischer Theologie (1987), in: ders., Paulusstudien (WUNT 51), Tübingen ²1994, 121-147.

Wiederum seien zwei Konsequenzen für die Verhältnisbestimmung zwischen dem Alten und dem Neuen Testament genannt.

Erstens setzt das Neue Testament das Alte notwendig voraus. Der Primat des Alten Testaments ist ein hermeneutischer wie ein theologischer: ein hermeneutischer, insofern die Sprache des Neuen Testaments ohne die des Alten Testaments schlechterdings unverständlich wäre; ein theologischer, insofern Jesus ein Sohn Israels (Mt 1,1-17; Lk 3,23-38) - und nur als solcher, als Jude, der Sohn Gottes ist: wenn anders der Vater Jesu kein anderer als Jahwe ist. Dann aber muß das Alte Testament auch in seiner geschichtlich gewachsenen Ganzheit als geschichtliche Offenbarungurkunde der Gegenstand einer Biblischen Theologie sein, die dem neutestamentlichen Glaubenszeugnis gerecht werden will.

Zweitens aber ist das Alte Testament - aus christlicher Sicht! - nicht so in sich abgeschlossen, daß es schon für sich allein das letzte Wort Gottes wäre. Hier bleibt ein substantieller Unterschied zur jüdischen Lektüre der heiligen Schriften Israels. Zwar darf nicht verkannt werden, daß es auch aus neutestamentlicher Sicht in der "alttestamentlichen" Schrift schlechthin unüberholbare und deshalb letztgültige und letztverbindliche Selbstbekundungen Gottes gibt, zuhöchst als Jahwe (Ex 3,14). Aber es müßte in einer Biblischen Theologie, die das Neue Testament in seinem ureigenen Anspruch und in seiner genuinen "Sache", der Person und dem Heilswerk Jesu Christi, respektiert, auch anerkannt werden, daß der gekreuzigte und auferstandene Jesus Christus *das Bild* Gottes ist (2Kor 4,4), der Mensch, durch den Gott sein Ja zu all seinen Verheißungen spricht (2Kor 1,20), der Gottessohn, dessen selbstgewählte Armut die Voraussetzung für den eschatologischen Reichtum der Glaubenden ist (2Kor 8,9).

6. Das Verhältnis zwischen der "Schrift" und dem christlichen Evangelium

Wie vermittelt sich im Neuen Testament das Glaubenswissen um die eschatologische Neuheit des Christusgeschehens mit dem Glaubens-wissen um die Dignität der Heiligen Schriften Israels, dem "Alten Testament"? Besonders aufschlußreich, weil besonders reflektiert und wirkmächtig, sind die Antworten bei Paulus und bei Johannes, bei den Synoptikern und im Hebräerbrief. Sie fallen durchaus unterschiedlich aus.[33] Sie alle sind aber eschatologisch orientiert. Zumeist verstehen sie

---

33 Einen kurzen Überblick verschafft *R. Schnackenburg*, Neutestamentliche Theolo-

sich im Horizont der eschatologischen Dialektik von "noch nicht" und "schon jetzt" (wobei die Gewichte freilich sehr unterschiedlich verteilt werden können). Insbesondere bei Matthäus und bei Johannes, in zurückhaltenderer Form aber auch bei Paulus ist ein theologisches Modell entwickelt, das im Christusgeschehen die alttestamentliche Verheißung eines eschatologischen Retters erfüllt (Mt; Joh) bzw. durch diesen Retter die Verheißungen bejaht, d.h. auf Gottes Zukunft hin verwirklicht sieht (2Kor 1,20) - im ganzen und deshalb auch in mancherlei signifikanten Einzelheiten. Sofern man dieses Modell mechanistisch versteht und mit den Maßstäben historisch-kritischer Exegese mißt, kommt man am Urteil über seine tiefe Problematik nicht vorbei. Wenn man jedoch die allegorische, typologische und analogische Methode der neutestamentlichen "Schrift"-Auslegung beachtet und die christologische "Erfüllung" nicht einfach als buchstäbliches Eintreffen prophetischer Prognosen, sondern als Realisierung des schon im Alten Testament erhofften, aber alle Erwartungen transzendierenden Heilswillens Gottes deutet, der auf die futurische Vollendung zielt und im Vorgriff darauf sich schon gegenwärtig zu manifestieren beginnt, wird man die theologische Leistungsfähigkeit dieses Modells erheblich höher einzuschätzen haben. Es eröffnet jedenfalls durchaus die Möglichkeit, die in der Einheit Gottes begründete Identität der Geschichte mit der gleichfalls theozentrisch begründeten Hoffnung auf die Stiftung futurisch- und präsentisch-eschatologischen Heiles zusammenzudenken. Protologisch denken 1Petr 1,10ff und vor allem der Logos-Hymnus (Joh 1,1-18) die Äußerungen Gottes in der Geschichte Israels - als Wirkung des präexistenten Christus. Eher in den Strukturen räumlicher Eschatologie entwickelt der Hebräerbrief seine Sicht des "Alten Testaments"; er sieht die Geschichte Israels als Verheißungs- und große Glaubens-Geschichte (Hebr 11), darin aber als schattenhafte Abbildung einer himmlischen Wirklichkeit, die in Jesus Christus immer schon konstituiert ist und sich in der eschatologischen Gegenwart für die neubundlich Glaubenden in unvergleichlich größerer Klarheit realisiert. Auch in diesen Modellen läßt sich die Einheit der Offenbarung in der Vielfalt der alttestamentlichen Offenbarungen festhalten, sofern sie im Ein-für-alle-Mal des Christusgeschehens aufgipfelt.

Wie immer im Neuen Testament das Verhältnis zum Alten bestimmt worden ist: Auf verschiedene Weisen werden durchweg zwei komplementäre Glaubensüberzeugungen zur Geltung gebracht: daß *(erstens)* der Tod Jesu "für unsere Sünden" und die Auferweckung Jesu "gemäß den Schriften" geschehen sind (1Kor 15,3f), also der Logik des im Alten Testament authentisch bezeugten Wesens und Handelns Gottes folgen, und daß *(zweitens)* Gott in dem Maße sich selbst treu bleibt, wie er in

---

gie im Rahmen gesamtbiblischer Theologie: JBTh 1 (1986) 31-47.

einem Gnadenhandeln (alt- wie neubundlich) keinem anderen Gesetz als dem der eschatologischen Überbietung folgt (vgl. 2Kor 3; Joh 1,17f; Hebr 1,1f). Beides realisiert sich nach der neutestamentlichen Grundüberzeugung des Glaubens unüberholbar in der Basileia-Verkündigung Jesu wie im Grundgeschehen der Auferweckung des Gekreuzigten.

7. Fazit

Die wissenschaftliche Legitimität Biblischer Theologie kann kaum in Zweifel stehen. Wenn die Exegese dem Anspruch und der Botschaft der ihr anvertrauten Texte Rechnung trägt, wird sie von diesen selbst vor die Frage nach dem Proprium des neutestamentlichen Evangeliums, aber auch des Verhältnisses zu den "Schriften" Israels und der ihnen eingeschriebenen Theologie geführt. Die Frage nach der Einheit der Heiligen Schrift ist im neutestamentlichen Glaubenszeugnis selbst angelegt. Sie verlangt nach einer Antwort, deren Angelpunkt die eschatologische Selbstmitteilung Gottes "in Christus" ist.

Freilich zeigt sich zugleich, daß sich die Einheit der Schrift, neutestamentlich gesehen, nicht statisch, uniformistisch und doktrinär, sondern nur geschichtlich, dramatisch und soteriologisch verstehen läßt. Sie läßt sich nicht darin suchen, daß im Alten und Neuen Testament eine womöglich komplementäre Geschlossenheit aller relevanten Themen der Theologie zu erwarten wäre; sie läßt sich nur "heilsökonomisch" bestimmen: als eine Einheit, die von Gott selbst dadurch gestiftet wird, daß er "in früheren Zeiten viele Male und auf vielerlei Weise zu den Vätern geredet hat durch die Propheten, an diesem Zeitenende aber zu uns durch den Sohn spricht" (Hebr 1,1f).

Innerhalb dieses Horizonts öffnet sich ein weites Feld Biblischer Theologie. Es brach liegen zu lassen, wäre ein fahrlässiges Versäumnis der Exegese. Es zu beackern, stehen viele Möglichkeiten offen. Sie zu nutzen, setzt aus neutestamentlicher Sicht ein Doppeltes voraus: zum einen im Lichte des Christusgeschehens ein Verhältnis zur Geschichtlichkeit der Offenbarung zu gewinnen, wie sie sich im Alten Testament als Handeln des einen Gottes an seinem erwählten Volk Israel spiegelt, und zum anderen im Lichte des Alten Testaments ein Verhältnis zur eschatologischen Dignität des Grundgeschehens von Tod und Auferweckung Jesu zu gewinnen, wie es sich im Neuen Testament als Handeln des einen Gottes an seinem eingeborenen Sohn Jesus zum Heil der Welt spiegelt.

Am Ende steht vor der Biblischen Theologie, die im Lichte des Neuen Testaments getrieben wird, das Bild, das Matthäus von einem Schriftgelehrten zeichnet, der zu einem Jünger des Himmelreiches geworden ist (13,52): "Er gleicht einem Hausvater, der aus seinem Schatz Neues und Altes hervorholt."

Das Problem "Biblische Theologie"

James D.G.Dunn*

1. Das Grundproblem Biblischer Theologie im jüdisch-christlichen Dialog

Das Problem, das hier in den Mittelpunkt gerückt werden soll, ergibt sich aus den Titeln dreier kürzlich erschienener wichtiger Studien zum Thema Biblische Theologie - "Biblische Theologie des Neuen Testaments", ein Titel, den sowohl *Hans Hübner*[1] als auch *Peter Stuhlmacher*[2] gewählt haben, und "Biblical Theology of the Old and New Testaments" von *Brevard S. Childs*[3]. Das Problem dieser Studien ist der unterschiedliche Gebrauch des Wortes "biblisch". Zum einen gehen die Titel von einer christlichen Sichtweise aus, in der es bereits eine Einheit wie "das Neue Testament" gibt und implizit oder explizit eine andere Einheit: "das Alte Testament". In dieser Betrachtungsweise ist die "Bibel" die christliche Bibel, bestehend aus zwei Testamenten. Zum anderen ist aber gleichzeitig eine "Biblische Theologie des Neuen Testaments" notwendigerweise ein Versuch, die Schriften des Neuen Testaments von innen heraus auszulegen (wiewohl innerhalb des gesamtbiblischen Kanons). Dann ist ein entscheidender Auslegungsschlüssel der Gebrauch des Alten Testaments durch die Verfasser des Neuen Testaments[4]. Aber da es für die neutestamentlichen Schriftsteller kein "Neues Testament" als solches gab, bezeichnet der Ausdruck "Bibel" hier nur die (jüdischen) "Schriften".

---

* Übersetzt von Christine Söding, Münster.
[1] Biblische Theologie des Neuen Testaments, Bd. I: Prolegomena, Göttingen 1990; Bd. II: Die Theologie des Paulus und ihre neutestamentliche Wirkungsgeschichte, Göttingen 1993.
[2] Biblische Theologie des Neuen Testaments, Bd. I: Grundlegung. Von Jesus zu Paulus, Göttingen 1992.
[3] Biblical Theology of the Old und New Testaments, London - Philadelphia 1992.
[4] So besonders *H. Hübner*, Biblische Theologie (s. Anm. 1) I 28.

Auf diese Weise drängen uns die in dem Unternehmen "Biblische Theologie" verwendeten Titel unmittelbar die Erkenntnis auf, daß die Texte als "Bibel" und "Heilige Schrift" beschrieben werden, weil sie als "Bibel" und "Heilige Schrift" für zwei unterschiedliche religiöse Gemeinschaften fungieren - die jüdische und die christliche. Das Problem hätte in jedem Fall nur schwer vermieden werden können, weil die Interdependenz zwischen einem Text, speziell einem religiösen Text, und der ihn interpretierenden Gemeinschaft - der Gemeinschaft, für die er "Schrift" ist - mehr oder weniger selbstverständlich ist ("Schrift" für wen?) und zu Recht in der neueren hermeneutischen Diskussion stark betont wird. Genau dies aber verursacht Spannungen zwischen den beiden Verwendungsarten des Terminus "Biblische Theologie". Denn auf der einen Seite ist das Christentum einzigartig unter den Weltreligionen, insofern es sich die Schriften angeeignet hat, die man allgemein als die einer eigenständigen Religion, nämlich des Judentums, versteht, und diese Schriften als Eigentum beansprucht hat. Aber ist das Alte Testament nur "Bibel" als *Altes* Testament, d.h. interpretiert im Lichte des *Neuen* Testaments? Wenn auf der anderen Seite die jüdischen Schriften unabhängig von den christlichen Schriften "Bibel" sind, sollten sie dann nicht das Recht (!) haben, ihre eigene Stimme zu erheben, auch unabhängig vom Neuen Testament?[5] Ist eine theologische Interpretation, die Juden ihren eigenen "Schriften" geben, nicht gleichermaßen eine "Biblische Theologie"? Childs sieht diese Frage und stellt sie mehrfach[6], aber er versteht "Biblische Theologie" sehr deutlich als durch und durch christliches Unternehmen[7]. Meine These jedoch ist: Die Biblische Theologie, ob als rein deskriptive Wissenschaft[8] oder als präskriptive Wissenschaft (die Glauben und Praxis nährt), kann nicht vorangetrieben werden ohne eine genaue Betrachtung der grundlegenden Fragen von Identität und wechselseitiger Anerkennung im Herzen des Jüdisch-Christlichen Dialogs.

Dieses Problem kann nicht von der Hand gewiesen werden. Es ist in der Tat konstitutiv für eine "Biblische Theologie", die ihren Namen verdient. Natürlich könnten Christen die Tatsache ignorieren, daß ihr Altes Testament ebenso die Jüdische Bibel ist; sie könnten behaupten, ihre "Biblische Theologie" befasse sich ausschließlich mit *ihrer* Bibel. Aber das würde unmittelbar zentralen Anliegen der neutestamentlichen Ver-

---

[5] Vgl. *R. Rendtorff*, Kanon und Theologie. Vorarbeiten zu einer Theologie des Alten Testaments, Neukirchen-Vluyn 1991 (engl. 1993).
[6] Biblical Theology (s. Anm. 3) 77f.91.444f.
[7] Ebd. 85-88.
[8] Vgl. *H. Räisänen*, Beyond New Testament Theology, London - Philadelphia 1990.

fasser selbst zuwiderlaufen, für die die jüdischen Schriften die einzige Bibel waren. Für das früheste christliche Selbstverständnis und für die neutestamentliche Apologetik allgemein war entscheidend, daß das Evangelium, das verkündet wurde, in direkter Kontinuität mit jenen Schriften stand, die bereits als "Schrift" von den Juden insgesamt und nicht nur von den Christen anerkannt waren. Und Juden - soweit sie an einem Thema, genannt "Biblische Theologie", interessiert sein mögen[9] - können noch wesentlich leichter jene Schriften ignorieren, die ihren "Schriften" von den Christen angefügt worden sind, und ihr Interesse allein auf *ihre* Bibel beschränken. Aber das würde zu leicht die Frage ins Abseits drängen, ob man Jesus als einen ihrer Propheten (oder als Rabbi oder als Messias?) sehen darf. Wenn aber Jesus, der Prophet aus Nazaret, einmal ins Spiel gebracht ist, wird der Dialog mit den Christen unausweichlich und kann nicht einfach von den eigentlichen Anliegen einer jüdischen Biblischen Theologie ausgeschlossen werden.

Mit anderen Worten: Die Dynamik einer Biblischen Theologie besteht darin, daß ihr Hauptanliegen von Texten bestimmt und definiert ist, die "Schrift" sind (die Tora oder der Tenach als ganzer) und weder ausschließlich das "Alte Testament", das auch "Schrift" ist ("die Schriften" für die neutestamentlichen Autoren), noch nur das "Neue Testament" sind.

2. Einheit und Vielfalt der Schrift - Kanon - Bibel

Die Einsicht in die Dimensionen dieses Problems hilft dabei, hier die zentrale Frage einer Biblischen Theologie zu sehen. Andere Fragen, so wichtig sie an sich sein mögen, tragen nur dazu bei, diese zentrale Problemstellung weiter auszubauen.

a) Vielfalt und Einheit im Frühjudentum und Urchristentum

Eines dieser Probleme ist die Frage bzw. die Suche nach einer Mitte oder einem einenden Prinzip der Schrift. Es ist gewiß möglich, etwas derartiges für das Neue Testament zu verfechten - Jesus selbst oder der

---

[9] Vgl. aber *J.D. Levenson*, Warum Juden sich nicht für biblische Theologie interessieren: EvTh 51 (1991) 402-430; in engl. Sprache wieder abgedruckt in: The Hebrew Bible, the Old Testament, and Historical Criticism, Louisville 1993, 33-61.

Glaube an Jesus als Christus und Herr oder eine ähnliche Formulierung. Aber die Frage nach solch einer Kurzformel ist im Hinblick auf die jüdischen Schriften nie zufriedenstellend beantwortet worden.[10] Und wenn das christliche Neue Testament dem jüdischen Tenach hinzugefügt wird, läßt sich das Ziel nur noch schwerer erreichen. (Zu verfechten, Jesus sei die einigende Mitte der *christlichen* Bibel, wirft das fundamentale Problem nur vom neuem auf.) Die Streitfrage kann jedoch im Licht unserer Eingangsüberlegungen neu formuliert werden; denn die Wechselbeziehungen zwischen Schrift und religiöser Gemeinschaft erinnern uns daran, daß es wahrscheinlich mehrere einigende Prinzipien gibt und nicht nur eines. Verschiedenheit ist ebenso grundlegend - nicht nur für diese religiösen Gruppen, sondern auch für ihre Schriften.[11] Die Streitfrage der Biblischen Theologie an diesem Punkt lautet, ob - unter der Voraussetzung einer Vielfalt innerhalb der Jüdischen Schriften - die weitere Vielfalt des Neuen Testaments einfach eine Ausweitung dieser Vielfalt der Jüdischen Schriften ist. Wenn wir in der Zeit des Zweiten Tempels von "Judentümern" und schon innerhalb des ersten Jahrhunderts vo "Christentümern" sprechen können - worin bestehen dann die Überschneidungen zwischen diesen Judentümern und Christentümern? Ist das Selbstverständnis, das sich in den neutestamentlichen Dokumenten niedergeschlagen hat, immer noch Teil des Spektrums jenes vielfältigen jüdischen Selbstverständnisses, das in ihren (jüdischen) Schriften ausgedrückt ist oder darauf basiert? Die grundlegende Frage der Biblischen Theologie lautet, ob die Unterschiede zwischen den Testamenten eine Diskontinuität bedeuten, die den Anspruch auf Kontinuität entscheidend unterminiert.

b) Das Problem des Kanons

Das Gegenstück zu der Frage nach Einheit und Vielfalt ist die nach dem Kanon. Diese Frage halten die Autoren, die sich mit Biblischer Theologie befassen, für unumgänglich, weil der Kanon Inhalt und Umfang der "Bibel" definiert. Die Schwierigkeit liegt in diesem Fall darin, daß in dem entscheidenden Zeitabschnitt, in dem das Neue Testament geschrieben wurde, aber noch nicht das "Neue Testament" war, die Grenzen des Kanons verschwommen waren (der Umfang der Schriften, Hebräisch

---

[10] Vgl. *H. Graf Reventlow*, Hauptprobleme der alttestamentlichen Theologie im 20. Jahrhundert (EdF 173), Darmstadt 1982, Kap. 4.
[11] Vgl. *J. Goldingay*, Theological Diversity and Authority of the Old Testament, Grand Rapids 1987; *J.D.G. Dunn*, Unity and Diversity in the New Testament. An Inquiry into the Character of Earliest Christianity, London ²1990 (¹1977).

oder Griechisch, der Status von Jesus Sirach u.a., ganz zu schweigen von den späteren Streitfragen über den Rang der *giljonim* und *sifrei minim*, und auf der christlichen Seite des Hebräerbriefes, der Offenbarung etc.). Dieser Grad an Unbestimmtheit zu genau der Zeit, zu der das Wort "biblisch" bereits mehrdeutig ist, scheint die Lebensfähigkeit des Unternehmens "Biblische Theologie" in Frage stellen: Wenn wir nicht klar wissen, was "in der Bibel" steht, wie können wir dann mit Klarheit von einer "Biblischen Theologie" sprechen? Das gilt besonders insofern, als das grundlegende Problem darin liegt, ob irgendeine jener Traditionen und Schriften, die jetzt zum Neuen Testament zählen, überhaupt in den verschwommenen Umkreis des hebräischen resp. griechischen Kanons der Jüdischen Bibel gehören.

Kanon aber ist in Wirklichkeit gleichbedeutend mit Gemeinsamkeit[12]. Diese Beobachtung verhält sich zur vorherigen komplementär. Denn Tatsache ist, daß es eine ähnliche Verschwommenheit um die Gemeinschaft gab, die als "Israel" bekannt ist. (Was passierte mit den 12 Stämmen Israels, dem Status der Proselyten, fremden Ansässigen, jüdischen "Sündern" etc.?) Und dennoch gab es eine hinreichend identifizierbare Einheit, genannt "Israel", und infolgedessen gab es "Jude" und "Judentum". Genauso gab es eine identifizierbare Einheit genannt "Schrift" (Singular!). In beiden Fällen kann Identität erkannt und ausreichend definiert werden, selbst wenn die Grenzen verwischt bleiben.

Wenn deshalb die Frage nach dem Kanon und seinen Grenzen dunkel bleibt, kann und muß sich die Aufmerksamkeit mehr auf die zentralen Merkmale richten, um die herum die Gemeinschaft ihren Zusammenhalt findet und die diese Gemeinschaft als *die* Gemeinschaft identifizieren, die jene "Schrift" anerkennt. Das fundamentale Problem der Biblischen Theologie kann also neu definiert werden als die Frage, wie die Verfasser des Neuen Testaments (und wie das Christentum, das sie zu definieren begannen) sich mit den Identitätsmerkmalen befassen, die den Jüdischen Schriften (und Gemeinschaften) ihren Zusammenhang gaben und immer noch geben.

c) "Bibel"

Um eine weitere Frage aufzuwerfen: Wenn man "Bibel" als solche nur von der Zeit her definieren darf, in der beide Kanones als abgeschlossen betrachtet wurden, dann besteht die Versuchung darin, die biblischen

---

[12] Vgl. *J.A. Sanders*, Canon and Community. A Guide to Canonical Criticism, Philadelphia 1984, XV.

Dokumente synchronisch zu lesen. Der Charakter und der Inhalt einer daraus resultierenden Biblischen Theologie wäre von den Anliegen der Gemeinschaft der ausgewählten Periode bestimmt, so daß wir eigentlich von einer patristischen Biblischen Theologie sprechen müßten oder einer reformatorischen Biblischen Theologie oder einer sozialwissenschaftlichen Biblischen Theologie oder wie immer. Aber das grundlegende Problem der Biblischen Theologie, wie es oben definiert wurde, geradezu (so würde ich behaupten) ihr eigentliches Hauptthema, macht ein diachronisches Lesen der biblischen Texte unvermeidlich. Denn da die Selbst-Wahrnehmung der Gemeinschaften, für die die in Frage stehenden Texte als "Bibel" fungierten, sich wandelte und entwickelte, zwischen "Schrift" und Gemeinschaft aber eine symbiotische Beziehung besteht, wandelte und entwickelte sich gleichfalls die Biblische Theologie, die sie in Szene setzten. Die Religion Israels (um wieviel weniger die Religion der Patriarchen), die in den jüdischen Schriften verkörpert wird, ist nicht synonym mit dem Judentum, das diese Schriften als kanonisch betrachtete, ebenso wie der Dienst und die Verkündigung Jesu, sogar die Theologie des Paulus nicht einfach identisch ist mit dem Christentum, das dem Kanon des Neuen Testaments zustimmte. Eine Biblische Theologie, die ausschließlich oder auch nur primär synchronisch konzipiert wird, kann nicht darauf hoffen, den unterschiedlichen und wachsenden Bedeutungen der biblischen Texte gerecht zu werden, deren Autorität als "Schrift" immer in der einen oder anderen Weise auf ihren Kontext bezogen war. Schlimmer noch, sie kann noch nicht einmal mit dem fundamentalen Problem fertig werden, daß die gewandelten und sich wandelnden Aussagen der neutestamentlichen Autoren in den Bereich einer dynamischen Biblischen Theologie fallen, die als solche sowohl von den Juden wie auch von den Christen anerkannt werden kann.

Das fundamentale Problem der Biblischen Theologie muß daher dazu führen, das Hauptinteresse auf jene vitale Zeit der Überschneidung zu richten, als es immer noch die Möglichkeit gab, daß einige oder alle Schriften des Neuen Testaments in das vielfältige und sich noch entwickelnde Corpus der einen und einzigen "Schrift" eingeschlossen werden könnten, die von den Juden und von den ersten Christen anerkannt wurde, als das Judentum des Zweiten Tempels noch kein rabbinisches Judentum war und der Glaube wie der Gottesdienst eines Paulus und anderer *Christianoi* noch kein "Christentum" waren. Jenseits dieser Periode verliert der Begriff "biblisch" die Flexibilität, die es ihm erlaubt, in einer Weise gebraucht zu werden, die sowohl die Jüdischen Schriften als "Bibel" mit ihrem eigenen Recht anerkennt als auch den Charakter der Schriften des Neuen Testaments als "Schrift im Werden" ernst nimmt. Jenseits dieser Periode wird der Ausdruck "biblisch" festgelegt und konfessionell, eine dem wahren Sachverhalt ausweichende Provokation der Juden, deren Schriften die Mehrzahl der Christlichen Bibel umfassen, und unfähig sogar, in vollem Maße die Gesinnung und Theologie Jesu und der Verfasser des Neuen Testaments selbst auszudrücken.

3. Schlüsselthemen Biblischer Theologie: Monotheismus - Israel - Gesetz

Die eindeutigste Probe auf die Leistungsfähigkeit einer so verstandenen Biblischen Theologie wird durch die zentralen Definitions-Merkmale geleistet, die in den "Schriften" verkörpert sind und durch die jede Gemeinschaft sich durch die Zeit hindurch als unterscheidbare Religion erkannt hat - auf der einen Seite die fortdauernden Identitäts-merkmale Monotheismus, Israel und Thora[13], auf der anderen Seite Jesus, Kreuz und Auferstehung[14]. Die fundamentale Streitfrage Biblischer Theologie lautet, wie diese Identitätsmerkmale zueinander in Beziehung stehen: ob die Botschaft Jesu oder das Evangelium von Jesus einen radikalen Bruch mit zentralen Merkmalen dessen einzuleiten begann, was wir mit Recht Israels Biblische Theologie nennen.

a) Die Einzigkeit Gottes und die neutestamentliche Christologie

Es gibt keinen Zweifel daran, daß die Einheit Gottes ein grundlegendes Definitions-Merkmal des jüdischen Glaubens ist. Wie immer seine Vorgeschichte aussieht - zu dem Zeitpunkt, an dem wir von einer Jüdischen Bibel sprechen können, ist die Streitfrage entschieden, so wie sie klassisch im *Sch^{e}ma*, bei Deuterojesaja, Jesus Sirach und im Widerstand der Makkabäer gegenüber dem hellenistischen Synkretismus beantwortet worden ist. Zwar sind kürzlich Versuche unternommen worden, zu argumentieren, daß die israelitische Religion Platz geschaffen habe für einen zweiten Gott, "den großen Engel"[15]. Aber diese Versuche scheitern genau an der Hermeneutik einer guten Biblischer Theologie: Obwohl einzelne Passagen, atomisiert gelesen, einer solchen Argumentation

---

[13] Vgl. *J.D.G. Dunn*, The Partings of the Ways between Christianity and Judaism and Their Significane for the Character of Christianity, London - Philadelphia 1991.

[14] Vgl. *J.D.G. Dunn*, Unity (s. Anm. 11).

[15] *M. Barker*, The Great Angel: A Study of Israel's Second God, London 1992.

entgegenzukommen scheinen, müssen sie dann, wenn sie biblisch, d.h. als Teil oder im Einklang mit den Schriften jener Religion gelesen werden, die das *Sch^{e}ma* bekennt, ihrerseits als Ausdruck desselben Monotheismus verstanden werden.

Oft wird vergessen wird, daß dieses Verständnis Gottes eine ebenso grundlegende Voraussetzung der neutestamentlichen Theologie bildet. Dieser Punkt wird häufig übersehen, einfach deshalb, weil explizit christliche Aussagen über Gott selten getroffen werden. Eine neutestamentliche Theologie, die sich nur mit Fragen des Glaubens auseinandersetzt, die im Neuen Testament explizit dokumentiert und erläutert werden, könnte durchaus einen Abschnitt über Gott auslassen, indem sie Gott als gegeben hinnimmt, wie es weithin die Verfasser des Neuen Testaments tun, oder indem sie die Rede von Gott der Christologie unterordnet, wie es in der Tat viele neutestamentlichen Theologien tun. Theologie im engen Sinn ist, was *Nils A. Dahl* "the neglected factor in New Testament theology" genannt hat[16]. Hier ist es wiederum die Biblische Theologie, die uns davor bewahrt, die neutestamentliche Theologie allein auf das direkt Explizierte zu stützen. Denn natürlich ist der Grund, weshalb das *theolog*ische Thema so vernachlässigt worden ist, der, daß es für die neutestamentlichen Verfasser axiomatisch war. Der Punkt, der für die Biblische Theologie von Bedeutung ist, liegt genau darin, daß die neutestamentlichen Autoren keine Notwendigkeit sahen, eine Lehre von Gott zu entwickeln.[17] Nur eine Lektüre der neutestamentlichen Texte, die der biblischen Theologie entspricht, also in dem ständigen Bewußtsein jener biblischen Theologie unternommen wird, aus der heraus die neutestamentlichen Autoren selbst geschrieben haben, kann davor bewahren, einen schweren Fehler zu begehen. Was hier festgehalten werden muß, ist die Tatsache, daß die Kernfrage sich nicht erst aus der Lektüre der Neuen Testaments als Teil der christlichen Bibel beider Testamente ergibt, sondern bereits aus einer Lektüre des Neuen Testament selbst, welche die theologischen Perspektiven, Plausibilitäten und Anspielungen auf einen Glauben beachtet, der durch und durch biblisch geformt und erfüllt ist.

Die entscheidende Frage lautet natürlich, ob der christliche Glaube an Jesus, wie er im Neuen Testament ausgedrückt ist, jenen Monotheismus durchbricht. Es ist eine Schlüsselfrage für die Biblische Theologie, denn wenn die Schlußfolgerung positiv ausfällt, wird es fraglich, ob die neutestamentliche Christologie als Teil der biblischen Theologie angesehen werden kann. Das könnte nur im Zusammenhang mit einem christlichen

---

[16] The Neglected Factor in New Testament Theology, in: Reflection (Yale Divinity School) 73 (1975) 5-8.
[17] Vgl. *B.S. Childs*, Theology (s. Anm. 3) 367.

Glauben der Fall sein, der mit einem der grundlegenden jüdischen Grundsätze rücksichtslos umginge; es könnte sich nur um eine Biblische Theologie handeln, in der die jüdische "Schrift" nicht mehr wäre als das *Alte* Testament, das dem *Neuen* Testament vollkommen untergeordnet wäre.

Tatsächlich gibt es aber gute Gründe für die These, daß die Christologie des Neuen Testaments innerhalb der Grenzen jenes Monotheismus bleibt, der in den jüdischen Schriften beschrieben wird; man kann argumentieren, daß die hohe Weisheits-Christologie des Paulus oder Johannes und die Engel-Christologie der Offenbarung das Spektrum der Weisheitsreflexion erweitert und den kraftvollen Ausbruch apokalyptischer Visionen verstärkt, die in den jüdischen "Schriften" vorhanden sind und darüber hinaus in verschiedenen Mustern von anderen jüdischen Schriftstellern in der Periode des Zweiten Tempels (jüdische Apokalypsen, Philo etc.) weiter entwickelt worden sind[18]. Zwar nehmen viele an, daß das frühe Christentum den jüdischen Monotheismus durchbrochen habe, und tatsächlich haben es die Rabbinen bald als gegeben angenommen, daß die christlichen *minim* den starken Glauben an die Einheit Gottes aufgegeben hätten. Aber hier kann wiederum eine Biblische Theologie, die ihren Namen verdient, eine kritische Kontrolle ausüben. Denn eine Biblische Theologie kann sich an diesem Punkt nicht einfach mit einer Beschreibung der neutestamentlichen Christologie begnügen, die über den jüdischen Monotheismus hinausginge - obwohl dies durchaus eine Fragestellung und ein Resultat sein könnte, zu der eine rein neutestamentliche Theologie gelangt. Die Frage Biblischer Theologie lautet eher, ob der Monotheismus der jüdischen "Schriften" weiterhin ein kontrollierendes Element in der neutestamentlichen Christologie ist - und zwar nicht nur insofern er Exegeten hilft, den axiomatischen Charakter der monotheistischen Voraussetzungen im frühen Christentum zu erkennen, sondern auch insofern er eine fortgesetzte Kontrolle darüber ausübt, daß die späteren christlichen Interpretationen der neutestamentlichen Christologie davor bewahrt werden, ihren monotheistischen Rahmen zu ignorieren. Es ist recht eigentlich der Respekt der Biblischen Theologie gegenüber der Bedeutung der jüdischen "Schriften", der das Christentum davor bewahrt, in Bitheismus oder Tritheismus zu verfallen.

---

[18] Vgl. *J.D.G. Dunn*, Partings (s. Anm. 13), Kap. 9-11.

b) Israel - Judentum - Kirche

Ein zweites Schlüsselthema Biblischer Theologie muß Israel sein. Denn Israel ist konstitutiv für die jüdischen "Schriften". Nicht nur ist das Thema der Erwählung durch Gott und der Hoffnung für das Volk Israel ein integrierendes Motiv, das sich durch die Hauptmasse dieser Schriften zieht; sondern selbstverständlich sind sie zuerst *Israels* "Schrift", und nur weil sie Israels Schriften sind und von *Israel* als "Schrift" anerkannt worden sind, sind sie "Schrift". Christen haben nicht versucht, über deren kanonischen Status (auch als "Altes Testament") unabhängig von der de facto früheren Entscheidung Israels über diesen Gegenstand zu entscheiden. Die Tatsache, daß der christliche Kanon des Alten Testaments so vollständig mit dem der Hebräischen Bibel übereinstimmt, belegt einfach diesen Umstand. Die Auflösung des christlichen Bibel-Kanons - der Status der alttestamentlichen Apokryphen oder von Schriften wie Henoch (im Kanon der Äthiopischen Kirche) - reflektiert nur den Grad der Offenheit, der dem Judentum während der späten Zeit des Zweiten Tempels selbst innegewohnt hat.

Selbstverständlich weitet sich der Horizont der jüdischen "Schriften" über Israel hinaus - ein entscheidender Faktor in einer Biblischen Theologie. Von größter Wichtigkeit innerhalb der Bibel ist die Erkenntnis des einen Gottes als Schöpfer, als Gott der ganzen Schöpfung und aller Völker; und ihre Soteriologie erstreckt sich auf die neue Schöpfung und schließt den Gedanken ein, Israel selbst sei das Licht der Völker.

Dennoch ist die Erwählung Israels und das Verständnis Gottes als Gott Israels im jüdischen Selbstverständnis so fundamental und für die jüdische Biblische Theologie so axiomatisch, daß die Frage der Kontinuität zwischen dem jüdischen und dem christlichen Selbstverständnis an diesem Punkt unvermeidlich eine fundamentale Frage Biblischer Theologie wird.[19]

Mit kurzen Worten ist die Streitfrage die, ob das Christentum irgendwie beanspruchen kann, ein Teil Israels, d.h. dem (eschatologischen) Israel inkorporiert zu sein. Dieses Problem steht im Mittelpunkt solch spezieller Fragen wie folgender: Hat sich die Hoffnung Jesu nur auf die Wiederherstellung Israels gerichtet? In welchem Umfang ist die Argumentation des Paulus in Röm 9-11 eine Bejahung (oder eine Verleugnung) der Erwählung Israels? Wie beurteilt man die Annahme der Eröffnungsverse des Jakobusbriefes und des Ersten Petrusbriefes, daß die Schreiben an die *Diaspora* adressiert sind? Gewiß wäre es möglich, speziell die Antithese Alter Bund - Neuer Bund des Hebräerbriefes

---

[19] Vgl. *P. Stuhlmacher*, Biblische Theologie (s. Anm. 2) I 38.

zu entwickeln und mit den nachdrücklichsten Stimmen des 2. Jh. (Barnabasbrief, Justin, Meliton von Sardes) zu konfrontieren, daß die Christen die Juden als das wahre Volk Gottes *ersetzt* haben. Aber jene frühe Linie des christlichen Selbstverständnisses eröffnete die verhängnisvolle *adversus-Judaeus*-Tradition mit ihren üblen Auswirkun-gen im christlichen Antisemitismus, so daß sie auch aus anderen als biblischtheologischen Gründen abgelehnt werden muß.

Tatsächlich aber sind Überlegungen Biblischer Theologie ausreichend, um diese Interpretationslinie zurückzuweisen. Denn die Versuche der ersten Christen, sich selbst zu definieren, erfolgten ganz in den Parametern, die von den jüdischen Schriften vorgegeben waren; der Versuch als solcher war eine Übung in Biblischer Theologie. Um konkreter zu werden: Die Frage, ob das Argument des Paulus in Gal 3 und Röm 4, das Evangelium erfülle den dritten Teil der Abraham-Verheißung, den Segen für alle Völker, aussagekräftig und überzeugend ist, stellt sich in erster Linie als Frage Biblischer Theologie, nämlich eine als Frage, die in erster Linie mit den Begriffen der Biblischen Theologie der jüdischen "Schriften" beantwortet werden muß (nicht allein mit Rekurs auf Gen 12,3 usw. im Ramhen des christlichen "Alten Testaments"). Wenn es sich einfach um die Angelegenheiten christlicher Exegese der Väter-Verheißungen handelte, wäre der Nerv des ureigenen theologischen Anliegens Pauli an diesem Punkt durchtrennt (wollte er doch, daß sein Argument als Auslegung der "Schriften" seines eigenen Volkes überzeugend wirkte); das aber würde bedeuten, daß der Nerv der gesamten Biblischen Theologie an diesem Punkt durchtrennt würde.

Eine wichtige Überlegung kann hier die Tatsache in Gang setzen, daß die meisten Konfrontations-Termini ("Judentum" und "Christentum") ihrerseits in den biblischen Texten marginal sind. "Judentum" erscheint in der Literatur zuerst im Zweiten Makkabäerbuch (2,21; 8,1; 14,38) und bezeichnet einen nationalbewußten Religionsaufstand gegen hellenistische Versuche, die distinkte Identität des Judentums auszulöschen. Und im Neuen Testament begegnet der Terminus nur in Gal 1,13f, wo er wiederum in polemischer Weise eine religiöse Identität bezeichnet, die ursprünglich der Selbstbestätigung gedient hat. Nicht anders das Hervortreten des Namens "Christentum". Denn obschon die Bezeichnung "Christen" schon in Apg 11,26 bezeugt ist, erscheint der Terminus "Christentum" selbst erst bei Ignatius (Magn 10,3; Philad 6,1), wiederum, bezeichnenderweise, in einer polemischen Antithese, dieses Mal mit "Judentum". Mit anderen Worten: Wären die Begriffe "Judentum" und "Christentum" in den biblischen Texten klarer hervorgetreten, so hätte sich die Biblische Theologie nahezu unausweichlich auf denselben Konfrontationskurs gedrängt gesehen. Aber mit "Israel" als wichtigstem

Ausdruck der Selbst-Definition sowohl in den Jüdischen "Schriften" als auch im Neuen Testament wird es zum grundlegenden und entscheidenden Anliegen der Biblischen Theologie, zu klären, was Israel als Israel konstituiert.

Mit der Frage: Was ist Biblische Theologie? gehört deshalb untrennbar die Frage zusammen: Wer ist Israel? Diese Frage ist heute immer noch für Israel aktuelle: Ist "Israel" eine geographisch-nationale oder eine religiöse Einheit, gehören a-religiöse Juden hinzu oder Proselyten im liberalen Judentum usw.? Die Frage hat ebenso eine absolut fundamentale Bedeutung für die Christenheit: Wo stehen Christen in der Dichotomie von Juden und Heiden? Daraus folgt, daß Biblische Theologie sich in der Neuzeit nicht damit zufrieden geben kann, nur eine antiquarisch-deskriptive Funktion auszuüben.

c) Gesetz

Ein drittes essentielles Thema Biblischer Theologie muß das Gesetz sein. Es wäre kurzschlüssig, das Problem schon durch die Beobachtung gelöst zu sehen, daß die hebräische "Tora" nicht exakt synonym mit dem Griechischen "Gesetz" (nomos) ist, wie gelegentlich betont wird. Diese Beobachtung weist lediglich darauf hin, daß die Streitfrage ziemlich komplex ist. Tatsächlich baut das Deuteronomium selbst eine Brücke zwischen den beiden Bedeutungen; denn im Deuteronomium bezeichnet tora eine Sammlung von Forderungen, die Israels Bundesverpflichtungen auflisten ("das ganze Gesetz" - 4,8), und die Gleichung Tora - Pentateuch ist bereits in 30,10 impliziert ("dieses Buch des Gesetzes").

Aber das Problem darf nicht auf ein Nebengeleis gelenkt oder in eine Frage der Semantik und der Übersetzung aufgelöst werden. Denn die Tatsache ist und bleibt unbestreitbar, daß die Tora, das "Buch des Gesetzes", eine zentrale Rolle in den jüdischen "Schriften" und im jüdischen Selbstverständnis spielt. Die Tora ist das Herz der jüdischen "Schriften", der Kanon im Kanon der jüdischen Bibel; "to speak of canon is first to speak of Torah"[20]; die Propheten und die Schriften sind einfach die ersten und zweiten Kommentare dazu. Die "Tora" bzw. das "Gesetz" steht im Zentrum des Bundes mit Israel und des jüdischen Lebens, wenigstens von der frühen Zeit des Zweiten Tempels an.

Daraus folgt: Ein Christentum, das die Tora resp. das Gesetz verleugnet, verleugnet einen wesentlichen Teil seines Erbes, von dem es selbst bestimmt ist. Dieser Punkt würde von einem Christentum nicht klar ge-

---

[20] *J.A. Sanders*, Torah and Canon, Philadelphia 1972, X.

nug gesehen, das sich zu geradeheraus mithilfe der Formel Evangelium contra Gesetz definiert und dazu neigt, der Religion des Gesetzes (nämlich dem Judentum) mit jener Antipathie und jenem moralischen Überlegenheitsgefühl zu begegnen, die der "Gerechte" dem vorbehält, der sich in sich selbst gründen will, also dem Gottlosen. Konsequenterweise ließ das Christentum gerade an diesem Punkt antisemitischen Kräften freien Lauf und verstärkte sie noch. Wiederum würde an dieser Stelle der Nerv Biblischer Theologie durchtrennt.

Diese Tendenz erweist sich als, gelinge gesagt, unglücklich, zumal die konzentriertere Aufmerksamkeit für breite Themenfelder im Neuen Testament sie hätte verhindern können - z.b. die Erkenntnis, daß im Matthäusevangelium wie in der Apostelgeschichte gezeigt werden soll, weder Jesus noch Paulus dürften als gesetzesfeindlich abgelehnt werden (z.B. Mt 5,17-20; Apg 21,23-26), und daß Paulus argumentiert, der Glaube "richte" das Gesetz "auf", er "bekräftige" es (Röm 3,31) und die Liebe "erfülle" das Gesetz (Gal 5,14; Röm 13,8ff). Es ist grundlegend für eine korrekte Exegese dieser Texte, zu erkennen, daß sie nicht als "christliche" Texte geschrieben worden sind, die sich schon selbstbewußt von "jüdischen" Auffassungen distanzieren. Vielmehr sehen sie sich an einem Vorgang beteiligt, den wir richtigerweise eine inner-israelitische Debatte über die Bedeutung und die Verwendung der Tora nennen sollten - eine Debatte, die an anderen inner-israelitischen Debatten der Zeit partizipiert und sich mit ihnen überschneidet, z.B. zwischen Pharisäern und Sadduzäern oder zwischen Apokalyptikern, Weisheits-Theologen und Rabbinen. Mit anderen Worten: Es war eine Debatte über Biblische Theologie. Als solche wurde sie in den neutestamentlichen Schriften ausgetragen, und als solche ist sie in mehr oder weniger großem Maße für das Evangelium konstitutiv, das sie zu verkünden suchten, und für die Theologie, die sie zum Ausdruck brachten. Dieses Ringen mit dem ihr eigenen wesentlichen Thema und den Beziehungen zwischen seinen verschiedenen Aspekten ist ein integraler Bestandteil, ja ein bestimmendes Moment Biblischer Theologie.

Entscheidend ist, daß in einer Zeit, in der das Interesse an Biblischer Theologie wieder erwacht ist, dieser Punkt genügend Beachtung findet. Andernfalls würden die Exegese und die Interpretation unerbittlich in Denkkategorien hineingezogen, die in erster Linie von späteren Entwicklungen bestimmt sind (wie jene, die für die Reformation charakteristisch waren); andernfalls würde auch die Tendenz, das Material überbewerteten Paradigmen zuzuordnen (Verheißung - Erfüllung; Typologie; Heilsgeschichte usw.[21]), zu allzu schnellen und glatten Lösungen führen; an-

---

[21] Vgl. *D.L. Baker*, Two Testaments - One Bible, Leicester [2]1992, Kap. 6-8.

dernfalls würden wir überdies allzu leicht (durch die Appelle an die messianische Tora oder die Zions-Tora[22] die Verletzungen und Schmerzen der Judenchristen heilen, die ihnen durch die Spannungen zwischen der Offenbarung der Vergangenheit und der Offenbarung des Neuen zugefügt worden sind und sie mit der Frage ringen lassen, wie das Volk des Gesetzes es versäumen konnte, im Geist Christi die Hoffnung des in ihnen ins Herz geschriebenen Gesetzes zu erkennen; und andernfalls wären wir schließlich in einer uninteressanten Biblischen Theologie befangen, die von starren Kategorien bestimmt wäre und durch eine falsche Dialektik zwischen den Testamenten (verstanden als "alt" und "neu"). Nur wenn wir erkennen, daß das Thema des Gesetzes - eingeschlossen das Verhältnis von Gesetz und Verheißung wie das Verhältnis von Evangelium und Gesetz - ein Thema existentieller Ängste und ein Thema der eigenen Identität ist; nur wenn wir erkennen, daß es selbst eine biblisch-theologische Debatte in Gang gesetzt hat, in die die neutestamentlichen Autoren eingetreten sind (ebenso wie anderer jüdische Schriftsteller der Zeit des Zweiten Tempels) und in der sie ihren Beitrag zu leisten gehofft haben - nur dann kommen wir dem Anliegen näher, den dynamischen Charakter der Biblischen Theologie der Bibel (jüdisch und christlich) zu wahren.

4. Fazit

Die Biblische Theologie umfaßt nicht die gesamte Aufgabe der Theologie. Sie bricht auch nicht einfach in jüdische Biblische Theologie (verschiedener Arten und Zeiten) und in christliche Biblische Theologie (verschiedener Arten und Zeiten) ein. Der Anfang der Biblischen Theologie ist die Erkenntnis, daß die im Mittelpunkt stehenden Texte die Bibel zweier Weltreligionen bilden. Im Herzen Biblischer Theologie steht das Zwischenglied zwischen einer jüdischen Biblischen Theologie und einer christlichen Biblischen Theologie; dieses Zwischenglied ist das Neue Testament selbst. Die fundamentale Streitfrage in der Biblischen Theologie lautet, ob das Neue Testament zu beidem gehört, zu beiden Bibeln, zu beiden Biblischen Theologien, ob also das Neue Testament, um es genau zu sagen, Teil jener Offenbarung ist, die der eine Gott Israels seinem Volk Israel gegeben hat, Teil der Reflexion Israels über

---

[22] Vgl. *H. Gese,* Zur biblischen Theologie. Alttestamentliche Vorträge, München 1977, Kap. 3.

und der Antwort auf diese Offenbarung. In Biblischer Theologie ist die Ambiguität des Selbstverständnisses unvermeidbar: Markiert Jesus die Kontinuität, gar die Klimax der prophetischen Tradition Israels oder deren Vervollständigung und Abrundung? Ist der Jude Paulus als christlicher Apostel ein Apostat geworden oder der eine, der in diesem Geschehen am besten Israels Berufung erfüllt, Licht für die Heiden zu sein? Ist das Christentum eine bzw. die eschatologische Erneuerung Israels oder die Abrogation des Judentums? Es ist das Kennzeichen Biblischer Theologie, daß eine so schwierige Frage niemals vollständig beantwortet werden kann - und niemals beantwortet werden wird bis zur Wiederkunft (Parusie) des Messias und daß solch eine Ambivalenz alle anderen Themen Biblischer Theologie erfaßt und beeinflußt. Aber es ist auch jene tiefe und tiefempfundene Anteilnahme im Einklang mit der heiligen Tradition, die zu neuen Einsichten und Lösungen führt und sogar zu Offenbarungen, die Biblische Theologie so belebend und herausfordernd macht - heute ebenso wie in der biblischen Zeit selbst.**

Einschlägige Veröffentlichungen des Autors (in Auswahl):

Christology in the Making, London 1980
The Authority of Scripture According to Scripture: Churchman 96 (1982) 104-122.201-225
Jesus, Paul, and the Law. Studies in Mark and Galatians, London 1990
Unity and Diversity in the New Testament. An Inquiry into the Character of Earliest Christianity, London [2]1990 ([1]1977)
New Testament Theology in Dialogue, London 1987 (zusammen mit J. Mackay)
The Partings of the Ways between Christianity and Judaism and Their Significane for the Character of Christianity, London - Phildadelphia 1991
What was the Issue between Paul and "Those of Circumcision"?, in: M. Hengel - U. Heckel (Hg.), Paulus und das antike Judentum (WUNT 58), Tübingen 1991, 295-317

** Anzumerken bleibt, daß dieser Aufsatz in dem vorgegebenen Rahmen nur ein vorläufiges Statement sein kann, das einen viel weiteren Dialog eröffnen soll, in dessen Verlauf zahlreiche andere Themen geklärt, herausgearbeitet und differenziert werden können und müssen.

Das apostolische Christuszeugnis
und das Alte Testament

Thesen zur Biblischen Theologie*

Otfried Hofius

Eberhard Jüngel zum 5. Dezember 1994

1   Die Bibel der christlichen Kirche ist "*die ganze Heilige Schrift Alten und Neuen Testaments*"[1]. Aus dem Hören auf sie lebt die Kirche; an ihr Zeugnis ist sie in ihrer Verkündigung und Lehre, in ihrer Liturgie und Diakonie, in ihrer Seelsorge und in der Wahrnehmung ihrer Weltverantwortung gebunden. Auf die gleiche Bibel ist auch die christliche Theologie bezogen; denn christliche Theologie ist ihrem Wesen nach Schriftauslegung, und zwar Auslegung der die beiden Testamente umfassenden *ganzen* "Heiligen Schrift".

2   Zu den zentralen Aufgaben einer im Rahmen christlicher Theologie betriebenen Biblischen Theologie gehört die theologische Bestimmung des Verhältnisses von Altem Testament und Neuem Testament - des Verhältnisses jener beiden Schriftkorpora also, die in ihrem Miteinander und in ihrer Bezogenheit aufeinander das Ganze der "Heiligen Schrift" bilden.

---

* Für wertvolle Hinweise danke ich meinen Assistenten Hans-Christian Kammler und Christof Landmesser.
1 So die Formulierung auf dem Titelblatt der älteren Ausgaben der Luther-Bibel.

3   Als sinnvoller Ansatz- und Ausgangspunkt für die angemessene Bestimmung des Verhältnisses der beiden Testamente zueinander darf der theologische Fundamentalsatz Hebr 1,1.2a gelten: "Nachdem Gott vorzeiten vielfach und auf vielerlei Weise zu den Vätern geredet hat durch die Propheten, hat er in dieser Endzeit zu uns geredet in dem Sohn."

3.1   Diesen Worten zufolge hat Gott sich in zweifacher Weise geoffenbart: zunächst - in vielfältigen und vielgestaltigen Selbstbekundungen - in der Geschichte Israels; sodann und zuletzt - in endgültiger und unüberbietbarer Selbsterschließung - in der Person und dem Werk Jesu Christi.

3.2   Das Reden Gottes "zu den Vätern" ist in den Schriften des *Alten Testamentes* bezeugt - und zwar keineswegs nur in der Hebräischen Bibel, sondern in gleicher Dignität in der Griechischen Bibel, die die "Heilige Schrift" der neutestamentlichen Autoren war[2]. Die Urkunde des Redens Gottes "in dem Sohn" ist in jenen apostolischen und urchristlichen Schriften gegeben, die sich der christlichen Kirche "imponiert" haben[3] und deshalb das Korpus des *Neuen Testamentes* bilden.

4   Insofern das Alte Testament das durch die Propheten ergangene vielfältige und vielgestaltige Reden Gottes zu den "Vätern", das Neue Testament hingegen das in der Person und in dem Werk des Sohnes Ereignis gewordene abschließende und endgültige Reden Gottes zu "uns" bezeugt, besteht zwischen den beiden Teilen der Heiligen Schrift ein gewichtiger Unterschied. Dennoch gehören beide Testamente unlöslich zusammen. Denn es ist - wie dies der Fundamentalsatz Hebr 1,1.2a mit Grund betont - der *eine* und *selbe* Gott, der einst durch die Propheten zu "den Vätern", d.h. zu seinem Volk Israel, und jetzt in seinem Sohn "zu uns", d.h. zu der christlichen Gemeinde aus Juden und Heiden, geredet hat.

---

[2] Wenn die neutestamentlichen Zeugen das Alte Testament ganz überwiegend nach der Septuaginta bzw. nach einer der Septuaginta ähnlichen griechischen Fassung zitieren, so setzen sie ohne Frage voraus, daß der griechischen "Heiligen Schrift" die gleiche Dignität eignet wie der Hebräischen Bibel. Dieser Tatbestand schließt eine Absolutsetzung der Hebräischen Bibel schlechterdings aus, und er stellt die - auch wissenschaftlich höchst problematische - Behauptung einer besonderen und theologisch besonders relevanten *Hebraica veritas* aufs nachdrücklichste in Frage.

[3] Vgl. *K. Barth*, KD I/1, 110.

4.1 Setzt man - der Aussage von Hebr 1,1.2a folgend - die Selbigkeit des im Alten und im Neuen Testament bezeugten Gottes voraus, so ist die Einsicht unabweisbar: Wo immer im Neuen Testament von dem in Christus offenbaren "Gott" die Rede ist, da ist dezidiert *der* Gott gemeint, der sich den "Vätern" unter dem Namen "Jahwe" kundgegeben und damit in Israel anrufbar gemacht hat und der dementsprechend im Alten Testament mit diesem geoffenbarten Namen bzw. mit seiner Umschreibung *ho kyrios* ("der Herr") benannt wird.

4.2 Sieht man - der Aussage von Hebr 1,1.2a folgend - im Alten Testament die Bezeugung vielfältiger und vielgestaltiger Selbstbekundungen Gottes, im Neuen Testament dagegen die Bezeugung seiner endgültigen und unüberbietbaren Selbsterschließung, so ist die Einsicht unabweisbar: Wer der im Alten Testament bezeugte Gott letztlich und in Wahrheit ist, das wird allererst *da* erkannt, wo dieser Gott sich in dem "Sohn" offenbart, der "der Abglanz seiner Herrlichkeit und die Ausprägung seines Wesens" ist (Hebr 1,3a; vgl. Mt 11,27 par; Joh 1,18).

5 Wird Jesus Christus im Neuen Testament in der Weise von Hebr 1,2f als der "Sohn Gottes" prädiziert, so handelt es sich um einen Hoheitstitel, der die wesensmäßige Zugehörigkeit Jesu zu seinem himmlischen Vater und eben damit seinen göttlichen Ursprung, sein göttliches Wesen und sein präexistentes Gottsein zum Ausdruck bringt.

5.1 In dem damit angesprochenen Persongeheimnis Jesu Christi liegt es begründet, daß zwischen dem Reden Gottes "durch die Propheten" und dem Reden Gottes "in dem Sohn" nicht bloß ein quantitativer, sondern ein qualitativer und somit ein fundamentaler Unterschied besteht.

5.2 Die Propheten sind *Mittler* des göttlichen Wortes, die Gott aus den Menschen heraus berufen und zu seinen Boten und Werkzeugen gemacht hat. Der Sohn dagegen ist in *Person* das an "uns" gerichtete Wort Gottes selbst. Das besagt: Gottes Offenbarung und die Erscheinung seines Sohnes auf Erden sind nicht zwei voneinander zu lösende Ereignisse, sondern sie sind eins. "Hier, im Sohn, entspricht die Form der Sache. Hier ist der Redende und der, durch den wir angesprochen werden, 'wesensgleich' ... Hier wird also keiner von unten herausgeholt, um Gottes Zeuge zu sein, wie Amos von seiner Herde und Jesaja aus einem Volk mit den unreinen Lippen, sondern hier sind Subjekt und Prädikat im

Worte Gottes gleich. Der, in dem Gottes Wort uns hier auf Erden erreicht, ist selbst Gott."[4]

6   Der Tatbestand, daß das Alte Testament das Reden Gottes zu den "Vätern", das Neue Testament aber das Reden Gottes zu "uns" bezeugt, impliziert einen weiteren wesentlichen Unterschied zwischen den beiden Testamenten:

6.1   Das Alte Testament bezeugt Gottes Geschichte mit seinem Volk Israel, die als solche keineswegs die Geschichte *aller* Menschen und mithin auch nicht "meine", des Heidenchristen, Geschichte ist[5].

6.2   Das Neue Testament bezeugt die Geschichte Jesu Christi als die Geschichte Gottes, die ganz unmittelbar *alle* Menschen *aller* Zeiten und Zonen und somit auch Juden und Heiden in gleicher Weise in sich einschließt. Sie ist von Gott her und damit von allem Anfang an die "für uns Menschen" geschehene Geschichte - eine Geschichte also, die uns als solche immer schon umfaßt und in der wir bereits ursprünglich vorkommen[6]. Dem entspricht es, daß Christi "ganze Existenz auf Erden eine stellvertretende Existenz" und "sein ganzes Leben vom ersten bis zum letzten Tage geprägt ist durch das 'für euch'"[7].

7   Aus der Einzigartigkeit und Unüberbietbarkeit der Offenbarung Gottes in Jesus Christus, wie sie im Persongeheimnis des Sohnes Gottes begründet ist und in dem eschatologischen Charakter seiner Geschichte

---

[4] *H.-J. Iwand*, Predigt-Meditationen (I), Göttingen 1963, 117.
[5] Ein anderes ist es, daß das, was im Alten Testament über den Menschen als Gottes Geschöpf (Gen 1f), über seine Verfallenheit an Sünde und Tod (Gen 3ff) und über die ihm geltende Verheißung (Gen 12,1-3) gesagt wird, einen *jeden* Menschen betrifft und meint.
[6] S. dazu *G. Eichholz*, Die Theologie des Paulus im Umriß, Neukirchen-Vluyn 1972, 188ff; *H.-J. Iwand*, Gesetz und Evangelium (Nachgelassene Werke 4), München 1964, 100ff.
[7] *H.-J. Iwand*, ebd. 102. - Die mit den Thesen 6.1 und 6.2 aufgezeigte Differenz spiegelt sich darin wider, daß im Alten Testament als fundamentale Gottesprädikation die Wendung begegnet: "der dich/euch (Israel) aus Ägypten herausgeführt hat" (Ex 20,2; Lev 19,36; Dtn 6,12 u.ö.), während die entsprechende Prädikation im Neuen Testament lautet: "der Jesus, unseren Herrn, von den Toten auferweckt hat" (Röm 4,24; 8,11; 1Petr 1,21) - eine Aussage, die ganz unmittelbar die andere impliziert: "der den Gottlosen gerecht macht" (Röm 4,5).

zum Ausdruck kommt, ergeben sich die beiden folgenden Konsequenzen:

7.1 Jesus Christus selbst in seiner Person und in seinem Werk ist die "Mitte" des Neuen Testamentes (s. These 8).

7.2 Jesus Christus selbst in seiner Person und in seinem Werk ist - *als* die "Mitte" des Neuen Testamentes - zugleich der "Schlüssel" zum Alten Testament (s. These 9).

8 Daß Jesus Christus in seiner Person und in seinem Werk die "Mitte" des Neuen Testamentes ist, meint präzis: "Mitte" ist das apostolische Christuszeugnis, das sich der Selbsterschließung des Auferstandenen verdankt und für das zwei unlöslich miteinander verbundene Fundamentalaussagen konstitutiv sind: zum einen die *christologische* Aussage, daß der Mensch Jesus von Nazareth der wahre und ewige "Sohn Gottes" und somit Gott selbst *als* dieser Mensch zu uns gekommen ist; zum andern die darin gründende *soteriologische* Aussage, daß in Person und Werk dieses *einen* Menschen und hier *allein* das zeitliche und ewige Heil eines jeden Menschen beschlossen liegt.

8.1 Weil Jesus Christus in seiner Person und in seinem Werk die "Mitte" des Neuen Testamentes ist, deshalb ist eine von dieser "Mitte" her vollzogene "interne" Kanonkritik nicht nur möglich, sondern sogar geboten.

8.2 Neutestamentliche Texte und Aussagen, die zu der "Mitte" des Neuen Testamentes in evidenter Spannung stehen oder ihr sogar deutlich widersprechen, sind also keineswegs als mit dem apostolischen Christuszeugnis gleichgewichtige und deshalb von der Kirche in gleicher Weise zu respektierende "Wahrheiten" anzusehen; sie sind vielmehr im Lichte dieses Zeugnisses kritisch zu bedenken und hinsichtlich ihres Wahrheitsanspruchs kritisch zu beurteilen.

9 Daß Jesus Christus als die "Mitte" des Neuen Testamentes zugleich der "Schlüssel" zum Alten Testament ist, besagt: "Schlüssel" ist das apostolische Christuszeugnis, das allererst das adäquate Verständnis der Heiligen Schrift Israels ermöglicht und erschließt[8].

---

[8] Vgl. Lk 24,25-27.32; 24,44ff; Joh 5,39; Apg 8,30-35; 2Kor 3,14ff.

9.1 Zeugnis für diesen hermeneutischen Grundsatz sind die neutestamentlichen Schriften selbst, lassen sie doch in ihrem Umgang mit der Schrift Israels deutlich genug erkennen, daß "unter dem Aspekt der Christusbotschaft das Alte Testament neu verstanden" wurde: "Das Alte Testament wird nicht 'einfach' von der Christenheit übernommen, sondern es wird von Jesus Christus, dem gekreuzigten und auferstandenen her neu erschlossen! Es wird besser verstanden, als es sich je selbst verstand. Das Alte Testament erlebt im Neuen Testament seine entscheidende Renaissance."[9]

9.2 Als der "Schlüssel" zum Alten Testament ist das apostolische Christuszeugnis zugleich auch das Kriterium, anhand dessen der Wahrheitsanspruch alttestamentlicher Texte und Aussagen kritisch geprüft werden muß und von dem her sich entscheidet, ob und inwiefern diese Texte und Aussagen christlich rezipierbar sind oder nicht[10].

10 Weil Biblische Theologie den Einsichten und Methoden heutiger wissenschaftlicher Schriftauslegung verpflichtet ist, kann sie der in den neutestamentlichen Schriften zu verzeichnenden Exegese alttestamentlicher Texte keineswegs unkritisch folgen und in ihr erst recht nicht die christlich verbindliche Auslegung dieser Texte erkennen.

10.1 Sie wird gleichwohl den hermeneutischen Grundsatz bejahen, daß Jesus Christus als die "Mitte" des Neuen Testamentes zugleich der "Schlüssel" zum Verständnis des Alten Testamentes ist.

10.2 Biblische Theologie muß folglich zunächst in sorgfältiger exegetischer Arbeit - d.h. methodisch reflektiert und mit den Mitteln wissenschaftlicher Forschung - die Aussage und den Wahrheitsanspruch der alttestamentlichen Texte selbst erheben. Sie hat sodann zu fragen, wie dieser Befund im Lichte des apostolischen Christuszeugnisses zu beurteilen und zu würdigen ist.

---

[9] *H.-J. Iwand*, Predigt-Meditationen (s. Anm. 4) 693 (die Kürzel AT und NT wurden aufgelöst).
[10] Von daher ist der Streit, ob das hebräische oder das griechische Alte Testament zum Kanon der Kirche gehört und wie demnach die sog. Apokryphen kanonisch zu beurteilen sind, letztlich müßig.

11   Wird das Alte Testament im Lichte des apostolischen Christuszeugnisses gelesen und bedacht, so ergeben sich ganz unterschiedliche Perspektiven und Einsichten. Insbesondere wird deutlich:

11.1   daß das Alte Testament für das rechte Verständnis des Neuen Testamentes unentbehrlich ist (s. These 12);

11.2   daß zwischen Altem und Neuem Testament sowohl Kontinuität wie auch Diskontinuität besteht (s. These 13);

11.3   daß im Blick auf das Alte und Neue Testament durchaus ein Zusammenhang von Verheißung und Erfüllung wahrgenommen werden kann (s. These 14);

11.4   daß alttestamentliche Texte durch ihre neutestamentliche Rezeption ganz wesentlich verändert, ja in gewisser Hinsicht zu *neuen* Texten geworden sind und daß dies aus guten theologischen Gründen so geschehen ist (s. These 15).

12   Daß das Alte Testament für das rechte Verständnis des Neuen Testamentes unentbehrlich ist, zeigt sich u.a. an den folgenden zentralen Sachverhalten:

12.1   Im Lichte des Alten Testamentes tritt in aller Schärfe in den Blick, daß die neutestamentlichen Schriften und Autoren den Menschen Jesus von Nazareth als eine analogielose Person beschreiben, bezeichnen und bezeugen - und zwar nicht nur im Sinn der von einem jeden Menschen geltenden unverwechselbaren Individualität und Originalität, geschichtlichen Einmaligkeit und persönlichen Unaustauschbarkeit, sondern in ontologischem Sinn, d.h. im Blick auf sein Sein und sein Wesen. Gerade auf dem Hintergrund des Alten Testamentes wird unübersehbar deutlich: Jesus gilt diesen Schriften und Autoren als "*der* Sohn Gottes, der mit Gott dem Vater *eins* und also *selbst Gott* ist"[11]. In den Evangelien kommt das etwa darin zum Ausdruck, daß Jesus tut, was alttestamentlichem Zeugnis zufolge einzig und allein der Gott Israels selbst zu tun vermag: Er vergibt Sünden[12] und errettet sein Volk aus seinen Sünden[13]; er gebie-

---

[11] *K. Barth*, KD IV/1, 186; s. im einzelnen ebd. 174ff.
[12] Mk 2,1-12 (vgl. Ps 103,3); s. dazu *O. Hofius*, Jesu Zuspruch der Sündenvergebung, in: Sünde und Gericht (JBTh 9), Neukirchen-Vluyn 1994, 125-143.
[13] Mt 1,21 (vgl. Ps 130,8).

tet dem Wind und dem Meer[14]; er ruft durch sein Machtwort Tote ins Leben[15]. Dem ist an die Seite zu stellen, daß die neutestamentlichen Zeugen so von Jesus reden, wie im Alten Testament nur von Jahwe geredet wird. Das ist z.B. der Fall, wenn Jesus als der alleinige Retter bezeichnet[16] oder wenn er als "der Herr aller"[17], "der Herr der Herrlichkeit"[18], "der Erste und der Letzte"[19], "mein Herr und mein Gott"[20], ja als "der wahre Gott"[21] bekannt wird.

12.2 Das Alte Testament wehrt ganz entschieden dem Mißverständnis, als handle es sich bei der "hohen" Christologie des Neuen Testamentes um die Apotheose eines bloßen Menschen, der im Glauben seiner Anhänger je länger je mehr zum wesenhaften Gottessohn hochstilisiert worden ist. Mit dieser Annahme würde man nämlich den apostolischen Zeugen eine Leistung unterstellen, die diese selbst von ihrer Heiligen Schrift her nur als eine Gotteslästerung hätten begreifen können. In Wahrheit gilt der - in der strikten Unterscheidung von Gott und Welt, Schöpfer und Geschöpf gründende - alttestamentliche Fundamentalsatz, daß Jahwe seine Ehre "nicht einem anderen" gibt (Jes 42,8), auch den neutestamentlichen Zeugen unverbrüchlich. Eben deshalb betonen sie, daß Jesus von Nazareth nicht ein "Anderer" ist, der neben Jahwe tritt[22], sondern die einmalige Epiphanie Gottes in *Person* - und so auch in Person die Erfüllung der im Wort der Propheten ergangenen Verheißung des Kommens Gottes zur Aufrichtung seiner Königsherrschaft und zur Rettung der in Sünde und Tod Verlorenen[23].

---

[14] Mk 4,35-41; 6,45-52 (vgl. Ps 65,8; 89,10; Hi 9,8).
[15] Mk 5,41f; Lk 7,14f; Joh 11,43f (vgl. Dtn 32,39; 1Sam 2,6; Hi 14,15).
[16] Apg 4,12 (vgl. Jes 43,11; Hos 13,4.9); Röm 10,13 (vgl. Joel 3,5).
[17] Apg 10,36; Röm 10,12 (vgl. Est 4,17cLXX; Hi 5,8LXX).
[18] 1Kor 2,8b (vgl. Ps 24,7ff; 29,3).
[19] Offb 1,17; 2,8; 22,13 (vgl. Jes 44,6; 48,12).
[20] Joh 20,28 (vgl. Ps 35,23).
[21] 1Joh 5,20b (vgl. Jes 65,16LXX; 3Makk 6,18).
[22] Exemplarisch zeigt das die Bekenntnisformel 1Kor 8,6: Hier wird keineswegs dem "Einzigen" von Dtn 6,4 ein zweiter "Einziger" an die Seite gestellt, sondern Dtn 6,4 wird *binitarisch* entfaltet: Der "Vater" Jesu Christi und Jesus Christus als der "Sohn" des Vaters sind der "*eine*" Gott und Herr, neben dem es keinen anderen gibt.
[23] S. etwa Mk 1,2f (vgl. Jes 40,1-11); 7,37 (vgl. Jes 35,4-6); Lk 2,30f (vgl. Jes 52,10); 19,10 (vgl. Ez 34,11ff).

12.3 Das Alte Testament liefert mit den Aussagen über die kultische Sühne die sprachlichen und gedanklichen Voraussetzungen dafür, Jesu Tod und Auferstehung als Geschehen *inkludierender* Stellvertretung auszusagen und zu begreifen, d.h. als ein Geschehen, in dem der sündige, dem Tod verfallene Mensch durch das Todesgericht hindurch zu Gott und so zu einem neuen Leben kommt[24].

12.4 Das Alte Testament läßt erkennen, daß der Gott Israels nicht der unbewegliche und leidensunfähige Gott breiter Strömungen abendländischer Metaphysik ist, sondern ein lebendiger und deshalb seinen Geschöpfen in Liebe zugewandter und nachgehender Gott. Auf diesem Hintergrund wird verstehbar, daß Gott sich in seinem Sohn *so* mit dem sündigen Menschen identifizieren kann und will, daß er sich selbst an seinen Ort begibt: an den Ort der Sünde und des Todes, der Verdammnis und des Fluches, des Gerichtes und der Gottverlassenheit.

12.5 Unter der Prämisse, daß wahr ist, was im Alten Testament zum einen über die Verlorenheit des Menschen vor Gott und sein Angewiesensein auf die von Gott selbst gewährte Sühne und zum andern über die den Sünder nicht preisgebende Liebe Gottes gesagt ist, erschließt sich dem Nachdenken jene Erkenntnis, die die neutestamentlichen Zeugen im Rahmen ihrer christologischen bzw. soteriologischen Aussagen mit dem Rückverweis auf das Alte Testament zur Sprache bringen: daß Jesu Tod und seine Auferstehung keineswegs zufällige, sondern im Gegenteil von Gott her notwendige Ereignisse sind[25].

13 Es gibt im Alten Testament einerseits Texte, die so, wie sie lauten, von Christus her zu bejahen und daher in ihrem ursprünglichen Sinn voll rezipierbar sind; und es gibt andererseits solche Texte, für die das eindeutig nicht gelten kann. Wo alttestamentliche Texte oder Aussagen mit dem apostolischen Christuszeugnis unvereinbar sind, da ist jeweils zu prüfen, ob ihnen nicht bereits innerhalb des Alten Testamentes selbst durch andere Zeugnisse widersprochen wird - durch Zeugnisse also, die vom apostolischen Christuszeugnis her nachdrücklich und definitiv ins Recht gesetzt werden. Desgleichen ist jeweils zu prüfen, ob solche alttestamentlichen Texte und Aussagen nicht auch innerhalb des Neuen

---

[24] S. dazu im einzelnen meinen Aufsatz: Sühne und Versöhnung (1983), in: *O. Hofius*, Paulusstudien (WUNT 51), Tübingen ²1994, 33-49.

[25] S. dazu Mk 8,31 parr; Lk 24,7.26f.44ff; Joh 3,14; 12,34; 20,9; Apg 2,22ff; Hebr 2,10; 1Petr 1,10f.

Testamentes ihre Parallelen haben, denen dann von der "Mitte" des Neuen Testamentes her in gleicher Weise zu widersprechen wäre. Das damit geforderte Verfahren methodisch kontrollierter Sachkritik kann an einigen wichtigen Sachverhalten exemplarisch verdeutlicht werden[26]:

13.1 Dem apostolischen Christuszeugnis entspricht die Einsicht in die universale Sündenverfallenheit aller Menschen, wie Paulus sie in Röm 1,18-3,20 aufzeigt und in Röm 3,22b.23 noch einmal nachdrücklich betont. In ein kritisches Licht gerückt werden damit alttestamentliche Aussagen, die einen vor Gott gültigen und also soteriologisch relevanten Unterschied von Gerechten und Gottlosen behaupten (z.B. Jes 26,7ff; Mal 3,13-21; Ps 1.37.75.119). Bestätigt werden alttestamentliche Zeugnisse, die von der universalen Sündenverfallenheit aller Menschen sprechen (z.B. Ps 14,1-3; 130,3; 143,2; Hi 14,4; 15,14-16).

13.2 Dem apostolischen Christuszeugnis entspricht die Einsicht, daß die Sünde nicht nur und nicht primär das Tun des Menschen betrifft, sondern ihn in seinem Sein zeichnet (Joh 8,30ff; Röm 7,7ff; Eph 2,1ff). In ein kritisches Licht gerückt werden damit alttestamentliche Aussagen, die Sünde lediglich als sündige Tat begreifen[27]. Bestätigt werden alttestamentliche Zeugnisse, in denen die Seinsverfallenheit des Menschen an die Macht der Sünde zur Sprache kommt (z.B. Gen 6,5; 8,21; Jer 13,23; 17,1; Hos 5,3f; Ps 51).

13.3 Dem apostolischen Christuszeugnis entspricht die Einsicht, daß die Tora vom Sinai dem der Sünde verfallenen Menschen nicht Leben zu eröffnen vermag (Joh 1,17; Röm 3,19f; 7,7ff; 2Kor 3; Gal 2,16; 3,10ff; Hebr 7,11-10,18). In ein kritisches Licht gerückt werden damit alttestamentliche Aussagen, die der Tora die Möglichkeit der Lebenseröffnung und dem Menschen die Freiheit zum Gehorsam gegenüber Gottes Willen zuschreiben (z.B. Lev 18,5; Dtn 30; Sir 15,11ff). Bestätigt werden alttestamentliche Zeugnisse, die aussagen, daß der Sünder vor Gottes heiligem Gesetz gerichtet und verurteilt dasteht (z.B. Jer 3,1; Hos 2,4ff; 11,1ff).

13.4 Dem apostolischen Christuszeugnis entspricht die Einsicht, daß Gott dem vor ihm verlorenen Menschen sein Heil aus freier Gnade und

---

[26] Zu den Thesen 13.1 bis 13.4 vgl. meinen Aufsatz: "Rechtfertigung des Gottlosen" als Thema biblischer Theologie (1987), in: Paulusstudien (s. Anm. 24), 121-147.

[27] Das dürfte überall da der Fall sein, wo die prinzipielle Freiheit des Menschen zum Gehorsam gegenüber der Tora Gottes vorausgesetzt wird.

so bedingungslos als "Rechtfertigung des Gottlosen" gewährt (Röm 3,24; 4,1ff; Eph 2,4ff). In ein kritisches Licht gerückt werden damit alttestamentliche Aussagen, die den Zuspruch des Heils durch die Gehorsamsforderung konditioniert sehen (z.B. Jes 56,1f; 58,1-12)[28]. Bestätigt werden alttestamentliche Zeugnisse, die von Gottes freier, bedingungslos gewährter Gnade zu sagen wissen (z.B. Jes 43,22ff; Hos 14,5; Ps 103).

14 Die neutestamentlichen Autoren haben vom Glauben an Jesus Christus her bestimmte alttestamentliche Texte als Weissagungen auf Jesus Christus hin gelesen - Texte, die sich ihrem ursprünglichen Sinn nach schwerlich als direkte prophetische Ankündigungen der Person und des Weges Jesu verstehen lassen[29]. Mit dieser für uns unausweichlichen Einsicht ist gleichwohl die fundamentale Aussage von 1Kor 15,3f, daß Jesus "gemäß der Schrift" gestorben und auferstanden sei, keineswegs als unhaltbar erwiesen. Sie kann vielmehr in jenem biblisch-theologischen Horizont rezipiert werden, auf den *Walther Zimmerli* hinweist, wenn er das Alte Testament "ein auf künftige Gottestat hin offenes Buch der Hoffnung" nennt[30].

14.1 Im prophetischen Zeugnis des Alten Testamentes läßt sich ein Doppeltes wahrnehmen: zum einen die Ansage des kommenden *Gerichtes*, dem das sündige Israel nicht weniger als die Heidenvölker unentrinnbar verfallen ist; zum andern die Verheißung und Erwartung einer kommenden *heilvollen* Wende, die Israel und mit ihm auch den Heidenvölkern die endgültige Rettung aus aller Verlorenheit bringen wird. In beiden Zusammenhängen geht es dabei ganz zentral um das Kommen dessen, der seinem Volk mit dem souveränen göttlichen "Ich, ich" entgegentritt[31]. *Gott selbst* kommt zu *Gericht* und *Heil*, so daß Israel und die Heiden ihm selbst begegnen werden[32].

---

[28] Im Neuen Testament wäre hier an das Matthäusevangelium oder an den Hebräerbrief, erst recht aber an die ganz am Tun des Menschen orientierte Soteriologie des Jakobusbriefes zu denken.
[29] Das gilt selbst für das vierte Gottesknechtslied Jes 52,13-53,12, auch wenn dieser Text in einzigartiger Weise für eine christologische Rezeption und Deutung offen war.
[30] Biblische Theologie I: Altes Testament, TRE 6 (1980) 426-455: 454; vgl. *ders.*, Grundriß der alttestamentlichen Theologie, Stuttgart 1972, 205ff.
[31] S. Hos 5,14 einerseits und Jes 43,25 andererseits.
[32] S. etwa Jes 2,12ff; 35,1ff; 40,9ff; 52,7ff; Am 4,12; 5,17; Mal 3,1ff. Zur Sache selbst s. *W. Zimmerli*, Verheißung und Erfüllung, in: C. Westermann (Hg.), Probleme alttestamentlicher Hermeneutik (TB 11), München 1960, 69-101: 81ff.

14.2 Von der *Erfüllung* solcher Ankündigung weiß das Alte Testament nicht mehr zu erzählen, weder von dem Faktum noch von dem Wie dieser Erfüllung. Hier nun nennt das Neue Testament den Namen Jesus Christus. *Er* ist in seiner Person und in seinem Werk die Erfüllung der Ankündigung des Kommen *Gottes* zu *Gericht* und *Heil* - und zwar in der Weise, daß er selbst mit seinem Tod am Kreuz das *Gericht* auf sich nimmt und eben damit den Heillosen - Juden wie Heiden - Gottes *Heil* erwirbt und gewährt. Gerade als der von Gottes *Nein* zur Sünde Getroffene ist Christus in Person das *Ja* Gottes zu allen Heilsverheißungen (2Kor 1,20).

14.3 Die Verheißungen der Schrift sind hier in unerhörter und unausdenkbarer Weise erfüllt. In dem Kommen Gottes in Jesus Christus geschieht, "was kein Auge gesehen und kein Ohr gehört hat und in keines Menschen Herz emporgestiegen ist" (1Kor 2,9); eben deshalb ist das Wie des Kommens Gottes im Alten Testament nicht geweissagt, sondern allein das *Daß* angesagt und erhofft.

14.4 Mit *Walther Zimmerli* ist zu sagen: "Gerade wenn die souveräne Freiheit der göttlichen Erfüllung, von der schon die Propheten wußten, im Christusgeschehen erkannt ist, wird deutlich sein, daß sich Christus nie aus dem seinem Wortlaut nach vieldeutigen Verheißungsgehalt des Alten Testamentes 'errechnen' lassen wird."[33]

15 Die im Neuen Testament auf Christus bezogenen alttestamentlichen Texte - darunter diejenigen, in denen von dem Gottesknecht, dem Messias, dem Menschensohn oder der Weisheit die Rede ist - sind an keiner einzigen Stelle einfach in ihrem ursprünglichen Sinn aufgenommen worden. Ihre Aussagen wurden vielmehr stets in eine tiefer greifende Sicht der Person und des Werkes Jesu Christi einbezogen und auf diese Weise neu interpretiert[34].

---

[33] *W. Zimmerli*, ebd. 100 Anm. 98.
[34] Für Jes 52,13-53,12 habe ich das zu zeigen versucht in dem Aufsatz: Das vierte Gottesknechtslied in den Briefen des Neuen Testamentes: NTS 39, (1993), 414-437, für die messianischen Texte in den Thesen: Ist Jesus der Messias?, in: Der Messias (JBTh 8), Neukirchen-Vluyn 1993, 103-129. S. außerdem auch meine Darlegungen in: Biblische Theologie im Lichte des Hebräerbriefes, in: S. Pedersen (Hg.), New Directions in Biblical Theology (NT.S 76), Leiden - New York - Köln 1994, 108-125.

15.1 Werden alttestamentliche Texte von Jesus Christus, dem Gekreuzigten und Auferstandenen, her neu erschlossen, so darf das nicht so verstanden werden, als hätten jene Texte einen den Autoren und Tradenten noch verborgenen Sinn*überschuß*, der von den neutestamentlichen Zeugen nur entdeckt und mit der christologischen Deutung ans Licht gebracht wird. Die Texte gewinnen vielmehr mit ihrer christologischen Rezeption allererst einen Sinn, der ihnen ursprünglich *nicht* eigen ist und der sie nach Inhalt und Aussage so verändert, daß in gewisser Hinsicht durchaus von einem *neuen* Text geredet werden muß.

15.2 Erst durch die christologische Rezeption werden die entsprechenden alttestamentlichen Texte theologisch nachvollziehbare und deshalb in der Verkündigung der Kirche zu verantwortende Texte.

16 Das Gespräch mit der *jüdischen* Exegese hat seinen Ort im Kontext der Frage nach dem Wortlaut und Wortsinn des Alten Testamentes.

16.1 Dieses Gespräch kann bis zu der Erkenntnis der "Offenheit" des Alten Testamentes (s. These 14) vorstoßen - und damit auch bis zu der dort nicht beantworteten Frage, wo das letzte Wort zu vernehmen ist: in Gottes heiligem *Gesetz*, vor dem Israel und die Heidenvölker definitiv als schuldig erwiesen und gerichtet dastehen (s. die Gerichtsprophetie), oder in Gottes *Verheißung*, in der in unerhörter Weise ein endgültiges Heilshandeln an Israel wie auch an den Heiden angekündigt wird (z.B. Jer 31,31ff / Ez 36,22ff bzw. Jes 45,20ff).

16.2 Die christliche Exegese kann darlegen, daß und weshalb sie in Jesus Christus die Antwort auf die im Alten Testament offen gebliebenen Fragen erblickt. Sie wird dabei jedoch zugestehen, daß es sich hier keineswegs um eine aus dem Alten Testament selbst zwangsläufig folgende und somit von der Heiligen Schrift Israels her zwingend einsichtig zu machende Antwort handelt.

17 Das zu der "ganzen Heiligen Schrift Alten und Neuen Testaments" als der Bibel der Kirche gehörende Alte Testament ist weder einfach das in seinem ursprünglichen Sinn verstandene Alte Testament noch auch einfach das Alte Testament, wie es im Neuen Testament rezipiert ist, sondern es ist das in seinem ursprünglichen Sinn ernstgenommene und als *solches* im Lichte des apostolischen Christuszeugnisses kritisch be-

dachte und von ihm her auszulegende Alte Testament. Biblische Theologie ist dementsprechend eine dezidiert *kritische* Disziplin. Sie kann und wird nicht einfach die Sacheinheit von Altem Testament und Neuem Testament als gegeben voraussetzen, sie hat vielmehr in methodisch reflektierter und wissenschaftlich ausweisbarer Arbeit im Blick auf jeden alttestamentlichen Text zu prüfen, *ob* solche Einheit gegeben ist und *inwiefern* sie gegeben ist.

17.1 Biblische Theologie ist also in dem Sinn kritisch, daß sie das Verhältnis von Altem und Neuem Testament nicht prinzipiell und ausschließlich unter der Prämisse der Kontinuität betrachtet, sondern sehr wohl auch mit Diskontinuität, ja sogar mit gewichtiger Diskontinuität rechnet.

17.2 Biblische Theologie ist aber zugleich auch darin kritisch, daß sie nicht einfach umgekehrt von vornherein die Diskontinuität zu ihrer Prämisse erhebt, sondern im Wissen um die Selbigkeit des im Alten und Neuen Testament bezeugten Gottes nach der Kontinuität im Reden Gottes und also nach der Treue Gottes in seinem Wort fragt.

Einschlägige Veröffentlichungen des Autors (in Auswahl):

Paulusstudien (WUNT 51), Tübingen ²1994 (¹1989)
Der Christushymnus Philipper 2,6-11. Untersuchungen zu Gestalt und Aussage eines urchristlichen Psalms (WUNT 17), Tübingen ²1991 (¹1976)
Das vierte Gottesknechtslied in den Briefen des Neuen Testamentes: NTS 39 (1993) 414-437
Ist Jesus der Messias? Thesen, in: Der Messias (JBTh 8), Neukirchen-Vluyn 1993, 103-129
Biblische Theologie im Lichte des Hebräerbriefes, in: S. Pedersen (Hg.), New Directions in Biblical Theology. Papers of the Aarhus Conference, 16-19 September 1992 (NT.S 76), Leiden - New York - Köln 1994, 108-125.

Was ist Biblische Theologie?

Hans Hübner

1. Rede über Gott und Rede Gottes

Umstritten ist, was Biblische Theologie ist. Mehr noch! Umstritten ist, ob es eine Biblische Theologie überhaupt geben darf. Ihre Gegner haben sich entschieden gegen sie ausgesprochen, weil die ihr angeblich zugrunde liegende Nivellierung von Altem und Neuem Testament theologisch unverantwortlich sei. So werde nämlich der endgültigen Offenbarung Gottes in Jesus Christus ihre absolute Bedeutsamkeit genommen. Die Vertreter einer Biblischen Theologie sind sich indes nicht einig, was man unter diesem Begriff verstehen soll. Die gegenseitige Polemik ausgerechnet unter denen, die für dieses Programm eintreten, wirft ein bezeichnendes Licht auf die verworrene theologische Situation am Ende des 20. Jahrhunderts. Stellen wir deshalb die *Definitionsfrage*, wie sie bereits in der Überschrift formuliert ist: *Was ist Biblische Theologie*? Versuchen wir - so tautologisch es klingen mag - , diese Frage *theologisch* zu beantworten, und zwar unter der Voraussetzung, daß die beiden biblischen Wissenschaften per definitionem substantiell theologische Disziplinen sind. Als solche sind sie also keinesfalls rein historische Wissenschaften!

Was ist Biblische Theologie? So zu fragen, also nach dem *Wesen* von Biblischer Theologie zu fragen, heißt von der Wurzel her, also radikal zu fragen. Und so gilt es zunächst, die noch fundamentalere[1] Frage zu stellen: *Was ist Theologie*? Lassen wir bei dieser Frage die Begriffsgeschichte, die Herkunft des Terminus außer Betracht. Fragen wir vielmehr systematisch? *Was ist der Logos des Theos*? Der Genitiv "des Theos" ist doppeldeutig. Handelt es sich, wie zumeist angenommen, um einen *genetivus obiectivus*? Geht es also um den Logos, der das Entscheidende über Gott aussagt? Meint also Theologie die Lehre von Gott? Oder wäre nicht der *genetivus subiectivus* der "Sache" der Theologie angemessener,

---

[1] *Sit venia auctori propter comparativum!*

also die Bedeutung: das Wort, das das von Gott gesprochene Wort beinhaltet? Oder sollte man sich gar für die dritte Möglichkeit entscheiden, nämlich für eine - wie auch immer zu verstehende - Synthese von *genetivus obiectivus* und *genetivus subiectivus*, vielleicht besser noch in der Reihenfolge *genetivus subiectivus* und dann erst *genetivus obiectivus*?

Sollte Theologie als Lehre von Gott zu verstehen sein, so ständen wir allerdings vor der im Prinzip unlösbaren Aufgabe, eine Lehre, somit ein mit Begriffen und Definitionen operierendes System über den jenseitigen, den transzendenten Gott zu konstruieren. Das aber wäre eine nahezu blasphemische *contradictio in adiecto*: der transzendente Gott in immanenter Begrifflichkeit ausgesagt! Gott, zum Begriff degeneriert, wäre so seines Gott-Seins beraubt. Eine solche Theologie wäre die Lehre von einem intellektuell vom Menschen geschaffenen Götzen. *Feuerbach* könnte triumphieren! Eine auf diese Weise begrifflich konstruierte Theologie wäre aber nicht nur, weil Widerspruch in sich selbst, Unsinn, sie wäre auch Sünde. Denn sie vergeht sich an Gott.

Müssen wir also, entgegen dem üblichen Begriff von Theologie, doch *lógos toy Theoy* als eine Wendung mit einem *genetivus subiectivus* bestimmen? Auf den ersten Blick scheint das die Lösung zu sein. Aber auch hier ergeben sich erhebliche Schwierigkeiten. Faßt man nämlich Theologie als von Gott gesprochene Rede, dann wäre Theologie letztlich mit *Offenbarung* identisch. Wenn Gott z.B. durch den Propheten Amos dem Priester Amazja von Bethel androht, daß seine Frau zur Hure gemacht, er selbst in einem unreinen Land sterben werde und Israel in Verbannung ziehen müsse (Am 7,17), dann wäre dies definitionsgemäß - Theologie! Und noch eine weitere Schwierigkeit ist zu bedenken. Wenn *Rede über Gott* ins Dilemma gerät, mit immanenten Begriffen die Transzendenz Gottes auszusagen, wie steht es dann mit der *Rede Gottes*? Redet er, wenn sein Wort als *Selbstoffenbarung* zu verstehen sein soll, über sich als den transzendenten Gott in immanenter Begrifflichkeit? Das ist auch das Problem, um in diesem Zusammenhang nur einen Theologen zu zitieren, von *Hans Urs von Balthasar*. Er fragt im Blick auf das christologische Problem[2]:

> "Wie ist überhaupt göttliche, unendliche Wahrheit in geschöpfliche, endliche übersetzbar? ... kein Begriff kann sich über Gott erheben. So bleibt das Problem ein solches zwischen Gott und Welt: kann Gott sich *als* Gott der Welt verständlich machen, ohne seines göttlichen Charak-ters verlustig zu gehen, ohne einer zwischen-gott-weltlichen (hegel-schen) Dialektik zum Opfer zu fallen? Kann Gott - über seine 'pro-phetischen' Anweisung an die Menschheit hinaus - sich dieser *als* Gott offenbaren, ohne daß sich die Menschen dabei einen götzenhaften Begriff von ihm schmieden? Ist die Idee, daß der Mensch 'Bild Gottes' ist, tragfähig genug, ihn zum Erfasser des 'Urbilds' zu machen?"

---

[2] Theologik I: Wahrheit der Welt, Einsiedeln 1985, XVII.

Wir könnten noch überlegen, ob "Logos Gottes" als *genetivus subiectivus* und zugleich als *genetivus obiectivus* aus diesem Dilemma herausführt. Aber lassen wir hier diese eventuelle Möglichkeit auf sich beruhen, um uns nicht noch weiter in frustrierende Überlegungen zu verrennen.

2. Theologie als Theologie der Offenbarung(en) Gottes

Überlegen wir vielmehr, ob uns nicht die nähere Bestimmung *Biblische Theologie* aus dem Dilemma herausführen könnte. Könnte nicht dieses Adjektiv "biblisch" der Theologie eine so spezifische Bedeutung geben, daß dadurch für unsere Überlegungen ein Ansatzpunkt gegeben wäre, durch den wir dem Zwang entnommen wären, durch bloße Analyse des Wortes "Theologie" zu einer überzeugenden Lösung zu gelangen? Was Theologie wäre, würde nämlich dann durch den Begriff der *Bibel* nahegelegt. Könnten wir doch dann Theologie im weithin akzeptierten Sinne als Reflexion verstehen, wobei das in der Bibel gegebene Gottes-*Verständnis* als "Gegenstand" dieser Reflexion zu begreifen wäre. Der ungeheuer große Komplex von Problemen, der sofort mit Wort und Begriff Bibel gegeben ist, läßt freilich eine Fülle von Schwierigkeiten ahnen. Aber diese sind nicht so fundamental wie die zuvor erwogenen. Denn wir nehmen die Bibel einmal - in der Hoffnung auf die Zustimmung vieler - als Dokument göttlicher Offenbarung. Natürlich beginnen wir nicht beim Nullpunkt, sondern machen eine Reihe von Voraussetzungen, deren Plausibilität wir vermuten.

Ist die Bibel, nun verstanden als die zwiefache Heilige Schrift von Altem und Neuem Testament, dasjenige Dokument, das entweder über die Offenbarung Gottes berichtet, gegebenenfalls gar *als* jeweilige Offenbarung eben diesen Offenbarungsanspruch erhebt oder auch über eine jeweilige Offenbarung theologisch reflektiert, so bedeutet das, daß der Begriff "Theologie" in der Wendung "Biblische Theologie" in wesentlicher Hinsicht vom Begriff "Offenbarung" her verstanden werden muß. Biblische Theologie wäre demnach *Theologie der Offenbarungen Gottes*. Bewußt wurde zunächst der Plural "Offenbarungen" gebracht, weil die Bibel immerhin von einer Vielzahl von Selbsterweisen Gottes spricht. In einer gewissen Vorläufigkeit - möglicherweise wären hier noch Korrekturen, vielleicht sogar essentieller Art, anzubringen - sei gesagt, daß es im Alten Testament um eine kontinuierliche Reihe von Offenbarungen Gottes im Sinne von Selbstoffenbarungen Gottes geht, im

Neuen Testament aber um die eine Offenbarung Gottes in seinem Sohn Jesus Christus.

Dann aber *impliziert* der Begriff "Biblische Theologie" den Logos bzw. die Logoi Gottes im Sinne des *genetivus subiectivus*, meint aber *zugleich* Bericht und Reflexion über Gottes im Wort - hinzuzufügen ist noch: und *in der vom Wort angekündigten Handlung* - sich ereignenden Selbstoffenbarung(en). Was zuletzt gesagt wurde, steht aber immer noch im Zeichen der oben ausgesprochenen Aporie, wonach Gottes transzendentes Wesen, um vom Menschen verstanden zu werden, in immanenter Begrifflichkeit zur Sprache kommen müsse, dies aber anscheinend eine *contradictio in seipso* ist. Eine Lösung dieses Problems könnte sich allerdings nun dadurch am theologischen Verstehenshorizont andeuten, daß der jenseitige Gott sich *insofern* offenbart, als er als der der Welt überlegene Gott an dieser Welt und somit am Menschen handelt. Des transzendenten Gottes Wirken im Bereich unserer geschichtlichen Immanenz könnte ein Verstehen Gottes als das *Verstehen seines Handelns* nahelegen. Das wäre jene Lösung, deren Plausibilität sich spätestens seit *Rudolf Bultmanns* Aufsatz "Welchen Sinn hat es, von Gott zu reden?" (1925) mit seiner Berufung auf *Wilhelm Herrmanns* Satz "Von Gott können wir nur sagen, was er an uns tut" weithin durchgesetzt hat.[3] Das Wort Gottes ist nach dieser Konzeption als *geschichtlich* ergangenes Wort Gegenstand einer theologischen Reflexion, so daß die bereits erwogene, aber inhaltlich von uns zunächst noch offengehaltene Möglichkeit, Theologie sowohl als *genetivus subiectivus* als auch als *genetivus obiectivus* zu fassen, in dieser spezifischen Zuordnung zu realisieren wäre. Wird nun so Wort Gottes als dessen in die jeweilige geschichtliche Situation hineingesprochenes geschichtliches Wort verstanden, so ist Gott als derjenige gesehen, der den Menschen als *Person* ernst nimmt und der selbst als Person sich dem Menschen in seinem Person-Sein erschließt. Offenbarung Gottes, genauer noch: Selbst-*offen*-barung Gottes läßt somit Wesenhaftes von Gott verstehen. Sein Sich-selbst-Offenbaren erweist ihn als den *Deus pro nobis*. Ein sich selbst dem Menschen erschließender Gott ist ein anderer Gott als etwa der philosophische Gott des Aristoteles, der nur für sich selbst existiert. Gott "definiert" - die Anführungsstriche sind unverzichtbar! - sich als der sich selbst Offenbarende und damit in seiner Personalität, mag auch sein Person-Sein in einem höheren, nämlich uns Menschen letztlich nicht faßbaren, Seinsgrund zu sehen sein als unser Person-Sein. Mit diesem Verständnis von Gott und von Offenbarung haben wir uns aber an *Karl Rahners* fundamentaltheologisches Postulat gehalten: "Gott kann nur das offenbaren, was der

---

[3] *R. Bultmann*, Welchen Sinn hat es, von Gott zu reden?, in: ders., Glauben und Verstehen I, Tübingen [8]1980, 26-37: 36.

*Mensch hören kann."*⁴ Und so erlaube ich mir, noch einmal den von Martin Heidegger interpretierten Zweizeiler *Stefan Georges*

So lernt ich traurig den verzicht:
Kein ding sei wo das wort gebricht.

zu modifizieren, wie ich dies bereits an anderer Stelle⁵ getan habe:

Kein gott sei wo das wort gebricht.

Gott und Wort gehören unbedingt zusammen; es ist die Prämisse für den biblischen Offenbarungsbegriff. Freilich ist diese Dyas zur Trias zu erweitern: *Gott - Geschichte - Wort.* Die menschliche Antwort ist dann der *Glaube.*

3. Die Theologie der Bibel als notwendig durch die Geschichtswissenschaft verwundbare Theologie

Wo aber von Geschichte die Rede ist, da ist notwendig die *Geschichtswissenschaft* gefordert. Geht es in der Bibel um die Aussage, daß Gott in der Geschichte wirksam sei, daß er sich selbst in ihr geoffenbart und erschlossen habe, so sind Altes und Neues Testament, wollen sie wirklich als geschichtlich entstandene Schriften verstanden sein, notwendig darauf angelegt, für die *historisch-kritische Methodik* offen zu sein. Wer für die Untersuchung der Heiligen Schrift die Anwendung dieser historisch-kritischen Methodik ablehnt, leugnet die Geschichtlichkeit göttlicher Offenbarung! Er leugnet Gott als den, der sich in der Geschichte Israels und in seinem Sohne Jesus Christus geoffenbart hat! Zugespitzt: Wer die Berechtigung der Geschichtswissenschaft, ihr entscheidendes Wort auch für die Bibel zu sagen, bestreitet, leugnet den biblischen Gott und macht sich so der Sünde der Gottlosigkeit schuldig. Wenn die theologische Spitzenaussage in Joh 1,14 *kai ho logos sarx egeneto* zumeist allzu wörtlich mit "Und das Wort ist Fleisch geworden" übersetzt, theologisch sachgemäß paraphrasiert werden soll, so legt sich nahe zu sagen: "Und der *Ewige* Gott ist in seinem Wort-Sein *Geschichte* geworden." Altes und Neues Testament fordern also mit absoluter Dringlichkeit ihr

---

⁴ *K. Rahner*, Hörer des Wortes. Neu bearbeitet von J.B. Metz, 3. Aufl. der neu bearbeiteten Ausgabe 1969, München 1985, 142 (Hervorhebung durch mich).
⁵ *H. Hübner*, Biblische Theologie des Neuen Testaments I: Prolegomena, Göttingen 1990, 222f.

historisches Untersuchtwerden. Historie ist somit ein Stück *Theologie* geworden. Anders gesagt: Theologie hat sich von ihrem Gottesverständnis her - natürlich nur partiell - als Geschichtswissenschaft ausgewiesen. Es ist also *theologisch* falsch, wenn man gegenüber dem exegetischen Theologen den Vorwurf erhebt, er mache sich zu sehr von der kritischen Forschungsgeschichte abhängig.[6]

Indem also der Ewige Gott Geschichte geworden ist, hat er sich selbst den Fragen der Geschichte, der Geschichtswissenschaft gestellt. Spitzen wir in der Diktion zu: Indem der Ewige Gott Geschichte geworden ist, hat er sich den kritischen Fragen der Geschichtswissenschaft preisgegeben, sich ihnen geradezu ausgesetzt. Das jedoch gehört wesenhaft zur Geschichtswissenschaft: Sie kann irren, ihre Ergebnisse sind nicht unfehlbar. Joh 1,14 bedeutet also, daß der Ewige Gott, indem er Geschichte geworden ist, sich auch der Irrtumsfähigkeit der Geschichtswissenschaft ausgesetzt hat. Auch das gehört zur Kenosis Gottes! Wer diesen theologischen Sachverhalt aus Ängstlichkeit bestreitet, leugnet die Inkarnation!

4. Der Primat der Interpretation und die Geschichtlichkeit des Interpreten

Untersuchen wir nun mit den Mitteln der Geschichtswissenschaft Altes und Neues Testament unter dem Gesichtspunkt, wo in ihnen von der Selbstoffenbarung Gottes die Rede ist und wie diese Ereignisse historisch und geschichtlich bzw. geschichtlich-hermeneutisch zu verstehen sind, so zeigt sich zunächst, daß viele dieser Ereignisse in einem geschichtlichen und theologischen Zusammenhang miteinander dargestellt werden. Sie werden aber in unterschiedlichen literarischen Schichten unterschiedlich interpretiert. Wir müssen uns auf symptomatische Beispiele beschränken.

---

[6] So *P. Stuhlmacher*, Biblische Theologie des Neuen Testaments I: Grundlegung Von Jesus. zu Paulus, Göttingen 1992, 37, gegenüber der für meine Biblische Theologie konstitutiven Unterscheidung von *Vetus Testamentum per se* und *Vetus Testamentum in Novo receptum*; dazu s.u.

Eigentümlich ist, daß ausgerechnet die Priesterschrift das Sinaigeschehen nicht als *b^{e}rit*, "Bund"[7], versteht, sondern die ganze Begründung des Bundesstandes in den Abrahambund als den reinen Gnadenbund zurückverlegt.[8] Es sind ältere Pentateuchquellen, in denen das Sinaigeschehen als *b^{e}rit* dargestellt wird (Ex 19 und 24). Nach dem jahwistischen Sintflutbericht hat sich Jahwäh zwar verpflichtet, die Menschheit trotz ihrer Bosheit nicht mehr zu vernichten (Gen 8,20f); aber der Begriff *b^{e}rit* begegnet hier gerade nicht. Die priesterliche Theologie spricht aber in Gen 9,8ff im gleichen Zusammenhang von der *b^{e}rit* zwischen Gott und Noah.

Indem aber von unterschiedlichen inneralttestamentlichen *Interpretationen* von Offenbarungsereignissen - zumindest von den alttestamentlichen Autoren als Ereignisse verstanden - die Rede ist, stellt sich ein weiteres, und zwar äußerst kompliziertes Problem. Zunächst besteht die Schwierigkeit darin, daß unterschiedliche, z.T. inhaltlich nicht miteinander vereinbare Auffassungen von Gottes Offenbarungen im Alten Testament begegnen. Nun würde freilich der Tatbestand, daß geschichtliche Ereignisse in geschichtlichen Büchern *nur* als interpretierte Ereignisse den Leser erreichen, im Rahmen des geistesgeschichtlich Üblichen bleiben. Es gibt keinen einzigen geschichtlichen Bericht über ein geschichtliches Ereignis, das nicht in irgendeinem Ausmaße Interpretation wäre! *Jede* Tradition, auch jede Tradition von geschichtlichen Ereignissen, ist Tradition *als* Interpretation. Jede Rezeption von notwendig bereits interpretierter Tradition wird im Augenblick der Rezeption notwendig interpretierte Rezeption, weil *jeder* Rezipient die ihm überkommene Tradition in seinem je eigenen - geschichtlich bedingten - Verstehenshorizont geistig verarbeitet. Er kann es gar nicht anders! Sowenig es im Vorgang der Traditionsgeschichte *bruta facta* gibt - es gibt sie nur in der Einbildung eines Positivismus, der unausweichlich illusionäre Weltanschauung ist! - , sowenig gibt es eine *bruta traditio* oder eine *bruta receptio*. Denn es ist der in ihrer Geschichtlichkeit Existierende, der frühere Geschichte in deren Geschichtlichkeit rezipiert. Und das gilt auch für die innerbiblischen Traditionsprozesse. Es kann und darf uns also nicht im mindesten beunruhigen, wenn auch im Alten Testament die von den biblischen Autoren rezipierten Traditionen in

---

[7] Daß *b^{e}rit* im Alten Testament nicht im üblichen Sinne einen Bund zwischen *Jahwäh* und Israel meint, sondern entweder die Selbstverpflichtung *Jahwähs* gegenüber Israel als göttliche Heilssetzung oder an anderer Stelle als Fremdverpflichtung, sei hier als bekannt vorausgesetzt; s. außer den Publikationen von *Ernst Kutsch* die gängigen Artikel in den theologischen Wörterbüchern.

[8] So mit *W. Zimmerli*, Sinaibund und Abrahambund. Ein Beitrag zum Verständnis der Priesterschrift, in: ders., Gottes Offenbarung. Gesammelte Aufsätze (TB 19), München 1969, 205-216.

Hinsicht auf ihre geschichtlichen und theologischen Gehalte durch eben diesen Vorgang der Rezeption teils geringe, teils sogar erhebliche Modifikationen erfahren. Kurz: *Traditiones auctoribus[9] Veteris Testamenti translatae non sunt traditiones ab his auctoribus receptae.* Immer gilt der hehre hermeneutische Grundsatz: *Traditio per se non est traditio recepta!*

5. Gottes Handeln an Israel als geschichtliches Handeln

Wie aber, wenn im Alten Testament dasjenige Ereignis, das als die theologische Mitte, als Höhepunkt allen geschichtlichen Geschehens gesehen wird, nach dem nahezu einstimmigen Urteil der Alttestamentler keineswegs ein historisches Ereignis der Geschichte Israels ist, sondern die Reprojektion theologischer Grundüberzeugung in die Urgeschichte Israels? Ich meine natürlich die *Gesetzgebung* und den *Bundesschluß auf dem Sinai, Ex 19ff.* Es bedarf hier keines Beweises dafür, daß die spätere Fundamentalüberzeugung Israels, wonach *Jahwäh* der Gott Israels ist und Israel das Volk *Jahwähs* und wonach dieses Exklusivverhältnis im "Bundes"-Schluß am Sinai seinen geschichtlichen Grund besitzt, in das historische Geschehen des Exodus aus Ägypten hineinprojiziert wurde. Historisch gesehen, ist also der theologische Ausgangspunkt für das Verständnis des Sinai-"Geschehens" das spätere Selbstverständnis Israels vom Exklusivverhältnis zwischen *Jahwäh* und ihm. Und so sollten wir als christliche Theologen das Alte Testament als *Israels Heilige Schrift* achten, das Zeugnis davon gibt, wie der Gott der Welt, der Gott der ganzen Menschheit, Israel als sein Volk auserwählt hat. Es war immer die Überzeugung der Kirche Jesu Christi, daß der Gott, der dieses besondere Verhältnis zum Volke Israel geschaffen hat, zugleich der Vater Jesu Christi ist. Israel hat diesen Gott als seinen Gott im Laufe seiner Geschichte als begnadenden Gott und richtenden Gott erfahren. Man mag aus einer modernen Plausibilität heraus dieses exklusive Verhältnis als nicht akzeptabel, nicht überzeugend bewerten. Aber wer wirklich *geschichtlich* denkt, wer darum weiß, daß Geschichtlichkeit essentiell *das Besondere* ausmacht, der wird nicht durch das für viele so plausible, freilich gedanklich erdachte Konstrukt eines neutralen Gesamtmenschheitsgotts angefochten. Gibt es nämlich ein geschichtliches Wirken Gottes in der Menschheit, so kann es eigentlich nicht verwundern, wenn dieser Gott für sein Heilswirken ein ganz bestimmtes Volk aus-

---

[9] Dativ!

wählt, wodurch ein *geschichtlicher* Ansatz für Gottes soteriologisches Wirken gegeben ist, das sich später auf die ganze Menschheit erstreckt. Der Christ geht also davon aus, daß die Geschichte Israels der geschichtliche Ort ist, an welchem sich Gott in Wort und Tat offenbart. Christliche Theologie sieht sich somit vor die Aufgabe gestellt, das Zueinander von Gottes Offenbarungen innerhalb der Geschichte Israels und Gottes einmaliger Offenbarung in Jesus Christus zu reflektieren.

Der christliche Theologe hat aber dann Gottes Selbstoffenbarung an Israel als die diesem und nur diesem Volke geltende Offenbarung zu respektieren. Natürlich, er kann und er soll mitsprechen, was aufgrund kritischer Geschichtsforschung zur Geschichte Israels zu sagen ist. Er darf sagen, daß das Sinaiereignis kein geschichtliches Ereignis war. Er darf sagen, daß Gottes Selbstoffenbarung in Jesus Christus in einem ganz anderen Sinne ereignete Geschichte war als das, was sich hinter der Sinaierzählung des Pentateuchs verbirgt. Er muß aber das Alte Testament, sofern es die Heilige Schrift des Volkes Israel ist, in der *Jahwähs Exklusivverhältnis* zu diesem Volke ausgesprochen ist, als Eigentum eben dieses Volkes voll respektieren. Von ihrem Literalsinn her gehört die *Biblia Hebraica*, dann aber auch die *Septuaginta*, zunächst allein dem Volke Israel, mag auch in ihr ein universales Heilsverständnis an manchen Stellen aufleuchten. Amos hat die Verbannung nach Assur dem Nordreich Israel angesagt (7,17), nicht aber christlichen Franzosen, Italienern oder Deutschen! Hosea hat die Liebe *Jahwähs* zu Israel eben nur diesem Volke Israels im Namen Jahwähs zugesagt (11,8f). *Diese Liebe Gottes ist keinem Niedersachsen, keinem Hessen oder Rheinländer zugesagt.* Wer Hosea *als* den damaligen Propheten Hosea meint, darf nicht diese Worte einfach *per analogiam* auf sich beziehen. Wer Israels Heilige Schrift *als solche* für sich in Anspruch nimmt, hat die Eigenaussage dieses Buches verfälscht und - sagen wir es so in aller Deutlichkeit und Unverblümtheit - Israel dadurch seiner Bibel beraubt! *Die Heilige Schrift Israels ist nicht eo ipso das Alte Testament der Christen!* Und wer heute auf den Kunstgriff verfällt, statt vom Alten Testament lieber von der *Biblia Hebraica* oder vom *Ersten Testament* zu sprechen, um dadurch den Juden entgegenzukommen und so einen Akt christlichen Antijudaismus zu vermeiden, der ignoriert das Faktum, daß bereits seit den ersten christlichen Predigten und seit der Existenz des Neuen Testaments die Heilige Schrift Israels durch eine *christliche Hermeneutik* eine völlig andere Aussagerichtung erhalten hat. Diese Hermeneutik setzt vor die Schrift das christologische Vorzeichen und verwandelt somit Israels Heilige Schrift in das Alte Testament. Abgekürzt und somit ein wenig inkorrekt formuliert: Das *Vetus Testamentum per se*[10] ist als

---

[10] Die Inkorrektheit besteht darin, daß natürlich das "Vetus Testamentum per se" *für*

historische und theologische Größe nicht das *Vetus Testamentum in Novo receptum*.

Wiederum mögen wenige Beispiele symptomatischen Charakters das zuletzt Gesagte erhellen und konkretisieren. Paulus zitiert Röm 9,25f das Prophetenwort Hos 2,23(25); 1,10. Nach dem hebräischen Original von Hos 2,23 spricht Gott dem Volke Israel, dem er zunächst das exklusive Bundesverhältnis aufgekündigt hat, nun doch wieder zu, sein Volk zu sein. Paulus aber *interpretiert* das Gotteswort wie folgt (ich paraphrasiere): "Ich werde die Heiden (!), die nicht mein Volk waren, als mein Volk berufen." Und in der Konsequenz *interpretiert* er Hos 1,10LXX: "Anstelle, *en to tópo*, des Volkes Israel werden die Heiden als Söhne des lebendigen Gottes berufen werden." Hosea (korrekt: Deutero-Hosea) wollte aber in Hos 2,1MT sagen: "[Zur Heilszeit] wird man da, *bimqôm*, wo man ihnen sagte 'Ihr seid nicht mein Volk', nun wiederum sagen: 'Söhne des lebendigen Gottes'." Deutlicher als an dieser Stelle innerhalb des *corpus propheticum* kann das Auseinanderklaffen von *Vetus Testamentum* und *Vetus Testamentum in Novo receptum* nicht sein! Oder man schaue auf Dtn 27,26LXX in Gal 3,10! Dtn 27,26MT ist Abschluß des Sichemitischen Dodekalogs; daß seine Bestimmungen in der Regel eingehalten werden, ist hier klar vorausgesetzt. Paulus zitiert jedoch den Satz innerhalb einer Argumentation, die beweisen soll, daß die in Dtn 27,26 ausgesprochene Forderung von keinem einzigen erfüllt wird. Also auch hier wieder eine fast totale Differenz zwischen *Vetus Testamentum* und *Vetus Testamentum in Novo receptum*. Es ist also offenkundig, daß es eine Reihe von Fällen gibt - und zwar an neuralgischen Stellen neutestamentlicher Theologie! - , wo diese Differenz in inhaltlicher Hinsicht gravierend ist. Wenn aber *Peter Stuhlmacher* sagt, meine Unterscheidung sei kanongeschichtlich und hermeneutisch gleich problematisch[11], so verstehe ich allein schon vom logischen Standpunkt aus diese Kritik nicht. Wenn nach dem Satz des Widerspruchs gilt "*A non est non-A*", wieso gilt dann doch wiederum "*A est non-A*"? Wenn er gegen meine Unterscheidung ins Feld führt, daß sie den neutestamentlichen Autoren fremd gewesen sei, so hat er einen in etwa (nicht ganz!) zutreffenden Sachverhalt genannt. Aber es geht doch gar nicht darum, ob die neutestamentlichen Autoren *bewußt* eine solche Differenz vornahmen, sondern

---

Israel kein *Vetus* Testamentum ist. Um der Griffigkeit der Formulierung willen sei aber diese Ungenauigkeit als quantité négligeable betrachtet. Wer ganz genau distinguieren will, möge von der Differenz Scriptura Sacra populi Israel und Vetus Testamentum id est Scriptura Sacra populi Israel in Novo Testamento recepta sprechen.

[11] Biblische Theologie des Neuen Testaments I 37.

ob sie es *faktisch* taten! Und letzteres ist nun einmal unbestreitbar der Fall.[12]

6. Inhaltliche Differenz?

Die Unterscheidung von *Vetus Testamentum* und *Vetus Testamentum in Novo receptum* ist zunächst einmal eine hermeneutisch gebotene Unterscheidung, deren Begründung ich im Laufe dieser Darlegungen bereits genannt habe. *Die Unterscheidung impliziert aber nicht notwendig eine essentielle inhaltliche Differenz!* Vielmehr ist in jedem Einzelfall zu prüfen, ob der formal vorgegebenen Unterscheidung auch ein inhaltlich gravierender Widerspruch entspricht. Gerade in programmatischen neutestamentlichen Aussagen läßt sich immer wieder (nicht immer!) eine weitgehende inhaltliche Übereinstimmung von Vetus Testamentum und Vetus Testamentum receptum aufweisen. So hat, um nur ein gewichtiges Beispiel zu nennen, Paulus in Gal 2,16 (und Röm 3,20) 142,2 zitiert, wenn auch nicht als formelles Zitat mit *formula quotationis*. Er hat zwar in den Psalmentext die Worte *ex érgon nómoy*, "aus Werken des Gesetzes", eingefügt. Aber in Ps 142 (143) ist, vor allem, wenn man auch noch den Kontext zu V. 2 mitberücksichtigt, zumindest im Prinzip bereits die paulinische Antithese von Gal 2,16 ausgesprochen. Unbestreitbar läßt dieser Psalm sowohl in seiner hebräischen als auch in seiner griechischen Version ein Gerecht-Werden und folglich auch ein Gerecht-Sein durch Werke des Gesetzes nicht zu. Was Paulus somit getan hat, ist, daß er die Aussage des Psalms in einen messianisch-soteriologischen Horizont hineingestellt und sie so christologisch präzisiert, sie somit inhaltlich erweitert hat.[13]

---

[12] *Erich Zenger* (Am Fuß des Sinai. Gottesbilder des Ersten Testaments, Düsseldorf 1993, 74) behauptet, die von mir getroffene Unterscheidung sei "blanker Markionismus", wobei dieser schon im Vorwort als der Versuch definiert wird, "Kirche und Bibel judenfrei zu machen". Der so vorgetragene Vorwurf des Markionismus unterstellt mir damit eine Haltung, die dem nationalsozialistischen Programm entspricht. Des weiteren unterstellt mir Zenger, es gehe mir in meiner Fragestellung um die "Irrelevanz des Alten Testamentes" (S.74, Anm. 58). Daß ich keinesfalls eine solche Irrelevanz intendiere, geht aus all meinen Schriften hervor. Mit Nachdruck weise ich daher derartig diffamierende und in der Sache wurzelhaft falsche Unterstellungen und Anschuldigungen zurück.

[13] Ausführlicher Nachweis *H. Hübner*, Biblische Theologie des Neuen Testaments II: Die Theologie des Paulus und ihre neutestamentliche Wirkungsgeschichte, Göttingen 1993, 64ff.

7. Die Altes Testament gewordene Schrift Israels

Sieht es nun so aus, als seien wir am Ende unserer Ausführungen angelangt? Das ist jedoch noch nicht der Fall. Denn, was *Vetus Testamentum in Novo receptum* heißt, ist noch nicht hinreichend erklärt. Und zudem sind die theologischen Konsequenzen noch nicht bedacht. Nimmt man die Wendung *Vetus Testamentum in Novo receptum* für sich, so kann sie durchaus suggerieren, es gehe um das Verhältnis der beiden Testamente, also um das Verhältnis zweier Heiliger Schriften zueinander. Aber kein einziger neutestamentlicher Autor hat sich als Autor des Neuen Testaments verstanden! Als Paulus seinen Galaterbrief oder seinen Römerbrief diktierte, da wollte er kein Konkurrenzunternehmen zum Alten Testament, zur *graphé*, betreiben. Seine Briefe waren Schreiben *ad hoc*, nicht mehr, freilich aber auch nicht weniger. Letzteres besagt, daß sie mit dem Anspruch apostolischer Autorität geschrieben wurden, also mit dem Anspruch der Autorität des Wortes Gottes, des Kerygmas, des Evangeliums. Und insofern besteht immerhin ein *Gefüge konkurrierender Autoritäten*: Die Schrift, die das Kerygma als Wort Gottes erweist. Und das Kerygma, das mit seiner Autorität die Schrift als das verheißende Wort Gottes deutet. Zunächst war also Israels Schrift *Scriptura Sacra* in *praedicatione Christiana recepta* geworden. Die Schrift besaß in den Augen der ersten Verkünder des Evangeliums natürlich die Autorität des verheißenden Gottes; eigentlich bestimmend für die Tätigkeit der Kirche war aber ihr mündlich gepredigtes Evangelium. Im strengen Sinne des Wortes kann aber von *Vetus Testamentum in Novo receptum* erst gesprochen werden, seit es die theologische Größe des Novum Testamentum gab.

Schauen wir auf unsere Ausführungen zurück, so dürfte eines deutlich geworden sein. Wer Biblische Theologie als gemeinsame Theologie der beiden literarischen Größen Altes und Neues Testament konzipieren will, greift zu kurz. Natürlich, es geht *auch* um das theologische Verhältnis beider Schriftencorpora zueinander, wofür auch das historische Verhältnis beider Größen konstitutiv ist. Allerdings kann es keinesfalls das Ziel einer Biblischen Theologie sein, eine für beide Testamente einheitliche Theologie zu entwerfen. Eine solche Theologie wäre aus historischen, literarischen und theologischen Gründen ein wirklichkeitsfernes Phantom. Biblische Theologie kann nur, wenn sie *christliche* Theologie sein will, als Biblische Theologie des *Neuen Testaments* konzipiert werden. Und das meint, die Rezeption des Alten Testaments durch die neutestamentlichen Autoren aufzuzeigen und theologisch zu reflektieren. Zwar kann das Neue Testament niemals als Kriterium für das Verstehen des Alten Testaments gewertet werden. Auch für das Alte Testament gilt

Luthers Satz *Scriptura sacra sui ipsius interpres.* Und das heißt, daß das Alte Testament aus sich selbst zu interpretieren ist und nicht, soll es wirklich das sein, was es aus sich, von einem neutestamentlichen Vorverständnis her. Theologisch ist aber vor das Alte Testament, wenn es Teil der christlichen Bibel *geworden ist,* das christologische Vorzeichen zu setzen. Aber durch dieses Geworden-Sein ist es eben in theologischer Hinsicht etwas anderes, als was es zuvor aus sich selbst war.

8. Das eigentliche Problem: Synagoge und Kirche

So weit also derjenige Partialaspekt der Biblischen Theologie, der das Verhältnis von *Vetus Testamentum* und *Novum Testamentum* als das Verhältnis zweier literarischer Corpora thematisiert. Entscheidender ist nun, daß das Bemühen um eine Biblische Theologie, die aus theologischen Gründen als Biblische Theologie des Neuen Testaments entworfen werden *muß,* das Verhältnis von *Synagoge* und *Kirche* thematisch werden lassen muß, das Verhältnis nämlich von Israel und Kirche. Die Kirche ist dabei der unbedingte *theologische* Ausgangspunkt, die Synagoge der in chronologischer Hinsicht *historische.* Beide Gemeinschaften verstehen sich als geistliche Wirklichkeiten. Somit ist Israel jene Gemeinschaft, in der sich *Jahwäh* als ihr Gott, als Gott ihres Volkes, ihrer Nation geoffenbart hat. In dieser geistlichen Gemeinschaft von Jahwäh und Israel hat sich *Jahwäh*, vor allem durch Prophetenworte, mit seinem göttlichen Ich geoffenbart und durch diese Personoffenbarung, durch diese Selbstoffen-barung Israel als das Israel Gottes konstituiert. Man mag fragen, ob von daher nicht auch ein gewisses Recht besteht, die verschiedenen Offenbarungsakte im Laufe der Geschichte Israel unter einem einheitlichen Gesichtspunkt zu sehen und so von *der* Selbstoffenbarung Gottes gegenüber Israel zu sprechen. Diese chronologisch erste Selbstoffenbarung ist in mancher - aber eben nur mancher! - Beziehung *offen auf* Gottes Selbstoffenbarung in Jesus Christus. Mit dieser endete das soteriologische *Prae* Israels; Gottes Selbstoffenbarung gegenüber der ganzen Menschheit negiert somit das in der Bundesformel ausgesprochene Exklusivverhältnis "*Jahwäh,* der Gott Israels - Israel das Volk *Jahwähs*". Jetzt heißt es vielmehr "Der Vater Jesu Christi, der Gott der Kirche (und somit der Gott für die ganze Menschheit) - die Kirche, das Volk des Vaters Jesu Christi". Biblische Theologie ist dadurch christliche Theologie, daß sie Theologie im Raume der Kirche ist. *Ohne Kirche keine Theologie*! Die Kirche als geistliche Gemeinschaft, als

"Leib Christi" ist das unabdingbare Fundament aller Theologie. Biblische Theologie bedenkt Israel als das von Gott initiierte und darin *geschichtliche Woher* der Kirche. Biblische Theologie bedenkt aber die Kirche in ihrer geistlichen Realität, die im Heilsgeschehen von Karfreitag und Ostern gegründet ist. In diesem alle soteriologische Realität Israels hinter sich lassenden Geschehen ist die Kirche die *allein* (durch Wort und Sakrament) das Heil vermittelnde Wirklichkeit - nicht aber aufgrund ihrer empirischen Daseinsweise, sondern als der Ort des heilswirkenden Christus.[14] Von der Kirche als dem "Leib Christi" her ist sogar die Formel *sola ecclesia* theologisch gerechtfertigt, denn sie ist der geistliche Ort des *solus Christus* und des *sola gratia*.

9. Theologiae secundaritas!

Doch wir sind immer noch nicht am Ende unserer Argumentationssequenz. Entscheidendes ist noch nicht gesagt. Theologie ist, wie wir sahen, Reflexion des Glaubens, der seinerseits seinen Seinsgrund in der Offenbarung Gottes, besser: im sich offenbarenden Gott hat. *Theologie ist von daher immer etwas Sekundäres*, die *Reflexion ist nicht die Sache selbst*. Und so hat Theologie als theologische Reflexion der Selbstoffenbarung Gottes das Ziel, dem Menschen, der ein denkendes Wesen ist, eben aufgrund dieses seines Denken-Könnens tiefer zum glaubenden Verstehen bzw. verstehenden Glauben zu führen. Weil der Glaubende denkender Mensch ist, führt sein Glaube notwendig zur Theologie (*fides quaerens intellectum*) - nicht nur der wissenschaftlichen Theologie! -, weil aber der theologisch reflektierende Christ jenes Wesen ist, von dem Augustinus sagt "*Tu nos fecisti ad te, et cor nostrum inquietum est, do-*

---

[14] S. z.B. *R. Bultmann*, Die Bedeutung des Alten Testaments für den christlichen Glauben (1933), in: ders., Glauben und Verstehen I, Tübingen ^{8}1980, 333: "Die Gemeinde, die Kirche, ist nicht eine soziologische Größe, eine durch die Kontinuität der Geschichte verbundene Volks- oder Kulturgemeinschaft, sondern sie wird durch das verkündigte Wort von Gottes Vergebung in Christus konstituiert und ist die Gemeinschaft dieser Verkündigung, des Redens und des Glaubens."; s. auch *ders.*, Theologie des Neuen Testaments, 9. Auflage, durchgesehen und ergänzt von O. Merk, Tübingen 1984, 308: "Im Worte ist also das Heilsgeschehen präsent ... Ist in ihm das Heilsgeschehen präsent, so gehört es selbst mit zu diesem, es ist mit ihm zugleich in der *diakonía tés katallagés*, als *lógos tés katallagés* gestiftet worden (2Kor 5,18f, ...). In ihm geschieht also das eschatologische Geschehen; der eschatologische *kairós euprósdektos*, die *heméra sótérias*, von Jes 49,8 geweissagt, ist Gegenwart in dem *nym*, da das Wort den Hörer trifft (2Kor 6,2, ...)."

nec requiescat in te", deshalb weist Theologie über sich hinaus, führt zum vertieft verstandenen Glauben und zu einem tiefer erfaßten *esse coram Deo*. *Glaube ist auf Theologie aus, Theologie aber wiederum auf Glauben.* Das *esse coram Deo*, und zwar gerade im glaubenden Selbstverständnis erfaßt - das ist alttestamentliches Erbe *par excellence*! Und so ist glaubende Existenz die aus existentieller Daseinsweise und zugleich im Wesen der Kirche begründete Prolongation des Geschehens der Selbstoffenbarung Gottes.[15]

Einschlägige Veröffentlichungen des Autors (in Auswahl):

Das Gesetz in der synoptischen Tradition, Göttingen ²1986 (Witten ¹1973)
Das Gesetz bei Paulus. Ein Beitrag zum Werden der paulinischen Theolgie (FRLANT 119), Göttingen ³1982 (¹1978)
Pauli theologiae proprium: NTS 26 (1979/80) 445-473
Art. *alétheia*: EWNT 1 (1980) 138-145
Art. *graphé*: EWNT 1 (1980) 628-638
Art. *nómos*: EWNT 2 (1981) 1158-1172
Biblische Theologie und Theologie des Neuen Testaments. Eine programmatische Skizze: KuD 27 (1981) 2-19
Der "Messias Israels" und der Christus des Neuen Testaments: KuD 27 (1981) 217-240
Sühne und Versöhnung. Anmerkungen zu einem umstrittenen Kapitel Biblischer Theologie: KuD 29 (1983) 284-305
Gottes Ich und Israel. Zum Schriftgebrauch des Paulus in Röm 9-11 (FRLANT 136), Göttingen 1984
Rudolf Bultmann und das Alte Testament: KuD 30 (1984) 250-272
Biblische Theologie des Neuen Testaments, Bd. I: Prolegomena, Göttingen 1990; Bd. II: Die Theologie des Paulus und ihre neutestamentliche Wirkungsgeschichte, Göttingen 1993, Bd. III: Hebräerbrief, Evangelien, Offenbarung, Epilegomena, Göttingen 1995
Rechtfertigung und Sühne bei Paulus. Eine hermeneutische und theologische Besinnung: NTS 39 (1993) 80-93
Offenbarungen und Offenbarung. Philosophische und theologische Erwägungen zum Verhältnis von Altem und Neuem Testament, in: S. Pedersen (Hg.), New Directions in Biblical Theology. Paper of the Aarhus Conference, 16-19 September 1992 (NT.S 76), Leiden u.a. 1994, 10-23

---

[15] S. neuestens *H. Hübner*, Offenbarungen und Offenbarung. Philosophische und theologische Erwägungen zum Verhältnis von Altem und Neuem Testament, in: New Directions in Biblical Theology. Paper of the Aarhus Conference, 16-19 September 1992, Ed. by S. Pedersen, Leiden/New York/Köln 1994, 10-23, und *ders.*, Eine moderne Variante der mittelalterlichen Lehre vom vierfachen Schriftsinn: Vetus Testamentum und Vetus Testamentum in Novo receptum, in: Schrift Sinne. Exegese, Interpretation, Dekonstruktion, hg. von P. Chiarini und H.D. Zimmermann (Schriftreihe des Forum Guardini 3), Berlin 1994, 54-64.

Gesamtbiblische Theologie

Eine offene Diskussion

Otto Merk

"Das Projekt Biblische Theologie, verstanden als Zusammenschau beider Testamente, gehört zu den großen Gegenständen, die das Bild der theologischen Arbeit am Ausgang dieses Jahrhunderts bestimmen".[1] Dem kann hinzugefügt werden: "Biblische Theologie ist der Verdacht oder die Hoffnung, daß eine solche sich lohnen könnte".[2] Dies gilt bis in die Gegenwart. Die seit den 60er Jahren diskutierte Fragestellung, die nach vielfach kontrovers erörterten Anfragen und (Vor-) Überlegungen jetzt zu ersten Gesamtdarstellungen im Bereich neutestamentlicher Forschung geführt hat, ist in der methodischen und theologischen Durchführung und Zielsetzung nicht nur bei den Befürwortern einer '(Gesamt-) Biblischen Theologie' teilweise untereinander strittig, sondern hat auch die Argumente derer, die diesem Projekt ebenso aus methodischen wie theologischen Gründen kritisch gegenüberstehen, nicht verstummen lassen. Die Vielzahl der Fragestellungen und divergierenden Meinungen ist in der Schwierigkeit des Sachanliegens begründet, deren Bewältigung - und wenn möglich Lösungswege zu finden - nicht nur den exegetischen Disziplinen obliegt, sondern Theologie und Kirche insgesamt betrifft.

1. Die Problemstellung

Sollen im folgenden noch einmal einige aus der Diskussion erwachsene Punkte kurz skizziert werden, die die eigene Sicht der anstehenden

---

[1] So *W. Wiefel* in seiner Rez. zu M. Knowles, Jeremiah in Matthew' Gospel, in: ThLZ 119 (1994) 652-654: 652.
[2] So *P. Höffken*, Anmerkungen zur Biblischen Theologie, in: M. Oeming - A. Graupner (Hg.), Altes Testament und christliche Verkündigung. FS A.H.J. Gunneweg, Stuttgart u.a. 1987, 13-29: 13.

Problemlage beleuchten, so kann es nur darum gehen, die verschiedentlich anderen Orts aufgezeigte Breite der Diskussion auf noch heute Relevantes hin zu bedenken und zusammenzufassen. Das Votum von *Peter Höffken* will dabei mitbedacht werden, denn es zeigt Grundfragen der Diskussion auf: "Eine biblische Theologie sollte ... nicht von einem Grundprinzip her entworfen werden ... bzw. nicht von einer Zugriffsweise. Sie wird vielmehr den komplexen zwischentestamentlichen Gefügen Rechnung zu tragen haben und das am besten so tun, wenn ausgegangen wird von einer genauen Bestimmung dessen, was im NT als zentrales, neues Geschehen zwischen Gott, Israel und Menschheit auf vielfältige Weise ausgesprochen, bekannt und ausgelegt wird. Dieses Geschehen wird aber immer wieder neu und rückgebunden an das, was damit überhaupt sachlich erst zum *Alten* Testament werden kann. Das geschieht in Diastasen wie Synthesen, die immer auf die Christologie hin angelegt sind".[3] Es geht um das Proprium des Neuen Testaments, das vielfach eingebettet ist in (gesamt-)biblische Bezüge und doch zugleich das entscheidende Novum darstellt, in dem begründet liegt, von diesem Neuen her, wie immer dies im einzelnen zu entfalten und zu interpretieren ist, die 'Schrift' zu erschließen.[4] Denn - und das ist schon hier festzuhalten -: "Es geschieht nichts weniger als die Neuaneignung des längst ergangenen und längst bekannten Gotteswortes aufgrund der jetzt ergehenden Verkündigung eines neuen eschatologischen Heilshandelns Gottes. Durch dieses Handeln Gottes sah sich die frühe Christenheit an die Schrift gewiesen, aber so, daß sie sich dazu berechtigt und genötigt sah, die Schrift jetzt in ganz anderer Weise zu lesen als zuvor".[5] Die heutige Problematik einer Biblischen Theologie ist auf ihre Weise bereits den Ausführungen der neutestamentlichen Autoren inhärent, weil ihr Zeugnis von Gottes eschatologischem Handeln im Christusgeschehen das Neue bekundet, das Bisheriges zum Alten macht. Ist dieser Sachverhalt auch unter gesamtbiblischem Aspekt der Erfassung des 'Bibli-

---

[3] Ebd. 26.
[4] Vgl. unter sehr verschiedenen Aspekten: *D.-A. Koch*, Die Schrift als Zeuge des Evangeliums. Untersuchungen zur Verwendung und zum Verständnis der Schrift bei Paulus (BHTh 69), Tübingen 1986; *P.-G. Klumbies*, Die Rede von Gott bei Paulus in ihrem zeitgeschichtlichen Kontext (FRLANT 155), Göttingen 1992, 22ff. 237ff. 243ff; *D. Sänger*, Die Verkündigung des Gekreuzigten und Israel. Studien zum Verhältnis von Kirche und Israel bei Paulus und im frühen Christentum (WUNT 75), Tübingen 1994.
[5] *D.-A. Koch*, Die Überlieferung und Verwendung der Septuaginta im ersten nachchristlichen Jahrhundert. Aspekte der neueren Septuagintaforschung und deren Bedeutung für die neutestamentliche Exegese, in: D.-A. Koch - H. Lichtenberger (Hg.), Begegnungen zwischen Christentum und Judentum in Antike und Mittelalter. FS H. Schreckenberg, Göttingen 1993, 215-244: 244.

schen' im Verlaufe der Kirchen- und Auslegungsgeschichte und nicht zuletzt durch die orthodox-kirchliche Auslegung selbst immer wieder verschüttet gewesen, spätestens mit dem Aufkommen der 'Biblischen Theologie' als einer eigenständigen (Teil-) Disziplin ist er unverkennbar im Blick.

a) Die theologische Leistung der Unterscheidung zwischen der alttestamentlichen und neutestamentlichen Theologie

Hier knüpften Überlegungen für das (neue) Programm einer wiederzugewinnenden 'Biblischen Theologie' an, als eine von *Hans-Joachim Kraus* (mit Zustimmung anderer) herausgestellte Prämisse zunächst (in den 70er Jahren) deutlich in den Vordergrund rückte: Die zu fordernde 'Biblische Theologie' müsse als die heute unausweichliche Antwort auf einen wissenschaftlichen Fehlschlag und die daraus sich ergebende verhängnisvolle Entwicklung seit den Begründern der Disziplin gesehen werden. Mit der arbeitstechnischen Aufteilung in eine Theologie des Alten Testaments und eine Theologie des Neuen Testaments "ist gar nicht zu verkennen, daß sich in diesen Vorgängen die Züge einer das Judentum abwertenden, deklassierenden und nicht selten perhorreszierenden Gesamteinstellung zeigen - einer Einstellung, die in der alttestamentlichen Wissenschaft, ja der gesamten Theologie, nicht ohne Folgen geblieben ist".[6] Ohne daß hier eine forschungsgeschichtlich Einzelheiten aufarbeitende Beurteilung erfolgen kann,[7] ist im Hinblick auf diese heute von den Vertretern einer Biblischen Theologie sehr viel zurückhaltender angegangene Prämisse festzuhalten: Sowohl *Johann Philipp Gabler* (1753-1826), der durch seine Altdorfer Antrittsrede vom 30. März 1787[8] den entscheidenden Anstoß zu einer von der kirchlichen Dogmatik unabhängigen Bearbeitung der Theologie der beiden Testamente gab, als auch

---

[6] *H.-J. Kraus*, Probleme und Perspektiven Biblischer Theologie, in: K. Haacker u.a., Biblische Theologie heute. Einführung - Beispiele - Kontroversen (BThSt 1), Neukirchen-Vluyn 1977, 97-124: 103f.

[7] Vgl. zum Folgenden und zu Einzelnachweisungen meine unten unter "Veröffentlichungen" angeführten Beiträge.

[8] *J.Ph. Gabler*, Kleinere theologische Schriften, hg. v. Th.A. Gabler u. J.G. Gabler, Bd. II, Ulm 1831, 179-198; Übersetzung bei *O. Merk*, Biblische Theologie (s.u. "Veröffentlichungen") 273-284; Wiederabdruck (mit leichten Kürzungen), in: G. Strecker (Hg.), Das Problem der Theologie des Neuen Testaments (WdF 367), Darmstadt 1975, 32-44; englische Übersetzung bei *J. Sandys-Wunsch - L. Eldredge*, J.P. Gabler and the Distinction between Biblical and Dogmatic Theology: Translation, Commentary, and Discussion of his Originality: SJTh 33 (1980) 133-158.

Georg Lorenz Bauer (1755-1806), der als erster eine je gesonderte "Theologie des alten Testaments" (1796) und eine "Biblische Theologie des Neuen Testaments" (1800-1802) vorlegte, haben diese Einschätzung bereits *de facto* durch ihre Überlegungen und Begründungen im Anfangsstadium der Disziplin widerlegt. Nicht nur ihre hermeneutisch hochbedeutsame Einsicht in das stete Ineinandergreifen von Rekonstruktion und Interpretation ist der Sicht von *H.-J. Kraus* abträglich, mehr noch: Durch die Erarbeitung der 'Biblischen Theologie des Neuen Testaments' wird durch die Begründer der Disziplin die bleibende Bedeutung des Alten Testaments in notwendiger Beziehung beider Testamente zueinander gezeigt. Denn nach *G.L. Bauer* - und hier durchaus im Sinne *Gablers* - umfaßt die historisch-kritisch bearbeitete 'Biblische Theologie' die Gesamtaufgabe dieser Teildisziplin der Bibelwissenschaften: 'Theologie des Alten Testaments' und 'Theologie des Neuen Testaments' erhalten ihr Eigenrecht in ihrer von dogmatischer Umklammerung befreiten historisch eruierten Unterscheidung, die zugleich ihr Bindeglied darstellt. Der Begriff 'Biblische Theologie' geht in die historisch-kritische Bearbeitung alttestamentlicher wie neutestamentlicher Theologie ein, in ihr spiegelt sich das Ergebnis, das mit der Herausarbeitung der Epochen, Gestalten, Bezugnahmen und Strukturvergleichungen in beiden Testamenten gewonnen wurde. Darum kann der Begriff 'biblisch' entfallen, er ist eingebettet, historisch-kritisch bedacht und methodisch in den jeweils erfolgten Bearbeitungen der 'Theologie des Alten Testaments' und 'Theologie des Neuen Testaments' in der Sache reflektiert.[9] Die wissenschaftsgeschichtliche Erforschung der 'Theologie des Alten Testaments' und 'Theologie des Neuen Testaments' macht es offenkundig: Es geht in dieser Teildisziplin im Vollzug um die Auflösung der 'Biblischen Theologie' und der durch die Dogmatik gegebenen übergeordneten Ein-heit von Altem und Neuem Testament. Doch weder diese Trennung selbst noch die ihr dienende historisch-kritische Methode haben zu einer Abwertung oder gar Deklassierung im Sinne von *H.-J. Kraus* und anderen beigetragen und den Begriff 'biblisch' entwertet. Dieser Begriff ist vielmehr in den Verstehenshorizont historisch-kritischer Methodik und Forschung eingegangen. Undifferenzierte Pauschalurteile und auf forschungsgeschichtlichen Defiziten beruhende Feststellungen schaden dem interdisziplinären Gespräch, das erfreulicherweise über gesamtbiblische Fragestellungen in den letzten beiden Jahrzehnten in Gang gekommen

---

[9] Vgl. z.B. *G.L. Bauer*, Theologie des alten Testaments oder Abriß der religiösen Begriffe der alten Hebräer. Von den ältesten Zeiten bis auf den Anfang der christlichen Epoche. Zum Gebrauch akademischer Vorlesungen, Leipzig 1796, IIIff; *ders.*, Biblische Theologie des Neuen Testaments, Bd. I, Leipzig 1800, III-X. 3-12.

ist. Deshalb sehe ich in wissenschaftsgeschichtlichen Nachweisungen eine besondere Aufgabe, zur Klärung und Entkrampfung der Diskussion beizutragen.

b) Die Relevanz historisch-kritischer Exegese

Enger als meist angenommen hängt eine zweite Prämisse mit der angeführten zusammen, von *H.-J. Kraus* wesentlich angestoßen[10] und von nicht wenigen Vertretern einer (gesamt-) biblischen Theologie in verschiedenen Modifikationen aufgegriffen: Die Infragestellung oder zumindest Hintanstellung der historisch-kritischen Methode als des Instrumentariums, mit dessen Hilfe der Niedergang des 'Biblischen' gefördert wurde und werde, zugunsten einer - wenn auch weit gefaßten - kirchlichen Schriftauslegung. Die Begründer der (Teil-)Disziplin 'Alttestamentliche' wie 'Neutestamentliche Theologie' boten mit ihrer Herausarbeitung des unabdingbaren Ineinanders von Rekonstruktion und Interpretation gerade die Basis für das Verstehen eines historisch fremden und darum zu interpretierenden Textes im immer neu auf ihn Zugehen. Die Geschichte der Auslegung der historisch-kritischen Methode zeigt gewiß Pendelausschläge, sie erlaubt aber nicht, daß sich heutige Kritik an ihr zu punktuell am historistisch überspitzten Verständnis dieser Methode bei *Ernst Troeltsch* orientiert. Vielmehr ist das Sachanliegen historisch-kritischer Methode nicht preiszugeben, nämlich daß in ihrem Vollzug als Unabgeschlossenheit aller exegetischen Arbeit das Sich-Einlassen auf immer wieder fremde Texte als ein Sich-Einlassen auf Vergangenheit der Art geschieht, daß sich darin selbst ein Lebens- und Denkakt für die Gegenwart vollzieht. Unter und in dem methodischen Zugang, der historisch-kritische Forschung ausmacht, läßt sich eine legitime Linie ziehen, die in der Zuordnung von Rekonstruktion und Interpretation konkret die exegetisch zu verantwortende Grundentscheidung für das Selbständigwerden der 'Biblischen Theologie' in eine 'Theologie des Alten Testaments' und eine 'Theologie des Neuen Testaments' gegenüber der Dogmatik ermöglicht hat. Der forschungsgeschichtliche Beitrag zum gegenwärtigen Gespräch über eine '(Gesamt-)Biblische Theologie' erweist sich augenblicklich desto nötiger, je weniger das gewiß hermeneutisch komplexe Ineinander von Rekonstruktion und Interpretation im Sinne der Begründer der Disziplin weiter bedacht wird und 'Biblische Theologie' unter einer kirchlichen und darin weithin 'nachkritischen' Schriftauslegung in das Feld methodisch unkontrollierbarer Beliebigkeit neuer

---

[10] Probleme und Perspektiven Biblischer Theologie (s. Anm. 6) 110.

Zugänge zur Schrift abzugleiten droht. Selbstverständlich zu differenzierende Einzelheiten und Implikationen zwischen Ergänzung und Verdrängung historisch-kritischer Exegese in bibelwissenschaftlicher und kirchlicher Gegenwart können in diesem kurzen Statement nicht erörtert werden. Meine Bedenken gegenüber einer '(Gesamt-)Biblischen Theolo-gie' heutiger Prägung erwachsen jedoch - forschungsgeschichtliche Nachweisungen eingeschlossen - zu einem nicht geringen Teil aus der Sorge um die Schriftauslegung. Im 'Alten Marburg' galt der Grundsatz: Die Aufgabe der historisch-kritischen Arbeit an einem Text ist dann zum Ziel gelangt, wenn sie zur Predigt führt. Das ist in der gegenwärtigen Lage auch im Hinblick auf eine 'Biblische Theologie' neu zu bedenken.

2. Zur Kritik neuerer Konzepte Biblischer Theologie

Die weiteren hier skizzenhaft auszuführenden Punkte ergeben sich einerseits aus den bereits behandelten und berühren andererseits exegetische Entscheidungen, in deren Konsequenz die notwendige Frage nach dem Proprium des Neuen Testaments liegt.

a) Der traditionsgeschichtliche Ansatz Biblischer Theologie bei *Hartmut Gese* und *Peter Stuhlmacher*

Hier ist - schon häufig in die Diskussion gebracht - zunächst der traditionsgeschichtlich zu bezeichnende Ansatz des 'Tübinger Modells' zu nennen, den - auf *Hartmut Geses* Überlegungen gründend - *Peter Stuhlmacher* für (s)eine "Biblische Theologie des Neuen Testaments" umfassend aufgegriffen hat, nämlich in Forderung und Durchführung eine in Fortbewegung auf das Neue Testament hin zugehende, dieses einschließende und in der Einheit des alttestamentlichen/neutestamentlichen Kanons sich dokumentierende Offenbarungsgeschichte Gottes zu konstatieren, die das Unabgeschlossensein und damit die "Prinzipielle(n) Offenheit des Alten Testaments" in sich trägt. Daraus resultiert die (für Stuhlmacher aufgrund zahlreicher Untersuchungen letztlich entschiedene) "Frage", "inwiefern ... nicht wieder" eine "Biblische Theologie zu entwerfen sei"... eine neutestamentliche Theologie, welche zum Alten Testament hin offen ist und den Traditions- und Interpretationszusammenhang von alt- und neutestamentlichen Überlieferungen aufzuarbeiten sucht".[11] Es geht hier nicht, wenn man *Stuhlmachers* "Biblische Theologie des Neuen Testaments" als derzeitigen Stand seiner Überlegungen werten darf, um möglicherweise einzelne, an Begriffen und Motiven festzumachende Traditionslinien, die es selbstverständlich gibt und nicht in Abrede gestellt werden, sondern es geht um das von ihm intendierte Traditionsganze, das nach *H. Gese* "wesentlich eine Einheit", "ein traditionsgeschichtliches Kontinuum" ist.[12]

(1) Das Postulat einer einsträngigen Traditionslinie vom Alten zum Neuen Testament

Dieses seit Beginn der neueren Diskussion um die Wiedergewinnung einer 'Biblischen Theologie' im Raume stehende Problem deckt eine in eine Richtung hin weisende und somit einsträngige Traditionslinie auf, wobei das tragende Gewicht auf dem Traditionsprozeß selbst liegt. Diese belastende Hypothek ist bisher nicht abgetragen worden, so daß *Franz Hesses* frühere, Bedenken äußernde Feststellung noch gegenwärtig gilt: "Die Traditionsbildung im Alten Testament, ungeachtet aller Brüche ein Kontinuum, wird durch die Tradition vom neutestamentlichen Geschehen zu Ende geführt ... Nicht ontologische Strukturen als solche stehen im Mittelpunkt einer biblischen Theologie, vielmehr ein Prozeß, in dem die Offenbarung das jeweils Vorfindliche transzendiert".[13] Meine Kritik richtet sich gegen diese Einlinigkeit, die das Neue Testament zum abschließenden Appendix einer langen Kette macht, da diese Sicht den neutestamentlichen, Gottes endgültiges Handeln bezeugenden Autoren in der Vielstimmigkeit dieses Zeugnisses einer solchen engführenden Einlinigkeit ebenso widerstreitet wie durch das eschatologisch Neue, durch das heraufgeführte Christusgeschehen und somit vom Proprium des Neuen Testaments her Ontologie und Offenbarung erst ihre eigentliche und nicht verengte Bestimmung erhalten.

---

[11] *H. Gese*, Erwägungen zur Einheit der biblischen Theologie, in: ders., Vom Sinai zum Zion. Alttestamentliche Beiträge zur biblischen Theologie (BEvTh 64), München ³1990, 11ff; *P. Stuhlmacher*, Das Bekenntnis zur Auferweckung Jesu von den Toten und die Biblische Theologie, in: ders., Schriftauslegung auf dem Wege zur biblischen Theologie, Göttingen 1975, 128ff. (Zitat S. 138, im Orig. teilweise Sperrdruck); *ders.*, Biblische Theologie des Neuen Testaments. Band 1: Grundlegung. Von Jesus zu Paulus, Göttingen 1992, 1-39.

[12] A.a.O. 14f.30.

[13] *F. Hesse* in seiner Rez. zu H. Gese, Vom Sinai zum Zion, in: ThLZ 102 (1977) 648-650: 650. Wie anders sollte *H. Gese*, a.a.O. 30, zu verstehen sein: "Der Offenbarungsprozeß setzt einen ontologischen Prozeß, der sich in dem Ereignis von Tod und Auferstehung Jesu vollendet".

(2) Die mangelnde Differenzierung der religionsgeschichtlichen Orientierung

Bei diesem traditionsgeschichtlichen Verfahren besonders im 'Tübinger Modell' ist die religionsgeschichtliche Orientierung nicht differenziert genug. Zwar wird nicht mehr - und hier gehe ich über die 'Tübinger' hinaus - völlig einseitig im Alten Testament/Frühjudentum bei aller unbestrittenen Bedeutung desselben[14] der religionsgeschichtliche Boden des neutestamentlichen Gedankengutes gesucht wie zu Anfang der anstehenden Diskussion, doch die hellenistische Welt tritt noch immer ungebührlich in den Überlegungen als Anknüpfungspunkt zurück. Der maßgebende und methodisch zu immer neuen Differenzierungen Anlaß gebende Unterschied von Genealogie und Analogie religionsgeschichtlicher Bezüge ist für Überlegungen zu einer 'Biblischen Theologie des Neuen Testaments' gezielter zu berücksichtigen. Das gilt nicht nur für Begriff und Sache der 'Versöhnung' und der kritisch zu sichtenden Überhöhung des Kultischen im Bereich '(Gesamt-)Biblischer Theologie'[15], sondern grundsätzlich ist auch hier eine Feststellung Werner Georg Kümmels einzubringen: "So wichtig es ist, zum näheren Verständnis etwaigen... Denkens im Neuen Testament sich über die alttestamentlichen und frühjüdischen Voraussetzungen solchen Denkens Klarheit zu verschaffen, so eindeutig muß daran festgehalten werden", "daß ausschließlich aufgrund der neutestamentlichen Texte entschieden werden kann und darf".[16] Religionsgeschichtliche wie theologische Fragestellung treffen sich im Hinterfragen einer '(Gesamt-)Biblischen Theologie' darin, wie das Proprium des Neuen Testaments bei dieser zum Tragen kommt.

---

[14] Vgl. im Überblick *F. Hahn*, Die Bedeutung der frühjüdischen Tradition für die Auslegung des Neuen Testaments, in: Theologie in Jerusalem. 20 Jahre Studienjahr Pro Memoria - Bericht und Auswertung, hrg. v. Dormition Abbey Jerusalem, Theologisches Studienjahr/Deutscher Akademischer Austauschdienst, Bonn 1993, 83-100; s. auch *ders.*, Vielfalt und Einheit des Neuen Testaments. Zum Problem einer neutestamentlichen Theologie: BZ 38 (1994) 161ff.167: "M.E. hat die These *Heitmüllers*, die von *Bultmann* übernommen worden ist, daß zwischen dem 'Kerygma der Urgemeinde' und dem 'Kerygma der hellenistischen Gemeinde vor und neben Paulus' zu unterscheiden sei, ihr gutes Recht und ist methodisch auch verantwortbar".

[15] Statt des hier nicht möglichen Bezugs auf Einzelheiten vgl. *J. Becker*, Die neutestamentliche Rede vom Sühnetod Jesu: ZThK.B 8 (1990) 29-49; *E. Gräßer*, Notwendigkeit und Möglichkeiten heutiger Bultmannrezeption: ZThK 91 (1994) 272-284: 277ff.

[16] *W.G. Kümmel*, Heilsgeschichte im Neuen Testament?, in: ders., Heilsgeschehen und Geschichte, Band 2: Gesammelte Aufsätze 1965-1977, hg. v. E. Gräßer u. O. Merk (MThSt 16) Marburg 1978, 157-176: 169 (dort allerdings auf die Frage der Heilsgeschichte bezogen).

(3) Relativierung des Propriums des Neuen Testaments

Schließlich ist mit der traditionsgeschichtlichen Fragestellung nach wiederum Tübinger Entwurf/Ausarbeitung eng das "(für eine Biblische Theologie konstitutive[n]) Phänomen des kirchlichen Kanons aus Altem und Neuem Testament" verbunden[17], zugespitzt in der Warnung vor einer Orientierung am verengten Kanon des nachbiblischen Judentums und ausgerichtet auf die Kontinuität des Traditionsprozesses, die es erlaube, vom neutestamentlichen Kanon "als maßgebenden Zusatz zum Alten Testament" zu sprechen[18]. Nach der seit den 70er Jahren anhaltenden Diskussion über den Kanon wird bei dieser Sicht in bedenklicher Weise das Proprium des Neuen Testaments relativiert. Denn aus den Bedürfnissen des Urchristentums und der sich konsolidierenden Alten Kirche ist der neutestamentliche Kanon entstanden, der in seiner Zweiteilung in Evangelien und Apostelteil das unüberbietbare Neue des Christusgeschehens in seiner Korrelation von Norm und Schrift grundlegend machte und in der Auseinandersetzung mit *Marcion* gesamtbiblische Verantwortung erkannte.[19] Meine Bedenken vornehmlich gegenüber dem 'Tübinger Modell' sind in ihren Einzelheiten wie insgesamt von der Frage begleitet, ob nach ihm das Neue Testament überhaupt eine eigene, im Handeln Gottes gründende, das Heilsgeschehen in Christus letztgültig bezeugende Aussage hat. Das unverwechselbar Eigene des Neuen Testaments, so befürchte ich, ist stark relativiert und damit letztlich auch, daß gerade durch dieses Proprium die 'Schrift' des Urchristentums, das Zeugnis von Gottes vorgängigem Handeln und Reden, verstehend geöffnet wird.

b) Das rezeptionskritische Modell *Hans Hübners*

Unter den sich teilweise deutlich vom 'Tübinger Modell' abhebenden Bemühungen um eine Biblische Theologie ist - hier kann nur verkürzt auf weitere Konzeptionen aus dem Bereich neutestamentlicher Forschung hingewiesen werden - *Hans Hübners* Werk "Biblische Theologie des

---

[17] So *P. Stuhlmacher*, Zum Thema: Biblische Theologie des Neuen Testaments, in: K. Haacker u.a., Biblische Theologie heute (s. Anm. 6) 25-60: 26.

[18] So *P. Stuhlmacher*, Biblische Theologie des Neuen Testaments (s. Anm. 11) 4 (dort Zitat im Sperrdruck).

[19] Vgl. außer den unten angeführten "Veröffentlichungen" *O. Merk*, Art. Bibelkanon, 2. Nt.licher Kanon: EKL ³I (1986) 470-474; bzgl. 'Marcion' zuletzt bestritten von *W. Schmithals*, Theologiegeschichte des Urchristentums. Eine problemgeschichtliche Darstellung, Stuttgart u.a. 1994, 291. Wichtige Positionen sind erfaßt im Sammelband "Zum Problem des biblischen Kanons" (JBTh 3), Neukirchen-Vluyn 1988.

Neuen Testaments" der am weitesten durchgefeilte Entwurf im deutschsprachigen Raum, basierend auf der Bezugnahme auf das Alte Testament und der "Aufarbeitung des theologischen Umgangs der neutestamentlichen Autoren mit der Schrift".[20] Die den Verfasser hier exegetisch-theologisch nötigende Differenzierung von *'Vetus Testamentum per se'* und *'Vetus Testamentum in Novo receptum'* ermöglicht zwar auf den ersten Blick eine beachtenswerte Verklammerung beider Testamente, aber diese Fixierung allein auf den Schriftgebrauch in den neutestamentlichen Zeugnissen verkürzt nicht nur (von ihm selbst hervorgehoben) die theologischen Aussagen und Entfaltungen im Neuen Testament, sondern arbeitet auch mit einer zu modernen, nicht schon im Bewußtsein und in der Glaubensüberzeugung neutestamentlicher Autoren liegenden Unterscheidung. Wichtig aber und dieser Konzeption inhärent ist, daß vom Neuen Testament her differenziert gesamtbiblisch argumentiert wird.

c) Das "Betheler Modell"

Teilweise religionsgeschichtlich zu hinterfragende Vorgaben ermöglichen im einst 'Betheler Modell', "unter der Frage nach der Bewältigung" von "Welterfahrung" die Gegenwärtigkeit alttestamentlich/frühjüdischer, auch allgemein hellenistisch-jüdischer Traditionen und Denkmuster etwa im Bereich "Schöpfung, Anthropologie, Christologie, Soteriologie und Eschatologie" gesamtbiblisch zu reflektieren.[21]
  Die vielfachen Versuche, gesamtbiblische Bezüge aufzudecken, zeigen, wie offen um der Sache willen das Gesamtprogramm bleiben muß.

3. Biblische Theologie und Theologie des Neuen Testaments

Die bisherigen Ausführungen haben es erkennen lassen, worin sich auch meine eigenen Überlegungen zur Sachfrage bündeln: Seit der Diskussion um eine '(Gesamt-)Biblische Theologie' steht die Frage an, wie das Eigengewicht und damit das theologische Proprium in der Botschaft der

---

[20] *H. Hübner*, Biblische Theologie des Neuen Testaments, Band 1: Prolegomena; Band 2: Die Theologie des Paulus und ihre neutestamentliche Wirkungsgeschichte, Göttingen 1990. 1993 (Zitat: Bd. 1, 28, im Orig. im Sperrdruck); zur Sache auch *H. Klein*, Leben neu entdecken. Entwurf einer Biblischen Theologie, Stuttgart 1991, 220ff.

[21] Zuletzt zusammenfassend *U. Luck*, Der Weg zu einer Biblischen Theologie des Neuen Testaments: DtPfrBl 88 (1988) 343-346.

neutestamentlichen Zeugen zur Geltung kommt. Hieran sind die neuen Entwürfe zur 'Biblischen Theologie' zu messen, und hier ist an den Einzelheiten in Rekonstruktion und Interpretation differenzierend und eruierend weiterzuarbeiten. Das Neue Testament bildet nicht lediglich einen wie immer näher bestimmbaren Abschluß eines Traditionsprozesses vom Alten Testament (und Frühjudentum) her, was selbst, wenn dem so wäre, zugleich durch die Vielfalt theologischer Konzeptionen innerhalb der neutestamentlichen Schriften gründlich in Frage gestellt wird. Gottes Eingreifen in diese Welt in der aus völlig freien Stücken erfolgten Sendung seines Sohnes, sein eschatologisches Heilshandeln in Kreuz und Auferweckung ist der bleibende Grund des grundstürzend Neuen, ist endgültiges Handeln, von dem her er uns sein Gottsein, sein Wirken und Reden seit eh und je, bleibend biblisch erschließt.[22] 'Neutestamentliche Theologie' erst ermöglicht 'Biblische Theologie', was vom Heilsgeschehen in Christus her und darin theologisch, christologisch, soteriologisch und in seinen eschatologischen Bezügen im Glauben erfaßt und in das Leben hinein zu durchdenken ist. Eine in diesem Sinne konzipierte 'Neutestamentliche Theologie' "ist in der Lage, das Alte Testament sein zu lassen, was es ist ... Erst wenn wir die Ferne der Testamente voneinander, die uns zwei Jahrhunderte kritischer Forschung vor Augen geführt haben, rückhaltlos anerkennen, dürfen wir auch von ihrer Nähe reden".[23]

Im Ergebnis: Die Diskussion um eine '(Gesamt-)Biblische Theologie' und die bisher vorliegenden Entwürfe haben bei allen offenen Fragen und notwendigen methodischen und theologischen Bedenken ihnen gegenüber doch dazu beigetragen - und darin möchte ich als Neutestamentler den Gewinn der Debatte in den letzten beiden Jahrzehnten sehen -, den Blick für eine 'Theologie des Neuen Testaments' zu schärfen[24], in deren

---

[22] Vgl. auch die in Anm. 4 Genannten; *H. Klein*, Leben (s. Anm. 20); *E. Gräßer*, Der Alte Bund im Neuen. Exegetische Studien zur Israelfrage im Neuen Testament (WUNT 35), Tübingen 1985 (mit vielfachen Hinweisen); *U. Luz*, Paulinische Theologie als Biblische Theologie, in: M. Klopfenstein u.a. (Hg.), Mitte der Schrift. Ein jüdisch-christliches Gespräch (Judaica et Christiana 11), Frankfurt/M. u.a. 1987, 119-147: 121: "Für Paulus ist das Christusgeschehen der Schlüssel zur Bibel" (im Orig. teilweise Sperrdruck).

[23] *R. Smend - U. Luz*, Gesetz (Biblische Konfrontationen. Kohlhammer-Taschenbücher Bd. 1015), Stuttgart u.a. 1981, 142.

[24] Dabei wird man im Rückblick sagen müssen, daß die genannte Fragestellung im bibelwissenschaftlichen Bereich noch unter wesentlich den gleichen Gesichtspunkten im Für und Wider erörtert wird wie seit Beginn der Forderung und Befürwortung einer wiederzugewinnenden '(Gesamt-)Biblische Theologie' und daß eine zum Lehrbuch ausgearbeitete Konzeption derselben, wie z.B. die *P. Stuhlmachers* (s. Anm. 11), geradezu selbstverständlich Sachverhalte aufgreifen muß, die in jeder 'Theologie des Neuen Testaments' notwendigerweise zu behandeln sind.

Bearbeitung allerdings auch frühere Forschergenerationen gesamtbiblisches Bewußtsein vielfach zum Ausdruck brachten. Daß es dabei nur um eine 'Theologie des Neuen Testaments' gehen kann, die vom erfahrenen eschatologischen Heilshandeln Gottes her ihre 'biblische' Grundlage auch hermeneutisch in jener Tiefenschärfe erfaßt, wie sie von den Begründern der Disziplin zumindest inauguriert worden war, wird dabei ebenso kritisch weiterbedenkend heute einzubringen sein, wie in diesem Sinne gegenwärtig *Joachim Gnilkas* bewußt nicht als '(gesamt-)biblisch' konzipierte "Theologie des Neuen Testaments" ein Zeichen setzender Beitrag ist.[25] Seit *J.Ph. Gabler* und *G.L. Bauer* stehen historisch-kritische Forschung und alt- wie neutestamentliche Theologie in stets sich befruchtender und ineinandergreifender Wechselbeziehung. Daraus ergibt sich auch für diese Disziplin ihre Unabgeschlossenheit, die sie mit der theologischen Wissenschaft insgesamt teilt. Sich darauf einzulassen, bleiben Wagnis und Aufgabe zugleich.[26]

Einschlägige Veröffentlichungen des Autors (in Auswahl)

Biblische Theologie des Neuen Testaments in ihrer Anfangszeit. Ihre methodischen Probleme bei Johann Philipp Gabler und Georg Lorenz Bauer und deren Nachwirkungen (MThSt 9) Marburg 1972

Art. Biblische Theologie II. Neues Testament: TRE 6 (1980) 455-477

Gesamtbiblische Theologie. Zum Fortgang der Diskussion in den 80er Jahren: VuF 33 (1988) 19-40

Theologie des Neuen Testaments und Biblische Theologie, in: F.W. Horn (Hg.), Bilanz und Perspektiven gegenwärtiger Auslegung des Neuen Testaments. Symposion zum 65. Geburtstag v. G. Strecker (BZNW 75), Berlin 1995, 112-143

---

[25] Theologie des Neuen Testaments (HThK. Suppl. 5), Freiburg u.a. 1994, 10: "Es wurde hier aber darauf verzichtet, eine Biblische Theologie des Neuen Testaments zu schreiben"; vgl. auch die wichtigen Erwägungen von *F. Hahn*, Vielfalt und Einheit (s. Anm. 14) 161-173.

[26] Nachtrag: Nach Abschluß des Manuskriptes erhalte ich Kenntnis von dem soeben erschienenen Band "New Directions in Biblical Theology. Papers of Aarhus Conference, 16-19 September 1992", hg. v. S. Pedersen (NT.S 76), Leiden u.a. 1994, in dem von verschiedenen Autoren eine Reihe von neutestamentlichen Schriften auf Möglichkeiten und Grenzen einer 'Biblischen Theologie' geprüft wird und einige übergreifende Themen zur Sachfrage zur Sprache kommen.

Kommende Schwerpunkte Biblischer Theologie

Franz Mußner

Zwar habe ich schon vor Jahren für die Festschrift zum zehnjährigen Bestehen der Theologischen Fortbildung Freising einen Beitrag "Der Weg der modernen Exegese (Neues Testament)" verfaßt[1] und dabei diesen Weg an Hand meiner Biographie als Exeget beschrieben, aber die Lernprozesse gingen weiter, und neue Schwerpunkte bildeten sich in meiner Arbeit heraus, die nach meinem subjektiven Dafürhalten beim Aufbau Biblischer Theologie eine wichtige Rolle spielen sollten.

1. Im Bereich der Semantik

Die Formgeschichte alten Stils, wie sie im deutschen Sprachraum vor allem von *Rudolf Bultmann* und *Martin Dibelius* inauguriert wurde, bemühte sich besonders um die Kategorisierung der in der Evangelienschreibung verwendeten "Gattungen" (*genera litteraria*) und fragte nach dem "Sitz im Leben" der kleinen und größeren Einheiten; zugleich gerierte sie sich als "Traditionskritik", exemplarisch vorgeführt vor allem von *Rudolf Bultmann* in seinem klassisch gewordenen Werk "Die Geschichte der synoptischen Tradition".[2] Schon vorher hatte *Karl Ludwig Schmidt* in seinem Werk "Der Rahmen der Geschichte Jesu. Literarkritische Untersuchungen zur ältesten Jesusüberlieferung"[3] Beobachtungen beschrieben, die in Richtung dessen gingen, was man später "Redaktionsgeschichte" ("Redaktionskritik") nannte, angestoßen vor allem von *Willi Marxsen*, "Der Evangelist Markus. Studien zur Redakti-

---

[1] *W. Friedberger - F. Schnider* (Hg.), Theologie - Gemeinde - Seelsorge, München 1979, 95-105.
[2] In 1. Auflage erschienen 1921.
[3] Erschienen 1919.

onsgeschichte des Evangeliums"⁴, und *Hans Conzelmann*, "Die Mitte der Zeit. Studien zur Theologie des Lukas".⁵ Es gab alsbald auch Kritik an der formgeschichtlichen Arbeit am Neuen Testament, so etwa durch *Erich Fascher* in seiner Abhandlung "Die formgeschichtliche Methode. Eine Darstellung und Kritik"⁶, und später vor allem durch *Erhardt Güttgemanns* in seinem Werk "Offene Fragen zur Formge-schichte des Evangeliums. Eine methodologische Skizze der Grundla-genproblematik der Form- und Redaktionsgeschichte"⁷, der die Impulse der modernen Sprach- und Literaturwissenschaft für die Exegese in die Diskussion einbrachte.⁸

Weder Traditions- noch Redaktionskritik sind in der Lage, die semantische Kohärenz eines biblischen Buches in den Blick zu bekommen. Die Traditionskritik versucht, die Frühgestalt einer "kleinen Einheit" in den Evangelien zu erkennen, oft dabei bewegt von der Frage nach der ipsissima vox Jesu in Abhebung von der nachösterlichen Anreicherung und Interpretation einer Jesusüberlieferung. Die Redaktionskritik hat erkannt, daß die Evangelisten wesentlich mehr als "Sammler" des ihnen zugeflossenen Überlieferungsstoffes waren, sondern durch ihre Redaktionsarbeit diesem Material jeweils ihre eigenen Akzente aufsetzten. Beide Methoden haben Großartiges geleistet und leisten es noch, aber sie vermochten kaum, die semantische Kohärenz eines Evangeliums oder eines anderen biblischen Buches in den Blick zu bekommen; dies ist nur möglich durch die Suche nach der "semantischen Achse" eines Literaturwerkes, zu dem auch die Bibel mit ihren vielen "Büchern" zu zählen ist, und durch die Ausschau nach dem "semantischen Universum", in dem sich ein Verfasser bewegt.

Was ist "semantische Achse"?⁹ Nach *A.J. Greimas* ist die "semantische Achse" der gemeinsame Nenner zweier oppositioneller Terme (z.

---

⁴ Erschienen 1956.
⁵ In 1. Auflage erschienen 1954.
⁶ Erschienen 1924.
⁷ Erschienen 1970.
⁸ Vgl. auch *W. Richter*, Formgeschichte und Sprachwissenschaft, in: ZAW 82 (1970) 216-225; *ders.*, Exegese als Literaturwissenschaft. Entwurf einer alttestamentlichen Literaturtheorie und Methodologie, Göttingen 1971; *W. Schenk*, Die Aufgaben der Exegese und die Mittel der Linguistik, in: ThLZ 98 (1973) 881-894. Und viele andere Namen wären hier zu nennen. Hingewiesen sei hier wenigstens noch auf die von *E. Güttgemanns* herausgegebene Zeitschrift "Linguistica Biblica. Interdisziplinäre Zeitschrift für Theologie und Linguistik" (erscheint seit 1970/71).
⁹ Ich folge hier meiner Ausführung in *F. Mußner*, Die Kraft der Wurzel. Judentum - Jesus - Kirche, Freiburg - Basel - Wien ²1989, 46.

B. weiß vs. schwarz; groß vs. klein). Dabei ist von Bedeutung "das Vorhandensein eines einheitlichen Gesichtspunktes, einer Dimension, innerhalb deren sich die Opposition, die sich in Form von zwei extremen Polen einer gleichen Achse präsentiert, manifestiert".[10] So ist z. B. die gemeinsame Dimension der oppositionellen Terme "weiß"/"schwarz": "Farbe". Ich selber habe auf diesem Weg versucht, die "semantische Achse" von Röm 9-11[11] und des Johannesevangeliums[12] zu erkunden, was hier nicht wiederholt werden kann. Damit sollen keineswegs traditionsgeschichtliche Untersuchungen, etwa zum Johannesevangelium, abgelehnt sein, aber das theologische Strukturganze, z. B. wieder des vierten Evangeliums, erschließen sie für den Leser nicht, häufig auch nicht redaktionsgeschichtliche Untersuchungen im bisherigen Stil. Das aber wäre eine wichtige Aufgabe der Exegese.

Was ist "semantisches Universum"?[13] Wie man von einem physikalischen Universum spricht, so heute auch von einem "semantischen Universum".[14] Nach *D. Patte* ist der Glaube eines Glaubenden, ganz gleich, welcher Religion er angehört, "charakterisiert durch ein spezifisches System von Überzeugungen, das als semantisches Universum bezeichnet werden kann. In dieser Phrase zeigt der Term 'Universum' an, daß ein System von Überzeugungen einen Bereich von Wirklichkeit etabliert, in dem die verschiedenen Elemente der menschlichen Erfahrung in einer notwendigen Weise untereinander in Beziehung stehen. Der Term 'semantisch' zeigt an, daß jedes Element dieses Universums so wahrgenommen wird, daß es seinen spezifischen Wert und Vergleich mit den Werten der anderen Elemente erhält."[15] In einem "semantischen Uni-ver-sum" steht also jedes in ihm zu jedem in ihm in Relation und erhält darin seine spezifische Bedeutung, und zwar gilt das nicht bloß für eine

---

[10] *A.J. Greimas*, Strukturale Semantik. Methodologische Untersuchungen, Braunschweig 1971, 15.
[11] Vgl. *F. Mußner*, Die Kraft der Wurzel (s. Anm. 9) 46-48.
[12] Vgl. *F. Mußner*, Die "semantische Achse" des Johannesevangeliums. Ein Versuch, in: H. Frankemölle - K. Kertelge (Hg.), Vom Urchristentum zu Jesus. FS J. Gnilka, Freiburg - Basel - Wien 1989, 246-255. Dabei operiere ich mit dem Endtext des Evangeliums. Vgl. dazu auch *B.S. Childs*, Die theologische Bedeutung der Endform eines Textes: ThQ 167 (1987) 242-251.
[13] Ich folge hier meiner Ausführung in *F. Mußner*, Der Galaterbrief (HThK 9), Freiburg - Basel - Wien [5]1988, 430f.
[14] Vgl. dazu *D. Patte*, Paul's Faith and the Power of the Gospel. A Structural Introduction of the Pauline Letters, Philadelphia 1983. Patte appliziert die strukturale Semantik, wie sie vor allem von Greimas entwickelt worden ist (vgl. dazu meine Anm. 10), auf die Exegese speziell der Paulusbriefe.
[15] Ebd. 21.

(biblische) Erzählung ("Perikope"), sondern auch für die in ihr auftretenden Personen, also für die "Welt", in der sich alles abspielt. So begegnet z. B. in der Verkündigungsperikope (Lk 1,26-38) ein "semantisches Universum", das sich radikal im "Horizont Israel" bewegt und vom "Jahwismus" geprägt ist.[16] Solche Erkundungsfahrt durch das "semantische Universum" eines Buches des Neuen Testaments oder einer Perikope in ihm eröffnet wieder den Blick für das jeweilige "Ganze", läßt das spezifische Kerygma besser erkennen und macht religionsgeschichtliche Urteile möglich, etwa im Hinblick auf angebliche "Analogien".

2. Der Blick des Neutestamentlers auf das Alte Testament

Für Jesus und die Urkirche war das "Alte Testament" (besser: das "Erste Testament"[17]) die "Schrift" ("Schriften"), nach der sie zitierten. Die Urkirche sah darüber hinaus im eschatologischen Christusereignis vielfach die "Erfüllung" altbundlicher Ansagen, Verheißungen und "Typen". Es gab und gibt aber in den christlichen Kirchen immer wieder die Neigung, die Bibel Israels abzuwerten. Dazu konnte schon ihre Bezeichnung als "Altes Testament" verführen, die zu der Meinung verleiten kann: Die Bibel Israels ist veraltet, sei höchstens ein eigentlich entbehrlicher Vorbau zum Neuen Testament, wenn nicht ganz zu verwerfen, wie es bereits im 2. Jahrhundert n. Chr. auf radikale Weise *Marcion* nicht bloß gefordert, sondern realisiert hat, indem er eine eigene Bibelausgabe ohne das Alte Testament schuf. Und im 20. Jahrhundert fragt *Adolf von Harnack* in seinem Buch "Marcion: Das Evangelium vom fremden Gott"[18]: "Hat M.(arcion) nicht wirklich recht gegenüber der großen Christenheit damals und heute noch?"[19], und Harnack vertrat die berühmt-berüchtigte "These": "Das AT im 2. Jahrhundert zu verwerfen, war ein Fehler, den die große Kirche mit Recht abgelehnt hat; es im 16. Jahrhundert beizubehalten, war ein Schicksal, dem sich die Reformation noch nicht zu entziehen vermochte; es aber seit dem 19. Jahrhundert als

---

[16] Vgl. dazu F. *Mußner*, Maria, die Mutter Jesu im Neuen Testament, St. Ottilien 1993, 73-96 (Das "semantische Universum" der Verkündigungsperikope).
[17] Dafür plädiert der Alttestamentler E. *Zenger* in seinem Buch "Das Erste Testament. Die jüdische Bibel und die Christen", Düsseldorf ^{3}1993 (^{1}1991).
[18] Leipzig ^{2}1924.
[19] Ebd. 230.

kanonische Urkunde im Protestantismus noch zu konservieren, ist die Folge einer religiösen und kirchlichen Lähmung".[20]

Andere christliche Theologen gingen und gehen zwar nicht so weit, aber vertraten (und vertreten z.T. auch heute noch) die These: Der Gott des Neuen Testaments sei doch nicht einfach zu identifizieren mit dem Gott des Alten Testaments, mit *JHWH*, dem Gott Israels und der Juden. *JHWH* sei ja doch eher der Gott der Rache und der Gewalt und nicht der Gott der Liebe, wie ihn Jesus verkündet habe.

Dagegen ist festzuhalten:

- Das Neue Testament ist zwar kein "Anhängsel" des Alten Testaments, sondern hat selbstverständlich auch seinen Eigenwert, aber stets nur in unauflöslicher Zusammenschau mit dem Alten Testament.
- Das Alte und das Neue Testament bilden eine zusammengehörige Einheit und Ganzheit, die nicht auseinandergerissen werden dürfen. "Die halbe Wahrheit" genügt nicht.[21]
- Das Neue Testament legt nicht das Alte Testament aus, vielmehr umgekehrt: Das Alte Testament legt das Neue aus; denn das Alte Testament liefert weithin den unentbehrlichen "Verstehenshorizont" bei der Auslegung des Neuen Testaments.[22]
- Der Vater unseres Herrn Jesus Christus ist kein anderer als *JHWH*, der Gott Israels.[23]
- Jeder "Marcionismus" in christlicher Theologie und Auslegung führt notwendig zum Antijudaismus.
- "Das Alte Testament seines Sinnes zu entleeren, hieße, das Neue Testament von seinen geschichtlichen Wurzeln abschneiden".[24]

Das Zweite Vatikanische Konzil lehrt in seiner Konstitution *Dei Verbum* (Nr. 11):

> Das von Gott Geoffenbarte, das in der Heiligen Schrift enthalten ist und vorliegt, ist unter dem Anhauch des Heiligen Geistes aufgezeichnet worden; denn aufgrund apostolischen Glaubens gelten unserer Heiligen Mutter, der Kirche, die Bücher des Alten wie des Neuen Testaments in ihrer Ganzheit mit all ihren Teilen als heilig und kanonisch.

---

[20] Ebd. 217 (bei v. Harnack kursiv).
[21] Vgl. dazu *Chr. Dohmen - F. Mußner*, Nur die halbe Wahrheit? Für die Einheit der ganzen Bibel, Freiburg - Basel - Wien 1993 (mit umfassender Literatur).
[22] Vgl. auch *E. Zenger*, Am Fuß des Sinai. Gottesbilder des Ersten Testaments, Düsseldorf 1993, 75-80.
[23] Vgl. dazu etwa JBTh 2 (1987): Der eine Gott der beiden Testamente.
[24] Päpstl. Bibelkommission, Die Interpretation der Bibel in der Kirche (Verlautbarungen des Apostolischen Stuhles 115), Bonn 1994, 46.

Und in Nr. 14:
> Die Geschichte des Heiles liegt als wahres Wort Gottes vor in den Büchern des Alten Bundes; darum behalten diese von Gott eingegebenen Schriften ihren unvergänglichen Wert ....

In den Vatikanischen "Hinweisen für eine richtige Darstellung von Juden und Judentum in der Predigt und in der Katechese der katholischen Kirche vom 24. Juni 1985" heißt es in der Nr. II, 6:
> Es ist ... wahr und muß unterstrichen werden, daß die Kirche und die Christen das Alte Testament im Lichte des Ereignisses von Tod und Auferstehung Christi lesen und daß es in dieser Hinsicht eine christliche Art, das Alte Testament zu lesen, gibt, die nicht notwendigerweise mit der jüdischen zusammenfällt. Christliche und jüdische Identität müssen deshalb in ihrer je eigenen Art der Bibellektüre sorgfältig unterschieden werden. Dies verringert jedoch in keiner Weise den Wert des Alten Testaments in der Kirche und hindert die Christen nicht daran, ihrerseits die Traditionen der jüdischen Lektüre differenziert und mit Gewinn aufzunehmen.

Bei allem Einbezug des "Hellenismus" und der außerbiblischen Religionsgeschichte in die exegetische Arbeit des Neutestamentlers darf dieser niemals das "Erste Testament" vergessen.

3. Heraus aus dem "elfenbeinernen Turm"!

Vielfach wird Exegese getrieben ohne Blick auf die Welt und die Weltsituation, als ob die Kirche und der Christ in einem "elfenbeinernen Turm" leben würden. Bei allem Respekt vor der Gelehrsamkeit der exegetischen Publikationen, vermißt man oft den fehlenden Weltbezug, die "Welthaltigkeit". Daß die Bibel weithin ein "politisches" Buch ist und zwar nicht bloß das Alte Testament, sondern auch das Neue Testament - man denke nur an Begriffe wie "Reich (Herrschaft, Königtum) Gottes", "König", "herrschen", "siegen", "Thron" - ist kaum im Bewußtsein der Exegese. Auch wenn z. B. das Johannesevangelium auf kritische Distanz zur "Welt" steht und der Jünger nicht "von dieser Welt" ist, so ist doch in ihm der Prozeß gegen Jesus von Nazareth geradezu als "Weltprozeß" gesehen. "Jetzt (nämlich durch den Einbezug des heidnischen Römers Pontius Pilatus) ... gewinnt der Prozeß der Welt gegen Jesus seine Öffentlichkeit; er wird vor das Forum des Staates gebracht" (*R. Bultmann*).[25] In der Johannes-Apokalypse geht es letztlich um die Frage:

---

[25] Das Evangelium des Johannes, Göttingen [14]1959, 504.

Wem gehört am Ende die "Weltherrschaft" (11,15): Christus oder dem Antichrist (dieser hochpolitischen Figur)?[26] Die Johannes-Apokalpyse kann deshalb letztlich nur durch eine "politische" Hermeneutik dem Verstehen zugeführt werden. Oder Beispiel "Parusie": Dazu habe ich bemerkt[27]: "Wer die Parusie des Herrn auf die persönliche Begegnung Jesu beim individuellen Tod beschränkt, nimmt dem ntl. Parusiekerygma die 'Welthaltigkeit', ihren Bezug auf die Welt- und Menschheitsgeschichte; die Parusie besitzt dann, entgegen der ntl. Verkündigung, keinen Öffentlichkeitscharakter mehr! Sie gehört dann zur 'Privatreligion'".

Die Exegese muß "welthaltig" sein; denn die Bibel geht die ganze konkrete Welt an. Nur dann verliert die Exegese ihre nicht zu leugnende Ineffizienz für die Lösung der Fragen, die die Menschheit heute bewegen.

---

[26] Vgl. dazu *F. Mußner*, "Weltherrschaft" als eschatologisches Thema der Johannesapokalypse, in: E. Gräßer - O. Merk (Hg.), Glaube und Eschatologie. FS W.G. Kümmel, Tübingen 1985, 209-227. *H. Kraft* bemerkt zu Apk 12: "Das entscheidende Ereignis, das den irdischen Teil der Endgeschichte einleitet, ist der Satanssturz ... der Satan stürzt, indem er auf die Erde stürzt, in die Zeit. Nun werden irdische Gestalten berufen, um diesen Kampf fortzusetzen. Der Messias und der Antichrist treten als Exponenten Gottes und des Satans in die Geschichte ein. Damit wird die politische Geschichte Fortsetzung der Gottesgeschichte. Was im Himmel außerhalb der Zeit begonnen hatte und am Himmel als zeitloses Zeichen zu sehen war, das setzt sich nun auf Erden in schneller Folge als Endgeschichte fort": Die Offenbarung des Johannes (HNT 16a), Tübingen 1974, 162f.

[27] *F. Mußner*, Implikate der Parusie des Herrn, in: H.-J. Klauck (Hg.), Weltgericht und Weltvollendung. Zukunftsbilder im Neuen Testament, Freiburg - Basel - Wien 1994, 225-231: 229f, in Aufnahme der berühmten Thesen *W. Benjamins* "Über den Begriff der Geschichte".

4. Exegese nach Auschwitz

Zur "Theologie nach Auschwitz"[28] gehört auch Exegese nach Auschwitz. Denn auch sie war und ist keineswegs frei von Antijudaismen, zu denen freilich das Neue Testament selbst Impulse enthält, die aufgearbeitet werden müssen.[29]

Die Studie der Evangelischen Kirche in Deutschland (von 1991) "Christen und Juden II. Zur theologischen Neuorientierung im Verhältnis zum Judentum" bemerkt unter 3.2.2 (Zur Auslegungstradition):

> Die Erneuerung der Beziehungen zwischen Juden und Christen setzt die kritische Sichtung und Neuformulierung christlicher Glaubensaussa-gen und theologischer Überlieferungen voraus. Die bisherige Auslegung biblischer Texte ist geprägt durch viele Jahrhunderte der Entfremdung und Feindschaft zwischen Christen und Juden".

Die Studie fordert deshalb eine "Überprüfung und Vermeidung falscher Gegenüberstellungen, die jüdische Glaubensinhalte verzeichnen und herabwürdigen", weil sie auf alten Vorurteilen beruhen. Die Studie nennt als Beispiele die Unterscheidung zwischen dem Gott des AT und dem des NT; die Aufteilung von Gesetz und Evangelium auf das AT und NT "bzw. auf Judentum und Christentum"; die falsche Beurteilung der Erwählung Israels; die angeblich "lebensfeindliche 'Gesetzlichkeit' und 'Kasuistik'" der jüdischen religiösen Praxis; die "angeblich typisch alttestamentliche" Ethik "der Vergeltung und Rache"; die angebliche Außerkraftsetzung des "Bundes" Gottes mit Israel. Sie sagt weiter:

> Irreführend ist schließlich, Juden und Christen so gegenüberzustellen, als ob die Juden nur auf die Erfüllung der Verheißungen warteten, während die Christen schon im vollen Besitz der Erfüllungen seien ... Um solche falsche Denkschemata zu überwinden, bedarf es großer Anstrengungen".

---

[28] Vgl. zu ihr *F. Mußner*, "Theologie nach Auschwitz". Versuch eines Programms, in: ders., Dieses Geschlecht wird nicht vergehen. Judentum und Kirche, Freiburg - Basel - Wien 1991, 175-184 (erscheint erheblich erweitert in der Zeitschrift "Kirche und Israel"); *B. Petersen*, "Theologie nach Auschwitz"? Die Krise der christlichen Theologie angesichts der Schoah. Tendenzen einer Diskussion, erscheint Berlin 1995; *G. Niekamp*, Christologie "nach Auschwitz". Kritische Bilanz für Religionsdidaktik aus dem christlich-jüdischen Dialog, Freiburg - Basel - Wien 1994.

[29] Vgl. auch *G. Theißen*, Aporien im Umgang mit den Antijudaismen im Neuen Testament, in: E. Blum u. a. (Hg.), Die Hebräische Bibel und ihre zweifache Nachgeschichte. FS R. Rendtorff, Neukirchen-Vluyn 1990, 535-553; *W. Stegemann*, Christliche Judenfeindschaft und Neues Testament, in: ders. (Hg.), Kirche und Nationalsozialismus, Stuttgart u.a. ²1992, 139-170.

Die Synode der Evangelischen Kirche im Rheinland erklärte im Synodalbeschluß "Zur Erneuerung des Verhältnisses von Christen und Juden" vom 1. Januar 1980 (unter 4,2):

> Wir bekennen uns dankbar zu den 'Schriften' ..., unserem Alten Testament, als einer Grundlage für Glauben und Handeln von Juden und Christen,

und sie stellt dann (unter 4,7) fest:

> Durch Jahrhunderte wurde das Wort 'neu' in der Bibelauslegung gegen das jüdische Volk gerichtet: Der neue Bund wurde als Gegensatz zum alten Bund, das neue Gottesvolk als Ersetzung des alten Gottesvolkes verstanden. Diese Nichtachtung der bleibenden Erwählung Israels und seine Verurteilung zur Nichtexistenz haben immer wieder christliche Theologie, kirchliche Predigt und kirchliches Handeln bis heute gekennzeichnet. Dadurch haben wir uns auch an der physischen Auslöschung des jüdischen Volkes (in den Konzentrationslagern) schuldig gemacht", was gewiß auf alle Kirchen zutrifft.

Die Päpstliche Bibelkommission schreibt in ihrem jüngsten Dokument über "Die Interpretation der Bibel in der Kirche"[30]:

> Das Alte Testament erhielt seine Endgestalt im Judentum der letzten vier oder fünf Jahrhunderte, die den christlichen Zeitrechnungen vorausgingen. Dieses Judentum war das Ursprungsmilieu des Neuen Testaments und der entstehenden Kirche.

Im Konzildekret "Nostra Aetate" heißt es in Nr. 4:

> Bei ihrer Besinnung auf das Geheimnis der Kirche gedenkt die Heilige Synode des Bandes, wodurch das Volk des Neuen Bundes mit dem Stamm Abrahams geistlich verbunden ist. So anerkennt die Kirche Christi, daß nach dem Heilsgeheimnis Gottes die Anfänge ihres Glaubens und ihrer Erwählung sich schon bei den Patriarchen, bei Mose und den Propheten finden ... Deshalb kann die Kirche auch nicht vergessen, daß sie durch jenes Volk, mit dem Gott aus unsagbarem Erbarmen den Alten Bund geschlossen hat, die Offenbarung des Alten Testaments empfing und genährt wird von der Wurzel des guten Ölbaums, in den die Heiden als wilde Schößlinge eingepfropft sind.

Die Päpstliche Bibelkommission weist ausdrücklich darauf hin[31]:

> Doch die Geschichte zeigt auch die Existenz von falschen und einseitigen Tendenzen der Interpretation, die unheilvolle Auswirkungen hatten, z. B. wenn sie zum Antisemitismus oder zu anderen Rassendiskriminierungen ... führten.

Folgende Punkte sind in dieser Hinsicht bei der Exegese des Neuen Testaments m. E. besonders zu beachten:

---

[30] In der o. Anm. 24 zitierten Ausgabe S. 47.
[31] Ebd. 49.

a) Eine Revision der Evangelienauslegung

In der Auslegung der Evangelien ist zu fragen: Was ist in ihnen "neutrale" Tradition, und was ist in ihnen antijüdisch akzentuierte Tradition? Das Leben Jesu bewegte sich nach dem Zeugnis aller vier Evangelien im "Horizont Israel", noch deutlicher: im "semantischen Universum" Israels. Das Judentum im Land Israel war die natürliche Umgebung Jesu. Jesus war Jude. Die Evangelien nennen jedoch auch die Gründe für die Trennung der Kirche von Israel, die besonders mit dem unerhörten Anspruch Jesu (etwa auf die Vollmacht zur Sündenvergebung) zu tun haben, der in der Konsequenz zur "Christologisierung" Jesu geführt hat, wodurch der Jude Jesus der wurde, der einerseits die Kirche mit ihrer "Wurzel" Israel verbindet, der andererseits die Kirche von Israel trennt. Mit diesem Trennungsprozeß hängen aber vielfach die Antijudaismen in den Evangelien zusammen, wie sie sich besonders ausgeprägt im Matthäusevangelium (wenn nicht schon in dem in ihm verarbeiteten Material der "Logienquelle")[32] und im Johannesevangelium[33] finden. Diese antijüdisch akzentuierte Jesusgeschichte unserer Evangelien, die zwar keine Biographie ist, muß so ausgelegt werden, daß ihre Antijudaismen, die mit dem Trennungsprozeß der Kirche von Israel ursächlich zusammenhängen, als solche erkannt und bezeichnet werden, auch wenn es unbestreitbar heftige Auseinandersetzungen zwischen Jesus und den geistigen und politischen Führern seines Volkes gegeben hat.

---

[32] Vgl. dazu *F. Mußner*, Die Stellung zum Judentum in der "Redenquelle" und in ihrer Verarbeitung bei Matthäus, in: ders., Dieses Geschlecht wird nicht vergehen (s. Anm. 28) 87-100; *U. Luz*, Die Jesusgeschichte des Matthäus, Neukirchen-Vluyn 1993.

[33] Vgl. dazu etwa *R. Leistner*, Antijudaismus im Johannesevangelium? Darstellung des Problems in der neueren Auslegungsgeschichte und Untersuchung der Leidensgeschichte, Bern - Frankfurt 1974; *K. Wengst*, Bedrängte Gemeinde und verherrlichter Christus. Der historische Ort des Johannesevangeliums als Schlüssel zu seiner Interpretation, Neukirchen-Vluyn ³1990; *M. Brumlik*, Johannes: Das judenfeindliche Evangelium: Kirche und Israel 2 (1989) 102-113; *E. Stegemann*, Die Tragödie der Nähe. Zu den judenfeindlichen Aussagen des Johannesevangeliums: ebd. 114-122 (mit Literatur).

b) Thema: "Rechtfertigung"

Der Apostel Paulus lehrt Gal 2,16,

> daß nicht ein Mensch aus Werken des Gesetzes (der Tora), wenn nicht durch Glauben an Christus Jesus gerechtfertigt wird.

Er schreibt Röm 3,21f.28:

> Jetzt aber ist ohne Gesetz Gottes Gerechtigkeit offenbar geworden, bezeugt von dem Gesetz und den Propheten: und zwar Gottes Gerechtigkeit durch Glauben an Jesus Christus für alle Glaubenden ... Denn wir behaupten: Gerechtfertigt wird ein Mensch durch Glauben ohne Gesetzeswerke.

In der Auslegung wurde diese Rechtfertigungsbotschaft des Apostels vielfach mit antijüdischen Akzenten versehen, die zur Verteufelung des Judentums führten, insofern der Toragehorsam des Juden angeblich auf dem "Leistungsprinzip" beruhe, das zum Selbstruhm vor Gott führe, während nach jüdischem, speziell pharisäischem Verständnis der Toragehorsam die Heiligung des ganzen Lebens im jüdischen Alltag zum Ziel hat. Der christliche Exeget muß davon Kenntnis nehmen und die paulinische Lehre über die Rechtfertigung des Menschen "aus Glauben an Jesus Christus" ohne ständige Seitenhiebe gegen die jüdische Religionspraxis auslegen und vortragen.[34]

Mit dem Thema "Rechtfertigung" hängt auch das Thema "Gesetz und Evangelium" zusammen, das Anlaß zum christlichen Antijudaismus werden kann. Deshalb ist es erfreulich, daß die Studie der Evangelischen Kirche in Deutschland von 1991 "Christen und Juden II. Zur theologischen Neuorientierung im Verhältnis zum Judentum" bemerkt (unter 3.2.2: Zur Auslegungstradition):

> Die Aufteilung von Gesetz und Evangelium auf das Alte und Neue Testament bzw. auf Judentum und Christentum ist nicht zutreffend. Es gibt auch im Neuen Testament 'Gesetz' und im Alten Testament auch "Evangelium".

---

[34] Vgl. dazu *F. Mußner*, Theologische "Wiedergutmachung" am Beispiel der Auslegung des Galaterbriefs, in: ders., Die Kraft der Wurzel (s. Anm. 9) 55-64.

c) Thema: "Pharisäer"[35]

In den vier Evangelien erscheinen die Pharisäer als die besonderen Gegner Jesu, weshalb für die Christen der Begriff "Pharisäer" geradezu zu einem Schimpfwort geworden ist ("dieser Pharisäer!"). Nun hat es gewiß zwischen Angehörigen der Pharisäer-Gruppe und Jesus Auseinandersetzungen gegeben, speziell auch über Fragen und Themen der Halacha. Doch darf dabei nicht das genuine Wollen der Pharisäer übersehen werden; ihr Ziel war vor allem ein zweifaches: 1. Heiligung des Alltags, 2. Bewahrung Israels vor der Assimilation an die Heiden.

Was das "Feindbild" angeht, das in den Evangelien vom "Pharisäer" entwickelt wird, so ist zu beachten, daß die Evangelien, von Mk vielleicht abgesehen, erst nach der Katastrophe des Jahres 70 n. Chr. geschrieben wurden und die Pharisäer als einzige Gruppe im damaligen Judentum sie einigermaßen heil überstanden haben. Das hatte zur Folge, daß Judentum und der Pharisäismus weithin identifiziert wurden, was sich auch im "Antijudaismus" der Evangelien spiegelt, weil nun "die Pharisäer" gewissermaßen als *die* Gegner Jesu und des Christentums galten. Heute existiert die Gruppe der Pharisäer nicht mehr. Der Exeget muß endlich lernen, über die Pharisäer, auch wenn es einst zu heftigen Konflikten zwischen ihnen und Jesus gekommen ist, gerecht zu denken und zu schreiben und ihr genuines Wollen, wie es die Forschung erarbeitet hat, zur Kenntnis zu nehmen und die Pharisäer nicht als "Heuchler" zu betrachten. Es muß auch festgehalten werden, daß die Pharisäer in den Passionsberichten nicht erwähnt werden. Die führenden Prozeßgegner Jesu, wie der Hohepriester, gehörten zur einflußreichen Gruppe der Sadduzäer und Schriftgelehrten.

---

[35] Vgl. dazu *F. Mußner*, Traktat über die Juden, München ²1988, 253-281; *J. Neusner*, Das pharisäische und talmudische Judentum. Neue Wege zu seinem Verständnis, Tübingen 1984, 41-111; *P. Schäfer*, Der vorrabbinische Pharisäismus, in: M. Hengel - U. Heckel (Hg.), Paulus und das antike Judentum, Tübingen 1991, 125-175. Vgl. zum Thema "Pharisäer" auch noch die vatikanischen "Hinweise für eine richtige Darstellung von Juden und Judentum in der Predigt und in der Katechese der Katholischen Kirche vom 24. Juni 1985", III/16-19.

d) Thema: "Die Juden" im Johannesevangelium[36]

Der im 4. Evangelium sehr häufig auftauchende Begriff "die Juden" ist oft beschwert mit einem negativen Akzent, siehe besonders Joh 8,30-59, vor allem 8,44:

> Ihr habt den Teufel zum Vater,
> und ihr wollt das tun, wonach es euren Vater verlangt.

Dieser scharf akzentuierte Antijudaismus beruht einmal auf dem Wissen des Verfassers um die historischen Vorgänge beim Prozeß Jesu, an dem die jüdische Obrigkeit maßgeblich beteiligt war, und um die heftigen Kampfreden, die Jesus betreffs seines unerhörten Anspruchs mit seinen Gegnern geführt hat (vgl. z.B. Joh 8,15-59; 10,22-39). Dazu kommt die Situation der Abfassungszeit des Johannesevangeliums (90 - 100 n. Chr.) mit ihren noch lebendigen und aktuellen Auseinandersetzungen zwischen Juden und Christen um die Christologie, speziell die Sohnes-Christologie, die sich im Evangelium spiegeln und den Verfasser veranlaßten, in "den Juden" geradezu die Repräsentanten des christusfeindlichen "Kosmos" zu sehen. Joh 8,23:

> Ihr stammt von unten, ich stamme von oben;
> ihr seid aus diesem Kosmos, ich bin nicht aus diesem Kosmos.

Dies alles ist bei der Beurteilung des johanneischen Antijudaismus zu berücksichtigen, der nicht dazu verleiten darf, ähnlich antijüdisch wie das 4. Evangelium zu reden, da wir in einer anderen Zeitsituation leben, vielmehr zu bedenken, was in diesem Evangelium auch zu lesen ist (4,22)[37]:

> Das Heil kommt von den Juden.

e) Allegorische und typologische Auslegung des Alten Testaments im Neuen Testament[38]

Die allegorische Auslegung, zwar auch schon von dem jüdischen Philosophen und Bibelinterpreten Philo von Alexandrien meisterhaft ge-

---

[36] Vgl. dazu *F. Mußner*, Traktat über die Juden (s. Anm. 35) 281-293 (mit Literaturhinweisen), und oben Anm. 33.

[37] Vgl. dazu ebd. 49-51.

[38] Dazu *M. Görg*, In Abrahams Schoß. Christsein ohne Neues Testament, Düsseldorf 1993, 76-80.

übt, wurde von christlichen Auslegern mit dem Ziel verwendet, das Alte Testament nicht buchstäblich zu interpretieren und es vor allem "nicht zugunsten oder gar ausschließlich unter der Perspektive Israels" zu verstehen, es vielmehr "von vornherein als eine bildliche Aussage über Jesus Christus, den wahren Messias" zu betrachten. *Manfred Görg* bemerkt dazu: "Die allegorische Auslegung trägt bei aller Nähe zu bildsprachlichen Lebensäußerungen im Alten Testament selbst den Keim der Verfremdung in sich, insofern ihre Bildebene die Bildebene des Alten Testaments eigenwillig transzendiert und verläßt"[39] und, exklusiv verwendet, dazu führt, daß das Alte Testament seinen Eigenwert verliert und sein "Israelhorizont" verlorengeht.

Die typologische Auslegung sieht im Alten Testament "eine Ansammlung von typischen Verhaltensweisen und Schicksalen des israelitisch-jüdischen Menschen vor Gott" - und solche "typische Verhal-tensweisen" spricht das Alte Testament selbst zur rechten Zeit an. "Sie wird aber", so wiederum nach dem Urteil von *Manfred Görg*, "dann zu einer eigenständigen und zugleich riskanten Unternehmung, wenn man das Alte Testament als Typos und das Neue Testament als Antitypos betrachtet, wenn man also innerhalb der typologischen Auslegung eine Wertung vornimmt in der Aussage, Adam sei der Typos, Christus der Antitypos. Wird eine solche Konfrontation auf alle alttestamentlichen Aussagen ausgedehnt, geschieht von vornherein eine gewaltige Abwertung des Alten gegenüber dem Neuen". In den Briefen des Paulus begegnet uns zwar die typologische Auslegung des Alten Testaments, aber nie in der Absicht, das Alte Testament abzuwerten. Für den Apostel war, genauso wie für Jesus, das Alte Testament "die Schrift".

Ulrich Luz bemerkt mit Recht[40]: "Es genügt nicht, matthäische und andere biblische Antijudaismen stillschweigend zu verdrängen, vielmehr gilt es, in bewußter Auseinandersetzung mit ihnen explizit ein neues, sachkritisches Kanonverständnis zu erwecken, das künftig neue Formen antijüdischer Wirkung des Neuen Testaments unmöglich macht".

---

[39] Ebd. 77.
[40] Die Jesusgeschichte des Matthäus (s. Anm. 32) 171, Anm. 198.

Einschlägige Veröffentlichungen des Autors (in Auswahl):

Die Auslegung des Alten Testaments im Neuen Testament und die Frage nach der Einheit der Bibel, in: Chr. Dohmen - F. Mußner, Nur die halbe Wahrheit? Für die Einheit der ganzen Bibel, Freiburg - Basel - Wien 1993, 75-121

Dieses Geschlecht wird nicht vergehen. Judentum und Kirche, Freiburg - Basel - Wien 1991

Die Kraft der Wurzel. Judentum - Jesus - Kirche, Freiburg - Basel - Wien ²1989

Durch Jesus von Nazareth wird die Welt "jüdisch": Anzeiger für die Seelsorge 101 (1992) 145-150

Traktat über die Juden, München ²1988

Der Weg der modernen Exegese (Neues Testament), in: W. Friedberger - F. Schnider (Hg.), Theologie - Gemeinde - Seelsorge. Festschrift zum 10jährigen Bestehen der Theologischen Fortbildung Freising, München 1979, 95-105

Die frühchristliche Gedankenwelt

Eine religionswissenschaftliche Alternative zur "neutestamentlichen Theologie"

Heikki Räisänen

Die wissenschaftliche Literatur zum Neuen Testament ist seit langem unübersehbar. Trotzdem besteht ein Mangel an befriedigenden Synthesen seiner Gedankenwelt. *Rudolf Bultmanns* Theologie des Neuen Testaments, die 1948-53 erschien, aber schon in den 20er Jahren konzipiert wurde, steht immer noch als der konkurrenzlose Klassiker da.[1] Dieses Werk verkörpert die mit einer Synthese zusammenhängenden Grundsatzprobleme, indem es eine unausgeglichene Spannung zwischen einer *theologischen* und einer *religionswissenschaftlichen* Fragestellung enthält. Große Teile von Bultmanns Werk sind religionsgeschichtlicher Art, aber bei der Behandlung von Paulus und Johannes geht er in eine normative Tonart über. Er will eine Botschaft vorlegen, die auch den modernen Menschen anspricht, was zu einer recht selektiven Darstellung führt. Neutestamentliche Theologie im eigentlichen Sinn besteht für Bultmann lediglich aus der Theologie bzw. den Theologien von Paulus und Johannes, und auch deren Schriften müssen mit Hilfe existentialer "Sachkritik" interpretiert werden. *Bultmann* unterscheidet scharf zwischen dem Gesagten und dem Gemeinten - mit dem Resultat, daß z.B. die konkrete eschatologische Erwartung und die konkreten christologischen Vorstellungen des Paulus unter den Tisch fallen. Ein Text wie Römer 11, wo Paulus sich zum künftigen Heil Israels äußert (eine "spekulative Phantasie"), wird überhaupt nicht im Paulus-Teil von *Bultmanns* Werk besprochen, sondern erst im Zusammenhang der Entwicklung zur alten Kirche (die als ein Entartungsprozeß verstanden wird). *Bultmanns* Streben nach Vergegenwärtigung hat zur Folge, daß man kein geschichtlich glaubwürdiges Bild von der Gedankenwelt des Paulus oder des Johannes bekommt.[2]

---

[1] 8. Aufl. hg. v. O. Merk (UTB 630), Tübingen 1980.
[2] S. *H. Räisänen*, Beyond New Testament Theology, London 1990, 36-38.

1. Das religionsgeschichtliche Programm von William Wrede

Meiner Meinung nach würde eine Arbeitsteilung zwischen historischer Exegese und aktualisierender Interpretation sowohl der Exegese als auch der Theologie nützen. Sonst liegt die Gefahr nahe, daß die Theologie in der Bibel nur das entdeckt, was sie vorher in sie hineingelegt hat.

Es war der der "Religionsgeschichtlichen Schule" nahestehende *William Wrede*, der schon 1897 programmatisch zwischen Geschichte und Theologie unterschied.[3] Der Exeget soll sich auf die historische Aufgabe beschränken. Die Frage, was seine Ergebnisse der Dogmatik bedeuten mögen, sollte er ganz den Dogmatikern überlassen. Es sei nicht die Aufgabe des Theologen (ob er nun Exeget oder Systematiker sei), mit seinen Forschungen direkt der Kirche zu dienen. Deshalb dürfe der Kanon für die Darstellung einer "neutestamentlichen Theologie" keine Bedeutung haben, denn "Kanon" sei ein dogmatisch-kirchlicher Begriff. Alles frühe nicht-kanonische Material, das es gibt (leider gibt es nicht sehr viel), müsse als gleichwertig mit dem kanonischen berücksichtigt werden. Dazu komme, daß das Neue Testament kein Dokument von Lehren, sondern ein Dokument der Religion sei (nur Paulus macht hier eine partielle Ausnahme). Eine angemessene Bezeichnung für eine Gesamtdarstellung sei deshalb "urchristliche Religionsgeschichte".

In *Wredes* Generation kam *Johannes Weiß* einer Realisierung dieses Programms am nächsten.[4] Für *Weiß* war die Aufgabe der neutestamentlichen Forschung rein historisch; der Forscher müsse sich gegen die Neigung schützen, "seine eigenen Ideale bei seinen Helden wiederzufinden".[5] *Weiß* ist bekannt als der Entdecker der Eschatologie Jesu, aber auch er machte einen Unterschied zwischen Jesu eschatologischer und nicht-eschatologischer Verkündigung. Wie andere Liberale meinte auch *Weiß*, daß lediglich der nicht-eschatologische Teil einen bleibenden religiösen Wert habe. Aber im Unterschied zu seinen Kollegen wollte er nicht seine Darstellung des Urchristentums durch diese moderne Sicht leiten lassen. Im Gegenteil stand gerade die eschatologische Stimmung des apostolischen Zeitalters im Mittelpunkt seiner Darstellung.

Für *Weiß* war die Predigt Jesu vom Reich Gottes als solche unbrauchbar in moderner Theologie. Aber falls der Begriff "Gottesreich" in dem unbiblischen Sinn gebraucht werde, den *Albrecht Ritschl* ihm gegeben

---

[3] W. *Wrede*, Über Aufgabe und Methode der sogenannten Neutestamentlichen Theologie. Nachgedruckt in: G.Strecker (Hg.), Das Problem der Theologie des Neuen Testaments (WdF 367), Darmstadt 1975, 81-154.

[4] J. *Weiß*, Das Urchristentum, Göttingen 1917.

[5] Siehe B. *Lannert*, Die Wiederentdeckung der neutestamentlichen Eschatologie durch Johannes Weiss (TANZ 2), Tübingen 1989 (Zitat S. 218).

hatte, d.h. als die Gemeinschaft moralisch handelnder Menschen, sei er fortwährend segensbringend. Wichtig sei nur, daß man wisse, was man tut, wenn man von der Geschichte zur Theologie hinübergeht.

2. Die Grundsätze einer religionswissenschaftlichen Gesamtdarstellung der urchristlichen Gedankenwelt

Wredes Programm, ergänzt um einen zweiten Arbeitsgang im Sinne von *Weiß*, hätte sowohl den Historiker als auch den (freigesinnten) systematischen Theologen befriedigen können. Ein solcher Entwurf hat uns jedoch bis heute gefehlt.[6] Das liegt z.T. daran, daß der Weltkrieg die Situation gründlich änderte. Die Welt lag in Trümmern; man sehnte sich nach einer Botschaft "senkrecht von oben". Nach *Karl Barth* mußte der Ausleger den Text dermaßen verinnerlichen, daß er fast vergaß, daß er den Römerbrief nicht selbst verfaßt hatte![7] Es gebe keine nennenswerte Distanz zwischen Paulus und uns.

Diese Einstellung wurde ausdrücklich von *Bultmann* akzeptiert. Die Aufgabe der neutestamentlichen Theologie sei demnach nicht die Rekonstruktion vergangener Geschichte, sondern eine Interpretation, die die Texte auch der Gegenwart etwas sagen läßt.[8]

Im Grunde steht *Bultmanns* teilweise modernisierendes Programm in einem direkten Gegensatz zum Programm seines Lehrers Weiß oder zu demjenigen von Wrede. Im folgenden wird überlegt, wie eine moderne Version vom letzteren aussehen könnte. Welches sind die leitenden Grundsätze einer religionswissenschaftlichen Gesamtdarstellung der urchristlichen Gedankenwelt?

a) Adressaten und Ziel

"Neutestamentliche Theologie" ist bisher meistens als eine Funktion der Kirche aufgefaßt worden. Das kann eine religionswissenschaftliche Darstellung nicht sein. Ihr gilt, was *Gerd Theißen* vom Ideal einer unparteiischen Bibelwissenschaft sagt: sie "wendet sich an alle sachverständi-

---

[6] Das neue Werk von *K. Berger*, Theologiegeschichte des Urchristentums. Theologie des Neuen Testaments (UTB), Tübingen - Basel 1994, stand mir noch nicht zur Verfügung.

[7] *K. Barth*, Der Römerbrief: Vorwort zur 2. Auflage, in: J. Moltmann (Hg.), Anfänge der dialektischen Theologie 1 (TB 17), München ³1974, 112.

[8] Vgl. *R. Bultmann*, Theologie des Neuen Testaments 599.

gen Menschen". Sie will die untersuchten partikularen Traditionen jedem zugänglich machen und hat ein "Interesse an universaler Kommunikation". Die Bibel ist "so auszulegen, daß sie möglichst jeder verstehen kann, auch wenn er kein Christ ist".[9]

Eine so ausgerichtete exegetische Wissenschaft kann weder einer Gesellschaft noch einer Kirche eine *normative* Schriftauslegung zumuten. Dagegen kann sie nüchterne Informationen vom Charakter, vom Hintergrund, von der Entstehung und der Frühgeschichte des Christentums liefern. Dabei geht es um nichts weniger als um die Wurzeln unserer Kultur. Gerade das macht nachher die Arbeit auf einer zweiten, philosophisch-theologischen Ebene sinnvoll.

Die Geschichte der Disziplin lehrt, daß ein kerygmatisches Verständnis der Aufgabe der "neutestamentlichen Theologie" meistens mit der Karikierung konkurrierender Orientierungssysteme verbunden ist. Vor allem wurde das antike Judentum angeschwärzt. Das läßt jetzt erst allmählich nach.

Eine religionswissenschaftliche Darstellung muß den Rivalen des frühen Christentums voll gerecht werden. Diese müssen von ihren eigenen Intentionen aus aufgefaßt werden, nicht als eine dunkle Folie von etwas anderem. Natürlich gilt das auch von den später als "Häresien" abgestempelten christlichen Bewegungen, etwa von den Gnosis. Man muß der Versuchung widerstehen, die Geschichte vom Gesichtspunkt der Sieger aus zu schreiben. Viel liegt daran, daß die Vergleiche möglichst fair sind.

b) Neues Testament oder Frühchristentum?

Wer seine Aufgabe auf die Exegese der kanonischen Schriften beschränkt, basiert seine Arbeit auf einer kirchlichen Entscheidung. Im Rahmen einer kirchlichen Bibelauslegung für die Zwecke von Predigt und Katechese ist eine solche Beschränkung sinnvoll. Dabei wäre es freilich konsequent, alles kanonische Material zusammen zu behandeln, also auch das Alte Testament. Eine "neutestamentliche Theologie" ist methodologisch ein Kompromiß, der nur pragmatisch begründet werden kann. Eine konsequent christlich-theologische Alternative wäre eine gesamtbiblische Theologie, in der das Altes Testament durch die Septuaginta vertreten wird.[10] Eine konsequent geschichtliche Alternative dage-

---

[9] *G. Theißen*, Argumente für einen kritischen Glauben oder: Was hält der Religionskritik stand? (Kaiser-Taschenbücher 36), München ³1988, 12f.

[10] Vgl. *H. Hübner*, Biblische Theologie des Neuen Testaments 1: Prolegomena, Göttingen 1990.

gen ist eine frühchristliche Religionsgeschichte, in der die Kanongrenzen keine Rolle spielen.

Auch sonst darf der Kanon die Arbeit nicht bestimmen. Eine konfessionelle Studie zu Paulus mag sich darauf konzentrieren, das Denken des Apostels auszulegen und sogar als eine Norm anzuwenden. Im religionswissenschaftlichen Studium muß Paulus in ein Feld eingeordnet werden, in dem andere Zeitgenossen ein gleichwertiges Recht auf Gehör haben. Der Forscher muß auch den Opponenten des Paulus seine empathische Aufmerksamkeit schenken. Paulus kann nicht zur Norm erhoben werden (und auch Jesus nicht).

Die Entdeckung der Texte aus Nag Hammadi hat viel Material ans Licht gebracht, das für eine religionswissenschaftliche Darstellung relevant sein wird. In einer Theologie des Neuen Testaments im eigentlichen Sinne werden diese Texte keine selbständige Bedeutung haben. In einer religionsgeschichtlichen Darstellung müssen sie dagegen ebenso ernstgenommen werden wie alle anderen zeitgenössischen Quellen. "Orthodoxie" und "Häresie" kommen als Deutungskategorien nicht in Frage. Die zeitliche Ansetzung allein muß entscheiden, was relevant ist und was nicht.

c) Rein historisch?

Wrede wollte die Theologie ganz den Dogmatikern überlassen; geschichtliche Arbeit habe kein Ziel außerhalb ihrer selbst. Wer heute schreibt, kann die Person des Forschers nicht so leicht ausschalten. Was man sieht, ist durch die jeweilige Lage und das eigene Anliegen mitbedingt. So wird unsere Kenntnis von den späteren Wirkungen antijüdischer Abschnitte unvermeidlich die Fragen beeinflussen, mit denen wir heute an die Texte herangehen. Um so wichtiger ist es, daß die heutige Lage nicht die Ergebnisse diktiert.

Das Anliegen des Forschers läßt sich in gewissen Grenzen durchaus kontrollieren. Das Verstehen eines Textes geschieht zwischen zwei Brennpunkten, zwischen der Vergangenheit des Textes und der Gegenwart des Lesers. Indem man tiefer ins Verstehen dringt, lernt man, Ähnlichkeiten und Unterschiede, Kontaktpunkte und ihr Fehlen, Möglichkeiten und Grenzen der Interpretation wahrzunehmen (statt einfach zwei "Horizonte verschmelzen" zu lassen).

Eine Geschichte des frühchristlichen Denkens soll möglichst konsequent bei der historischen Aufgabe bleiben. Das heißt nicht, daß es möglich wäre, die eine und einzige Bedeutung eines Textes herauszustellen. Aber es ist durchaus möglich, zu erforschen, welche Arten der Lektüre

dem Text in seinem geschichtlichen Kontext gerecht werden können.
Der streng geschichtlichen Forschung wird vorgeworfen, sie mache ihren Gegenstand zu einem "Antiquariatsgeschäft". Aber die Einsicht in den "kulturellen Graben" zwischen uns und den Texten kann im Gegenteil sehr anregend sein und die hermeneutische Reflexion befruchten.

d) Fragestellungen und Deutungskategorien

Begriffe wie "Offenbarung" oder "Inspiration" haben keinen Platz in religionswissenschaftlicher Arbeit. Auch ist nicht spekulativ nach dem "Wesen" des Christentums, des biblischen Glaubens oder dergleichen zu fragen. Es kann weder postuliert werden, daß "der Ursprung" normativ wäre (ganz abgesehen davon, daß gerade im Ursprung theologische Mannigfaltigkeit stand), noch daß die Entwicklung immer fortschrittlich war oder daß die Entwicklung notwendigerweise so laufen mußte, wie sie gelaufen ist.

Die Frage nach der Mannigfaltigkeit und Einheit, die bei der Ausarbeitung neutestamentlicher Theologien zentral gewesen ist, wird höchstens eine Nebenrolle spielen.

Die Quellen ernst zu nehmen, kann nicht heißen, den Standpunkt der Quelle einfach anzunehmen. *Theißen* bemerkt richtig: Historische Auslegung konfrontiert gewiß "mit dem unbedingten Anspruch der Texte", "aber sie teilt diesen Anspruch deswegen nicht... Sie weist auf Analogien - auch anderswo wurden Absolutheitsansprüche erhoben ... Man mag sich dagegen sträuben, aber um diese Einsicht kommt niemand herum: historisch-kritische Forschung relativiert jeden Absolutheitsanspruch."[11]

e) Die Einstellung des Forschers

Kirchlich orientierte neutestamentliche Theologie verlangt vom Forscher grundsätzlich Glauben, obwohl dieser Glaube nicht kontrolliert, nicht einmal definiert werden kann. Vom Verfasser einer frühchristlichen Religionsgeschichte kann eine solche Einstellung nicht gefordert werden. Ebensowenig kann gefordert werden, daß er keinen Glauben hat. Die einzig vorauszusetzende Einstellung ist der Wille, die Quellen ernst zu nehmen. "Die Behauptung, nur ein Glaubender könne etwa die Bibel verstehen", ist "so widersinnig, als wolle man behaupten, nur Hinduisten könnten sachgemäss die Veden auslegen, nur Marxisten könnten Marx

---

[11] Vgl. *G. Theißen*, Argumente (s. Anm. 9) 14.

recht verstehen, nur Rilke-Verehrer seien dazu berufen, Rilkes Gedichte zu interpretieren."[12]

Was die eigene Einstellung des Forschers auch sein mag, sie muß unter Kontrolle gehalten werden. Ein wichtiges praktisches Kriterium ist das des *fair play:* Kann der Forscher allen Parteien in dem von ihm studierten Prozeß gerecht werden?

f) Der Rahmen der Darstellung

In einer Religionsgeschichte des Frühchristentums können die neutestamentlichen Schriften nicht von anderen Quellen getrennt werden. Der Verfasser einer frühchristlichen Religionsgeschichte sollte einigermaßen auch den Pfad beleuchten, der zu dem Gebiet führt, mit dem er sich eigentlich beschäftigt. Das Frühjudentum ist als Nährboden des Christentums von besonderem Interesse. Aber auch die hellenistische Kultur ist eine unentbehrliche Voraussetzung für das Verstehen der Entstehung des Christentums und sollte gebührend berücksichtigt werden. Im hellenistischen Judentum, dessen Rolle hier kaum überschätzt werden kann, laufen die Linien natürlich zusammen.

Wo sollte eine Darstellung des frühchristlichen Denkens enden? Man könnte an die Zeit Konstantins des Großen als eine angemessene Grenze denken. In der Praxis wird es schwerfallen, so weit zu gehen. Auch Irenäus oder die Apologeten wären mögliche Grenzpunkte. Alle solche Beschränkungen sind jedoch pragmatischer Art und hängen am allermeisten von der (normalerweise beschränkten) Kompetenz des einzelnen Forschers ab. Grundsätzlich gibt es keine Grenze zwischen Exegese und Geschichte des Christentums.

g) Zur Frage der Gliederung

Die meisten neutestamentlichen Theologien wurden chronologisch oder traditionsgeschichtlich, d.h. nach Personen bzw. Gruppen disponiert, wobei die Hauptkapitel dann thematisch unterteilt wurden. Eine thematische Gliederung nach Sachfragen und Problemen hat den Vorteil, daß weitreichende traditionsgeschichtliche Hypothesen möglichst vermieden werden können. Da das Material bruchstückhaft ist, lassen sich nur wenige kontinuierliche Traditionslinien mit einiger Wahrscheinlichkeit ziehen. Die Entwicklung bis Paulus, die sachlich vielleicht allerwichtigste

---

[12] Ebd. 13.

Phase, läßt sich nur sehr hypothetisch nachzeichnen. Paulus erscheint in hellerem Licht, weil er Briefe schrieb, die sich der Nachwelt erhalten haben. Wegen der Quellenlage ist es schwierig, eine Geschichte zu schreiben, in der Paulus nicht übermäßig dominiert.

Für eine Gliederung nach Sachfragen könnten auch wirkungsgeschichtliche Gesichtspunkte sprechen. Im Blick auf einen Leser, der im zweiten Arbeitsgang den Ertrag der historischen Forschung reflektiert, mag es wichtiger sein, zu erkennen, welche Probleme im frühen Christentum existierten und welches Spektrum an Vorstellungen von Sünde und Heil zur Verfügung stand, denn genau zu wissen, wer im einzelnen welche Vorstellungen vertrat.

Eine thematische Gliederung wird oft mit einem harmonisierenden Verfahren verbunden, die die inneren Diskrepanzen im Frühchristentum künstlich wegräumt, aber das muß nicht sein. Eine thematische Gliederung gewährt genauso gut die Möglichkeit, die Unterschiede scharf herauszuarbeiten. Auch in ihrem Rahmen muß zwischen den Anschauungen der verschiedenen Autoren und Gruppen differenziert werden.

Die Wahl und Ordnung der Themen sollte nicht herkömmlichen systematisch-theologischen Schemen entstammen, sondern dem Material selbst entspringen. Der natürlichste Ausgangspunkt wäre wohl die eschatologische Erwartung.

3. Ein Modell: Die Dialektik zwischen Tradition, Erfahrung und Interpretation

a) Der Ansatz

Jede Religion läßt sich als eine Kombination von mehreren Aspekten oder Dimensionen betrachten, von denen die intellektuelle oder theologische nur eine unter anderen ist. Meine Fragestellung gilt der theologischen Dimension des frühen Christentums, aber dies ist keineswegs als eine Stellungnahme zum relativen Gewicht dieser Dimension im Gesamtbild des Christentums gemeint. Ich gehe nur von der Voraussetzung aus, daß frühchristliche Ideen *auch* eine gesonderte Darstellung verdienen; dafür haben sie tief genug auf unsere Kultur eingewirkt.

Allerdings ist das religiöse Denken nicht für sich zu untersuchen, als ob es unabhängig von geschichtlichen, psychologischen und sozialen Realitäten eine eigene Welt bildete. Das hat schon *Wrede* klar erkannt:

"Die üblichen biblisch-theologischen Erörterungen erwecken meist den Eindruck, als seien die urchristlichen Anschauungen rein durch die Macht des Gedankens erzeugt, als schwebe die Welt der Ideen ganz als eine Welt für sich über der äußeren Geschichte. Mit dieser Meinung werden wir brechen müssen..."[13].

Ich schlage vor, daß eine Darstellung des frühchristlichen Denkens diese Gedankenwelt als ein Ergebnis der Wechselwirkung von Tradition, Erfahrung und Interpretation analysieren sollte. Wo der Nachdruck liegen sollte, kann dabei unterschiedlich bestimmt werden. Es kann die Rolle der Tradition, die jede Erfahrung bestimmt, betont werden, oder auch die Bedeutung neuer Erfahrungen, die zu Änderungen der Tradition führen. Wo eine "ruhigere" Entwicklungsstufe einer Religion untersucht wird, wird das Hauptgewicht auf der Tradition liegen müssen, die das Leben und Denken der Gläubigen strukturiert. Wenn aber eine Zeit des Umbruchs Gegenstand der Forschung ist, wie die Entstehung des Christentums (oder des Buddhismus oder des Islam), dann fällt notwendigerweise mehr Gewicht auf das Neue: auf Erfahrungen, die zu Umdeutungen der Tradition und zur Bildung neuer Traditionen führen. Immer sind jedoch beide Seiten zu berücksichtigen.

b) "Erfahrung"

Der Unterschied zwischen religiösen Behauptungen und religiöser Erfahrung ist grundlegend. Jene sind Produkte sekundärer Reflexion, die diese voraussetzen. Dabei ist allerdings "Erfahrung" in einem viel weiteren Sinne denn als "mystisches Erlebnis" zu bestimmen. Einen viel breiteren Raum nehmen allerhand "alltägliche", vor allem soziale Erfahrungen ein, die auf die Interpretation der religiösen Tradition kräftig eingewirkt haben.

Es ist bezeichnend, daß profangeschichtliche Ereignisse oft eine entscheidende Bedeutung für die Entwicklung der Religion haben. Die Erfahrungen der Tempelzerstörungen in den Jahren 586 v. Chr. und 70 n. Chr. sowie die Erfahrung der Verfolgung unter Antiochus Epiphanes haben die symbolische Welt des Judentums aufs stärkste beeinflußt und Veränderungen verursacht, die zum Teil auch zu den Voraussetzungen des Christentums gehören. So hat die Verfolgung durch Antiochus eine Glaubenskrise herbeigeführt, die man durch die Aneignung des persischen Auferstehungsgedankens zu bewältigen suchte, was zu einer grundlegenden Veränderung der ganzen Religion führte.

---

[13] Aufgabe und Methode (s. Anm. 3) 129f.

c) Die symbolische Welt und ihre Wirkung auf die Erfahrung

Allerdings wird alle Erfahrung und alles Wahrnehmen tiefgreifend durch vorhandene "Theorie" gefärbt. Ein Mensch wird in eine Gemeinschaft geboren, und jede Gemeinschaft hat ihre Tradition. Die Versuche früherer Generationen, die Erfahrung zu strukturieren, sind zu einer autoritativen Gesamtvision von der Welt ausgebildet worden: wie sie im Grunde beschaffen ist, was in ihr wichtig ist, was der Platz des einzelnen ist. *Peter Berger* und *Thomas Luckmann* führten zur Kennzeichnung dieser Vision den Begriff des "symbolischen Universums" bzw. der symbolischen Welt ein.[14] Dies ist eine soziale Konstruktion. Ein Mensch versteht die Welt so, wie die Gemeinschaft ihn gelehrt hat, sie zu verstehen. Die ererbte symbolische Welt gibt den Rahmen ab für seine Werte, Einstellungen, Wünsche und Bestrebungen - und auch für seine Erfahrungen.

Zur als selbstverständlich vorausgesetzten symbolischen Welt der ersten Nachfolger Jesu gehörten u.a. der Monotheismus, jüdische Moral und bestimmte eschatologische Erwartungen. In dieser Hinsicht hat die vorgegebene symbolische Welt die weitere Entwicklung entscheidend bestimmt. So setzt etwa die Rede von der Auferweckung Jesu eine besondere Deutung des Geschehenen voraus. Die Jünger haben etwas erfahren, was sie mittels der schon bekannten Kategorien des Auferstehungsglaubens gedeutet haben. Hätte ihnen nicht der Referenzrahmen der jüdischen Eschatologie zur Verfügung gestanden, hätten sie nach einer anderen Deutung dessen, was ihnen in Visionen widerfuhr, suchen müssen.

Ein zweites Beispiel: Im römischen Palästina war es nicht allein die sozial-ökonomische Lage, die revolutionäre Tendenzen hervorrief, sondern auch die Betrachtung der Lage im Lichte biblischer Traditionen, die dem jüdischen Volk eine glorreiche Zukunft zusprachen. Die traditionelle symbolische Welt wird demnach zu den Ursachen des jüdischen Krieges zu zählen sein.

d) Die Wirkung der Erfahrung auf die symbolische Welt

Es gilt aber auch das Gegenteil: Jede symbolische Welt ist Änderungen ausgesetzt. So kann jemand sich mit Erfahrungen befassen, die anscheinend nicht mit dem herkömmlichen Referenzrahmen zusammenpassen. Dabei kann zwischen Erfahrung und Tradition eine Spannung entstehen, die irgendwie gelöst werden muß. Die Parusie wird eifrig erwartet, aber

---

[14] The Social Construction of Reality. Garden City 1967.

sie kommt nicht. Irgendwann muß das Ausbleiben intellektuell und emotionell bewältigt werden.

Entweder muß die problematische Erfahrung zurechtgemacht, also nachher so gedeutet werden, daß sie nicht aus dem Rahmen der akzeptierten symbolischen Welt herausfällt. Oder die Erfahrung kann zu einer Änderung in der symbolischen Welt führen. Dies setzt voraus, daß die Änderung von führenden Mitgliedern der Gruppe anerkannt wird. Dies wiederum impliziert oft Kunstgriffe der Legitimation, die das Neue eher kaschieren und Kontinuität mit der Tradition hervorheben. Wird eine Änderung nicht von den Führern anerkannt, kann dies zur Splitterung der Gruppe führen. Der ausgestoßene oder ausgewanderte Teil muß dann eine neue symbolische Welt konstruieren. Dabei wird er vermutlich seine neue Lage dadurch legitimieren, daß Elemente der alten symbolischen Welt reichlich gebraucht und die Kontinuität mit der Vergangenheit gerade in dieser Gruppe hervorgehoben wird.

Beispiel: Der Bericht von Petrus im Hause des Kornelius (Apg 10,1 - 11,18) beschreibt positive Erfahrungen (eine Vision, ein ekstatisches Erlebnis), die nicht nur zu einer neuen Deutung des Verhaltens Gottes zu Juden und Heiden, sondern auch zu einer neuen Praxis führen: zum Verzicht auf die Beschneidung als Initiationsritus. Damit wird eine Änderung der symbolischen Welt an einer Stelle signalisiert, die direkt die Identität der Gruppe berührte. Kein Wunder, daß die Änderung nicht von der alten Gemeinschaft akzeptiert wurde. Die Folge war eine Reihe von Legitimationsversuchen auf der theoretischen Seite und am Ende die Bildung einer neuen, "christlichen" symbolischen Welt auf der praktischen Seite.

Eine negative Erfahrung kann ebenfalls als starker Katalysator wirken. Wir haben schon die Tempelzerstörungen und die Verfolgung durch Antiochus genannt. Eine weitere Krise, die tiefgreifend auf christliches Denken einwirkte, war die Erfahrung der Ablehnung der Botschaft durch die meisten Juden. Das Ringen des Paulus mit diesem Problem kommt in Römer 9-11 zum Ausdruck, wo er gleichsam verschiedene Lösungen ausprobiert.[15]

So bestimmt die dialektische Wechselwirkung von Tradition (symbolischer Welt), Erfahrung und Deutung die Art und Weise, in der die Welt durch Gruppen und Individuen wahrgenommen und gedeutet wird.

Der untersuchte Prozeß läßt sich bestimmen als der allmähliche Verzicht auf die vorgegebene (jüdische) symbolische Welt und die Konstruktion einer neuen, zuerst durch christusgläubige Juden, später

---

[15] Vgl. *H. Räisänen*, Römer 9-11: Analyse eines geistigen Ringens: ANRW II 25.4 (1987) 2891-2939.

durch Heidenchristen, die das jüdische Erbe mit ihrem neuen geistlichen Besitz zu assimilieren versuchten.

4. Der Übergang von Exegese zur Theologie

Die historische Arbeit hat ihren Eigenwert, aber sie kann selbstverständlich auch als Vorarbeit zur theologischen Anwendung verstanden werden. Das wichtigste, was die Theologie aus historischer Exegese lernen könnte, ist vielleicht ein formales Modell für die Konstruktion von Theologie auf dieser zweiten Stufe: es kann sich um eine bewußte Neuinterpretation der Tradition im Lichte von neuen Situationen, neuen Erfahrungen und neuen Erkenntnissen handeln.

Diese Arbeit läßt sich vielleicht in eine theoretisch-kognitive und eine praktisch-homiletische Aufgabe teilen. Die erstere kann entweder in einem akademischen oder in einem kirchlichen Kontext ausgeführt werden; die letztere gehört eher in einen ausdrücklich christlichen Zusammenhang.

Die kognitive Aufgabe besteht in der Behandlung der Frage, in welchem Umfang oder in welchem Sinne biblische Vorstellungen im Rahmen einer modernen Weltanschauung beibehalten werden können, bzw. wie sie zur Konstruktion einer modernen theologischen Position beitragen können.

Die zweite Aufgabe auf dieser zweiten Stufe besteht in einer homiletischen Umsetzung der Texte. *Klaus Berger* schlägt vor, daß eine Anwendung von der menschlichen Notsituation ausgehen muß.[16] Es handelt sich also nicht mehr um die Frage, wie man intellektuell mit den Texten zurechtkommt, sondern darum, wie man Menschen in ihrer Not helfen kann. Können wir ihnen etwa dadurch helfen, daß wir bestimmte Texte aus der Bibel wählen und sie auf eine bestimmte Weise interpretieren? Eine ausgezeichnete Vorarbeit für diese Aufgabe wäre das Studium der konkreten Wirkungen der Bibel und des Bibelgebrauchs auf verschiedenen Lebensgebieten.[17]

Wichtig ist, daß man weiß, was man tut, und nicht versucht, die eigene Position dadurch zu legitimieren, daß man sich als mehr "biblisch" ausgibt, als man wirklich ist. Wählen müssen wir alle; alle machen wir

---

[16] Vgl. *K. Berger*, Hermeneutik des Neuen Testaments, Gütersloh 1988, 18-25.
[17] Vgl. *H. Räisänen*, Die Wirkungsgeschichte der Bibel. Eine Herausforderung an die exegetische Forschung: EvTh 52 (1992) 337-347.

uns Umdeutungen schuldig. Im Grunde geht es darum, ob unsere Neuinterpretationen dem Leben dienen oder ihm schaden.

Einschlägige Veröffentlichungen des Autors (in Auswahl):

Paul and the Law. 2nd revised and enlarged edition, Tübingen 1987.
Beyond New Testament Theology, London - Philadelphia 1990.
Zion Torah and Biblical Theology: Thoughts on a Tübingen Theory, in: Jesus, Paul and Torah. Collected Essays (JStNT.SS 43), Sheffield 1992, 225-251.
The Law as a Theme of "New Testament Theology", ebd. 252-277.
Die Wirkungsgeschichte der Bibel. Eine Herausforderung an die exegetische Forschung: EvTh 52 (1992) 337-347.
Romans 9-11 and the "History of Early Christian Religion", in: T. Fornberg - D. Hellholm (Hg.), Text and Context, FS L. Hartman, Uppsala 1995.
The New Testament and Theology, in: J.L. Houlden - P. Byrne (Hg.), Companion Encyclopedia of Theology, London 1995.
The Future of New Testament Theology, in: G. Jones - L. Ayres (Hg.), Studies in Christian Origins I, London 1995.
Eine religionswissenschaftliche Alternative zur "neutestamentlichen Theologie". Methodologische Überlegungen: ANRW II 26.3., Berlin - New York (im Druck).

"Biblische Theologie"
oder "Theologie des Neuen Testaments"?*

Georg Strecker +

1. Der traditionelle Begriff Biblischer Theologie

Auch in der voraufklärerischen Zeit, als der Begriff "Biblische Theologie" noch nicht gebräuchlich war, handelt es sich bei dem damit Gemeinten um eine gängige Vorstellung; er setzt die Einheit von Altem und Neuem Testament voraus. So bezeugt es 1671 das *"collegium biblicum"* von *Sebastian Schmidt*, in dem eine die Aussagen des Alten Testaments und des Neuen Testaments harmonisierende Glaubenslehre entsprechend den unterschiedlichen theologischen *Loci* vorgetragen wurde. Vorausgesetzt ist hierbei die orthodoxe Anschauung von der Inspiriertheit nicht nur der Gesamtaussage, sondern auch der Einzelhei-ten der Heiligen Schrift ("Verbalinspiration"). Die Bibel gilt als ein einheitliches, in sich widerspruchsfreies Offenbarungsbuch: Die biblischen Autoren schreiben vom Heiligen Geist geleitet und bieten mit ihren Schriften eine zuverlässige Grundlage für die christliche Dogmatik.

Die Anlage einer so verstandenen "Biblischen Theologie" geht von drei grundlegenden Voraussetzungen aus.

a) Einheit von Altem und Neuem Testament

Hiernach besteht grundsätzlich kein sachlicher Unterschied zwischen dem Alten und dem Neuen Testament. Der alttestamentliche wie auch der neutestamentliche Kanon enthält die eine Offenbarung Gottes. Grundlegend ist das Dogma der "Widerspruchslosigkeit": Die Überliefe-

---

* *Georg Strecker* hat den folgenden Text, der die Basis für die Einleitung zu seiner "Theologie des Neuen Testaments" bilden sollte, unmittelbar vor seinem allzu frühen Tod noch fertiggestellt und den Herausgebern zugesandt. *R.i.p.*

rungen des Alten und des Neuen Testaments widersprechen sich nicht. Wo dennoch Gegensätze und Widersprüche aufzutreten scheinen, ist es Aufgabe der Exegeten, durch ihre Interpretation solche Widersprüche auszuschalten.

b) Integrität des biblischen Kanons

Der Kanon des Alten und des Neuen Testaments wird als eine in sich geschlossene Größe vorausgesetzt. Nur solche Isoliertheit läßt die Bibel als ein unbezweifelbares Offenbarungsbuch erscheinen. Die Auslegung erfolgt, ohne den Zusammenhang der biblischen mit der intertestamentarischen Literatur, den jüdischen Schriften aus der Zwischenzeit des Alten und des Neuen Testaments, zu reflektieren. Auch das Schrifttum, das gleichzeitig mit dem Neuen Testament in der christlichen Kirche entstanden ist, die frühchristliche außerkanonische Literatur, wird nicht herangezogen.

c) Identität von Schriftlehre und dogmatischer Theologie

Grundsätzlich wird zwischen Schrift und Dogmatik nicht unterschieden. Dies ist die Voraussetzung der von *Sebastian Schmidt* vorgelegten, alttestamentlich und neutestamentlich ausgearbeiteten Topoi der Glaubenslehre und stimmt sachlich zur Position der Theologie vor der Aufklärung.

2. Die Kritik des traditionellen Begriffs Biblischer Theologie

Die anschließende Geschichte der Theologie des Neuen Testaments ist als Geschichte der Kritik und Auflösung der vorgegebenen Vorstellung von einer "Biblischen Theologie" zu verstehen.

a) Sacheinheit vom Altem und Neuem Testament?

Die Sacheinheit von Altem Testament und Neuem Testament ist unter dem Einfluß einer aufgeklärten Theologie erstmals durch *Johann Philipp Gabler* kritisiert worden. Sein am 30. März 1787 in der Universität Altdorf gehaltener Vortrag trägt den Titel "*De justo discrimine theologiae biblicae et dogmaticae regundisque recte utriusque finibus*" (Über die rechte Unterscheidung zwischen biblischer und dogmatischer Theologie und die rechte Bestimmung ihrer beider Ziele). Auch wenn *Gabler* die Vorstellung einer biblischen Dogmatik nicht aufgibt, sondern dogmatische Topoi aus dem Vergleich von mehreren Schriftstellen erschließt, so achtet er doch auf die historischen Unterschiede und sachlichen Verschiedenheiten der einzelnen Schriftsteller. Anders als die orthodoxe Lehre vertritt er nicht mehr die Anschauung von der göttlichen Inspiration der Schrift, welche die Sacheinheit von Altem und Neuem Testament garantiert. Dem stellt sich vielmehr die historische Erkenntnis entgegen, daß zwischen einzelnen Perioden der alten und der neuen Religion unterschieden werden muß. Hierdurch ist der Weg gebahnt zu einem Entwicklungsmodell, das - anstatt zeitlose dogmatische Wahrheiten aus der Bibel begründen zu wollen - die zeitgebundene, historische Situation der alttestamentlichen und neutestamentlichen Konzeptionen zur Geltung bringt.

b) Integrität des Biblischen Kanons?

Die "Integrität des biblischen Kanons" ist schon in der Reformation *Martin Luthers* durch die Anwendung des hermeneutischen Prinzips "Was Christum treibet" in Frage gestellt worden[1]. Eine literarhistorische Kanonkritik begründet *Johann Philipp Gabler*, wenn dieser bei der Darstellung des "Systems einer biblischen Theologie" die sprachlichen und sachlichen Unterschiede zwischen den einzelnen Schriftstellern beachten und darüber hinaus die apokryphen Schriften berücksichtigen möchte. Solche historische Relativierung des biblischen Kanons findet in dem geschichtsdialektischen Entwurf *Ferdinand Christian Baurs* eine Fortsetzung, wenn dieser mit der Zuordnung der einzelnen Schriften zu der ihnen entsprechenden Entwicklungsstufe der christlichen Religion zugleich entscheidet, was im Neuen Testament ein Zeugnis echt evangelischen Geistes, also von kanonischer Autorität ist. - Die Religionsgeschichtliche Schule ist diesen Weg konsequent zu Ende gegangen. Für sie bedeutet das Erklären eines Textes, diesen "in den Zusammenhang einer geschichtlichen Entwicklung stellen"[2]. Von hier aus werden Begriff und Abgrenzung des Kanons zu einem Problem. So bestreitet *Gustav Krüger* die Berechtigung, "mit dem Begriff 'Neues Testament' in irgendeiner Form bei der geschichtlichen Betrachtung einer Zeit zu operiren,

---

[1] Vorrede auf die Episteln Sanct Jacobi und Judas, WADB 7, 384f.
[2] *W. Wrede*, Das theologische Studium und die Religionsgeschichte, in: ders., Vorträge und Studien, Tübingen 1907, 75.

die noch kein Neues Testament kennt"[3]. *William Wrede* zieht daraus die Folgerung, das geschichtliche Interesse verlange, "alles das aus der Gesamtheit der urchristlichen Schriften zusammen zu betrachten, was geschichtlich zusammengehört". Die Grenze ist demnach für den Stoff der Disziplin nur dort zu ziehen, wo die Literatur einen wirklichen Einschnitt erkennen läßt.[4]

c) Identität von Schriftlehre und dogmatischer Theologie?

Was die Identität von biblischer und dogmatischer Theologie angeht, so unterscheidet schon das reformatorische Schriftprinzip "*sola scriptura*" zwischen der Autorität der Schrift und ihrer Auslegung in der dogmatischen Theologie bzw. in der kirchlichen Tradition, auch wenn dies nicht systematisch durchreflektiert worden ist[5]. Hatte *Sebastian Schmidt* noch die biblischen Texte als "*dicta probantia*" für seine Glaubenslehre verwendet und hierbei die Einheit von Schrift und Dogmatik vorausgesetzt, so beginnt im Pietismus ein Verselbständigungsprozeß, in dem die schlichte biblische Lehre mit der scholastischen, dogmatischen Theologie konkurriert[6]. Das historische Denken der Aufklärung hat schon *Johann Philipp Gabler* zur konsequenten Gegenüberstellung von einer biblisch-historischen und einer dogmatisch-didaktischen Theologie geführt. Erstere ist auf menschlich-zeitgebundene Lehrformen ausgerichtet; letztere bezieht sich auf "die christliche Religion aller Zeiten". Auch bei der Darstellung der Schriftlehre wird unterschieden zwischen Allgemeinbegriffen mit ihrer bleibenden Form einerseits und ihrer Begrenzung auf ein bestimmtes Zeitalter oder auf bestimmte Lehrformen andererseits, zwischen dem, "was in den Aussprüchen der Apostel wahrhaft göttlich und was zufällig und rein menschlich ist". Bei dieser Unterscheidung kommt dem Vernunftkriterium eine wichtige Aufgabe zu[7].

---

[3] Das Dogma vom Neuen Testament, Gießen 1896, 10.
[4] Über Aufgabe und Methode der sogenannten Neutestamentlichen Theologie, in: G. Strecker (Hg.), Das Problem der Theologie des Neuen Testaments (WdF 367), Darmstadt 1975, 81-154.
[5] Vgl. *M. Luthers* Auseinandersetzung mit dem vierfachen Schriftsinn der mittelalterlichen kirchlichen Tradition (WA Tr 5,5285; WA 7,97,23f); auch WA 39/I, 47,19f (neben zahlreichen Anwendungen im Rahmen der Schriftauslegung).
[6] Vgl. z.B. *A.F. Büsching*, Gedanken von der Beschaffenheit und dem Vorzuge der biblisch-dogmatischen Theologie vor der alten und neuen scholastischen, Lemgo 1758.
[7] Über die rechte Unterscheidung zwischen biblischer und dogmatischer Theologie und die rechte Bestimmung ihrer beider Ziele, in: G. Strecker (Hg.), Das Problem der Theologie des Neuen Testaments (s. Anm. 4) 41f.

Die "Methode der Lehrbegriffe", wie sie in der neutestamentlichen Theologie des ausgehenden 19. Jahrhunderts vorgetragen wurde[8], hat die Frage zu beantworten versucht, was in der Bibel als bleibende Glaubensaussage und was als nur zufällige Begleiterscheinung zu bewerten ist. Sie hat das Ziel, die Lehrbegriffe der einzelnen neutestamentlichen Autoren möglichst vollständig zu rekonstruieren, und das Verdienst, die Individualität der neutestamentlichen Schriftsteller hierdurch darzustellen. Aber sie gerät in Gefahr - wie *Wrede* zu Recht einwandte -, die zu schmale Basis der Texte zu überschätzen und dem Neuen Testament eine Gleichförmigkeit zu unterstellen, die nicht nur die konkrete Situation und geschichtliche Entwicklung, sondern auch die "Macht der religiösen Stimmung" des neutestamentlichen Denkens zu vernachlässigen droht[9].

3. Das Konzept einer Theologie des Neuen Testaments

Allerdings, der christliche Glaube ist nicht mit religiösen Stimmungen gleichzusetzen, sondern er enthält ein "Verstehen", dessen Grundzüge aus seiner geschichtlichen, insbesondere literarhistorischen Konkretisierung, nicht zuletzt in der Gegenüberstellung von Traditionsgegebenem und redaktioneller Ausgestaltung zu erheben sind. Eine konsequente Differenzierung zwischen Schriftlehre und Dogmatik, zumal wenn sie von einem "uninteressierten Erkenntnisstreben" geleitet wird[10], würde zur Folge haben, daß die theologischen Aussagen des Neuen Testaments nur noch im Zusammenhang einer "urchristlichen Religionsgeschichte" erscheinen[11]. Solche Einordnung in die Historie, die von außen betrachtet durchaus berechtigt ist, würde die Selbstaussage der im neutestamentlichen Kanon zusammengestellten Schriften vernachlässigen und das glaubende Selbstverständnis ihrer Autoren nicht zur Kenntnis nehmen. Zu Recht hat sich die 'dialektische Theologie' gegen eine liberalistisch-historizistische Verengung der exegetischen Auslegung gewandt. So hat *Karl Barth* den Anspruch der neutestamentlichen Schriftsteller, Zeugen des "Wortes Gottes" zu sein, hervorgehoben[12], und *Rudolf Bultmann* hat das in den biblischen Urkunden sich reflektierende theologische Denken

---

[8] Beispiele: *B. Weiß*, Lehrbuch der Biblischen Theologie des Neuen Testaments, Berlin 1868, ^{6}1895, § 2, S. 6ff; *H.J. Holtzmann*, Lehrbuch der Neutestamentlichen Theologie, Freiburg-Leipzig ^{2}1911, besonders Bd. I, 20-26.
[9] Vgl. *W. Wrede*, Über Aufgabe und Methode (s. Anm. 4) 91ff.
[10] *W. Wrede*, a.a.O. 84.
[11] *W. Wrede*, a.a.O. 153f.
[12] Der Römerbrief, Berlin ^{2}1921.

mit Hilfe der "existentialen Interpretation" darzustellen versucht[13]. Diese erschließt aus dem neutestamentlichen. Text ein Selbstverständnis, das nicht mit menschlichem Selbstbewußtsein identisch ist, vielmehr der Bewußtmachung vorausgehen kann. Das Selbstverständnis des Glaubenden impliziert mit der Frage nach dem Woher und dem Wohin des Menschen sowohl Weltzuwendung als auch Diastase gegenüber der Welt. Es hat in den neutestamentlichen Schriften unterschiedliche Auslegungen erfahren, ist jedoch ohne Ausnahme auf das Christusereignis bezogen.

Das im urchristlichen Kerygma bezeugte Christusereignis ist der entscheidende Ausgangspunkt der theologischen Konzeption der neutestamentlichen Schriftsteller. Es ist dem Schema einer "Biblischen Theologie" nicht unterzuordnen. Es sprengt die Sacheinheit von Altem Testament und Neuem Testament, da es trotz vorhandener Kontinuität zur alttestamentlichen Überlieferung zu dieser literaturgeschichtlich wie auch theologisch in einem diskontinuierlichen Verhältnis steht. Es ist nicht Garant der Integrität des biblischen Kanons, da seine Sachaussage nicht nur in Diastase zum Alten Testament steht, sondern auch im Neuen Testament unterschiedlich ausgelegt worden ist. Und es ist nicht die selbstverständliche Voraussetzung der Einheit von biblischer und dogmatischer Theologie. Vielmehr stellt das neutestamentliche Kerygma der dogmatischen Theologie die Aufgabe, die Einheit der Theologie in Vergangenheit und Gegenwart der Kirche zu erfragen und zu entfalten. Wird in Gegenüberstellung zur religiösen und profanen Literatur des Hellenismus wie auch im Vergleich mit dem alttestamentlich-jüdischen Schrifttum die Eigenart der neutestamentlichen Christusbotschaft erkannt, so besagt dies als Folge der konsequenten Historisierung, wie sie durch die liberale Religionsgeschichtliche Schule erschlossen wurde, und zugleich unter Anwendung der Ergebnisse der dialektischen Theologie, daß die Aufgabe lauten muß: "Theologie des Neuen Testaments".

---

[13] Das Problem der Hermeneutik (1950), in: ders., Glaube und Verstehen II, Tübingen 1952, 211-235.

Einschlägige Veröffentlichungen des Autors (in Auswahl):

"Biblische Theologie"? Kritische Bemerkungen zu den Entwürfen von Hartmut Gese und Peter Stuhlmacher, in: Kirche. FS G. Bornkamm, hg. v. D. Lührmann - G. Strecker, Tübingen 1980, 425-445

Einführung in die neutestamentliche Exegese (UTB 1253), Göttingen ³1989, bes. 147f (zus. mit U. Schnelle)

Das Problem der Theologie des Neuen Testaments (1974), in: ders. (Hg.), Das Problem der Theologie des Neuen Testaments (WdF 367), Darmstadt 1975, 1-31

Art. Literaturgeschichte, Biblische II. Neues Testament: TRE 21 (1991) 338-358

Literaturgeschichte des Neuen Testaments (UTB 1682), Göttingen 1992, bes. 11-48. 276-278

Neues Testament, in: G. Strecker - J. Maier, Neues Testament - Antikes Judentum (GKT 2), Stuttgart u.a. 1989, 9-136, bes. 100-113

Biblische Theologie des Neuen Testaments - eine Skizze

Peter Stuhlmacher

1. Der Stand der Arbeit

Die großen und bekannten Theologien des Neuen Testaments, mit denen wir gegenwärtig arbeiten, sind zwischen 1953 und 1976 erschienen: 1953 lag die in drei Lieferungen erscheinende berühmte "Theologie des Neuen Testaments" von *Rudolf Bultmann* abgeschlossen vor. Bultmanns Schüler *Hans Conzelmann* hat seinen "Grundriß der Theologie des Neuen Testaments" 1967 veröffentlicht. 1969 erschien "Die Theologie des Neuen Testaments nach seinen Hauptzeugen" von *Werner Georg Kümmel*. 1971 ist der erste (und einzige) Band der "Neutestamentliche[n] Theologie" von *Joachim Jeremias* gedruckt worden, der die Verkündigung Jesu zum Gegenstand hat. 1974 erschienen "A Theology of the New Testament" von *George Eldon Ladd* und *Eduard Lohses* "Grundriß neutestamentlichen Theologie". 1975/76 hat *Jürgen Roloff* die "Theologie des Neuen Testaments" seines Lehrers *Leonhard Goppelt* postum herausgegeben, und zwischen 1968 und 1976 ist die vierbändige "Theologie des Neuen Testaments" von *Karl Hermann Schelkle* herausgekommen. All diese Werke dokumentieren, wie eine berühmte Generation von Forschern das Neue Testament theologisch verstanden hat, und sie sind mit Recht bis heute (in Nachdrucken und Neuauflagen) in Gebrauch.

Seit 1990 setzen jetzt wieder neue zusammenfassende Veröffentlichungen zum Thema ein, und sie werden nolens volens wieder zur Dokumentation, wie die Generation, die bei den eben genannten Autoren studiert hat, das Neue Testament theologisch versteht. Diese Generation ist aber auch stark beeinflußt worden durch *Karl Barth* und hat bei so berühmten Alttestamentlern wie *Gerhard von Rad, Hans Walter Wolff* und *Walther Zimmerli* gelernt. Sie haben ihren Studenten den Wunsch mitgegeben, die Exegeten des Alten und Neuen Testaments möchten sich eines Tages daran wagen, wieder *eine beide Testamente übergreifende Biblische Theologie zu erarbeiten.* Deshalb drängt sich für die neue Forschergeneration ein Thema in den Vordergrund, das in den Theologien ihrer Lehrer nur erst ansatzweise verhandelt worden ist: die Bedeutung des Alten Testaments für das Neue und die Beziehung der beiden Testamente zueinander in der einen christlichen Bibel.

Inzwischen liegen drei Theologien vor, die speziell dieses Thema bearbeiten: "Biblical Theology of the Old and New Testaments" von dem in New Haven lehrenden Alttestamentler *Brevard S. Childs,* die auf drei Bände angelegte "Biblische Theologie des Neuen Testaments" des Göttinger Neutestamentlers *Hans Hübner* und meine eigene in zwei Bänden erscheinende Arbeit mit demselben Titel.

a) Zum Werk von *Brevard S. Childs*

Das 1992 erschienene Werk von *Brevard S. Childs* (von dem der erste Band inzwischen auch in deutscher Übersetzung vorliegt) stellt die reife Summe einer Lebensarbeit dar, die der theologischen Auslegung des Alten und Neuen Testaments in ihrer kanonischen Gestalt und im kanonischen Zusammenhang gewidmet war und ist. Childs ist *Walther Zimmerli* theologisch stark verpflichtet und hat es gewagt, eine wirklich *gesamtbiblische* Theologie zu schreiben. Mit großem theologischem Sachverstand und bewundernswerter Belesenheit behandelt er nacheinander vier Problemkomplexe: Zuerst biblisch-theologische Grundfragen, dann das besondere Zeugnis des Alten Testaments, anschließend das besondere Zeugnis des Neuen Testaments und schließlich die sich aus beiden Testamenten heraus ergebende theologische Lehre von Gott, seinem Bund, von Christus, der Versöhnung, von Gesetz und Evangelium, vom Menschen, vom Glauben, von der Herrschaft Gottes und von der Ethik.

(1) Die Sicht des Kanons bei Childs

Childs geht in diesen Schritten vor, weil nach seiner Sicht der zweiteilige christliche Kanon aus Altem und Neuem Testament in folgenden geschichtlichen Etappen entstanden ist: Nachdem die großen alttestamentlichen Traditionscorpora schon einen jahrhundertelangen kanonischen Prozeß durchlaufen hatten, sind sie vom 4. Jh. v. Chr. an zum Kanon der hebräischen Bibel erhoben worden, der aus Tora, Propheten und Schriften besteht. Er lag schon im 2. Jh. v. Chr. fertig vor und ist nach und nach auch ins Griechische übersetzt worden, wobei aber der hebräische Text gegenüber dem griechischen stets den normativen Vorrang behielt.

Die aus diesem Übersetzungsprozeß hervorgegangene Septuaginta hat daher nicht dieselbe kanonische Qualität wie der hebräische Kanon. Nach einer etwa 200 Jahre andauernden Zeit zwischen den Testamenten setzt in der ersten Hälfte des 1. Jhs n. Chr. aufgrund der Osterereignisse die neutestamentliche Traditionsbildung ein und durchläuft ihrerseits einen kanonischen Prozeß von etwa hundert Jahren. Er wird von zwei Impulsen getragen: von dem Gewicht des Christusgeschehens und dem Licht, das die Heiligen Schriften (des Alten Testaments) auf dieses Geschehen werfen, wenn man sie christologisch auslegt. Während das Judentum nach dem Scheitern der beiden Aufstände gegen Rom die Septuaginta abgestoßen und die hebräische Bibel abschließend fixiert hat, hat die Alte Kirche den zweifachen Impuls der neutestamentlichen Traditionsbildung aufgenommen und die Schriften der hebräischen Bibel mit den 27 Büchern des Neuen Testaments zu dem zweiteiligen christlichen Kanon verbunden. Im Osten sind die sog. Septuaginta-Apokryphen aus diesem Kanon ausgeschlossen worden, während sie im Westen zu ihm hinzugerechnet wurden.

(2) Die Methode der Biblischen Theologie bei Childs

Wer den zweiteiligen christlichen Kanon nicht nur historisch-kritisch (und entsprechend subjektiv) analysieren, sondern theologisch interpretieren will, muß nach *Childs* sowohl von der kanonischen Textgestalt als auch Anordnung der biblischen Bücher ausgehen. Nach dem Durchgang durch das jeweils selbständige Zeugnis des Alten und des Neuen Testaments hat er dann die Lehre beider Testamente in einem Elementarentwurf christlich-biblischer Dogmatik zusammenzudenken. *Childs* vollzieht all diese Arbeitsschritte selbst, und man kann seinem profunden Werk nur viele und nachdenkliche Leser und Leserinnen wünschen, die sich von ihm zur theologischen Auslegung der ganzen Heiligen Schrift anleiten lassen.

b) Zum Entwurf von *Hans Hübner*

Von der Biblischen Theologie des Neuen Testaments, die *Hans Hübner* erarbeitet, liegen bisher zwei Bände vor: Der erste ist 1990 erschienen und behandelt unter dem Titel "Prolegomena" ausführlich die theologischen Grundprobleme einer Biblischen Theologie. Der zweite Band ist 1993 herausgekommen und hat die Theologie des Paulus und ihre neutestamentliche Wirkungsgeschichte zum Gegenstand. Sie ist für *Hübner* das Herzstück der Biblischen Theologie des Neuen Testaments. Der noch ausstehende dritte Band soll die restlichen neutestamentlichen Zeugen behandeln und das ganze Werk zusammenfassen. Schon jetzt ist sichtbar, daß sich *Hübners* Biblische Theologie grundlegend von dem Werk unterscheidet, das *Childs* vorgelegt hat. Er bearbeitet nur das Neue Testament, wählt einen anderen Ansatzpunkt als Childs, bewertet die Septuaginta anders als dieser und verfolgt auch eine andere theologische Interpretationsabsicht.

(1) Zum Ansatzpunkt der Biblischen Theologie bei Hübner

Für *Hübner* liegt der entscheidende Ansatzpunkt für eine Biblische Theologie des Neuen Testaments in den zahlreichen Zitaten aus alttestamentlichen Texten und Anspielungen auf sie, die sehr viele neutestamentliche Bücher durchziehen. Weil in diesen Zitaten und Anspielungen aber nur eine Auswahl alttestamentlicher Texte interpretiert wird, unterscheidet er das Vetus Testamentum per se von dem Vetus Testamentum in Novo receptum. Er gewinnt damit die Möglichkeit, zwischen der hebräischen Bibel und ihrer nur partiellen christlichen Rezeption zu differenzieren und kann von dieser Basis aus sogar kritisch fragen, ob und inwiefern der Gott der hebräischen Bibel auch der Gott des Neuen Testaments sei (s.u.). Mit diesem Vorgehen stellt sich *Hübner* gegen den "canonical approach" von *Childs*, muß sich aber im Gegenzug von diesem zwei (m.E. zutreffende) Einwände gefallen lassen: Nach Childs erfaßt der Ansatz nur bei den Zitaten und Anspielungen das Verhältnis der beiden Testamente nicht tief und umfassend genug[1]; außerdem ist die Unterscheidung eines im Neuen Testament rezipierten Alten Testament von einem Alten Testament an sich theologisch unannehmbar, weil sie das alt- und neutestamentliche Zeugnis vom Werk und Willen des einen Gottes (vgl. Ex 3,14; Dtn 6,4; Röm 3,30) kritisch unterläuft.[2]

(2) Zur Bewertung der Septuaginta durch Hübner

Was die Septuaginta anbetrifft, macht *Hübner* mit vollem historischen Recht darauf aufmerksam, daß man ihre Bedeutung für das antike Judentum und das Urchristentum kaum überschätzen kann. Bei der Frage nach dem Verhältnis der beiden Testamente spielt sie nach seiner Auffassung eine viel gewichtigere Rolle, als *Childs* (stellvertretend für

---

[1] Vgl. *B.S. Childs*, Biblical Theology of the Old and New Testaments, London - Philadelphia 1992, 225-229.(Deutsch: Die Theologie der einen Bibel 1, Freiburg-Basel-Wien 1994).

[2] Ebd. 77.

viele Alttestamentler) meint.³ Nimmt man diesen Einwand auf, ist das von *Childs* entworfene Bild des kanonischen Prozesses grundlegend zu revidieren: Die Septuaginta ist entstanden, als nur erst die Tora und die Propheten kanonischen Rang erhalten hatten und der dritte Teil des hebräischen Kanons noch im Werden war, und zwar in einem vom 3. Jh. v. Chr. bis zum 2. Jh. n. Chr. andauernden komplexen Proze von Übersetzung, Revision der Übersetzung nach den hebräischen Texten und Vermehrung der Übersetzungsschriften durch hellenistisch-jüdische Unterrichts- und Erbauungsschriften (wie die Weisheit Salomos und die Makkabäerbücher).⁴ Da die kanonische Endgestalt der hebräischen Bibel erst am Ende des 1. und zu Beginn des 2. Jh.s n. Chr. erreicht war, die Übersetzung der Septuaginta mindestens ebenso lang gedauert hat, die sog. Septuaginta-Apokryphen bei der Ausformulierung des neutestamentlichen Christuszeugnisses Pate gestanden haben und die Septuaginta überhaupt nur zusammen mit den neutestamentlichen Schriften kanonisiert worden ist, *mu man von einem zwar vielschichtigen, aber durchlaufenden kanonischen Proze sprechen, dem die hebräische Bibel, die Septuaginta und das Neue Testament entstammen.* Dieser gemeinsame Proze macht die Rede von einer langen Epoche zwischen den Testamenten überflüssig und die Gegenüberstellung eines jeweils besonderen Zeugnisses von Altem und Neuem Testament ausgesprochen fragwürdig. Oder anders ausgedrückt: Wenn man die historische Rolle gebührend beachtet, die die Septuaginta für das antike Judentum und frühe Christentum gespielt hat, und die komplexen Daten der Kanongeschichte bedenkt, zeigt sich, da *Childs* bei der Abfassung seines Werkes einem Bild vom Werden der hebräischen und der christlichen Bibel folgt, das nicht weniger konstruiert ist als Hübners Unterscheidung zwischen *Vetus Testamentum* per se und in *Novo receptum*.

(3) Zur Hermeneutik Hübners

Hübners theologische Interpretationsabsicht liegt bei der biblisch-theologischen Erneuerung der existentialen Interpretation des Neuen Testaments durch *Rudolf Bultmann*. Um diese Absicht zu erreichen, verbindet er bei seiner exegetisch-theologischen Arbeit die historische Rekonstruktion sofort mit der Frage nach ihrer Bedeutung und Verständ-

---

3 Vgl. *H. Hübner*, Biblische Theologie des Neuen Testaments, Bd. 1: Prolegomena, Göttingen 1990, 57ff.
4 Vgl. *M. Hengel*, Die Septuaginta als "christliche Schriftensammlung" und das Problem ihres Kanons, in: W. Pannenberg - Th. Schneider (Hg.), Verbindliches Zeugnis. Bd. I: Kanon - Schrift - Tradition (Dialog der Kirchen 7), Freiburg - Göttingen 1992, 34-127: 89ff.114ff.

lichkeit für den modernen Leser und stellt solche neutestamentlichen Aussagen in den Vordergrund, die diesem Anspruch genügen. Daher arbeitet *Hübner* im zweiten Band seines Werkes vor allem die Entdeckung und Ausgestaltung der Lehre von der Rechtfertigung durch Paulus heraus und zeigt ihre Bedeutsamkeit für den Menschen (von heute) auf. Dabei bestimmt die existentiale Interpretationsabsicht *Hübners* Arbeit so sehr, daß er meint, darauf verzichten zu können, historisch genau darzustellen, wie sich der Apostel und seine Schule Gottes Versöhnungstat in und durch Christus und das endzeitliche Rechtfertigungsgeschehen im einzelnen vorgestellt haben und in welches Bild von Schöpfung und Erlösung es eingebettet war. Anders als bei *Childs* wird sich darum aus seiner Theologie sehr wahrscheinlich kein detaillierter Entwurf einer biblischen Dogmatik ergeben, sondern nur eine auf paulinische (und sicherlich auch johanneische) Texte abgestützte, rechtfertigungstheologisch zugespitzte Lehre vom Glauben an Jesus Christus.

(4) Zur Problematik der Konzeption Hübners

Angesichts der enormen biblisch-theologischen (und hermeneutischen) Defizite der existentialen Interpretation, auf die in den vergangenen dreißig Jahren zur Genüge hingewiesen worden ist,[5] steht leider zu befürchten, daß *Hübner* mit seinem Ansatz nur einen sehr relativen Erkenntnisfortschritt über *Bultmann* hinaus erzielen wird. Seine Auslegungsintention saugt schon im Ansatz die Möglichkeiten substantieller biblischer Neuerkenntnis auf, die der gesamtbiblische Durchgang eröffnet. Außerdem führt ihn der Ansatz beim *Vetus Testamentum* in *Novo receptum* (s.o.) zu der höchst problematischen Kernfrage, "ob denn tatsächlich der Jahwäh Israels, der Nationalgott dieses Volkes, mit dem Vater Jesu Christi, dem Gott der ganzen Menschheit, identisch ist"[6]. Wer so fragt, kann selbst bei einer positiven Antwort im Alten Testament kaum etwas anderes sehen als nur eine (religions-)geschichtliche Vorstufe des Neuen, über deren Rang und Wert erst durch die neutestamentliche Offenbarung entschieden wird. Gegen diese Herabstufung des Alten Testaments haben schon vor Jahren *Gerhard von Rad*, *Hans Walter Wolff*, *Walther Zimmerli* und andere führende Alttestamentler Einspruch erhoben, und auch *Childs* besteht in seinem Werk darauf, daß das Alte Testament und sein Zeugnis ein nicht nur vorbereitender, sondern wesentlicher Teil des zweiteiligen christlichen Kanons ist und bleibt. Von Jesus (vgl. Lk 11,2 par Mt 6,9; Lk 10,21-22 par Mt 11,25-

---

[5] Einige dieser Defizite habe ich genannt in meinem Buch: Vom Verstehen des neuen Testaments (NTD.E GNT 6), Göttingen 2 1986 (1 1979), 199-205.
[6] *H. Hübner*, Biblische Theologie I (s. Anm. 3) 240 (kursiv bei H.).

27), Paulus (Röm 4,3-5.17.24-25) und Johannes (vgl. Joh 1,17-18) her ist denn auch die von *Hübner* gestellte Vexierfrage zurückzuweisen und den genannten Alttestamentlern beizupflichten.

c) Zu meiner eigenen Konzeption einer Biblischen Theologie des Neuen Testaments

Will man weiterkommen, muß man anders ansetzen als *Hübner* und das Wagnis auf sich nehmen, die z.T. sehr ausgetretenen Pfade der üblichen kritischen Exegese des Alten und Neuen Testament dort zu verlassen, wo sie historisch und in der Folge auch theologisch in die Irre führen. Ich versuche, in meiner "Biblischen Theologie des Neuen Testaments" (Bd. 1: 1992) einen solchen Weg zu gehen, und bin mir des Risikos, den dieses Unternehmen bedeutet, sehr wohl bewußt.[7] Meine biblisch-theologische Arbeit ist von drei Grundentscheidungen bestimmt.

(1) Die Methode

Wer die Texte der Bibel theologisch durchdringen und zu ihrem Wahrheitskern vordringen will, muß sie so auslegen, wie sie selbst ausgelegt werden wollen, und bereit sein, seine Auslegungsmethode der Eigenart und dem Eigengewicht der Texte anzupassen[8]. Damit wird der konventionelle historisch-kritische Umgang mit den biblischen Traditionen in gewissem Sinne umgepolt. Während die klassische historische Kritik vom methodischen Zweifel an der Überlieferung geleitet ist und sie in der Absicht analysiert, nur das nach neuzeitlichen Maßstäben Wahre an ihr gelten zu lassen, steht die biblische Exegese einer Überlieferung gegenüber, die nach uralter kirchlicher Erfahrung den Anspruch erhebt, in ganz und gar menschlichen, aber vom Heiligen Geist eingegebenen Worten die unüberholbare Wahrheit der Offenbarung Gottes in und durch Christus zu bezeugen. Diesem Wahrheitsanspruch kann nur eine Auslegung gerecht werden, die es zwar wagt, nach allen Regeln der kritischen Kunst in die historischen Dimensionen des biblischen Zeugnisses einzudringen, zugleich aber bereit ist, die biblische (durchaus "erkenntnistheoretisch" gemeinte!) Maxime aus Spr 1,7 hochzuhalten:

---

[7] Mir ist auch bewußt, daß ich den eingeschlagenen Weg ohne die Arbeit und den Rat vor allem von *Hartmut Gese, Martin Hengel* und *Friedrich Mildenberger* nicht hätte finden können und ohne ihre freundschaftliche Kritik auch nicht zu Ende gehen kann.

[8] Vgl. *H. Gese*, Hermeneutische Grundsätze der Exegese biblischer Texte, in: ders., Alttestamentliche Studien, Tübingen 1991, 249-265.

"Die Furcht des Herrn ist Anfang der Erkenntnis". Anders formuliert: Die theologische Exegese der Heiligen Schrift darf und muß sich das Geheimnis des Wirkens Gottes für die Menschheit in und durch Christus vorgeben lassen. Sofern sie sich diese Vorgabe gefallen läßt, ist sie - wie alle Theologie, die sich von Karl Barth her versteht - nach der schönen Formulierung von Ernst Fuchs "gewürdigt ..., Gottes Weg zu den Menschen mitzugehen und dabei die Menschen auf diesem Weg Gottes zu versammeln".[9]

(2) Das Verhältnis zwischen dem Alten und dem Neuen Testament

Das Verhältnis der beiden Testamente in der christlichen Bibel bestimmt sich von zwei Voraussetzungen her: erstens von der Tatsache, daß Jesus und die von ihm erwählten Apostel ebenso wie Paulus geborene Juden waren und der Christenheit bleibenden Anteil an den "Heiligen Schriften" (des Alten Testaments) gegeben haben, und zweitens von dem komplexen kanonischen Prozeß, dem das hebräische Alte Testament, die Septuaginta und das Neue Testament entstammen (s.o.). Er findet sein Ziel in der Feststellung des zweiteiligen christlichen Kanons im 4. Jh. n. Chr. durch die Alte Kirche. *Das theologisch maßgebliche Zentrum dieses Kanons ist das Zeugnis vom Heilshandeln Gottes für Juden und Heiden in und durch Christus. Dieses Zeugnis hat alt- und neutestamentliche Wurzeln, ist aber untrennbar eins, weil der eine Gott, der die Welt geschaffen und Israel zu seinem Eigentumsvolk erwählt hat, in seinem eingeborenen Sohn Jesus Christus für das Heil der Welt ein für allemal genug getan hat.*

(3) Die Aufgabe der Biblischen Theologie

Von diesem Zeugnis her bestimmt sich die Aufgabe einer Biblischen Theologie des Neuen Testaments: *Sie darf und soll von den neutestamentlichen Texten her den Weg Gottes zu den Menschen in und durch Christus aufzeigen.* Dieser Weg beginnt mit der Schöpfung, durchläuft die ganze Erwählungsgeschichte Israels, gewinnt seinen Höhepunkt in der Sendung, Passion und Auferweckung Jesu und führt auf das Reich Gottes zu, das der erhöhte Christus heraufführen soll und wird. Die geschichtlich-konkrete Nachzeichnung des apostolischen Zeugnisses von diesem Weg ist nur möglich, wenn man nicht nur den Zitaten aus alttestamentlichen Büchern und den Anspielungen auf sie im Neuen Testament nachgeht, sondern die Traditionsbezüge zwischen beiden Testa-

---

[9] Zitiert nach *H. Diem*, Ja oder Nein, Stuttgart - Berlin 1974, 290.

menten bis in die gemeinsame Sprach- und Vorstellungswelt auslotet. Sie erfordert außerdem eine von den Evangelien ausgehende möglichst genaue Rekonstruktion der Sendung Jesu, seiner Passion und Auferweckung, sowie die eingehende Darstellung der Entstehung und Entfaltung der Christusbotschaft durch die neutestamentlichen (Haupt-)Zeugen. Am Schluß muß sie einmünden in eine Skizze der Ausbildung des zweiteiligen christlichen Kanons und die Frage nach seiner theologischen Bedeutung für die Kirche. Da die biblische (Fach-)Exegese eingebettet ist in das Ganze der wissenschaftlichen Theologie, muß sie zuerst und vor allem Anwalt der biblischen Texte sein, wie sie ihr im biblischen Kanon vorgegeben sind; sie darf und muß das Zeugnis dieser Texte nachsprechen und eine theologische Summe daraus ziehen, aber sie braucht nicht auch noch die ganze Aufgabe der Dogmatik zu übernehmen. Sie sollte sich deshalb auch nicht anheischig machen, unter weitgehender Ausblendung der ganzen Auslegungsgeschichte der Heiligen Schrift und differenzierter dogmatischer Fragestellungen die Bedeutung der Bibeltexte für die Gegenwart im existential-analytischen Alleingang aufschließen zu wollen.

2. Die inhaltliche Durchführung

Versucht man, diese Grundsätze umzusetzen, sollte man sich von neutestamentlicher Seite her auf den Entwurf einer Biblischen Theologie des Neuen Testaments, die zum Alten Testament hin offen ist, beschränken, und darauf hoffen, daß umgekehrt auch vom Alten Testament her eine zum Neuen Testament hin offene Biblische Theologie des Alten Testaments entworfen wird. Ein einzelner Autor ist heute kaum mehr in der Lage, die Forschungssituation in der alt- und neutestamentlichen Disziplin zu durchschauen, und je weiter das Arbeitsfeld ist, das er sich wählt, desto dilettantischer muß er in vielen Fragen urteilen. Das aber ist der zu bewältigenden Aufgabe abträglich.

a) Die Verkündigung Jesu und die synoptische Tradition

Eine Biblische Theologie des Neuen Testaments sollte einsetzen bei der Darstellung der Verkündigung Jesu nach dem Zeugnis der Synoptiker, weil auf diese Weise deutlich wird, daß sich der christliche Glaube dem ihm vorangehenden Heilshandeln des einen Gottes in der Sendung, dem

Werk, der Passion und Auferweckung Jesu von Nazareth verdankt (vgl. Röm 5,6-8).

(1) Die historische Zuverlässigkeit der synoptischen Jesus-Tradition

In den vergangenen dreißig Jahren ist durch Forscher wie *E.Earle Ellis, Birger Gerhardsson, Martin Hengel, Heinz Schürmann* und *Rainer Riesner* herausgearbeitet worden, daß das Zeugnis der synoptischen Evangelien auf einer Schultradition fußt, die von Jesus selbst begründet, von den Jüngern bzw. Schülern (*mathētaí*) Jesu sorgsam bewahrt und an die Urgemeinde weitergegeben wurde, die im Kern anfänglich aus eben diesen *mathētaí* bestand (vgl. Apg 1,13f). Aufgrund dieses Traditions- und Personenkontinuums ist die synoptische Überlieferung historisch viel verläßlicher als weithin angenommen wird. *Der irdische Jesus und der von dieser Überlieferung bezeugte Christus sind nahezu deckungsgleich.*

(2) Vorösterliche und nachösterliche Christologie

Das Markusevangelium will nach Mk 1,1 Jesus Christus als den "*Sohn Gottes*" bezeugen. Dies entspricht durchaus dem Sein und der Absicht des irdischen Jesus, der sich nach Lk 10,21f par Mt 11,25ff als "*Sohn*" seines himmlischen Vaters verstanden hat. Die markinische Passionsgeschichte gibt klar zu erkennen, daß Jesus um des Anspruches willen, der messianische Gottessohn zu sein (vgl. Mk 14,61-62 parr), verurteilt und gekreuzigt worden ist. Er hat diesen gewaltsamen Tod in der Gewißheit auf sich genommen, der von Gott gesandte messianische Knecht zu sein, der mit seinem Leben ein für allemal Sühne für Israel (und die Heidenvölker) zu leisten hat; wie die Analyse von Mk 10,45; 14,24 parr zeigt, haben die Gottesworte aus Jes 43,3-4 und 52,13 - 53,12 Jesus zu diesem Todesverständnis geführt. Die Entdeckung des leeren Grabes und die Erscheinungen Jesu vom Himmel her vor "*den von Gott vorherbestimmten Zeugen*" (Apg 10,41) haben Petrus und anderen Jesusjüngern die umstürzende Erkenntnis eröffnet, daß Gott Jesus von den Toten auferweckt und "*zum Herrn und Christus gemacht*" habe (Apg 2,36). Sie haben daraufhin die Urgemeinde in Jerusalem begründet, dort die Jesustradition gesammelt und so den Grund für das Geschichtszeugnis gelegt, das schließlich in Gestalt der synoptischen Evangelien auf uns gekommen ist.

b) Die Theologie des Paulus

Das Zeugnis des Apostels Paulus ist biblisch-theologisch von ganz besonderem Gewicht.

(1) Die Rechtfertigung des Gottlosen

Der Schlüssel zur Verkündigung und Theologie des Paulus liegt in der Berufung des Christenverfolgers zum Apostel Jesu Christi vor Damaskus (vgl. Gal 1,1.15f; 2Kor 4,5f; Röm 1,1-5). Dieses Ereignis nötigte Paulus zu einer dreifachen Erkenntnis: Der gekreuzigte Jesus wurde von Gott selbst "*eingesetzt zum Sohn Gottes in Macht aufgrund der Auferstehung von den Toten*" (Röm 1,4); Paulus selbst hatte - indem er in seinem militanten Eifer für das Gesetz (vgl. Gal 1,14) die junge Gemeinde Jesu Christi verfolgte - fundamental gegen Gottes Heilsabsicht in Christus verstoßen; trotzdem war er begnadigt und gewürdigt worden, als Apostel Jesu Christi das Christusevangelium zu verkündigen (vgl. 1Kor 15,9f). Seit dieser Erfahrung konnte und mußte Paulus verkündigen: Gott hat seinen eigenen Sohn für Juden und Heiden in den Tod gegeben und zum Zwecke ihrer endzeitlichen Gerechtsprechung auferweckt (vgl. Röm 4,24f mit Jes 53,10ff); deshalb können und sollen sie trotz aller ihrer Sünde und Gottesferne kraft der Fürsprache des erhöhten Christus vor Gottes endzeitlichem Richterthron gerechtfertigt werden, und zwar "*(allein) aus Glauben, ohne Werke des Gesetzes*" (vgl. Röm 3,28 und 8,34).

(2) Gottes Gerechtigkeit in und durch Christus

Nach 2Kor 5,21; Röm 3,21-26 und 10,3-4 sind die Christologie des Apostels und seine Rechtfertigungslehre (fast) identisch. Beide Male geht es um die Durchsetzung der Heil und Wohlordnung schaffenden Gerechtigkeit Gottes (*dikaiosýne Theoy*) in und durch Christus. Die paulinische Lehre von Christus, der den Glaubenden von Gott zur Gerechtigkeit, Heiligung und Erlösung gesetzt ist (vgl. 1Kor 1,30), gewinnt damit die umfassende Weite, die die Schüler des Paulus im Kolosser- und Epheserbrief mit dem Stichwort "*Heilsplan Gottes*" (*oikonomía Theoy*) zu erfassen suchen (vgl. Kol 1,25; Eph 1,10; 3,2.9): Der eine Gott, der die Welt erschaffen und Israel zu seinem Eigentumsvolk erwählt hat, hat durch seine Propheten das Kommen des Messias angekündigt. Als die Zeit erfüllt war, hat er seinen (präexistenten) Sohn in die Welt gesandt (Gal 4,4). Der Verheißung von 2Sam 7,12-14 gemäß ist dieser Sohn aus der Sippe Davids hervorgegangen und hat den Opfergang angetreten, der ihn an das Kreuz auf Golgotha brachte. Nach seiner Grablegung wurde er am dritten Tage von den Toten auferweckt und zur Rechten Gottes eingesetzt zum "*Sohn Gottes in Macht*" (Röm 1,4); in ihm und durch ihn ist Juden und Heiden das endzeitliche Heil verbürgt (Röm 3,21-26.30). Er muß aber seine himmlische Herrschaft so lange ausüben, bis er alle Feinde Gottes überwunden und der Herrschaft Gottes die Bahn gebrochen hat (1Kor 15,25). Wenn am Ende der Tage alle von Gott dazu bestimmten Heidenvölker in die Heilsgemeinde Jesu Christi eingegangen sind, wird er selbst vom Zion her erscheinen, um auch "*ganz Israel*" vom Unglauben zu erlösen (Röm 11,25-31). Dann (erst) wird die Zeit der "*herrlichen Freiheit der Kinder Gottes*" inmitten der von der Nichtigkeit befreiten Schöpfung anbrechen (vgl. Röm 8,20-21; 1Kor 15,26). Es ist unschwer zu erkennen, daß die Strukturen dieses Heilsplans den Heiligen Schriften entnommen sind und die Christologie des Apostels im Sinne der endzeitlichen Erfüllung der messianischen Verheißungen verstanden werden will.

c) Die johanneische Theologie

Neben den synoptischen Evangelien und den Paulusbriefen gehören die johanneischen Schriften zu den Hauptbüchern des Neuen Testaments.

(1) Die Logoschristologie

Obwohl sich nur noch in Umrissen klären läßt, ob und wie die Johannesoffenbarung, die drei Johannesbriefe und das Johannesevangelium der (kleinasiatischen) Schule des (Presbyters) Johannes zugehören, kann kein Zweifel daran bestehen, daß ihr biblisch-theologisch entscheidender Beitrag in der Ausbildung der Logoschristologie liegt. Sie wird von diesen Büchern in dreifacher Form bezeugt:

- Die traditionsgeschichtlich älteste Schicht liegt wahrscheinlich vor in der apokalyptischen Beschreibung des erhöhten Christus aus Apk 19,11-16(21), der an der Spitze der himmlischen Heerscharen erscheint, um die sich gegen Gott auflehnenden Heidenvölker niederzukämpfen. Sein Name ist *ho lógos toy Theoy*, "*das Wort Gottes*" (Apk 19,13). Er heißt so, weil er den gerechten Willen Gottes mit dem Schwert seines Mundes gegen die Gottesfeinde durchsetzt (vgl. Jes 11,4).
- In 1 Joh 1,1 wird der präexistente Christus, der vom Vater ausgegangen und auf Erden erschienen ist, "*das Wort des Lebens*" (*ho lógos*

tés zóés) genannt. Er heißt deshalb so, weil er das (ewige) Leben erschließt und das Zentrum der Botschaft ausmacht, die Johannes zu verkündigen hat.

- Die wirkungsgeschichtlich wichtigste Schicht der Logoschristologie liegt vor in Joh 1,1-18, dem Prolog zum Johannesevangelium. In dem Christushymnus, der dem Prolog sehr wahrscheinlich zugrundeliegt, wird Christus einfach "*das Wort*" (*ho lógos*) genannt und mit dem Schöpferwort Gottes gleichgesetzt. Der Christustitel besagt, daß Gott sich der Welt als Schöpfer und Erlöser nur in und durch seinen eingeborenen Sohn mitteilt und die Welt Gott nur in der Person dieses Sohnes und durch sie begegnen kann (vgl. 1,18 mit 14,6). Das christologische Hauptinteresse des Hymnus liegt bei der Betonung der Wesenseinheit von Gott und dem Logos und dem Bekenntnis zu seiner Inkarnation.

Die hoch entwickelte theologische Reflexion der johanneischen Schule zeigt sich in Joh 1,1-18 daran, daß der Christushymnus zu einem dreiteiligen Prolog zum 4. Evangelium ausgestaltet worden ist, in dem auf die unterschiedliche Aufnahme des Logos in der Welt abgehoben wird: In Joh 1,1-5 werden Sein und Wirken des Logos vor, bei und nach der Erschaffung der Welt beschrieben. 1,6-8 führen Johannes den Täufer als irdischen Vorläufer des Logos ein, und dann wird in zweifacher Weise vom Kommen des Logos in die Welt berichtet: 1,9-13 handeln von seiner Erscheinung und *Abweisung* in der Welt, die prototypisch von Israel vertreten wird; nur eine kleine Minderheit erkennt in ihm den Offenbarer und gewinnt durch ihn die Gotteskindschaft (vgl. 1,12-13). In 1,14-18 ist dann von der Erscheinung und *Anerkennung* des Logos in der Welt durch die Glaubenden die Rede. Sie bekennen, daß er Fleisch wurde, unter ihnen Wohnung nahm und im Unterschied zu Mose wirklich die Gnade und Herrlichkeit Gottes offenbart hat. Nach dem Johannesprolog ist die Erscheinung des Logos in der Welt also ein Heilsgeschehen, das zur Scheidung von Licht und Finsternis, Glaube und Unglaube führt. Indem die Glaubenden den Logos in 1,14-18 im Wir-Stil bekennen, wird die Grenze zwischen seinem vorösterlichen und nachösterlichen Wirken durchstoßen und ein Grundzug der johanneischen Christologie überhaupt sichtbar: Das Evangelium bezeugt nicht nur die Heilstaten und die Geschichte Jesu, sondern auch und vor allem den erhöhten Christus, der durch seinen Geist und die Verkündigung seiner Zeugen in der Welt gegenwärtig ist. Auf diese Weisen sollen Menschen aller Zeiten zum Glauben an den Logos angeleitet werden, der das ewige Leben empfängt (vgl. Joh 20,31).

3. Ergebnis

Das Christuszeugnis der Paulusbriefe und der Johannesschriften ist sehr unterschiedlich formuliert und hat doch eine *gemeinsame Aussagerichtung*: Gott offenbart sich der Welt nur in seinem Sohn Jesus Christus und durch ihn; nur durch den Opfergang und die Auferweckung dieses Christus wird Juden und Heiden das endzeitliche Heil eröffnet; der einzige Weg zu diesem Heil besteht im Glauben an ihn, und dieser Glaube umschließt sowohl das Bekenntnis zu Jesus als Herrn als auch die Erfüllung seiner Weisung (vgl. Gal 5,6; 1Joh 4,7-10; Joh 13,34-35).

4. Ausblick

Im Neuen Testament werden die Heiligen Schriften (des Alten Testaments) als vom Heiligen Geist inspirierte Prophetie angesehen, die auf Gottes endzeitliches Heilshandeln in und durch Christus hin auszulegen ist (vgl. Röm 15,4; 2Tim 3,16; Hebr 3,7; 10,15 u.a.); der Schlüssel zu ihrem Verständnis ist das Evangelium von Jesus Christus, in dem sich Gott abschließend offenbart (vgl. Röm 1,1-6; 1Petr 1,10-12; Hebr 1,1-2). Als in nachapostolischer Zeit die Evangelien herausgegeben, die Johannesoffenbarung fixiert und die Paulusbriefe gesammelt wurden, ist die Inspirationsanschauung auch auf die neutestamentlichen Bücher ausgedehnt worden (vgl. Joh 21,24; Apk 22,18f; 2Petr 1,20f; 3,16). Seit dem 2. Jh. n. Chr. bilden sie zusammen mit den *graphaì hágiai* den zweiteiligen Kanon der christlichen Bibel. Sie können und wollen das Alte Testament nicht ersetzen, bezeugen aber die endgültige und abschließende Offenbarung Gottes in Jesus Christus und geben an, wie die "Heiligen Schriften" auf diese Offenbarung zu beziehen sind.

Da beide Teile des Kanons vom Heiligen Geist inspiriert sind, ist die kirchliche Hermeneutik seit den Tagen der Alten Kirche von dem Grundsatz ausgegangen, dem auch die Reformatoren beigepflichtet haben, daß "die Heilige Schrift in dem Geist gelesen und ausgelegt werden muß, in dem sie geschrieben wurde"[10]. Dieser Grundsatz gilt bis zur Stunde und verdient besonders dann hermeneutische Beachtung, wenn man eine Biblische Theologie des Neuen Testaments zu erarbeiten versucht, in der die biblischen Texte so interpretiert werden sollen, wie sie selbst ausgelegt werden wollen, nämlich als geisterfüllte Zeugnisse von dem Weg, den Gott in und durch Christus zu den Menschen gegangen

---

[10] Dei Verbum III,12.

ist, um sie zu sich zurück und damit zum Heil zu führen. Indem sie diesen Weg darstellt, legt die Biblische Theologie des (Alten und) Neuen Testaments den Grund für das Glaubenszeugnis der Kirche.

Einschlägige Veröffentlichungen des Autors (in Auswahl):

Schriftauslegung auf dem Weg zur Biblischen Theologie, Göttingen 1975
Versöhnung, Gesetz und Gerechtigkeit, Göttingen 1981
Vom Verstehen des Neuen Testaments (NTD.E GNT 6), Göttingen ²1986 (¹1979)
Jesus von Nazareth - Christus des Glaubens, Stuttgart 1988
Die Mitte der Schrift - biblisch-theologisch betrachtet, in: K. Aland - S. Meurer (Hg.), Wissenschaft und Kirche. FS E. Lohse, Bielefeld 1989, 29-56
Die Bedeutung der Apokryphen und Pseudepigraphen für das Verständnis Jesu und der Christologie, in: S. Meurer (Hg.), Die Apokryphenfrage im ökumenischen Horizont, Stuttgart 1989, 13-25
Biblische Theologie des Neuen Testaments. Bd. 1: Grundlegung. Von Jesus zu Paulus, Göttingen 1992
Der messianische Gottesknecht: JBTh 8 (1993) 131-154
Geistliche Schriftauslegung?, in: J. Roloff - H.G. Ulrich (Hg.), Einfach von Gott reden. Ein theologischer Diskurs. FS F. Mildenberger, Stuttgart - Berlin 1994, 67-81

Perspektiven für eine Biblische Theologie des Alten und des Neuen Testaments[*]

Wilhelm Thüsing

1. Das Ziel

Es mag dahingestellt bleiben, ob eine "gesamtbiblische Theologie" möglich ist, die darauf setzt, eine thematische Einheit des Alten und Neuen Testaments zu finden.[1] Denn weder darf das Alte Testament in das Neue hinein vereinnahmt werden noch umgekehrt. Dennoch muß es als heute unverzichtbares Anliegen betrachtet werden, auf eine theologische Sicht hinzuarbeiten, in der Altes und Neues Testament in einer spannungsvollen Einheit verbunden sind. Schon der Kanon zwingt dazu.[2] Ich möchte also zwischen dem mißverständlichen Begriff "gesamtbiblische Theologie" und dem meiner Meinung nach adäquateren Begriff einer "Biblischen Theologie des Alten und des Neuen Testaments" unterscheiden. Gemeint ist eine *theologische Verbindung von Altem und Neuem Testament unter gesamtbiblischem Aspekt.*

Eine solche Sicht macht zwar eine je eigene Theologie des Alten Testaments und des Neuen Testaments nicht überflüssig. Eine "Biblische Theologie des Alten und des Neuen Testaments" hat dennoch (gegenüber einer je in sich geschlossenen Theologie des Alten bzw. Neuen Testaments) nicht nur zusätzlichen Charakter. Ihr Ziel besteht vielmehr darin,

---

[*] Die Überlegungen des folgenden Beitrags werden in dem druckfertigen II. Band meines Werks "Die neutestamentlichen Theologien und Jesus Christus 1. Grundlegung einer Theologie des Neuen Testaments" (Bandtitel: Einzigkeit Gottes und Christusereignis) weitergeführt.
[1] Vgl. *M. Oeming*, Gesamtbiblische Theologien der Gegenwart. Das Verhältnis von AT und NT in der hermeneutischen Diskussion seit Gerhard von Rad, Stuttgart 1985.
[2] Vgl. *Ch. Dohmen - F. Mußner*, Nur die halbe Wahrheit? Für die Einheit der ganzen Bibel, Freiburg - Basel - Wien 1993; *Ch. Dohmen - M. Oeming*, Biblischer Kanon - warum und wozu? Eine Kanontheologie (QD 137), Freiburg - Basel - Wien 1992.

erstens engagiert eine spannungsvolle "Ganzheitlichkeit" der Bibel zu suchen und dafür die hermeneutischen Prämissen aufzufinden. Zweitens hat sie von den jeweiligen alttestamentlichen bzw. neutestamentlichen Themen aus durchgängig auf Verbindungslinien und Strukturanalogien (zwischen Altem und Neuem Testament als zwei in ihrem Eigenen belassenen Größen) zu achten; und drittens hat sie eine vorläufige zusammenfassende Reflexion zu versuchen. Bei alledem hat sie auf das beide "Testamente" verbindende Handeln des einzigen Gottes zurückzugehen. Unter dieser Zielsetzung kann das getan werden, was heute schon möglich erscheint.

Eine kritische Sichtung bisheriger hermeneutischer Modelle für eine gesamtbiblische Theologie ergibt, daß keines davon für sich allein ausreichen kann. Das gilt für das Modell "Verheißung-Erfüllung" ebenso wie für die Modelle "Typologie" und "Heilsgeschichte", aber auch für das von *Hartmut Gese* favorisierte Modell "Traditionsgeschichte", wonach das Neue Testament "den Abschluß eines Traditionsprozesses" bildet, "der wesentlich eine Einheit, ein Kontinuum ist."[3] *Josef Schreiner*[4] urteilt: "In all diesen Versuchen, die Einheit der beiden Testamente zu bestimmen, wurde etwas Richtiges gesehen. Indem aber eine bestimmte Sicht als der gültige oder gar alleinige Schlüssel für das Verständnis des Alten Testaments betrachtet wird, überzieht die jeweilige Sicht und Methode ihre Möglichkeiten. Gemeinsam aber ist allen diesen Versuchen eine Grundkategorie, die man mit dem Stichwort 'Analogie' wohl richtig bezeichnet." J. Schreiner greift an dieser Stelle (im Anschluß an *Horst Dietrich Preuß*[5]) auf den Begriff "Strukturanalogie" zurück. Das Modell der Strukturanalogie scheint mir in der Tat hilfreich zu sein. Auf dieser Grundlage kann auf das Ziel einer Biblischen Theologie hingearbeitet werden, ohne daß spezifisch neutestamentliches Gedankengut in das Alte Testament zurückgetragen werden müßte.

---

[3] H. *Gese*, Erwägungen zur Einheit der Biblischen Theologie, in: ders., Vom Sinai zum Zion. Alttestamentliche Beiträge zur biblischen Theologie (BEvTh 64), München 1974, 11-30, hier 14; zuerst in: ZThK 67 (1970) 417-436.
[4] Das Verhältnis des Alten Testaments zum Neuen Testament (1985), in: ders., Segen für die Völker. Gesammelte Schriften zur Entstehung und Theologie des Alten Testaments, hg. v. E. Zenger, Würzburg 1987, 392-407, hier 404f.
[5] Das Alte Testament in christlicher Predigt, Stuttgart 1984, 121-124.

2. Drei Thesen
zur hermeneutischen Basis einer Biblischen Theologie
des Alten und des Neuen Testaments

Erste These:

Damit das Eigene des Alten Testaments innerhalb einer Biblischen Theologie voll zum Tragen kommt, ist das Alte Testament zuerst in Differenzierung vom Neuen Testament zu betrachten. Dann aber ist auch auf eine Zusammenschau der beiden Textkomplexe "Altes Testament" und "Neues Testament" hinzuarbeiten, die nur von der Theologie aus erreichbar ist.

Zum Prinzip "Differenzierung":

Wenn das Alte Testament von vornherein im Lichte des Neuen betrachtet wird, kann es in seinem spezifischen Gehalt, in seinem Ur-Eigenen gar nicht in den Blick kommen. Insofern ist eine biblisch-theologische Arbeit, die das Alte Testament in der Vielzahl seiner Schriften aus deren eigenen geschichtlichen Voraussetzungen heraus versteht, eine zwingende Vorbedingung für jede Biblische Theologie des Alten und Neuen Testaments.

Zum Prinzip "Zusammenschau":

Eine "Zusammenschau" (der Begriff ist bewußt gewählt) muß sich von vornherein auf Ganzheiten beziehen und nicht nur auf einzelne, im Text fixierbare Verbindungslinien. Doch woher kann die Ganzheitlichkeit der Zusammenschau kommen? Eine Biblische Theologie - so Josef Schreiner[6] - kann "in unserem Fall naturgemäß nur eine Theologie vom christlichen Standpunkt aus sein, die jedoch der Eigenart der Botschaft des Alten Testaments voll Rechnung tragen muß ... Gibt es für das Alte Testament und in ihm etwas Zentrales, das zugleich auch im Neuen Testament von großer oder gar zentraler Bedeutung ist und so die beiden Testamente miteinander verbindet? Es ist die Frage nach der 'Mitte' des Alten Testaments ... Jahwe selbst ist sicherlich die Mitte des Alten Testaments, das bezeugt: Jahwe ist unser Gott. Jahwe, unser Gott, ist auch die Mitte des Neuen Testaments. Hier dürfte die Verbindung gegeben sein; hier ist auch das Neue Testament vom Alten als der grundlegenden Bezeugung Gottes abhängig." Diese ist mit dem Bekenntnis der Einzigkeit *JHWHs* verbunden; und auch in einer Verhältnisbestimmung

---

[6] A. a. O. 406f.

von Bekenntnis zur Einzigkeit Gottes und Christusglaube darf der letztere das Bekenntnis Israels nicht überlagern.

Von daher ist zwar durchaus mit einzelnen, in den Texten verankerten Strukturanalogien zu rechnen, die auf Verbindungslinien (im engeren Sinne) hindeuten. Doch zu einer Gesamtschau (und demnach zu einer Zusammenschau der beiden Testamente) wird man auf diesem Wege nicht gelangen können. Das ist schon wegen der Vielfalt der Konzeptionen und Texte nicht erreichbar. Eine Synthese von Altem und Neuem Testament ist noch weniger möglich als eine Synthese der theologischen Konzeptionen innerhalb des Alten Testaments oder der Konzeptionen innerhalb des Neuen Testaments. Das Wort "Verbindung" erweckt, wenn ich recht sehe, allzuleicht den Eindruck, zwei bekannte und festgelegte Größen sollten zusammengebracht werden. Wir können also zwar nicht auf eine "Verbindung" der Gesamtkomplexe "Altes Testament" und "Neues Testament" hinarbeiten - wohl aber (und das ist das Entscheidende) *auf eine ganzheitliche Zusammenschau von der Theologie, von der Bezeugung "JHWH ist unser Gott" her.* Auf diese Weise kann sowohl der Zusammenhang als auch die Differenzierung der beiden Textkomplexe gewahrt werden (und auch die Differenziertheit innerhalb jedes der beiden Textkomplexe braucht nicht nivelliert zu werden).

Zweite These:

Eine Biblische Theologie setzt voraus, daß nicht nur der Eigenart des Alten Testaments und seinem "Plus", sondern auch der Eigenart des Neuen Testaments und dem ihm spezifisch eigenen "Plus" (das der verkündigte Jesus Christus selbst ist) voll Rechnung getragen wird. Soll das gelingen, darf die Biblische Theologie sich nicht auf die Verbindung und den Vergleich der großen Textkomplexe "Altes Testament" und "Neues Testament" beschränken; sie muß auch die beiden durch das Handeln des Gottes Israels begründeten Aspekte "Kontinuität und Andersartigkeit von alttestamentlicher und neutestamentlicher Heilswirklichkeit" berücksichtigen.

Angesichts der Tatsache, daß Altes und Neues Testament nicht nur in Kontinuität stehen, sondern auch andersartig sind, sich gewissermaßen *auch* auf unterschiedlichen Ebenen bewegen, setzt eine "Zusammenschau" gerade diese These voraus.

Die Andersartigkeit wird schlaglichtartig klar, wenn der Sachverhalt aus jüdischer Sicht betrachtet wird. Ich zitiere das bekannte Wort von *Schalom Ben Chorin*: "Der Glaube Jesu einigt uns, ... aber der Glaube an

Jesus trennt uns."⁷ *Schalom Ben Chorin* sieht also auf der einen Seite das Alte Testament und zusammen mit ihm Jesus - auf der anderen Seite den Auferweckungsglauben der Christen und das Neue Testament. Aber müssen wir als Christen nicht Jesus und das ihn verkündende Neue Testament zusammensehen? Sicherlich - aber wir werden uns noch darüber klar werden müssen, daß Jesus von Nazaret weder ausschließlich dem Alten Testament zuzuordnen ist noch ausschließlich dem nachösterlichen Neuen Testament.

Es ist für unser Ziel notwendig, das Plus des Alten Testaments gegenüber dem Neuen voll anzuerkennen.⁸ Doch was ist der Überschuß, das Besondere des Neuen Testaments? Die Botschaft von dem Heil, das Gott uns in dem auferweckten Gekreuzigten schenkt und in dem er sich selbst uns mitteilt. Und das "ist unerhört und unendlich viel."⁹

JHWH ist in Israel der Erwählende und Rettende, und er ist es in neuer Weise in Jesus - im Wirken Jesu von Nazaret, im Wirken an Jesus in dessen Tod und Auferweckung, und durch Jesus Christus als den zum *Mittler zur Gottunmittelbarkeit* Erhöhten. Der Gott Israels vollendet durch ihn die Offenbarung seiner Einzigkeit. Doch ist das Thema "Einzigkeit Gottes und Christusereignis" dasselbe wie das Thema "Altes Testament und Neues Testament"? Der einzige Gott offenbart sich gewiß grundlegend in Israel, aber von dieser seiner Einzigkeit spricht nicht nur das Alte Testament; und das Neue Testament verkündet und interpretiert gewiß das Christusereignis, ist aber nicht identisch mit ihm. *Es scheint mir wichtig zu sein, diese beiden Themen - das des jeweiligen Handelns Gottes und das des Verhältnisses der Schriftengruppen "Altes Testament und Neues Testament" - hermeneutisch und methodisch zu unterscheiden.*

Gewiß sind die beiden Themata auf das engste miteinander verbunden. Wie läßt sich ihr Zusammenhang zur Sprache bringen? Das muß meines Erachtens dadurch geschehen, daß nicht nur und nicht sofort

---

⁷ Bruder Jesus. Der Nazarener in jüdischer Sicht, München 1977, 12.

⁸ *H. D. Preuß* (Das Alte Testament in christlicher Predigt, 30) deutet diesen "Überschuß" an, "wie er etwa in der schönen Weltlichkeit des AT (W. Zimmerli) liegt, in seinem Zeugnis von Schöpfung, Eros und Geschichte, in seinen Grundstrukturen des Betens und der Gebete, in seinem Reden vom Volk Gottes, das dem einzelnen seinen Ort in der Gemeinde anweist oder im Buch Ijob, dessen Bedeutung z. B. durch seine Wirkungsgeschichte unterstrichen wird."

⁹ Vgl. *J. Schreiner*, Grundaussagen des Alten Testaments (1985), in: ders., Segen für die Völker 375-391, hier 391: "Man könnte nun fragen: Was ist denn das Besondere am NT? Daß Gott selber in Jesus Christus in diese Welt gekommen ist, als Mensch für uns gelitten und den Tod auf sich genommen hat, um uns in der Auferstehung Heil und Retter zu sein und das ewige Leben zu geben. Das ist unerhört und unendlich viel. Es ist aber nicht zu verstehen und zu ergreifen ohne das AT."

nach Verbindungslinien zwischen einzelnen Texten des Alten Testaments und den Schriften bzw. einzelnen Texten des Neuen Testaments gefragt wird, sondern zuerst nach der Möglichkeit einer Zusammenschau dessen, was jeweils im Alten und im Neuen Testament bezeugt wird - in Kontinuität, in Analogie und in der Unterschiedlichkeit der Bezeugungs-Ebenen. Sicherlich muß in einer Biblischen Theologie das Eigene des Alten Testaments voll zum Tragen kommen - aber ebenfalls das Eigene des Neuen Testaments. Und dessen Besonderheit ist nicht einfach, daß Jesus als der Messias bezeichnet wird, von dem im Alten Testament die Rede ist,[10] sondern daß im ganzen Neuen Testament von der Auferweckung und Erhöhung des Gekreuzigten her gedacht wird. Würde das Neue Testament nur als Fortsetzung des Alten begriffen, käme eine Theologie des (ergänzten) Ersten Testaments zustande, das für sich allein bereits die suffiziente Grundlage darstellen würde - aber keine gesamtbiblische Theologie aus Altem und Neuem Testament.

Soll eine Zusammenschau (bzw. ein Zusammendenken) von Altem und Neuem Testament gelingen, wird man nicht einfach die Textkomplexe "Altes Testament" und "Neues Testament" als solche (oder gar ausgewählte Einzeltexte) verbinden wollen; erst recht wird man sie nicht zusammenfügen wollen entsprechend dem mißverständlichen, an quantitative Kategorien erinnernden Denkmodell von zwei "Hälften" der Bibel. Das "Plus" des Neuen Testaments - das von ihm verkündigte Handeln Gottes in Jesus Christus, dem auferweckten Gekreuzigten, seinem Sohn - ist so spezifisch andersgewichtig gegenüber dem Alten Testament, daß von diesem spezifischen "Plus" auszugehen ist. Eine gesamtbiblische Theologie würde nicht das Problem darstellen, das sie in Wirklichkeit ist, wenn Jesus nur ein Weisheitslehrer und Prophet in der Reihe der alttestamentlichen Mittlergestalten gewesen wäre. Das Problem und damit die Aufgabe stellen sich nur, wenn Gott den Gekreuzigten (entsprechend dem christlichen Glaubens-Vorverständnis) durch seine schöpferische Auferweckungstat in sein eigenes transzendentes Geheimnis aufgenommen und ihm die alles Vorhergehende transzendierende, einzigartige Mittlerfunktion gegeben hat, wenn er also durch Aufnahme und Mittlertum Jesu Christi die Offenbarung seiner eigenen Einzigartigkeit zur Vollendung führt - mit anderen Worten: wenn er dadurch eine neue Wirklichkeit gesetzt hat, die eine christologisch vermittelte Theologie notwendig macht.

---

[10] Vgl. nochmals *J. Schreiner*, Das Verhältnis des Alten Testaments zum Neuen Testament 398: "Jesus ist . . . ganz anders als die alttestamentlichen Messiasverheißungen es ansagen."

Dritte These:

Für das Ziel einer Biblischen Theologie des Alten und Neuen Testaments muß nach der theologisch verbindenden Größe gesucht werden. Diese kann nur in der personalen Wirklichkeit "Jesus Christus" bestehen - in dem Irdischen und Erhöhten in Identität.

Biblische Theologie muß demnach, bevor sie die Textkomplexe "Altes Testament" und "Neues Testament" verbindet, ebendiesen Angelpunkt aufzeigen. Er liegt zwischen dem Handeln Gottes an Israel (aus dem das Alte Testament hervorgegangen ist) und seinem nachösterlichen Handeln durch Jesus Christus - in den Gemeinden Christi, aus denen die Schriften des Neuen Testaments erwachsen sind. Und dieser Angelpunkt ist das Handeln Gottes in und an Jesus - in Botschaft, Wirken, Todeshingabe und Auferweckung Jesu. Am deutlichsten wird dieser Sachverhalt durch eine historische Rückfrage nach Jesus, die für das Handeln Gottes in Jesu Tod und Auferweckung offengehalten ist.

Jesus von Nazaret lebt ohne jeden Abstrich im Bekenntnis und im Glauben an den einzigen Gott Israels; aber der transzendierende Schritt über die Botschaft des Alten Testaments hinaus wird durch seine Verkündigung von der Nähe und dem Herandrängen der eschatologischen Gottesherrschaft bereits initiiert, auch wenn er in vollem Sinne erst durch die "Bestätigung" Jesu und seines Anspruchs im schöpferisch-neuen Auferweckungshandeln Gottes geschieht.

Der für die Biblische Theologie grundlegende ereignishafte Einheitspunkt liegt dem uns vorliegenden Textkomplex "Neues Testament" voraus - und damit gewissermaßen zwischen dem Israel des Alten Testaments und den christlichen Gemeinden des nachösterlichen Neuen Testaments. Jesus von Nazaret ist Jude und kann natürlich nicht als Christ bezeichnet werden; aber durch ihn, den jüdischen prophetischen Charismatiker, initiiert der Gott Israels zugleich die Strukturen des Christlichen.[11]

Eine "Schnittlinie" zwischen der ereignishaften Grundlage des Alten Testaments und der des Neuen Testaments kann nicht angegeben werden, weil sie fiktiv wäre. Sie müßte ja mitten durch den Angelpunkt "Jesus von Nazaret" hindurchgehen. Man kann den *einen* Jesus von Nazaret nicht aufspalten in den jüdischen Weisheitslehrer und Propheten

---

[11] Vgl. *W. Thüsing*, Strukturen des Christlichen beim Jesus der Geschichte. Zur Frage eines neutestamentlich-christologischen Ansatzpunktes der These vom anonymen Christentum, in: ders., Studien zur neutestamentlichen Theologie, hg. v. Th. Söding (WUNT 82), Tübingen 1995, 295-316, zuerst in: Christentum innerhalb und außerhalb der Kirche, hg. v. E. Klinger, (QD 73), Freiburg - Basel - Wien 1976, 100-121.

einerseits und den Boten und Vollmachtsträger der Basileia andererseits. Er ist vielmehr in seiner personhaft-ganzheitlichen Sendung der "Angelpunkt". Anders als bei *Schalom Ben Chorin* ist im "Glauben Jesu" nicht nur das gegeben, "was uns einigt", sondern keimhaft auch schon das, "was uns trennt". Dabei ist festzuhalten: Die volle Basis dessen, was die Zeugen des Neuen Testaments verkünden, ist nicht durch die Rückfrage nach Jesus allein erkennbar, sondern darüber hinaus durch den Glauben an das schöpferisch-neue Handeln Gottes, das die Auferweckung des Gekreuzigten darstellt und in dem Gott Jesus zum Christus macht.

In dem Juden Jesus von Nazaret sind das Erbe des Alten Testaments und der Keim der neutestamentlichen Heilswirklichkeit miteinander verbunden - das Erbe und die Wurzel, die das Leben Israels vor *JHWH* darstellt, und der Keim, mehr: die Initiation des eschatologisch-neuen Geschehens der Gottesherrschaft.

Aber um diese Aussagen verantwortbar treffen zu können, ist es in der heutigen wissenschaftlichen Situation notwendig, die Rückfrage nach Jesus zunächst in Differenzierung vom Auferweckungsglauben durchzuführen. In Analogie hierzu ist unsere erste These (das Alte Testament sei zunächst in Differenzierung vom Neuen zu betrachten) zu präzisieren: Das Alte Testament ist auch vom christlichen Theologen zunächst in Differenzierung vom Auferweckungsglauben - und von dem Vollmachtsanspruch des Repräsentanten der Basileia als demjenigen in Jesus von Nazaret, das erst durch den nachösterlichen Auferweckungsglauben bestätigt wird - zu betrachten.

Meiner Meinung nach ist die zunächst in Differenzierung vom nachösterlichen Glauben durchgeführte, aber auf die Zusammenschau mit Ostern hingeordnete Rückfrage *nach Jesus von Nazaret* für die Biblische Theologie des Alten und Neuen Testaments (hermeneutisch gesehen) hilfreich. Für die Grundlegung einer Biblischen Theologie ist sie nicht nur nützlich, sondern notwendig; denn sonst würde Jesus als "Angelpunkt" einer (die Differenzierung voraussetzenden) Zusammenschau von Altem und Neuem Testament nicht zur Geltung kommen können.[12]

---

[12] Dieser Gedanke wird unten in Abschnitt 3b) weitergeführt werden - unter Hinweis auf eigene Vorarbeiten.

3. Folgerungen für den Aufbau und die Arbeitsfelder einer Biblischen Theologie des Alten und Neuen Testaments

Die Stufenfolge der Arbeitsfelder, in der - in Konsequenz unserer drei Thesen - eine gesamtbiblische Theologie erarbeitet werden müßte, läßt sich mit den folgenden Punkten umreißen.

a) Das Alte Testament - "zunächst in Differenzierung vom Neuen Testament"

Das erste Arbeitsfeld muß in der Erarbeitung einer Theologie des Alten Testaments unter zwei Aspekten bestehen: Einerseits hat sie sich (etwa entsprechend dem Modell von *Gerhard von Rad*) der geschichtlichen Abfolge und der je spezifischen Eigenart der alttestamentlich-theologischen Konzeptionen (z. B. der des Deuteronomiums und der deuteronomistischen Theologie) zu widmen. Andererseits muß sie sich (in einer eigenen Untersuchung) um eine theologische Zusammenschau bemühen - bzw. das Handeln *JHWHs* an Israel sowie Israels Antwort zu erkennen suchen (vgl. etwa die Theologien des Alten Testaments von *Walther Zimmerli, Claus Westermann* und *Horst Dietrich Preuß*).

Beides scheint mir notwendig zu sein, um diejenigen Strukturlinien in möglichst großer Breite und Tiefe sowie in möglichst adäquater Differenzierung zu erkennen, die in einer gesamtbiblischen Theologie relevant werden müssen: als die alttestamentlichen Ausgangspunkte für gesamtbiblisch geltende Strukturanalogien. Dabei muß selbstverständlich die Vielzahl der Aspekte zum Tragen kommen, in denen das Alte Testament ein "Plus" gegenüber dem Neuen Testament aufweist.

b) Ansätze der Zusammenschau von Altem und Neuem Testament aufgrund der Rückfrage nach Jesus und des Glaubens an seine Auferweckung

Die Zusammenschau muß notwendig vom Neuen Testament her ansetzen: Das Neue Testament bezieht sich auf das Alte Testament zurück, während das Alte Testament zwar für das Neue offen ist, es von sich aus, historisch gesehen, aber nicht erfordert (erst recht nicht in der für das Neue Testament spezifischen Form der Zeugnisse vom eschatologischen Christusereignis). Das Alte Testament ist vom Neuen Testament als erster Teil der christlichen Bibel zu erkennen - aber nicht umgekehrt vom Alten Testament her das Neue als zweiter Teil.

Ansätze der Zusammenschau von Jesus her zu suchen, wird sonst meines Wissens kaum zu den Arbeitsfeldern einer gesamtbiblischen Theologie gerechnet. Aber wenn man nicht nur von den Textkomplexen "Altes und Neues Testament" ausgeht, sondern auch von dem Handeln Gottes, das ihnen zugrundeliegt, ist es notwendig. Dieses Handeln Gottes schreitet in "Stufen" fort, zu denen entscheidend die Initiation des eschatologischen Geschehens der Gottesherrschaft in Jesus, dem Christus, gehört; diese muß also auch als Arbeitsfeld gelten.

Die Stufen dieses Initiations-Geschehens sind das Handeln Gottes in Basileia-Botschaft und -Wirken Jesu von Nazaret, die durch die schöpferische Tat der Auferweckung bzw. Erhöhung transzendierend zu der eschatologisch-neuen "Stufe" des Handelns Gottes durch den erhöhten Jesus Christus geführt werden.

Doch inwiefern sind diese beiden "Stufen", die mittels der Rückfrage nach Jesus und der Frage nach dem "theologischen Kern des Auferweckungsglaubens" erkennbar sind, gleichzeitig adäquate Ansätze für eine gesamtbiblische Zusammenschau des Alten und Neuen Testaments? Beachten wir, daß es sich hier noch nicht um die theologischen Konzeptionen des uns im Kanon vorliegenden Neuen Testaments handelt; das Thema dieses Arbeitsfeldes (b) liegt als "Ursprungsstruktur des Christlichen" *vor* den Texten des Neuen Testaments.

Aber wie ist diese "Ursprungsstruktur" in einer wissenschaftlich verantwortbaren Weise zu ermitteln? Hierfür muß ich auf die ausführliche Darstellung der dieser Ermittlung dienenden Arbeitsschritte verweisen, die in meinem Werk "Die neutestamentlichen Theologien und Jesus Christus" niedergelegt ist.[13]

---

[13] Vgl. *W. Thüsing*, Die neutestamentlichen Theologien und Jesus Christus, Bd. I: Kriterien aufgrund der Rückfrage nach Jesus und des Glaubens an seine Auferweckung, Düsseldorf 1981. Auch der druckfertige II. Band "Einzigkeit Gottes und Christusereignis" trägt zu diesem Thema bei.
In Stichworten sei der Ansatz der Konzeption kurz charakterisiert:
Zunächst erarbeite ich durch die neutestamentlichen Texte hindurch mittels der "Rückfrage nach der ipsissima intentio Jesu" die Umrisse der grundlegend-strukturierenden Ursprungsgestalt des Christlichen, und zwar in der Form von "Komponenten der theologischen Struktur von Botschaft, Wirken und Leben Jesu von Nazaret". Dabei ist größter Wert darauf gelegt, daß diese Rückfrage zunächst "in Differenzierung vom Nachösterlichen" durchgeführt wird. Das Stichwort "Rückfrage nach der *ipsissima intentio* Jesu" (im Unterschied zu dem Begriff "*ipsissima vox*") deutet bereits an, daß dabei kein vollständiges Bild der Ursprungsgestalt, aber doch hinreichend tragfähige *Umrisse* zu gewinnen sind. Sodann, in einem gesonderten Arbeitsgang, wird nach dem "theologischen Kern des Auferweckungsglaubens" gefragt. Worin besteht er? "Jesus ist auferweckt" bedeutet: Er ist in der Weise ganzheitlich (als vollendeter Mensch, in der Ganzheit und Kommunikationsfähigkeit seines Menschseins) in das Geheimnis Gottes aufgenommen, daß er, der durch den Tod hindurchgegangene Jesus von Nazaret, aus diesem absoluten

Ich suche die Ansätze für die Zusammenschau von Altem und Neuem Testament also von den *vorneutestamentlichen* Grundlagen des Neuen Testaments aus zu ermitteln. Wenn ich von der dem Neuen Testament vorausliegenden "Ursprungsstruktur des Christlichen" ausgehe, suche ich die beiden zu verbindenden Größen ganzheitlich zu erfassen. Die von mir intendierten Ansätze der Zusammenschau vom Neuen Testament her sind somit keine "Neuauflage" einer heute fundamentaltheologisch nicht mehr legitimen Form der *interpretatio christiana*, die nicht ohne einen selektiven Gebrauch isolierter Texte auskommt. Es ist in keiner Weise eine vereinnahmende "Einbahnstraße" vom Neuen Testament zum Alten Testament intendiert. Vielmehr handelt es sich bei den "Ansätzen aufgrund der Rückfrage nach Jesus und des Glaubens an seine Auferweckung" zwar zunächst um die Fragerichtung vom Christusereignis zum Alten Testament hin - aber im Sinne von Anstößen, die weithin oder teilweise verschüttete geschichtlich primäre Richtung vom Alten Testament zum Neuen Testament wieder freizulegen und effizient zu machen. Die "Zusammenschau" kann dann, in ganzheitlicher Weise, von beiden Richtungen her erfolgen.

Wenden wir uns (im Anschluß an unsere zweite und dritte These) den beiden grundlegenden Stufen des eschatologischen Geschehens der Gottesherrschaft zu!

Zum Thema *"Jesus von Nazaret und das Alte Testament"*:

Hier muß des näheren aufgezeigt werden, inwiefern Jesus als Jude der "Angelpunkt", das Verbindungsglied schlechthin ist: inwiefern Jesu Botschaft und Wirken im Bekenntnis Israels zum einzigen Gott verwurzelt sind - und inwieweit seine Basileia-Verkündigung, ohne diese Verankerung zu verlassen, die Offenbarung der Einzigkeit Gottes ihrer Vollendung entgegenführt.

Geheimnis heraus und in der Kraft dieses Geheimnisses wirksam werden kann - auf seine nachösterliche Jüngergemeinschaft und auf das Heil der gesamten Menschheit hin (vgl. a. a. O., Bd. I, 131).
Durch methodisch kontrollierte Zusammenschau der jesuanischen Strukturkomponenten mit diesem "theologischen Kern des Auferweckungsglaubens" wird eine zweite Gestalt der jesuanischen Strukturkomponenten erarbeitet: ihre österlich-nachösterliche Neuprägung. Auf diese Weise wird für die Erkenntnis des "Angelpunkts Jesus" ein methodisches Instrumentarium geschaffen, das auch für die Weiterarbeit in Abschnitt c) ("Die einzelnen neutestamentlichen Theologien und das Alte Testament") nutzbar gemacht werden kann.

Zum Thema *"Jesus Christus als der von Gott bestätigte und erhöhte Gekreuzigte - und das Alte Testament"*:

Was durch die Auferweckung zustande kommt, kann nicht etwas Zweites, anderes sein gegenüber dem irdischen Leben Jesu. Vielmehr ist es die neue, aus dem Geheimnis Gottes heraus geschenkte Realität, Gültigkeit und Wirksamkeit des gekreuzigten Jesus von Nazaret und seiner "Sache". Wenn der nachösterliche Sachverhalt richtig erfaßt werden soll, kommt alles darauf an, daß die Personidentität des gekreuzigten und des erhöhten Jesus - und damit zusammen die Identität der Intentionen des Irdischen und des Erhöhten - nicht nur irgendwie beibehalten wird, sondern die unabdingbare Grundlage bildet.[14] Pointiert gesagt: Auf dem Throne zur Rechten Gottes sitzt der nach wie vor auf die Basileia des einzigen Gottes hingeordnete jüdische Mensch Jesus.

Ein zweites muß gesagt werden: Nach Paulus (2 Kor 1,20) ist der erhöhte Jesus Christus selbst, ganzheitlich, das "Ja" zu der einen, ganzheitlichen Segenszusage an Israel und die Völker, die in der *JHWH*-Offenbarung beschlossen ist. Wir müssen bekanntlich auf das allzu globale und irreführende Schema "Verheißung - Erfüllung" verzichten. Aber wir dürfen nicht vergessen, daß ihr legitimer Kern in dem transzendierenden, dialogischen Gegenüber *JHWHs* und des auferweckten Jesus Christus aufgehoben ist. Es stehen einander also gegenüber: auf der einen Seite die Heilszusage des einzigen Gottes, die in der Namensoffenbarung *JHWHs* liegt ("Ich bin der, der ich [für euch] dasein werde", Ex 3,14) - und auf der anderen Seite das Ja, die Bekräftigung dieser Gesamtzusage durch den einzigen Kyrios Jesus Christus (vgl. 1Kor 8,6).

c) Die einzelnen neutestamentlichen Theologien und das Alte Testament

Hier geht es um die Verbindung zwischen der durch *JHWH* bestimmten Glaubenswelt des Alten Testaments und den *einzelnen* neutestamentlichen Theologien - und damit zwischen den Textkomplexen "Altes Testament" und "Neues Testament". Der Maßstab hierfür ist die Hinordnung Jesu Christi, des Vollmachtsträgers der Basileia, auf den einzigen Gott. Von der Erhöhungstat Gottes geht die Heilsdynamik des Evangeliums aus (Röm 1,16f). In den neutestamentlichen Zeugnissen und Konzeptionen ist die je und je neu interpretierende Verkündigung des Evangeliums durch die Gemeinde und ihre Sprecher nicht nur auf das Handeln

---

[14] Vgl. *W. Thüsing*, a. a. O. 130f.

Gottes bezogen, sondern selbst Handeln Gottes und Christi durch die Zeugen.

Wollen wir das Verhältnis zwischen den neutestamentlichen Konzeptionen und dem ersten Teil der christlichen Bibel überprüfen, so wird das am adäquatesten auf dem Weg durch den Angelpunkt und Maßstab "Jesus Christus" hindurch erfolgen können - sofern die Frage "Jesus Christus und das Handeln Gottes in Israel" sachgerecht beantwortet ist. Indem die Kriterien der Legitimation an Jesus Christus aufgezeigt werden und an ihnen die neutestamentlichen Theologien überprüft werden, wird gleichzeitig ihr Zusammenhang mit dem Alten Testament überprüft.[15]

4. Zur Ganzheitlichkeit des Handelns Gottes: von der Erwählung Israels aus - in die Unerwartbarkeit des Christusereignisses und des Geschehens der Gottesherrschaft hinein

Es ist geradezu ein Prüfstein für die Stimmigkeit des christlichen Evangeliums, ob es *von ihm aus - also unter christlichem Glaubensvor-verständnis* - gelingt, die alttestamentliche und die neutestamentliche Botschaft vom Handeln Gottes "ganzheitlich" zusammenzuschauen. Nur wenn das neutestamentliche Evangelium auf der Linie liegt, die von der Erwählung Israels ausgeht, und wenn nicht nur das Alte, sondern auch das Neue Testament mitsamt dem Glauben an Jesus, den Christus, vom *JHWH*-Bekenntnis umfangen ist, kann der von den Christen und ihren

---

[15] Hierfür muß freilich die Strukturkomponente 2 ("Verankerung des Jesusgeschehens in der Geschichte *JHWHs* mit Israel: Jesus als im Bekenntnis des einzigen Gottes lebender Jude") als Vorzeichen für die anderen Komponenten der "theologischen Struktur von Botschaft, Wirken und Leben Jesu von Nazaret" deutlich gemacht werden. Auch in der nachösterlichen Transformation muß sie - in Neuprägung - zur Geltung kommen: Nachösterlich geht es um die christologische Transformation und Bekräftigung (nicht Beseitigung!) der Glaubensstruktur des *JHWH*-"Bundes"; um den christlichen Glauben als Emunâ; um das Bekenntnis der Gemeinde Jesu zu dem *Einen* sich selbst mitteilenden Gott und ihre Bemühung um die Kontinuität von Altem und Neuem Testament. Die Strukturkomponenten in ihren fünf Gruppen (Eschatologie und Theozentrik; Christologie; Ethik; Ekklesiologie [bei Jesus: gemeinschaftstheologische Aspekte der vorösterlichen Jesusbewegung]; Passionstheologie) müssen im Lichte dieser Komponente gesehen werden, durch die das Bekenntnis des einzigen Gottes den anderen vorgegeben ist.

kirchlichen Gemeinschaften durch Jahrhunderte und Jahrtausende festgehaltene Glaube "stimmig" sein.[16]

Schematisch lassen sich drei Modelle für Kontinuität und Ganzheitlichkeit unterscheiden:

An erster Stelle ist der (kaum vom christlichen Glaubensverständnis ausgehende) Versuch zu nennen, dem "Ersten Testament" einen solchen Primat zuzuerkennen, daß das Neue Testament gewissermaßen als eine von zwei Fortsetzungen subsumiert werden könnte.[17] Diese Position zeugt ohne Zweifel von dem ernsten Anliegen, die Kontinuität der biblischen Botschaft des Alten und des Neuen Testaments zu sichern. Das Ergebnis wäre in der Tat ein geschlossenes Bild - wenn die Integrität des Neuen Testaments und seines durchgehend vom Erhöhungsglauben geprägten Evangeliums nicht bedroht wäre.

Der umgekehrte Weg einer quasi-fundamentalistischen Übersteigerung der *interpretatio christiana*, die das Alte Testament in das Neue Testament hinein vereinnahmt, ist noch viel weniger eine heutige christliche Möglichkeit.

Eine Alternative scheint mir darin zu bestehen, vom Begriff einer spannungsvollen Ganzheitlichkeit auszugehen. Eine Kontinuität - besser: die Ganzheitlichkeit der Zusammenschau[18] -, die sowohl dem Alten als auch dem Neuen Testament jeweils ihre Eigenständigkeit und ihre volle Leuchtkraft beläßt, ist für den christlichen Theologen nur durch die scheinbare Diskontinuität des *Transzendierens* hindurch möglich. Diese These setzt voraus, daß das "Transzendieren" der "Kontinuität" nicht widerspricht, sondern sie im Gegenteil erst *konstituiert*. Wenn die Basileia-Dynamik des Je-mehr die letztgültige eschatologische Auswirkung der Einzigkeit Gottes ist, muß gelten: Die "Ganzheitlichkeit" des Handelns Gottes ist durch das Je-mehr des "Sprungs nach vorn", den das Christusereignis darstellt, konstituiert. Das Neue Testament hat nur dann die Chance, biblisch-ganzheitlich zu sein, wenn sein Evangelium nicht trotz, sondern wegen des Eschatologisch-Neuen mit der Erwählung Israels und dem Leben Israels vor *JHWH* zusammengedacht werden kann. Nochmals: Die Kontinuität und Ganzheitlichkeit kann nur durch die Diskonti-

---

[16] Vgl. *W. Thüsing*, Zwischen Jahweglaube und christologischem Dogma. Zur Position und Funktion der neutestamentlichen Exegese innerhalb der Theologie, in: ders., Studien zur neutestamentlichen Theologie 3-22, hier 7; zuerst in: TThZ 93 (1984) 118-137, hier 122.

[17] Vgl. *E. Zenger*, Das Erste Testament. Die jüdische Bibel und die Christen, Düsseldorf 1991, 140-144.

[18] Der Begriff "Ganzheitlichkeit" scheint mir noch adäquater zu sein als der Begriff "Kontinuität", weil er sowohl das voreschatologische Handeln Gottes in der Erwählung Israels als auch das eschatologisch-transzendierende Geschehen der Gottesherrschaft in sich zu bergen vermag.

nuität hindurch erkannt werden, als die das Transzendieren des Bisherigen zunächst erscheint.

Solche Zusammenschau der beiden Testamente ohne jede christliche Vereinnahmung des Alten Testaments kann nur unter dem Vorzeichen der je und je größeren Heilsdynamik des Handelns Gottes möglich werden, wie sie in der eschatologischen Basileia-Dynamik des Je-mehr am deutlichsten hervortritt: Im Basileia-Geschehen offenbart sich Gott letztgültig als der *Deus semper maior*. Zentralbegriff ist "Erwählendes Handeln des einzigen Gottes"[19] - in den zwei Verwirklichungsstufen dieses Handelns: sowohl des erwählenden Handelns an seinem Volk Israel als auch, dieses transzendierend (ohne es ungültig zu machen), des erwählenden Handelns an Jesus Christus und in dem "Geschehen der Gottesherrschaft", das die Erwählung der Gemeinde Christi einschließt.

Die Ganzheitlichkeit des Heilshandelns Gottes durch das Transzendieren hindurch kann vielleicht durch einen Vergleich aus der bildenden Kunst veranschaulicht werden. Ich denke an die Kreuzigungsbilder von *Marc Chagall* und das des Isenheimer Altars von *Matthias Grünewald*. Die biblischen Bilder Chagalls fangen in eindrucksvoller Weise das "Plus" des Alten Testaments ein, des israelitisch-jüdischen Lebens im Glück der schöpfungsmäßigen Liebe, die von der Zuwendung *JHWHs* selbst getragen ist. Aber dieselben Menschen - das Brautpaar unter dem "Hochzeitshimmel", der Träger des Leuchters, der Mann mit der Tora-Rolle und die vielen anderen - finden sich auch auf Bildern Chagalls, in deren Hintergrund und Mitte der gekreuzigte Gottesknecht (als Symbol der Gekreuzigten Israels) aufgerichtet ist. Schauen wir uns nun das Kreuzigungsbild des Isenheimer Altars an: Unter dem in härtestem Realismus gemalten gekreuzigten Jesus steht das Lamm, aus dessen Seitenwunde ein Strom des Blutes sich in den Kelch ergießt. Das Lamm deutet den Gekreuzigten (bzw. es "ist" der Gekreuzigte) - genauso wie der übergroß gezeichnete Finger des Täufers auf den Gekreuzigten (den Gottesknecht und das Lamm) hinweist. Denken wir jetzt an die Kreuzigungserzählung des Evangelisten Johannes: Nach Joh 19,34 tritt aus der geöffneten Seitenwunde des am Kreuz Hängenden Blut und Wasser hervor - nach der Sachparallele Joh 7,37-39 ist die eschatologische Heilsgabe des Pneumas gemeint. Der Quell aus dem Felsen, aus dem Israel in der Wüste trinkt (vgl. Ex 17,5f), wird für das eschatologische

---

[19] So die Bestimmung der Mitte des Alten Testaments durch *H. D. Preuß*, Theologie des Alten Testaments I, Stuttgart u. a. 1991, 29: Mitte des Alten Testaments ist "*JHWHs* erwählendes Geschichtshandeln an Israel zur Gemeinschaft mit seiner Welt, das zugleich ein dieses Volk (und die Völker) verpflichtendes Handeln ist."

Ziel Gottes transzendiert durch die Quelle aus dem Herzen des Durchbohrten.[20]

Auch im Alten Testament ist Gott schon der große Liebende. Aufgrund der Hingabe des Sohnes in den Tod am Kreuz ist der neutestamentlichen Verkündigung diejenige Sinnrichtung immanent, die in 1Joh 4,8.16 auf die knappste Formel gebracht wird: Gott hat nicht nur Liebe, sondern *er ist die Liebe*.[21]

Einschlägige Veröffentlichungen des Autors (in Auswahl):

Das Gottesbild des Neuen Testaments, in: J. Ratzinger (Hg.), Die Frage nach Gott (QD 56), Freiburg - Basel - Wien [4]1978 ([1]1972), 59-86

Strukturen des Christlichen beim Jesus der Geschichte. Zur Frage eines neutestamentlich-christologischen Ansatzpunktes der These vom anonymen Christentum, in: E. Klinger (Hg.), Christentum innerhalb und außerhalb der Kirche (QD 73), Freiburg - Basel - Wien 1976, 100-121

Die neutestamentlichen Theologien und Jesus Christus. Bd. 1: Kriterien aufgrund der Rückfrage nach Jesus und des Glaubens an seine Auferweckung, Düsseldorf 1981

Zwischen Jahweglaube und christologischem Dogma. Zu Position und Funktion der neutestamentlichen Exegese innerhalb der Theologie: TThZ 93 (1984) 118-137

Studien zur neutestamentlichen Theologie, hg. v. Th. Söding (WUNT 82), Tübingen 1995)

---

[20] Vgl. die allegorische Deutung des Felsens auf den präexistenten Christus in 1 Kor 10,4. - Wenn der Quell, der Israel zugänglich war, im Geschehen der Gottesherrschaft transzendiert wird, dürfen wir nicht die Folgerung ziehen, daß er für das nach Christus fortdauernde Gottesvolk Israel selbst versiegt wäre.

[21] Vgl. u. a. auch die paulinische Sachparallele in Röm 8,31-39. Von dem Gott, der sich selbst und nicht irgendetwas anderes mitteilen will und der deswegen in der Hingabe seines Sohnes auch sich selbst "nicht schont", kann zu Recht gesagt werden, daß er die Liebe *ist*.

Zum Problem einer "Biblischen Theologie"

Nikolaus Walter

1. Die Frage nach der Möglichkeit Biblischer Theologie

Die Frage nach der Möglichkeit einer christlichen "Biblischen Theologie", die die Theologie der ganzen Bibel (Alten und Neuen Testaments) umfassen soll, beschäftigt die Exegeten des Alten und des Neuen Testaments in den letzten Jahrzehnten und Jahren aufs neue, nachdem ein solches Unternehmen seit dem "Sieg" der historisch-kritischen Exegese am Ende des 19. Jh. als wissenschaftlich unmöglich und endgültig überholt galt. Bis über die Mitte unseres Jahrhunderts hinaus erschien schon die Frage nach der "Einheit" einer "Biblischen Theologie" der beiden Testamente je für sich als schwer lösbar, nachdem die Exegese der einzelnen Schriften beider Testamente immer mehr dazu geführt hatte, die großen gedanklich-konzeptionellen Unterschiede der Theologien der einzelnen Autoren bzw. Schriften des Alten wie des neuen Testaments bewußt zu machen.[1] Hier hat sich, jedenfalls in der neutestamentlichen Forschung, allmählich ein (relativer) sensus communis gebildet, der die Lösung der Frage darin sieht, die einzelnen Theologien des Neuen Testaments geschichtlich nacheinander darzustellen und - wenn es möglich erschien - für jede einzeln nach dem Bezug auf ein urchristliches Credo bzw. auf die urchristliche Christusverkündigung oder aber auf die Person und das Werk Jesu aus Nazaret (des "historischen" oder des "irdischen" Jesus) zu fragen; damit konnte sich die Vorstellung von "Entwicklungslinien" innerhalb des Urchristentums verbinden[2]. Solche Darstellungen konnten durchaus den Titel "Biblische Theo-

---

[1] Es sei hier nur beispielshalber erinnert an die Titel der beiden Bände gesammelter "Exegetischer Studien zur Theologie des Neuen Testaments" von *E. Lohse,* Die Einheit des Neuen Testaments, Göttingen 1973; Die Vielfalt des Neuen Testaments, Göttingen 1982.
[2] Vgl. *H. Köster - J. M. Robinson,* Entwicklungslinien durch die Welt des frühen Christentums, Tübingen 1971.

logie (des Neuen Testaments)" tragen, womit dann eine grundsätzlich theologisch (also am Credo früher und heutiger Kirchen) orientierte Darstellung gemeint war, die über die historisch-kritische, "neutrale" Erarbeitung etwa einer "Theologiegeschichte des Urchristentums"[3] hinausführte.

Demgegenüber richtet sich die neuere Fragestellung doch wieder auf die Möglichkeit, beide Testamente in einem theologischen Entwurf einer "Biblischen Theologie" zu umgreifen. Aber bisher liegt ein so angelegter Entwurf noch nicht vor[4]; und es erscheint fraglich, ob das in absehbarer Zeit anders sein wird. Daher werden auch in der vorliegenden Erörterung mehr offene Fragen und Probleme als Lösungen dargestellt, geschweige denn, daß schon auf einen ausgeführten Entwurf einer "Biblischen Theologie" verwiesen werden könnte.

2. Der Bezugsrahmen Biblischer Theologie

These 1:
"Biblische Theologie" als Vorhaben christlicher Theologie bezieht sich auf den biblischen Kanon der christlichen Kirchen, der Altes und Neues Testament umfaßt.

Hier ist bereits der Terminus "Altes Testament" strittig. Zur Zeit halten sich manche christlichen Theologen für verpflichtet, anstelle dieses Ausdrucks andere Begriffe (vor allem "Hebräische Schriften") zu benutzen, einmal, um damit klarzustellen, daß es eben um die Heiligen Schriften geht, die Israel und der Kirche gemeinsam sind, zum anderen, um diese Schriften nicht mit dem als abwertendes Prädikat verstandenen Wort "alt" zu versehen.

In Wahrheit ist dieses Prädikat doppelsinnig, und es ist so in der Kirchen- oder Bibelgeschichte auch gebraucht worden. Als Gegenstück

---

[3] So lautet der Titel der neuesten Darstellung von *K. Berger*, Tübingen - Basel 1994; die Wendung "Theologie des Neuen Testaments" begegnet erst im Untertitel.

[4] Die beiden im Erscheinen begriffenen Werke von *P. Stuhlmacher*, Göttingen 1992, und *H. Hübner*, Göttingen 1990.1993, tragen den Titel "Biblische Theologie des Neuen Testaments", versuchen also noch keine gesamtbiblische Darstellung. Am ehesten läßt sich vielleicht die Arbeit von *G. Kittel* (Der Name über alle Namen, 2 Bde., Göttingen 1989.1990) als Skizze zu einer "Gesamtbiblischen Theologie" ansehen. Vgl. aber auch *B.S. Childs*, Biblical Theology of the Old and New Testaments, London - Philadelphia 1992, deutsch jetzt: Die Theologie der *einen* Bibel, Bd. I, Freiburg - Basel - Wien 1994.

zu "Neues Testament" kann das Wort "alt" tatsächlich den Klang von "veraltet, überholt, durch Neues verdrängt" haben, oder doch wenigstens den von "durch Neues fortgesetzt, weitergeführt, zu seiner eigentlichen Erfüllung gebracht". Eine Kirche, die das "Alte Testament" in ihrem Kanon führt, kann aber gar nicht eine Entwertung dieses Kanonteiles meinen; es geht also jedenfalls nur um ein relatives Veraltet- oder Überholt-Sein[5]. Andererseits aber - und das ist gerade für die frühe Kirchengeschichte wichtig zu sehen - bedeutet "alt" auch: seit langem bewährt, in seinem Ursprung auf den Anfang alles Seins oder der Menschheitsgeschichte zurückweisend und daher aller sonstigen menschlichen Weisheit überlegen. In diesem Sinne wird die Sammlung heiliger Schriften Israels etwa bei *Eusebios* in seiner *Praeparatio Evangelica* gesehen und benutzt: Mit Hilfe der Schriften Israels als solcher, die auch in den christlichen Kanon hineingehören, stellt sich die Kirche vor dem Forum etwa griechischer Weisheit als bis zum Uranfang der Menschheit zurückreichend und daher der griechischen Kultur überlegen dar[6].

Dazu kommt aber noch etwas anderes, das in unserem Zusammenhang oftmals übersehen wird: Die Schriftensammlung, die mit dem Ausdruck "Hebräische Schriften" gemeint ist, deckt sich gar nicht mit derjenigen, die von der Kirche als "Altes Testament" in ihren Bibelkanon aufgenommen wurde; das christliche "Alte Testament" enthält - über die "Hebräischen Schriften" hinaus - einige Schriften zusätzlich.

3. Die Bedeutung der Septuaginta für die Biblische Theologie

These 2:
Das Alte Testament der christlichen Kirchen ist die Septuaginta. Die Reduzierung des Alten Testaments auf den Umfang der "Hebräischen Schriften" durch einige Reformationskirchen ist eine kirchlich-theologische Fehlentscheidung, die auf das humanistische Wissenschaftsideal der Reformationszeit zurückgeht.

---

[5] Auf die in diesem Zusammenhang umstrittene Exegese von 2Kor 3 kann ich mich hier nicht einlassen; das Kanonproblem im oben erörterten Sinne behandelt Paulus dort ohnehin nicht.
[6] Vgl. dazu die Arbeit von *P. Pilhofer*, PRESBYTERON KREITTON. Der Altersbeweis der jüdischen und christlichen Apologeten und seine Vorgeschichte (WUNT II/39), Tübingen 1990, sowie zur Diskussion über "Altes Testament oder Hebräische Bibel?" jetzt auch *D. Sänger*, Die Verkündigung des Gekreuzigten und Israel (WUNT 75), Tübingen 1994, 63-72.

Der von den Rabbinen des 2.-4. Jahrhunderts auf die 39 Schriften der "Hebräischen Bibel" reduzierte Schriftenbestand (die Übertragung des Begriffes "Kanon" auf diese Schriften ist von den jüdischen Voraussetzungen her problematisch) ist ersichtlich um die Tora als "inneren Kern" herum gruppiert; in Geltung blieben nur Schriften, die bis zur Zeit der "Großen Versammlung" und der auf ihr vollzogenen Neuorientierung Israels an der Tora des Mose (Neh 8-10) entstanden waren (oder jedenfalls vorgaben, es zu sein). So schied z.B. das den Rabbinen durchaus bekannte Spruchbuch des *Jeshua ben-Sira* aus dieser Sammlung aus, weil es aus seiner späten Entstehung kein Hehl macht, während man sich nach längerer Unsicherheit schließlich doch für die Aufnahme des Hohenliedes entschied, weil man seine Herkunft von Salomo annahm.

Die christlichen Kirchen übernahmen dagegen einige weitere Schriften als "kanonische", die in der Zwischenzeit zwischen der Rückkehr Israels aus dem Exil und der griechisch-römischen Spätantike entstanden, Schriften, die nur zum Teil ursprünglich hebräisch abgefaßt waren. Mit dieser Kanonentscheidung ist zugleich festgehalten, daß Gottes Selbstoffenbarung in der Geschichte nicht mit dem Exodus- und Sinai-Geschehen zu Ende war, sondern in der Geschichte Israels noch weiterlief, bis hin zum "Erscheinen" Jesu Christi. Gerade wenn und weil die christlichen Kirchen ihre geschichtliche Kontinuität zum erwählten Volk des Sinai-Bundes festhalten wollen, ist die Entscheidung für diesen erweiterten Schriftenkanon sachgemäß und von hohem Gewicht.

Damit ist auch noch etwas anderes gegeben, was für die christliche Theologie bedeutsam ist: die Anerkennung der griechischen Sprache als einer im Kanon "brauchbaren" Sprache und damit implizit die Feststellung, daß Gott sich keineswegs nur im hebräischen, sondern auch im griechischen Wort kundtut[7]. Dem entspricht, daß nicht nur die neutestamentlichen Schriften in griechischer Sprache vorliegen (und das ist sicher in den meisten Fällen auch die Abfassungssprache), sondern auch die neutestamentlichen Autoren überwiegend die Septuaginta als den heiligen Text des "Alten Testament" zugrunde legen. Für die frühe Kirchengeschichte gilt die Hochschätzung der Septuaginta noch eindeutiger als für die neutestamentliche Zeit[8]. Demgegenüber bewirkte der in der

---

[7] In der Reformationszeit hat *Johannes Reuchlin* den Gedanken ausgesprochen, daß das Hebräische Gottes eigenes "*genus dicendi*" sei (vgl. dazu *E. Stegemann*, Luthers Bibelübersetzung und das jüdisch-christliche Gespräch, EvTh 44 [1984] 386-405, bes. 387-396). Auch heute noch fordern manche Systematiker die "Rückkehr" zum "hebräischen Denken", das der Sache der Theologie am angemessensten sei.

[8] Die frühe Kirche hat vom hellenistischen Judentum die Anschauung (und Praxis!) übernommen, die Septuaginta als mit dem hebräischen Urtext gleichwertig anzusehen. *Philon von Alexandrien* hat ältere jüdisch-hellenistische Überlieferung da-

Reformationszeit erklingende humanistische Ruf "*ad fontes*" in diesem Falle - so wichtig er geistesgeschichtlich sonst war - in der Sache einen Rückschritt[9], der sich im Zeitalter der Ökumene auch als ein zwischen den reformatorischen und anderen (besonders den orthodoxen[10]) Kirchen stehendes Problem erweist.

4. Alttestamentliche Exegese und Biblische Theologie

These 3:
Die Frage nach einer (gesamt-)biblischen Theologie stellt sich vor allem von der alttestamentlichen Exegese her und ist zuerst und vordringlich eine Frage an die alttestamentliche Exegese; für die Wissenschaft vom Alten Testament als christlich-theologische Disziplin ist dies eine Lebensfrage.

Es ist deshalb kein Zufall, wenn etwa die Projektgruppe "Biblische Theologie" der Wissenschaftlichen Gesellschaft für Theologie sich überwiegend aus Alttestamentlern zusammensetzt und unter der Leitung des Bochumer Alttestamentlers *Henning Graf Reventlow* steht, der seinerseits einen Berichtsband über "Hauptprobleme der alttestamentlichen Theologie im 20. Jahrhundert"[11] und einen weiteren über "Hauptprobleme der Biblischen Theologie im 20. Jahrhundert"[12] veröffentlicht hat. So war auch die erste größere Arbeit, die die Dringlichkeit einer Altes und Neues Testament übergreifenden Theologie im deutschen Sprachraum wieder bewußt machen wollte, von dem Alttestamentler (und Systemati-

---

hin ergänzt, daß er die Übersetzung der Tora ins Griechische als einen Akt göttlicher Inspiration preist (*Vita Mosis* II 35-42); diese Anschauung hat dann die christliche Kirche auf alle alttestamentlichen Schriften (die nunmehr unter dem Titel "Septuaginta" verstanden wurden) ausgeweitet.

[9] Vgl. dazu meinen Aufsatz: "Bücher: so nicht der heiligen Schrift gleich gehalten..."? Karlstadt, Luther - und die Folgen, in: Tragende Tradition. FS M. Seils, hg. von A. Freund, U. Kern und A. Radler, Frankfurt/M u.a. 1992, 173-197.

[10] Vgl. *E. Oikonomos*, Die Bedeutung der deuterokanonischen Schriften in der orthodoxen Kirche, in: S. Meurer (Hg.), Die Apokryphenfrage im ökumenischen Horizont (Die Bibel in der Welt 22), Stuttgart 1989, 26-40.

[11] Darmstadt 1982 (Erträge der Forschung 173).

[12] Darmstadt 1983 (Erträge der Forschung 203). Natürlich wären noch viele weitere Alttestamentler zu nennen, die sich in neuerer Zeit an dem Gespräch um ein christliches Verstehen des Alten Testaments beteiligt haben, wie etwa *H. Gese* oder *A.H. Gunneweg*.

ker) *Hans-Joachim Kraus* verfaßt worden[13]. Der Abstand dessen, was die Exegese als ursprünglichen Sinn der Texte ermittelt, von dem, was für die christliche(n) Kirche(n) als grundlegend gelten kann, ist beim Alten Testament weit größer als im Falle des Neuen Testaments. Beim hermeneutischen Prozeß muß sich die Theologie immer bewußt halten, daß zwischen Altem und Neuem Testament ein Paradigmenwechsel liegt: von der Berufung und Begabung des Einen Volkes Israel mit dem göttlichen Bund und seiner Weisung zur Berufung und Begabung der Glaubenden aus "allen Völkern" mit dem "Neuen Bund" in Jesus Christus, dem gekreuzigten und auferweckten "Sohn Gottes". Dieser Paradigmenwechsel macht eine glatte, ungebrochene Übernahme oder Weiterführung alttestamentlicher Glaubensaussagen in die christliche Theologie unmöglich. Auch der Versuch, hier mit einer durchgehend allegorischen Auslegung alttestamentlicher Texte weiterzukommen (wie sie Paulus an einem Beispiel in 1 Kor 10,1-11 vorführt), scheint mir nicht angemessen zu sein, da auf diese Weise das hermeneutische Problem nicht gelöst, sondern nur verschleiert wird.

Um das Problem noch einmal von einer ganz anderen Seite her zu beleuchten, sei an den Titel eines bekannten und sehr schätzenswerten Buches von *Werner H. Schmidt* angeknüpft. Der Titel "Alttestamentlicher Glaube in seiner Geschichte"[14] war vor 20 Jahren noch völlig "normal". Heute muß man fragen: Was kann "alttestamentlicher Glaube" eigentlich sein? "Alttestamentlich" weist aus, daß es sich um das Buch eines "Alttestamentlers", also eines christlichen Theologen, handelt. Der Titel als ganzer soll den Unterschied zu einer "israelitischen Religionsgeschichte" markieren, wie es im Vorwort heißt. Aber die Frage einer Zuordnung der Darstellung zum "Neuen Testament" (oder zum christlichen Glauben) wird weder im Eingangs- noch im Schlußparagraphen berührt. Das Buch bleibt vielmehr in seiner Darstellung völlig im Bereich der Schriften Israels, praktisch sogar ganz im Bereich der "Hebräischen Schriften". (Nur im Exkurs 6 zu § 15 finden sich wenige Zitate aus 4 Esra und dann sogar aus dem Neuen Testament - zum Thema "Tod und Hoffnung gegen den Tod".) Aber eine in sich autonome Größe, die *als solche* "Altes

---

[13] *H.-J. Kraus*, Die Biblische Theologie. Ihre Geschichte und Problematik, Neukirchen 1970 (Nachdruck Berlin 1973). Im gleichen Jahr erschien in den USA die Arbeit von *B.S. Childs*, Biblical Theology in Crisis, Philadelphia/PA 1970, mit einer eigenen Konzeption der Aufgabe, auf die hier aber nicht näher eingegangen werden kann (vgl. dazu und überhaupt *M. Oeming*, Gesamtbiblische Theologien der Gegenwart. Das Verhältnis von Altem und Neuem Testament in der hermeneutischen Diskussion, Stuttgart ²1987 [¹1985] sowie *B.S. Childs*' eigenen Beitrag im vorliegenden Band).

[14] 2. Aufl. Neukirchen-Vluyn 1975. Die 1. Aufl. von 1968 trug den Titel "Alttestamentlicher Glaube und seine Umwelt".

Testament" heißen könnte, gibt es nicht; auch einen "alttestamentlichen Glauben" hat es nie gegeben, genauso wenig wie etwa eine "alttestamentliche Kultgemeinde" o. dgl.

5. Biblische Theologie - jüdisch und christlich

These 4:
Eine "Theologie des Alten Testaments" wird anders aussehen, wenn sie von einem christlichen Theologen entworfen wird, als wenn sie - als "Biblische Theologie" oder "Theologie der Hebräischen Bibel" - von einem jüdischen Theologen konzipiert wird; freilich spielt eine solche "Biblische Theologie" für das jüdische Glaubensinteresse eine weit geringere Rolle als eine "Biblische Theologie" (Alten und Neuen Testaments) für die christliche Theologie und Kirche.

Hier ist ernst zu machen mit der These vom "doppelten Ausgang" des Alten Testaments im (rabbinisch geprägten) Judentum einerseits und im Christentum andererseits.[15] Auch diese Formel vereinfacht eigentlich das Problem noch stark; aber sie genügt wohl, um deutlich zu machen, worum es hier geht: Keiner dieser beiden "Nachfahren" des Alten Testaments darf sich dem anderen gegenüber absolut setzen; und keiner von beiden hat einfach das ganze Alte Testament auf seiner Seite. Das bedeutet für die christliche Theologie: Wir müssen Denkformen, die in den christlichen Kirchen geläufig sind, überdenken und revidieren. Ich meine Aussagen wie diese: Das Alte Testament weist auf Jesus Christus hin, bereitet sein Kommen vor, findet in Jesus Christus seine "Erfüllung". Solche Sätze werden allzu leicht (sogar schon im Neuen Testament selbst) in negative Definitionen umgesetzt: Wer das Alte Testament nicht auf Jesus Christus hin liest, es nicht so versteht, wie es die christlichen Kirchen verstehen, der liest bzw. versteht das Alte Testament überhaupt nicht (vgl. Joh 5,37-40) und hat kein Recht mehr an ihm. Bei solchen Konzeptionen wird der oben erwähnte Paradigmenwechsel, der zwischen Altem und Neuem Testament liegt, nicht (mehr) wahrgenommen. Auf diese Weise wird das Alte Testament von der christlichen Kirche mit Beschlag belegt und dem Volk der Hebräischen Bibel weggenommen.

---

[15] Vgl. den Titel eines Aufsatzes von *K. Koch*: Der doppelte Ausgang des Alten Testaments in Judentum und Christentum: JBTh 6 (1991) 215-242, oder den Titel der Festschrift für *R. Rendtorff*: Die Hebräische Bibel und ihre zweifache Nachgeschichte, hg. von E. Blum, Ch. Macholz und E. Stegemann, Neukirchen-Vluyn 1992.

Dieser Akt der Usurpation des Alten Testaments, der Israel zu einem illegitimen Erben seiner eigenen "Schriften" macht, muß von der Christenheit zurückgenommen werden, wenn anders der christlich-jüdische Dialog überhaupt Chancen haben soll.

Andererseits kann die Konzentration des (rabbinischen) Judentums auf die Tora, ihre genaue Auslegung und Anwendung auf den Lebenswandel, von der christlichen Kirche nicht ungebrochen übernommen werden. Wie fremd sich Judentum und Christenheit in zentralen Fragen des Religiösen sind, kommt darin zum Ausdruck, daß jüdische Schriftausleger keinen Bedarf an einer zusammenfassenden Darstellung einer "Theologie der Hebräischen Schriften" haben und etwa mit der Frage nach einer (theologischen) "Mitte der Schrift" nicht viel anfangen können, während diese Fragen für die christliche Theologie erhebliches Gewicht haben.[16] Für jüdische Schriftausleger hingegen liegt die Verbindlichkeit ihrer Schrifterklärung ganz bei der Halacha, während für die Bereiche des Haggadischen nicht nach so etwas wie einer "Systematik" oder "Dogmatik" gestrebt wird.

6. Der christologische Ansatz Biblischer Theologie

These 5:
Eine künftige christliche "(Gesamt-)Biblische Theologie" wird vom Neuen Testament aus, genauer: vom Christuszeugnis (oder: vom kirchlichen Christusbekenntnis) aus konzipiert werden müssen. Sie läßt sich nicht so anlegen, daß man beim Alten Testament einsetzt und von ihm her nach "Entwicklungslinien" zum Neuen Testament hin oder nach "messianischen Erwartungen" fragt, die bruchlos in das neutestamentliche Christuszeugnis hinüberführen könnten.

Scheinbar steht dieser Sicht entgegen, daß ja neutestamentliche Autoren ihre Aussagen - auch die spezifisch neuen, etwa zur Christologie - in ganz erheblichem Maße mit Zitaten aus "der Schrift" bzw. "den Schriften" zu belegen suchen. Aber auch hierbei geht der eigentliche Begründungsgang nicht vom Alten Testament her zum Neuen hin, sondern umgekehrt vom Glauben an Jesus Christus aus in das Alte Testament zu-

---

[16] Beispielshalber seien hier genannt: *J.D. Levenson*, Warum Juden sich nicht für biblische Theologie interessieren: EvTh 51 (1991) 402-430, sowie der Sammelband mit Vorträgen, die bei einem jüdisch-christlichen Exegetengespräch gehalten wurden: Mitte der Schrift?, hg. v. M. Klopfenstein u.a. (Judaica et Christiana 11), Bern-Frankfurt a.M. 1987.

rück. Das kommt schon äußerlich darin zum Ausdruck, daß viele der von neutestamentlichen Autoren in Anspruch genommenen Texte von dem zeitgenössischen Judentum nicht als "messianische" Texte gelesen worden sind (gar nicht zu reden von dem Sinngehalt, der nach moderner, historisch orientierter Exegese als der ursprüngliche Sinn ermittelt wird), sondern erst vom Christusgeschehen her als solche "entdeckt" wurden.

These 6:
Der "Gott und Vater unseres Herrn Jesus Christus" (Röm 15,6 u.a.) ist derselbe Eine Gott, der sich seinem erwählten Volk Israel im Exodus- und Sinai-Geschehen offenbart hat (Dtn 6,4 usw.). Das steht in der Verkündigung Jesu ebenso wie im ganzen Neuen Testament nirgends in Frage. Aber als der, "der Jesus aus den Toten auferweckt hat" (Röm 4,24), hat Gott sich in neuer, nach christlichem Verständnis "end-gültiger" Weise offenbart, nicht nochmals als der Bundesgott Israels, sondern nun auch als der, der in Jesus Christus die Welt liebt.

So ist der Gott Israels im Christusgeschehen zum Gott des Heils für alle Welt (Joh 3,16) geworden, ohne damit seine Treue zu Israel zu widerrufen; das hat Paulus in Röm 9-11 als ein "Geheimnis" Gottes erkannt. Wie er für Israel der Bundesgott, "der dich aus Ägyptenland herausgeführt hat", ist und bleibt, so hat er sich im Christusgeschehen neu "definiert" und ist damit zum Gott auch für die "Heiden" geworden, die sich in Jesus Christus durch den Heiligen Geist als seine Kinder verstehen dürfen (Röm 8,14-17). Solche Erwartungen des Heils für alle Welt wird auch im Alten Testament hörbar, etwa bei Deutero-Jesaja, bei dem denn auch die Betonung des Schöpferseins Gottes besonderes Gewicht hat (vgl. etwa Jes. 45,14-24). Aber innerhalb des Alten Testaments selbst liegen solche Aussagen am Rand und sind nicht repräsentativ für das Ganze (oder die "Mitte") des Alten Testaments.

7. Das Alte Testament in Biblischer Theologie

These 7:
Eine christliche "Biblische Theologie" kann und darf daher hinter die neue Selbsterschließung Gottes in Jesus Christus nicht zurückfallen, auch nicht in einem "Vorwort" oder einer einleitenden Hinführung. Für christliche Theologie und Kirche ist das Alte Testament in dieser Hinsicht das Alte Testament*, das die besonderen Heilsgrundlagen für die Christenheit noch nicht enthält.*

Wenn nach christlichem theologischen Verständnis "Gottes Sein im Werden" ist, dann kann der Glaube an Jesus Christus dieses "Rad des Werdens" nicht probeweise oder einstiegshalber zurückdrehen, sondern muß in seinem Glaubensdenken bei Jesus Christus anfangen. Dann aber muß die Beschreibung des Verhältnisses zwischen Kirche und Israel, das vom "Verhältnis" zwischen dem Gott Israels und dem Vater Jesu Christi aus zu entwerfen ist, einen gewichtigen Platz in der christlichen Lehre einnehmen und muß in großer Verantwortung und in der Wahrnehmung der geschichtlichen Schuld der Kirche am Volk Israel bedacht werden.

These 8:
Dennoch ist für die christliche Kirche das Alte Testament ein unverzichtbarer Teil der christlichen Bibel. Indem die Kirche diesen Teil des gesamtbiblischen Kanons, der in der Anfangszeit der Kirche auch für sie die einzige schon fixierte Heilige Schrift darstellte, als Teil des nun um das Neue Testament erweiterten Kanons behält, hält sie an ihrer (geschichtlich-heilsgeschichtlichen) Herkünftigkeit von Israel fest, die ihr auch mit dem Juden Jesus aus Nazaret als dem Christus eingestiftet ist und bleibt. Das "Alte Testament" bleibt also für die christliche Kirche das eine ihrer beiden Testamente, das sie nur um den Preis ihrer Identität aufgeben könnte.

Es geht dabei zum einen um den (religions-)geschichtlichen Zusammenhang der Kirche mit Israel, der nicht durchschnitten werden darf, weil sonst die Wirklichkeit des in der Geschichte handelnden Gottes an einer wesentlichen Stelle verfälscht würde. Zum anderen wird sich die Kirche auch an dem Reichtum des im Alten Testament bezeugten Heilshandelns Gottes und des von Israel gelebten Glaubens in all seiner Weltzugewandtheit freuen. Es gilt ja mit Recht als ein Vorzug alttestamentlicher Texte, daß sie in vielerlei Hinsicht stärker auch den konkreten Problemen des Alltags, des kreatürlichen und sozialen Lebens zugewandt sind, als das in den meisten neutestamentlichen Schriften der Fall ist[17].

These 9:
Besonders zu bedenken ist das Verhältnis der kirchlichen Verkündigung zum Alten Testament. Weil die Kirche den gekreuzigten und auferweckten Herrn Jesus Christus zu verkündigen hat, ist die Aufnahme und

---

[17] In dieser Hinsicht sind schon vor einigen Jahrzehnten von zwei Werken aus der holländischen Theologie wichtige Anregungen für die Debatte und nicht überholte Einsichten ausgegangen: *A.A. van Ruler*, Die christliche Kirche und das Alte Testament (BEvTh 23), München 1955; *K.H. Miskotte*, Wenn die Götter schweigen. Vom Sinn des Alten Testaments (holl. 1956), München 1963.

kerygmatische Neuaussage der Botschaft des Neuen Testaments unproblematisch. Nicht so die Predigt alttestamentlicher Texte. Solche Predigt ist nur möglich, sofern und indem sich die Botschaft alttestamentlicher Texte als "Wort" des Herrn Jesus Christus, gewissermaßen als Wort "aus seinem Munde", neu verkündigen läßt, das heißt: in Übereinstimmung mit dem Glauben an ihn (vgl. Röm 12,6), jedoch ohne typologische Rückübertragung von Christologie in das Alte Testament.

Das bedeutet, daß es im Alten Testament auch viele Texte gibt, die für die Predigt in der christlichen Kirche "überholt" oder, besser gesagt, "nicht anwendbar" sind und zumal in dem exegetisch ermittelten ursprünglichen Sinne nicht (mehr) in Frage kommen. Dabei ist an Texte der Kulttheologie ebenso zu denken wie an manche andere Texte der Tora, aber auch an solche, die sich wesentlich auf die Erwähltheit des Einen Volkes Israel beziehen. Die für Israel konstitutive (wenn auch ideale) Gleichsetzung von Volk und "Glaubensgemeinschaft" ist für die christlichen Kirchen nicht nachvollziehbar. Damit hängt dann auch die bekannte Problematik der alttestamentlichen Anschauung vom "Heiligen Krieg" oder der sogenannten "Rachepsalmen" und manches andere zusammen. Es bleibt aber auch dann für die christlichen Kirchen vollauf genug übrig, was sie als Wort ihres erhöhten Herrn zu hören und weiterzusagen haben, etwa aus dem Munde der Propheten[18].

* * *

Auch wenn die zuletzt aufgeworfene Frage nicht unmittelbar in den Bereich einer auszuarbeitenden "Biblischen Theologie" gehört, so macht doch auch sie noch einmal deutlich, wieviele Vorfragen hermeneutischer oder fundamentaltheologischer Art geklärt oder mindestens bedacht sein müssen, ehe eine "Biblische Theologie" materialiter erarbeitet werden kann.

---

[18] Vgl. ferner das oben in These 8 Gesagte.

Einschlägige Veröffentlichungen des Autors (in Auswahl):

"Historischer Jesus" und Osterglaube. Ein Diskussionsbeitrag zur Christologie. ThLZ 101 (1976) 321-338

"Hellenistische Eschatologie" im Frühjudentum - ein Beitrag zur "Biblischen Theologie"? ThLZ 110 (1985) 331-348

"Hellenistische Eschatologie" im Neuen Testament, in: Glaube und Eschatologie. FS W.G. Kümmel, hg. von E. Gräßer und O. Merk, Tübingen 1985, 335-356

"Bücher: so nicht der heiligen Schrifft gleich gehalten..."? Karlstadt, Luther - und die Folgen, in: Tragende Tradition. FS M. Seils, hg. von A. Freund, U. Kern und A. Radler, Frankfurt/M u.a. 1992, 173-197

Hellenistische Diaspora-Juden an der Wiege des Urchristentums, in: S. Giversen (Hg.), The New Testament and Hellenistic Judaism, Kopenhagen 1995 [im Druck]

Zur theologischen Problematik des christologischen "Schriftbeweises" im Neuen Testament: NTS 41 (1995) [im Druck]

UTB FÜR WISSENSCHAFT

Auswahl Fachbereich
Theologie/Religionswissenschaft

1336 Joest: Dogmatik, Band 1
(Vandenhoeck). 3. Aufl. 1989.
DM 26.80, öS 198.–, sFr. 26.80

1355 Wallmann: Kirchengeschichte
Deutschlands seit der Reformation
(J.C.B. Mohr). 4. Aufl. 1993.
DM 12.80, öS 95.–, sFr. 12.80

1382 Scharfenberg: Einführung
in die Pastoralpsychologie
(Vandenhoeck). 1994. ND d. 2. Aufl.
DM 29.80, öS 221.–, sFr. 29.80

1400 Grane:
Die Confessio Augustana
(Vandenhoeck). 4. Aufl. 1990.
DM 21.80, öS 161.–, sFr. 21.80

1413 Joest: Dogmatik, Band 2
(Vandenhoeck). 3. Aufl. 1993.
DM 32.80, öS 243.–, sFr. 32.80

1446 Conzelmann: Grundriß der
Theologie des Neuen Testaments
(J.C.B. Mohr). 5. Aufl. 1992.
DM 27.80, öS 206.–, sFr. 27.80

1486 Baldermann:
Einführung in die Bibel
(Vandenhoeck). 4. Aufl. 1993.
DM 29.80, öS 221.–, sFr. 29.80

1488/89/90 Weber:
Gesammelte Aufsätze zur
Religionssoziologie 1–3
(J.C.B. Mohr). 9. Aufl./7. Aufl./
8. Aufl. 1988.
DM 24.80, öS 184.–, sFr. 24.80
DM 29.80, öS 221.–, sFr. 29.80
DM 29.80, öS 221.–, sFr. 29.80

1530 Aland (Hrsg.): Lutherlexikon
(Vandenhoeck). 4. Aufl. 1983.
DM 32.80, öS 243.–, sFr. 32.80

1547 Fohrer: Erzähler und Propheten
im Alten Testament
(Quelle & Meyer). 1989.
DM 29.80, öS 221.–, sFr. 29.80

1577 Rudolph: Die Gnosis
(Vandenhoeck). 1994. ND d. 3. Aufl.
DM 39.80, öS 295.–, sFr. 39.80

1578 Fraas: Die Religiosität
des Menschen
(Vandenhoeck). 2. Aufl. 1993.
DM 36.80, öS 272.–, sFr. 36.80

1591 Barrett/Thornton (Hrsg.):
Texte zur Umwelt
des Neuen Testaments
(J.C.B. Mohr). 2. Aufl. 1991.
DM 39.80, öS 295.–, sFr. 39.80

1592 Holm: Einführung in die
Religionspsychologie
(E. Reinhardt). 1990.
DM 22.80, öS 169.–, sFr. 22.80

1594 Lang: Die Bibel
(Schöningh). 2. Aufl. 1994
DM 29.80, öS 221.–, sFr. 29.80

1618 Riedel-Spangenberger:
Grundbegriffe des Kirchenrechts
(Schöningh). 1992.
DM 29.80, öS 221.–, sFr. 29.80

1641 v. Harnack:
Dogmengeschichte
(J.C.B. Mohr). 1991.
DM 34.80, öS 258.–, sFr. 34.80

1648 Wils/Mieth:
Grundbegriffe der christlichen Ethik
(Schöningh). 1992.
DM 30.80, öS 228.–, sFr. 30.80

Preisänderungen vorbehalten.

Das UTB-Gesamtverzeichnis erhalten Sie bei Ihrem Buchhändler oder direkt von UTB, Postfach 80 11 24, 70511 Stuttgart.

UTB FÜR WISSENSCHAFT

Auswahl Fachbereich
Theologie/Religionswissenschaft

1655 Schleiermacher:
Über die Religion
(Vandenhoeck). 7. Aufl. 1991.
DM 22.80, öS 169.–, sFr. 22.80

1656 Aland: Luther Deutsch
(Vandenhoeck). 1991.
11 Bände zusammen
DM 198.–, öS 1465.–, sFr. 178.–

1671 Irrgang:
Christliche Umweltethik
(E. Reinhardt). 1992.
DM 39.80, öS 295.–, sFr. 39.80

1682 Strecker: Literaturgeschichte
des Neuen Testaments
(Vandenhoeck). 1992.
DM 34.80, öS 258.–, sFr. 34.80

1733 Vouga: Geschichte des
frühen Christentums
(Francke). 1994.
DM 32.80, öS 243.–, sFr. 32.80

1746 Kelly:
Altchristliche Glaubensbekenntnisse
(Vandenhoeck). 2. Aufl. 1993.
DM 39.80, öS 295.–, sFr. 39.80

1747 Kaiser: Der Gott des AT
Teil 1: Grundlegung
(Vandenhoeck). 1993.
DM 39.80, öS 295.–, sFr. 39.80

1759 Bultmann: Glauben und
Verstehen 1–4
(J.C.B. Mohr). 1993.
DM 98.–, öS 725.–, sFr. 88.–
Bände sind auch einzeln lieferbar.

1771 Schmidt: Religionspädagogik
(Vandenhoeck). 1993.
DM 34.80, öS 258.–, sFr. 34.80

1796 Sommer/Klahr:
Kirchengeschichtl. Repetitorium
(Vandenhoeck). 1994.
DM 20.80, öS 154.–, sFr. 20.80

1806 Lesch:
Theologische Ethik im Diskurs
(Francke). 1995.
DM 36.80, öS 272.–, sFr. 36.80

1811/1812 Troeltsch:
Die Soziallehren der christlichen
Kirchen und Gruppen 1/2
(J.C.B. Mohr). 1994. Bd. 1
DM 27.80, öS 206.–, sFr. 27.80
Bd. 2 DM 36.80, öS 272.–,
sFr. 36.80

1822 Honnefelder/Krieger (Hrsg.):
Philosophische Propädeutik
(Schöningh). 1994.
DM 29.80, öS 221.–, sFr. 29.80

1830 Schnelle: Einleitung
in das Neue Testament
(Vandenhoeck). 1994.
DM 49.80, öS 369.–, sFr. 47.–

1857 Markschieß:
Arbeitsbuch Kirchengeschichte
(J.C.B. Mohr). 1995.
DM 19.80, öS 147.–, sFr. 19.80

1862/1863 Maier:
Die Qumran-Essener
Die Texte vom Toten Meer
Band 1/2 (E. Reinhardt). 1995.
Je Band ca. DM 49.80, öS 369.–,
sFr. 47.–

1865 Leinsle: Einführung
in die scholastische Theologie
(Schöningh). 1995.
DM 32.80, öS 243.–, sFr. 32.80

Preisänderungen vorbehalten.

Das UTB-Gesamtverzeichnis erhalten Sie bei Ihrem Buchhändler oder direkt von UTB, Postfach 80 11 24, 70511 Stuttgart.